Objekttechnologie

Reihenherausgeber

Martin Schader, Mannheim

Objekttechnologie

Springer-Verlag Berlin Heidelberg GmbH

Martin Schader und Michael Rundshagen
Objektorientierte Systemanalyse
2. Auflage
IX, 241 Seiten. 1996

Martin Schader
Objektorientierte Datenbanken
Die C++-Anbindung des
ODMG-Standards
X, 219 Seiten. 1997

Günther Vinek
Objektorientierte
Softwareentwicklung
mit Smalltalk
XII, 440 Seiten. 1997

Martin Schader und Lars Schmidt-Thieme
Java
Einführung in die objektorientierte
Programmierung
XVIII, 544 Seiten. 1998

Martin Schader · Stefan Kuhlins

Programmieren in C++

Einführung in den Sprachstandard

Fünfte, neubearbeitete Auflage

Mit 31 Abbildungen
und 9 Tabellen

Springer

Professor Dr. Martin Schader
Dr. Stefan Kuhlins
Universität Mannheim
Lehrstuhl für Wirtschaftsinformatik III
Schloß
D-68131 Mannheim

Die erste und zweite Auflage erschien in der Reihe „Springer-Lehrbuch"

ISBN 978-3-540-63776-9

Die Deutsche Bibliothek – CIP-Einheitsaufnahme
Schader, Martin: Programmieren in C++: Einführung in den Sprachstandard / Martin
Schader; Stefan Kuhlins. – 5., neubearb. Aufl. – Berlin; Heidelberg; New York; Barce-
lona; Budapest; Hongkong; London; Mailand; Paris; Santa Clara; Singapur; Tokio:
Springer, 1998
  (Objekttechnologie)
  ISBN 978-3-540-63776-9   ISBN 978-3-642-58762-7 (eBook)
  DOI 10.1007/978-3-642-58762-7

SPIN 10658091   42/2202-5 4 3 2 1 0 - Gedruckt auf säurefreiem Papier

Vorwort zur fünften Auflage

Die Arbeit des C++-Komitees der International Standards Organization (ISO) ist bezüglich des C++-Sprachumfangs abgeschlossen; es wird in den nächsten fünf Jahren keine neuen Spracherweiterungen mehr geben. Die der ISO angegliederten nationalen Standardisierungsgremien (ANSI, BIS, DIN usw.) werden den Standard unverändert übernehmen.

Wir haben die vorliegende fünfte Auflage diesem neuesten Standard angepaßt. Wie bisher wurde jedes Beispielprogramm mit mindestens einem derzeit verfügbaren Compiler übersetzt. Dabei haben wir unter Win 95/NT mit Borland C++ 5.02 (`bc5`), Microsoft Visual C++ 5.0 (`vc5`) und unter Solaris 2.6 mit KAI C++ 3.2 (`KCC`) gearbeitet.

Auch diesmal sind unsere Lösungen für die an den Kapitelenden zusammengestellten Übungsaufgaben mittels *Anonymous ftp* auf unserem Server (`ftp.wifo.uni-mannheim.de`) im Unterverzeichnis `/pub/buecher` als Datei `sk5.zip` und im *World Wide Web* (WWW) unter `http://www.wifo.uni-mannheim.de/buecher/` zugänglich. Alternativ sind sie gegen Einsendung einer MS-DOS-formatierten $3\frac{1}{2}$"-Diskette (mit frankiertem Rückumschlag an die auf den Umschlagseiten angegebene Anschrift) erhältlich. Über Anregungen unserer Leserinnen und Leser an unsere Postanschrift oder als *Email* an `c++-buch@wifo.uni-mannheim.de` würden wir uns freuen.

Dr. Werner A. Müller und seinen Mitarbeitern beim Springer-Verlag, Heidelberg, gilt unser Dank für die – wie immer – ausgezeichnete Zusammenarbeit.

Mannheim, April 1998   Martin Schader, Stefan Kuhlins

Aus dem Vorwort zur ersten Auflage

Der Einsatz objektorientierter Techniken in allen Phasen der Softwareentwicklung – in der Analyse- und Designphase und bei der Implementation – hat das Interesse an der Programmiersprache C++ in den letzten Jahren ständig größer werden lassen. Entsprechend hat sich auch das Angebot verfügbarer C++-Compiler auf unterschiedlichsten Hardware-Plattformen und Betriebssystemen stetig vergrößert.

Bei der Erstellung dieses Lehrbuchs haben wir Borland C++ 3.1 unter MS-DOS Version 5.0 und AT&T cfront 3.0.1 unter Sun-OS 4.1.3 benutzt, da es sich dabei unserer Ansicht nach um die derzeit am weitesten verbreiteten Compiler für MS-DOS- bzw. Unix-Systeme handelt. Alle in den nachfolgenden Kapiteln vorgestellten Beispielprogramme können unverändert mit beiden Compilern übersetzt werden. Auf Unterschiede oder Einschränkungen bei den Kurzbeispielen weisen wir jeweils im entsprechenden Zusammenhang hin.

Die Sprache C++ befindet sich derzeit noch im Stadium der endgültigen Normierung. Es gibt jedoch ein C++-Komitee (Technical Committee X3J16 Programming Language) des ANSI (American National Standards Institute), das 1990 seine Arbeit aufgenommen hat. Dieses Komitee hat die Publikation *M.A. Ellis, B. Stroustrup, The Annotated C++ Reference Manual, Addison-Wesley, Reading, 1990* als Grundlage (base document) für die formale Standardisierung gewählt. Die Verabschiedung des Standards wird nicht vor 1995 erwartet. Die vom Komitee jeweils diskutierten Unterlagen kann man als *Working Paper for Draft Proposed American National Standard for Information Systems — Programming Language C++* vom X3 Secretariat, CBEMA, 1250 Eye Street, NW Suite 200, Washington DC 20005-3922, USA anfordern.

Der im vorliegenden Buch beschriebene Sprachumfang ist der in Ellis, Stroustrup (1990) beschriebene – aktualisiert durch das neueste AT&T C++ Reference Manual (derzeitiger Stand: Mai 1991). Die jeweils aktuellste Version dieses Manuals kann direkt über das AT&T Customer Information Center, 2855 N. Franklin Road, Indianapolis, IN 46219-1385, USA bezogen werden.

Unser Buch beinhaltet keine Darstellung des gesamten (noch nicht vollständig normierten) Inhalts der C++-Standardbibliothek; nur die benutzten Funktionen werden kurz erläutert. Das Buch ist aus einem Vorlesungszyklus über objektorientierte Methoden, der an der Universität Mannheim gehalten wird, entstanden. Es wendet sich an Leser, die über Grundkenntnisse von Rechnern und ihrer Programmierung verfügen und mit den Begriffen Compiler, Linker, ... und ihrer Umgebung vertraut sind.

Die einzelnen Sprachkonstrukte werden anhand vieler Programmfragmente und kleiner Beispielprogramme erklärt. Diese Beispiele sind in keiner Weise als vollständig sondern lediglich als illustrativ für den jeweils diskutierten Gegenstand anzusehen; sie sind in der Regel sehr kurz gehalten und es wurde wenig Wert auf Algorithmik oder möglichen Effizienzgewinn durch Schreiben von „C++-Puzzles" gelegt. Fast immer wurde auf Fehlerbehandlung und Kommentare verzichtet, die beide bei für den praktischen Einsatz vorgesehenen Programmen unerläßlich sind. Eine komplette Fehlerbehandlung und Kommentierung würde den Umfang der Programme mindestens verdoppeln oder verdreifachen. Die Leser müssen sich darüber im klaren sein, daß hier noch eigenständig weiterentwickelt werden muß.

Wir empfehlen, die Beispielprogramme parallel zum Lesen sukzessiv fortzuschreiben. Wenn im Text auf eine Klasse verwiesen wird, ist immer die bis dahin implementierte Version gemeint.

Mannheim, Januar 1993   Martin Schader, Stefan Kuhlins

Inhalt

1 Einleitung   **1**
  1.1 Grundbegriffe   1
  1.2 Syntaxnotation   2

2 Lexikalische Konventionen   **5**
  2.1 Ein erstes Beispiel   5
  2.2 Lexikalische Elemente   6
  2.3 Kommentare   6
  2.4 Bezeichner   6
  2.5 Schlüsselwörter   7
  2.6 Operatoren   8
  2.7 Header-Dateien   8

3 Vordefinierte Datentypen   **11**
  3.1 Übungsaufgabe   14

4 Literalkonstanten   **15**
  4.1 Ganzzahlige Konstanten   15
  4.2 Zeichenkonstanten   16
  4.3 Gleitpunktkonstanten   17
  4.4 Zeichenketten   18
  4.5 Beispiel   19

5 Variablen und Konstanten   **21**
  5.1 Einleitung   21
  5.2 Deklaration und Definition von Variablen   23
  5.3 Symbolische Konstanten   25
  5.4 L-Werte   26
  5.5 Beispiel   26
  5.6 Übungsaufgabe   28

6 Typumwandlungen und Ausdrücke   **29**
  6.1 Standardkonversionen   29
  6.2 Ausdrücke   33
  6.3 Übungsaufgaben   45

7 Anweisungen   **47**
  7.1 Einleitung   47
  7.2 Ausdrucksanweisungen   48
  7.3 Auswahlanweisungen   49
  7.4 Wiederholungsanweisungen   52

7.5   Sprunganweisungen 55
7.6   Beispiel 56
7.7   Übungsaufgaben 57

8   Zusammengesetzte Datentypen   **59**
8.1   Felder 59
8.2   Zeichenfelder 63
8.3   Zeiger 64
8.4   Zeigerarithmetik 68
8.5   Zeiger und Felder 70
8.6   Die Operatoren `new` und `delete` 74
8.7   Referenzen 80
8.8   Aufzählungstypen 83
8.9   Typnamen und `typedef` 85
8.10   Der abgeleitete Typ `void*` 86
8.11   Übungsaufgaben 88

9   Typumwandlungen   **91**
9.1   Standardkonversionen 91
9.2   Explizite Typumwandlungen 91
9.3   Übungsaufgaben 96

10 Geltungsbereiche und Lebensdauer   **99**
10.1   Geltungsbereiche 99
10.2   Die Lebensdauer von Objekten 104
10.3   Übungsaufgaben 106

11 Funktionen   **109**
11.1   Deklaration und Definition von Funktionen 109
11.2   Funktionsaufruf und Argumentübergabe 112
11.3   Die Rückgabe von Funktionswerten 114
11.4   Referenzparameter 115
11.5   `const` Parameter 117
11.6   Felder als Argumente 118
11.7   Zeiger auf Funktionen 121
11.8   Der Geltungsbereich Funktion 124
11.9   Standardargumente 124
11.10 Unspezifizierte Argumente 126
11.11 Die Funktionen `main()` und `exit()` 128
11.12 `inline`-Funktionen 129
11.13 Übungsaufgaben 130

12 Externe und interne Bindung   **135**

13 Überladene Funktionsnamen — **145**
13.1 Einleitung — 145
13.2 Funktionen mit einem Argument — 148
13.3 Funktionen mit mehreren Argumenten — 153
13.4 Zeiger auf überladene Funktionen — 156
13.5 Übungsaufgaben — 157

14 Klassen — **159**
14.1 Die Definition von Klassen — 159
14.2 Klassenobjekte — 162
14.3 Der Geltungsbereich Klasse — 163
14.4 Die Spezifizierung von Zugriffsrechten — 166
14.5 Der Zeiger `this` — 170
14.6 Namensdeklarationen — 171
14.7 Die Konstruktion von Klassenobjekten — 174
14.8 Destruktoren — 181
14.9 Konstante Klassenobjekte — 183
14.10 Als `const` deklarierte Elementfunktionen — 184
14.11 `friend`-Funktionen und -Klassen — 187
14.12 `static` Klassenelemente — 190
14.13 `inline`-Elementfunktionen — 195
14.14 Zeiger auf Klassenelemente — 197
14.15 Klassenobjekte als Klassenelemente — 201
14.16 Eingebettete Typnamen — 207
14.17 Bitfelder — 208
14.18 Header-Dateien — 210
14.19 Übungsaufgaben — 213

15 Spezielle Konstruktoren — **219**
15.1 Der Copy-Konstruktor — 219
15.2 Typumwandlungen mittels Konstruktor — 223
15.3 Übungsaufgaben — 226

16 Überladene Operatoren — **229**
16.1 Einleitung — 229
16.2 Der Zuweisungsoperator = — 230
16.3 Einstellige Operatoren — 232
16.4 Zweistellige Operatoren — 235
16.5 Typumwandlungen mittels Konversionsfunktion — 240
16.6 Übungsaufgaben — 242

17 Abgeleitete Klassen — **247**
17.1 Einfache Vererbung — 247
17.2 Der Zugriff auf Klassenelemente — 252

17.3   Standardkonversionen von Zeigern und Objekten 256

17.4   Virtuelle Funktionen 263

17.5   Abstrakte Klassen 271

17.6   Laufzeit-Typinformationen 274

17.7   Mehrfachvererbung 278

17.8   Virtuelle Basisklassen 283

17.9   Spezielle Zugriffsrechte 287

17.10 Übungsaufgaben 290

18 Parametrisierte Funktionen und Klassen   297

18.1   Einleitung 297

18.2   Parametrisierte Funktionen 298

18.3   Parametrisierte Klassen 309

18.4   Übungsaufgaben 322

19 Namensbereiche   325

19.1   Einleitung 325

19.2   Die Definition von Namensbereichen 326

19.3   Die Definition der Elemente eines Namensbereichs 328

19.4   Aliasnamen 330

19.5   using-Deklarationen 331

19.6   using-Direktiven 332

19.7   Der Namensbereich std 334

19.8   Unbenannte Namensbereiche 334

19.9   Bindung 335

19.10 Übungsaufgaben 336

20 Streams   339

20.1   Einleitung 339

20.2   Formatierung 340

20.3   Einlesen von Zeichen und Zeilen 341

20.4   Ein- und Ausgabe von Klassenobjekten 343

20.5   Ein- und Ausgabe mit Dateien 345

20.6   Übungsaufgaben 347

21 Ausnahmebehandlung   351

21.1   Einleitung 351

21.2   Das Auswerfen von Ausnahmen 354

21.3   Die Behandlung von Ausnahmen 356

21.4   Zugriffsrechte 359

21.5   Standardausnahmeklassen 360

21.6   Übungsaufgaben 362

Anhang   365

A	ASCII-Tabelle	365
B	Arithmetische Standardkonversionen	366
C	Operatorprioritäten	367
D	Syntaxregeln	368
E	Die Klasse `Liste`	370
F	Die "One definition rule"	374

Literaturverzeichnis 375

Index 377

1

Einleitung

In diesem Kapitel erläutern wir die drei für die Beschreibung jeder modernen Programmiersprache wichtigen Komponenten Symbolvorrat, Syntax und Semantik. Anschließend wird die im weiteren verwendete Notation der Syntaxregeln eingeführt.

1.1 Grundbegriffe

Bei der Beschreibung einer Programmiersprache sind die folgenden drei Aspekte zu betrachten:

- Die *lexikalischen Elemente* der Sprache.

  Die Menge der lexikalischen Elemente ist der sog. *Symbolvorrat* der Sprache. Hierin sind die Wörter und Interpunktionszeichen enthalten, aus denen sich korrekt gebildete Programme (das sind die Sätze der Sprache) zusammensetzen. Die lexikalischen Elemente von C++ werden in Kapitel 2 und Kapitel 4 diskutiert. Dort wird beschrieben, welche Form die Namen der in einem Programm auftretenden Variablen, Typen, Funktionen usw. haben müssen, welche Namen für den Compiler eine feste Bedeutung haben, so daß sie vom Programmierer nicht mehr für eigene Zwecke verfügbar sind und wie Zahlen und andere Konstanten dargestellt werden.

- Die *Syntax* der Sprache.

  Nicht jede Folge von lexikalischen Elementen ist bereits ein korrekt gebildetes Programm. Welche Symbolfolgen zulässige Sätze der Sprache (das sind Programme, die der Compiler versteht und übersetzen kann) bilden, wird durch die Syntax oder Grammatik der Sprache geregelt. Für die Beschreibung der Syntax von C++ verwenden wir Syntaxregeln, deren Format im nächsten Abschnitt beschrieben ist.

- Die *Semantik* von Programmen.

  Die Semantik gibt zu jedem Programm die zugehörige Bedeutung an, beschreibt also, welche Aktionen das Programm ausführt, wie eingegebene Daten verarbeitet werden bzw. mit welchen Berechnungen Ausgaben erzeugt werden.

Wir werden die Semantik von C++-Programmen umgangssprachlich, anhand vieler Beispiele, jeweils im Zusammenhang mit der Erläuterung neuer Syntaxregeln erklären.

1.2 Syntaxnotation

Die Syntax einer Programmiersprache wird durch eine Zusammenstellung von Regeln (sog. Produktionsregeln) spezifiziert, die die korrekte Bildung von Programmen beschreiben. Zur Darstellung der Regeln benutzen wir die in *B.W. Kernighan, D.M. Ritchie, The C Programming Language, Prentice Hall, 1978* eingeführte Notation.

Jede Regel beginnt mit einem *nichtterminalen Symbol*, auf das ein Doppelpunkt und die Definition des Symbols folgen.

Terminale Symbole sind in `Schreibmaschinenschrift` gesetzt – sie werden unverändert in den Programmtext übernommen. In der Definition auftretende nichtterminale Symbole sind in anderen Regeln definiert. Alternativen stehen in verschiedenen Zeilen. Falls eine Alternative länger als eine Zeile ist, wird sie, doppelt eingerückt, in der folgenden Zeile fortgesetzt. In wenigen Ausnahmen wird eine lange Liste von Alternativen auf einer Zeile angegeben; dies wird durch den Ausdruck „eins von" angezeigt. Ein optionales terminales oder nichtterminales Symbol erhält den Index *opt*.

Beispielsweise beschreiben die beiden folgenden Regeln

> *C++-Programm:*
> > *Programmdatei*
> > *C++-Programm Programmdatei*
>
> *Programmdatei:*
> > *Deklaration*
> > *Programmdatei Deklaration*

daß ein C++-Programm aus einer oder mehreren Programmdateien besteht, die jeweils eine oder mehrere Deklarationen enthalten, und der Regel

> *Deklaration:*
> > *Dekl-Spezifiziererfolge$_{opt}$ Init-Deklaratorliste$_{opt}$;*
> > *Funktionsdefinition*
> > *Template-Deklaration*
> > *Explizite-Instanzierung*
> > *Explizite-Spezialisierung*
> > *Asm-Deklaration*
> > *Bindungsspezifikation*
> > *Namespace-Definition*
> > *Namespace-Alias-Definition*
> > *Using-Deklaration*
> > *Using-Direktive*

kann man entnehmen, daß eine Funktionsdefinition eine Deklaration ist.

Die in diesem Lehrbuch zusammengestellten Syntaxregeln definieren die Sprache
C++ nicht vollständig. Gelegentlich werden sie durch eine weniger formale, verbale
Erläuterung ergänzt. Die obige erste Regel ist beispielsweise durch den Zusatz zu
vervollständigen, daß jedes C++-Programm eine Funktionsdefinition enthalten muß,
in der eine Funktion mit dem Namen `main` definiert wird. Somit ist ein einzelnes ;
kein C++-Programm.

2

Lexikalische Konventionen

Anhand eines ersten Beispielprogramms werden wir in diesem Kapitel
in die Grundlagen von C++ einführen. Dazu stellen wir die lexikalischen Elemente: Kommentare, Bezeichner, Schlüsselwörter und Operatoren vor. Außerdem wird das Übersetzen und Ausführen eines ersten
C++-Programms besprochen.

2.1 Ein erstes Beispiel

Wir beginnen dieses Kapitel mit einem einfachen Programm, das die Fläche eines
Dreiecks bei gegebener Höhe und Grundseite berechnet:

```
/*  prog-1
 *
 * Programm zur Berechnung der Flaeche eines Dreiecks
 * mit vorgegebener Hoehe und Grundseite.
 *
 */

#include <iostream.h>  // vgl. Abschnitt Header-Dateien

int main() {
    int hoehe = 3;
    int grundseite = 5;
    double flaeche = hoehe*grundseite*0.5;
    cout << "Flaeche des Dreiecks: " << flaeche << '\n';
    return 0;
}
```

Am besten speichert man dieses Programm unter dem Dateinamen `prog-1.cpp`
ab und gibt, um es zu übersetzen, den Befehl `bcc32 prog-1` bzw. `cl prog-1.cpp`
(`bc5` bzw. `vc5`, Win 95/NT) ein. Man erhält dann als Ergebnis das lauffähige
Programm `prog-1.exe`, das mit der Eingabe `prog-1` gestartet werden kann. Für
den KAI-Compiler unter Solaris lautet der entsprechende Aufruf `KCC prog-1.cpp`

`-o prog-1`. Als Resultat erhält man das ausführbare Programm `prog-1`, das wieder mit `prog-1` gestartet wird.

Dieses Beispielprogramm wird in den folgenden Abschnitten dazu verwendet, die elementaren Sprachelemente näher zu erläutern.

2.2   Lexikalische Elemente

Die kleinsten Einheiten, aus denen sich ein C++-Programm zusammensetzt, nennt man *lexikalische Elemente*. Sie werden in fünf Klassen eingeteilt: Bezeichner, Schlüsselwörter und Interpunktionszeichen, Literalkonstanten, Operatoren und Trenner. Trenner sind Leerzeichen, Tabulatoren, Zeilenendezeichen, Seitenvorschübe und Kommentare. Sie werden dazu verwendet, die übrigen lexikalischen Elemente voneinander zu trennen. Zwischen aufeinanderfolgenden Bezeichnern, Schlüsselwörtern oder Literalkonstanten muß mindestens ein Trenner stehen – ansonsten werden Trenner vom Compiler ignoriert. Trenner, die nicht Kommentare sind, werden auch als „White-space" bezeichnet, da die entsprechenden Zeichen bei der Ausgabe des Programms auf Drucker oder Monitor nicht sichtbar sind.

Bei der Analyse eines Programmtextes werden vom Compiler immer die größtmöglichen lexikalischen Elemente gebildet, d.h. wenn ein kurzes in einem längeren Element enthalten ist, wird das längere ausgewertet.

2.3   Kommentare

Es gibt zwei Arten von Kommentaren: *Zeilenkommentare* beginnen mit `//` und erstrecken sich bis zum Ende der Zeile, in der sie stehen. *Kommentarblöcke* werden mit den beiden Zeichen `/*` eingeleitet und enden mit `*/`. Sie können sich über mehrere Programmzeilen erstrecken. Kommentarblöcke können nicht geschachtelt werden. Allerdings haben innerhalb von Kommentarblöcken die Zeichen `//` genauso wenig eine spezielle Bedeutung, wie umgekehrt die Zeichen `/*` und `*/` innerhalb von Zeilenkommentaren.

In unserem Beispielprogramm sind je ein Zeilenkommentar und ein Kommentarblock enthalten.

2.4   Bezeichner

Bezeichner sind Namen, die der Programmierer für die von ihm definierten Variablen, Konstanten, Typen, Klassen oder Funktionen wählt. In C++ können Bezeichner beliebig lang sein, d.h. alle Zeichen sind signifikant. Sie müssen mit einem Buchstaben oder dem Unterstrich `_` beginnen. Daran anschließend sind kleine und große Buchstaben von `a` bis `z` bzw. `A` bis `Z`, Ziffern von `0` bis `9` und Unterstriche erlaubt. Zwischen Groß- und Kleinschreibung wird unterschieden. Die entsprechende Syntaxregel ist somit:

Bezeichner:
    Buchstabe
    Bezeichner   Buchstabe
    Bezeichner   Ziffer

Buchstabe: eins von

    a b c d e f g h i j k l m n o p q r
    s t u v w x y z A B C D E F G H I J
    K L M N O P Q R S T U V W X Y Z _

Ziffer: eins von

    0 1 2 3 4 5 6 7 8 9

`prog-1` enthält die Bezeichner `main`, `hoehe`, `grundseite`, `flaeche` und `cout`.

Bezeichner, die mit einem Unterstrich beginnen oder mehrere Unterstriche enthalten, sollte man vermeiden, da sie typischerweise in C++-Bibliotheken verwendet werden.

2.5   Schlüsselwörter

Die folgenden *Schlüsselwörter* sind in C++ reserviert und dürfen nicht anderweitig (z.B. als Bezeichner) benutzt werden:

```
asm         do           inline           short        typeid
auto        double       int              signed       typename
bool        dynamic_cast long             sizeof       union
break       else         mutable          static       unsigned
case        enum         namespace        static_cast  using
catch       explicit     new              struct       virtual
char        extern       operator         switch       void
class       false        private          template     volatile
const       float        protected        this         wchar_t
const_cast  for          public           throw        while
continue    friend       register         true
default     goto         reinterpret_cast try
delete      if           return           typedef
```

Eine Art abgekürzter Schlüsselwörter sind die *Interpunktionszeichen* von C++:

```
;   {   }   ,   (   )   <   >   :   ...   =   \   '   "
```

mit denen Anweisungen abgeschlossen oder in Blöcken zusammengefaßt werden, Listenelemente voneinander getrennt werden usw.

Das Beispielprogramm enthält die Schlüsselwörter `int`, `double` und `return` und die Interpunktionszeichen `(`, `)`, `{`, `}` und `;`. Wie in `prog-1` treten geschweifte, runde oder spitze Klammern immer paarweise auf.

2.6 Operatoren

In C++ steht eine Vielzahl von *Operatoren* zur Verfügung – das sind Symbole, die verschiedene Operationen auf ihren Argumenten, den sog. *Operanden*, ausführen:

```
!      %      ^      &      *      ()     -      +      =      |      ~
[]     <      >      ?:     /      ,      .      ->     ++     --     .*
->*    <<     >>     <=     >=     ==     !=     &&     ||     *=     /=
%=     +=     -=     <<=    >>=    &=     ^=     |=     ::
```

In `prog-1` wird beispielsweise mit dem Multiplikationsoperator `*` das Produkt von Höhe und Grundseite des Dreiecks berechnet und dieser Wert danach mit der Zahl `0.5` multipliziert. Mit dem *Ausgabeoperator* `<<` werden dann der Text `Flaeche des Dreiecks:`, die berechnete Dreiecksfläche und ein Zeilenendezeichen ausgegeben.

Die Bedeutung der einzelnen Operatoren, ihre Wirkungsweise bei der Verarbeitung der Werte ihrer Operanden und der Berechnung des Werts von *Ausdrücken*, die sich aus Operatoren und Operanden zusammensetzen, werden in den folgenden Kapiteln, insbesondere in Abschnitt 6.2 erklärt.

2.7 Header-Dateien

Die meisten in diesem Buch abgedruckten Beispielprogramme enthalten an ihrem Anfang eine oder mehrere Zeilen der Art

```
#include <iostream.h>
```

Dies ist eine Anweisung an den Compiler, vor dem eigentlichen Übersetzungsvorgang die entsprechende Zeile durch den gesamten Inhalt sog. *Standard-Header-Dateien*, hier `iostream.h`, zu ersetzen.

Standard-Header-Dateien enthalten die Deklarationen von Funktionen, Typen, Klassen usw., die strenggenommen nicht Bestandteil der Sprache C++ sind, aber bei jeder C++-Implementierung in der *Standardbibliothek* zur Verfügung gestellt werden.

Um die Übersetzung von Programmen nicht grundlos aufwendig zu gestalten, wurden diese Deklarationen nach Funktionalität in verschiedene Header-Dateien unterteilt. Zum Beispiel befinden sich in `iostream.h` Deklarationen von Ein- und Ausgabefunktionen, in `math.h` Deklarationen von mathematischen Funktionen oder in `time.h` Deklarationen von Funktionen zur Manipulation von Datum und Uhrzeit.

Standard-Header stehen üblicherweise in einem Verzeichnis namens `include` oder unterhalb davon (bei den von uns verwendeten Compilern in den Verzeichnissen `\BC5\INCLUDE`, `\MSDEV\INCLUDE` bzw. `/opt/KCC_BASE/include`). Wird der Name einer benötigten Header-Datei wie oben – in `<` und `>` eingeschlossen – angegeben, so sucht der Compiler die Datei in den speziellen `include`-Verzeichnissen.

In den Abschnitten 14.15 und 14.18 werden wir zeigen, daß es bei der Programmierung von Klassen oft sinnvoll ist, die Spezifikation der Klasse (d.i. die Information, die ein Programm benötigt, das die Klasse benutzt) und die eigentliche Implementation der Klasse voneinander zu trennen, und die Klassenspezifikation in einer Header-Datei abzulegen.

In diesem Fall gibt man den Namen der Header-Datei im Anwendungsprogramm in " und " eingeschlossen an, z.B.

```
#include "doubmenge.h"
```

Der Compiler sucht die Datei dann zunächst im aktuellen Verzeichnis; falls er sie dort nicht findet, verfährt er, als sei `#include <doubmenge.h>` angegeben.

Im endgültigen Sprachstandard werden die Header-Dateien, die zur C++-Standardbibliothek gehören, ohne die Endung `.h` angegeben. Aus Kompatibilitätsgründen können die herkömmlichen Header-Dateien (mit der Endung `.h`) zwar weiterhin benutzt werden, davon ist aber für neue Projekte abzuraten. Die neuen Header-Dateien betten ihren Inhalt in den *Namensbereich* `std` ein. Dadurch werden Namenskollisionen zwischen benutzerdefinierten Bezeichnern und denen der Standardbibliothek vermieden (siehe auch Abschnitt 19.7). Im Gegensatz dazu benutzen die alten, auf der C-Standardbibliothek basierenden Header für ihre Bezeichner den globalen Namensbereich. Derzeit haben die uns bekannten C++-Compiler dieses Konzept noch nicht vollständig implementiert, so daß wir weiterhin die herkömmliche Form verwenden werden, damit unsere Beispiele ohne Änderung übersetzbar sind.

Bemerkung

Wie in Abschnitt 2.2 erwähnt, ist die Verwendung von Trennern bis auf die beschriebenen Ausnahmen optional. `prog-1` könnte man daher auch wie folgt eingeben:

```
#include<iostream.h>
int main(){int hoehe=3;int grundseite=5;double flaeche=hoehe*
grundseite*0.5;cout<<"Flaeche des Dreiecks: "<<flaeche<<'\n';
return 0;}
```

Es ist in das Ermessen des Programmierers gestellt, welche Form ihm geeignet und verständlich erscheint. Wir haben uns im folgenden an der Notation orientiert, die in Lippman (1995, 1996), Meyers (1992, 1996) oder Stroustrup (1994, 1997) benutzt wird.

3

Vordefinierte Datentypen

Wie in den meisten Programmiersprachen gibt es in C++ vordefinierte
– in die Sprache eingebaute – Datentypen und die entsprechenden Operatoren. Diese Typen, die die Grundlage aller vom Programmierer selbst
zusammengesetzte Typen sind, werden im folgenden Kapitel eingeführt.

Die von einem Programm zu verarbeitenden Daten werden, wie auch der eigentliche
Programmcode, im Speicher des Rechners als Bitfolgen abgelegt. Solche Speicherinhalte erhalten erst durch Angabe ihres *Datentyps* eine sinnvolle Interpretation. C++
stellt hierzu eine Reihe *vordefinierter Datentypen* zur Verfügung. Aus den vordefinierten Typen werden alle anderen in einem Programm verwendeten Datentypen
zusammengesetzt. Diese Typen werden in den Kapiteln 8, 11 und 14 besprochen.
Jedem Bezeichner muß genau ein Datentyp zugeordnet sein, der festlegt, welche
Operationen für den Bezeichner definiert sind, wieviel Speicherplatz reserviert wird
und welche Werte dem jeweiligen Speicherinhalt entsprechen. Mit dem Typ wird
also auch ein Wertebereich, d.h. die Menge der Werte, die eine Variable, Konstante
usw. annehmen kann, festgelegt.

Die vordefinierten Datentypen werden in *arithmetische Typen* und den Typ `void`
unterteilt; ein arithmetischer Typ ist entweder ein *ganzzahliger Datentyp* oder ein
Gleitpunkttyp.

Zu den ganzzahligen Typen gehören `short int`, `int`, `long int`, `bool` und `char`.
Mit ihnen repräsentiert man ganze Zahlen verschiedener Größe, logische Werte und
einzelne Zeichen.

Der Datentyp `char` kann jedes Zeichen aus dem Zeichensatz der verwendeten C++-
Implementierung aufnehmen. Der in einem `char` gespeicherte Wert entspricht dabei
der Ordinalzahl des Zeichens im jeweiligen Zeichensatz. In der Regel wird der *ASCII-
Code* (American Standard Code for Information Interchange) eingesetzt und jedes
Zeichen belegt ein Byte. Dieser Code ist in Anhang A abgedruckt.

Das Schlüsselwort `sizeof` kann als einstelliger Operator verwendet werden und gibt
dann die Größe eines Datentyps in Vielfachen des Typs `char` an. Es gilt folglich
`sizeof(char) = 1`.

Die folgenden Beziehungen müssen von jeder C++-Implementierung erfüllt werden:

$$1 = \texttt{sizeof(char)} \leq \texttt{sizeof(short int)} \leq \texttt{sizeof(int)} \leq \texttt{sizeof(long int)}.$$

Welche Wertebereiche tatsächlich realisiert sind, kann man mit dem folgenden Programm feststellen:

```cpp
// prog-2

#include <iostream.h>
#include <limits.h>

int main() {
    cout << "char        " << CHAR_MIN << " ... " << CHAR_MAX
         << "\nshort int   " << SHRT_MIN << " ... " << SHRT_MAX
         << "\nint         " << INT_MIN << " ... " << INT_MAX
         << "\nlong int    " << LONG_MIN << " ... " << LONG_MAX
         << '\n';
    return 0;
}
```

Die beiden nach dem Typnamen ausgegebenen Zahlen sind hier jeweils die Unter- bzw. Obergrenze des Wertebereichs, der zur Verfügung gestellt wird.

Alle ganzzahligen Typen mit Ausnahme von **bool** können explizit als **signed** bzw. **unsigned** deklariert werden. Somit lassen sich acht Kombinationen bilden:

```
unsigned char
unsigned short int
unsigned int
unsigned long int
signed char
signed short int
signed int
signed long int
```

Wie die Namen bereits andeuten, steht **unsigned** für Typen ohne Vorzeichen, die nur positive Werte annehmen können und **signed** für Typen mit Vorzeichen, deren Werte auch negativ sein können. Wie das Vorzeichen behandelt wird, ist maschinen- und implementationsabhängig – bei den von uns verwendeten Compilern ist dafür jeweils das höchstwertige Bit reserviert. Damit unterscheidet sich ein **unsigned** Wertebereich von dem entsprechenden **signed** Wertebereich lediglich dadurch, daß er so verschoben wurde, daß er bei 0 beginnt und entsprechend eine doppelt so große Obergrenze hat (vgl. die Übungsaufgabe am Ende des Kapitels).

Bei jedem C++-Compiler ist

$$\texttt{sizeof(T)} = \texttt{sizeof(signed T)} = \texttt{sizeof(unsigned T)},$$

wobei T für **char**, **short int**, **int** oder **long int** steht. Wenn nichts angegeben ist, wird standardmäßig **signed** angenommen, d.h. **int** und **signed int** haben denselben Effekt – der Typ **char** bildet allerdings eine Ausnahme: hier ist es der jeweiligen Implementation überlassen, ob ein **char** als **signed char** oder **unsigned char** behandelt wird. Diese drei Typen werden unterschieden.

Zur Darstellung logischer (*boolescher*) Werte steht in C++ der Datentyp **bool** zur Verfügung. Sein Wertebereich besteht aus den Werten **false** und **true**, die – wie wir noch sehen werden – eng mit **int**-Werten gleich 0 bzw. ungleich 0 verknüpft sind.

Die Gleitpunkttypen in C++ sind **float**, **double** und **long double**. Ihre Wertebereiche sind jeweils eine Teilmenge der rationalen Zahlen. Ähnlich wie bei den ganzzahligen Typen ist garantiert, daß

$$\texttt{sizeof(float)} \leq \texttt{sizeof(double)} \leq \texttt{sizeof(long double)}$$

gilt. Die verfügbaren Wertebereiche und die Anzahl der signifikanten Dezimalziffern für diese Werte erhält man mittels **prog-3**:

```cpp
// prog-3

#include <iostream.h>
#include <float.h>

int main() {
    cout << "float        " << FLT_MIN << " ... " << FLT_MAX
        << "  " << FLT_DIG
        << "\ndouble       " << DBL_MIN << " ... " << DBL_MAX
        << "  " << DBL_DIG
        << "\nlong double  " << LDBL_MIN << " ... " << LDBL_MAX
        << "  " << LDBL_DIG << '\n';
    return 0;
}
```

Nach dem Typnamen werden hier jeweils die kleinste bzw. größte darstellbare Zahl und die entsprechende Genauigkeit ausgegeben. Es ist zweckmäßig, sich wie gezeigt mit den Wertebereichen und Genauigkeiten des Prozessors bzw. Compilers vertraut zu machen – insbesondere, wenn für Programmentwicklungen große Indizes oder präzise numerische Resultate benötigt werden. (Eine Compilerimplementation richtet sich hier sinnvollerweise immer nach der jeweiligen Prozessorarchitektur.)

Stehen beispielsweise im Speicher ab einer bestimmten Adresse die folgenden Bits

    01000001 01000010 01000011 01000100   ⟶ aufsteigende Adressen

und werden diese Bits als **float**-Wert interpretiert, so ist das Ergebnis **781.03522** (bei Benutzung von **bc5** oder **vc5**) bzw. die Zahl **12.14142** (bei **KCC**). Ein **long int** ergibt **1145258561** bzw. **1094861636**, und bei Interpretation als vier **chars** erhält

man jeweils A, B, C und D. Man sieht, daß alle drei Compiler zur Darstellung von
Zeichen den ASCII-Code verwenden. Wie oben bemerkt, wird in einem `char` jeweils
die Ordinalzahl des entsprechenden Zeichens gespeichert, im Beispiel also 65 für
A, 66 für B usw. Die unterschiedlichen Ergebnisse bei den arithmetischen Typen
kommen dadurch zustande, daß zusammengehörige Bytes von den verschiedenen
Prozessoren in umgekehrter Reihenfolge aneinandergefügt werden.

Der vordefinierte Datentyp `void` bezeichnet eine leere Wertemenge. Wir werden
ihn im folgenden als Typ des Funktionswerts bei Funktionen benutzen, die keinen
Wert zurückgeben. Variablen vom Typ `void` sind aus naheliegenden Gründen nicht
zulässig. Die besonderen Möglichkeiten, die der zusammengesetzte Typ „Zeiger auf
`void`" bietet, werden wir Abschnitt 8.10 besprechen.

Bemerkung

Der Vollständigkeit halber, und zum Verständnis der Programme anderer Entwickler, muß an dieser Stelle erwähnt werden, daß das Schlüsselwort `int` im Zusammenhang mit anderen Schlüsselwörtern, wie `unsigned`, `short`, `const` usw. entfallen
kann. Zum Beispiel kann anstelle von `unsigned int` kurz `unsigned` stehen. Diese
Kurznotation wird von uns im folgenden nicht eingesetzt.

3.1   Übungsaufgabe

Stellen Sie mit einem Programm analog zu `prog-2` fest, mit welchen Maximalwerten Ihr Compiler bei den Datentypen `unsigned char`, `unsigned short`
`int`, `unsigned int` und `unsigned long int` arbeitet. Die entsprechenden
Werte `UCHAR_MAX`, `USHRT_MAX` usw. kann man wieder dem Standard-Header
`limits.h` entnehmen.

4

Literalkonstanten

In Abschnitt 2.2 wurde erklärt, daß die Symbolfolge, aus der sich ein C++-Programm zusammensetzt, Literalkonstanten enthalten kann. Diese beschreiben einen Wert, der sich während der Laufzeit des Programms nicht ändern kann. Sie heißen *Literal*konstanten, weil ihr Wert bereits durch die Schreibweise der Konstanten ausgedrückt wird. Jede Literalkonstante hat einen zugehörigen Datentyp. Entsprechend den vordefinierten Datentypen gibt es ganzzahlige Konstanten und Zeichenkonstanten sowie Gleitpunktkonstanten. Zur einfachen Ausgabe mehrerer Zeichen stehen darüber hinaus Zeichenketten zur Verfügung. Der Compiler erkennt nicht nur den Wert sondern auch den Typ einer Literalkonstanten jeweils ohne besondere Deklaration.

4.1 Ganzzahlige Konstanten

Die Literalkonstanten des Typs `bool` sind `false` und `true`. Zur Darstellung aller anderen *ganzzahligen Konstanten* kann das Dezimal-, Oktal- oder Hexadezimalsystem benutzt werden.

In der Dezimaldarstellung besteht eine ganzzahlige Konstante aus einer Ziffernfolge, die nicht mit 0 beginnen darf. Liegt ihr Wert im Wertebereich `int`, so hat sie den Typ `int`, anderenfalls den Typ `long int`, bzw. `unsigned long int`. Ihr Typ ist somit maschinen- und implementationsabhängig.

Beginnt eine ganzzahlige Konstante mit der Ziffer 0, so wird sie als Oktalzahl interpretiert, sie muß also aus Oktalziffern bestehen; beginnt die Konstante mit `0x` oder `0X`, wird sie als Hexadezimalzahl interpretiert und die nachfolgenden Ziffern müssen Hexadezimalziffern sein:

> *Oktalziffer:* eins von
>   0 1 2 3 4 5 6 7
> *Hexadezimalziffer:* eins von
>   *Ziffer* a b c d e f A B C D E F

Je nach Größe ihres Werts hat die Konstante den Typ `int`, `unsigned int`, `long int` oder `unsigned long int`.

Die Zahl 143 kann beispielsweise wie folgt dargestellt werden:

```
143     // dezimal
0217    // oktal
0x8f    // hexadezimal
```

Der Typ einer ganzzahligen Konstanten kann auch durch Anfügen einer *Typendung* gesteuert werden. Mit der Typendung u oder U erhält die Konstante den Typ unsigned int bzw. (je nach Größe) unsigned long int. Mit der Typendung l oder L erhält sie den Typ long int bzw. unsigned long int. Die Endungen ul, lu, uL, Lu, Ul, lU, UL und LU ergeben den Datentyp unsigned long int. Wie im folgenden Beispiel

```
157u     1L      06600001      0XFFFFFFFFFUl
```

muß sich eine Typendung jeweils direkt an die zugehörige Ziffernfolge anschließen.

4.2   Zeichenkonstanten

Eine *Zeichenkonstante* besteht aus einem oder mehreren in Hochkommas eingeschlossenen Zeichen, wie z.B. 'x' oder '0'. Die Zeichen ', \ und das Zeilenendezeichen sind hierbei ausgeschlossen; zu ihrer Darstellung muß man auf die auf der nächsten Seite zusammengestellten Escape-Sequenzen zurückgreifen.

Bei einem einzelnen Zeichen hat die Konstante den Typ char. Der ganzzahlige Wert einer solchen Konstanten ist die Ordinalzahl des Zeichens im verwendeten Zeichensatz. Zeichenkonstanten können daher in numerischen Operationen genau wie andere ganzzahlige Werte verwendet werden. Zum Beispiel wird mit den beiden Anweisungen

```
cout << 50 + 50;
cout << '2' + '2';
```

beim hier zugrunde gelegten ASCII-Zeichensatz jeweils die Zahl 100 ausgegeben. Hiervon ist aus Gründen der Lesbarkeit und Portabilität ebenso abzuraten, wie von der umgekehrt ebenfalls möglichen Speicherung von ganzzahligen Konstanten in Variablen oder Konstanten des Datentyps char wie im Programmfragment

```
char ch = 97;
cout << ch;
ch = 122;
cout << ch;
```

Um die Zeichen a und z auszugeben, schreibt man hier besser ch = 'a' und ch = 'z'.

Bei der Verarbeitung von Zeichen, die im Rahmen der C++-Syntax eine besondere Bedeutung haben oder nicht direkt über die Tastatur eingegeben werden können (z.B. White-space), verwendet man als Ersatzdarstellung *Escape-Sequenzen*, die immer mit einem \ beginnen:

Zeilenende	\n
horizontaler Tabulator	\t
vertikaler Tabulator	\v
Backspace	\b
Wagenrücklauf	\r
Seitenvorschub	\f
Alarm	\a
\	\\
?	\?
'	\'
"	\"

Es gibt noch zwei weitere allgemeine Escape-Sequenzen, mit denen sich beliebige Zeichencodes numerisch spezifizieren lassen:

- Ein \, gefolgt von mindestens einer Oktalziffer sowie

- \x, gefolgt von mindestens einer Hexadezimalziffer.

Liegt der entsprechende Wert nicht im `char`-Wertebereich, so ist hier das Resultat implementationsabhängig. Mit allen genannten Escape-Sequenzen wird jeweils ein einzelnes Zeichen dargestellt.

Zeichenkonstanten mit mehreren Zeichen, z.B. 'ab', haben den Typ `int`. Die zugehörigen Werte sind implementationsabhängig; wir werden solche Konstanten daher im folgenden nicht verwenden.

4.3 Gleitpunktkonstanten

Wie die ganzzahligen Konstanten, stellen *Gleitpunktkonstanten* Werte arithmetischer Datentypen dar – hier speziell von Gleitpunkttypen, die immer `signed` sind. Für Gleitpunktkonstanten existiert eine große Auswahl alternativer Schreibweisen:

Gleitpunktkonstante:
$\quad$ *Ziffernfolge*$_{opt}$. *Ziffernfolge*$_{opt}$ **e** *Vorzeichen*$_{opt}$ *Ziffernfolge* *Endung*$_{opt}$
$\quad$ *Ziffernfolge*$_{opt}$. *Ziffernfolge*$_{opt}$ **E** *Vorzeichen*$_{opt}$ *Ziffernfolge* *Endung*$_{opt}$
$\quad$ *Ziffernfolge* **e** *Vorzeichen*$_{opt}$ *Ziffernfolge* *Endung*$_{opt}$
$\quad$ *Ziffernfolge* **E** *Vorzeichen*$_{opt}$ *Ziffernfolge* *Endung*$_{opt}$
$\quad$ *Ziffernfolge*$_{opt}$. *Ziffernfolge*$_{opt}$ *Endung*$_{opt}$

Endung: eins von
$\quad$ **f l F L**

Vorzeichen: eins von
$\quad$ **+ -**

Die Ziffernfolgen vor bzw. nach dem Dezimalpunkt dürfen nicht beide gleichzeitig
entfallen. Sofern ein e oder E vorkommt, bedeutet es „mal 10 hoch". Die Zahl 47.8
ist beispielsweise darstellbar durch:

```
47.8     478e-1    .478E2
```

Sofern keine Endung angegeben ist, hat eine Gleitpunktkonstante den Typ double.
Mit den Typendungen f und F wird der Typ float spezifiziert, mit l und L der Typ
long double. In der Regel (dies hängt vom verwendeten Terminal bzw. Drucker
ab) ist L dem kleingeschriebenen l vorzuziehen, da es nicht so leicht mit der Ziffer 1
verwechselt wird:

```
31.1801101    31.1801101    31.180110L
```

Bemerkung

Weder bei ganzzahligen Konstanten noch bei Gleitpunktkonstanten sind innerhalb
der Zahlendarstellung Trenner, z.B. Leerzeichen, zulässig.

4.4   Zeichenketten

Eine *Zeichenkette* besteht aus einer (möglicherweise leeren) Folge von Zeichen, die
in Anführungszeichen eingeschlossen sind, z.B.

```
"47.8"
"C++  Version 5.01"
""
```

Ausgenommen sind wieder ", \ und das Zeilenendezeichen. Eine Zeichenkette kann
aber die in Abschnitt 4.2 behandelten Escape-Sequenzen enthalten. Eine Escape-
Sequenz aus Oktal- bzw. Hexadezimalziffern ist durch das erste Zeichen beendet,
das nicht mehr Oktal- bzw. Hexadezimalziffer ist.

Im Programmtext aufeinanderfolgende, nur durch White-space getrennte Zeichenketten werden vom Compiler zu einer Zeichenkette zusammengesetzt, d.h.

```
cout << "Zeichen"
        "folge\n";
```

erzeugt die gleiche Ausgabe, wie

```
cout << "Zeichenfolge\n";
```

Zeichenketten werden vom Compiler im Datenteil des ausführbaren Programms als
Folge von char-Werten angelegt und stehen während der gesamten Laufzeit des
Programms zur Verfügung – ihr Typ ist der *zusammengesetzte Datentyp* „Feld

mit konstanten Komponenten des Typs char" und sie haben die Speicherklasse
static. Felder werden in den Abschnitten 8.1 und 8.2, static-Größen werden in
Abschnitt 10.2 im Detail besprochen. Als letztes Element wird das Zeichen '\0'
als *Terminator* an das Feld angefügt, so daß das Programm beim Lesen einer Zeichenkette deren Ende feststellen kann. Die Größe des Feldes ist damit die Länge
der Zeichenkette + 1.

4.5 Beispiel

Die Definition der Sprache C++ beinhaltet keine Konstrukte für die Ein- und Ausgabe. Statt dessen werden in der Standardbibliothek Ein- und Ausgabemöglichkeiten
über sog. *Datenstromobjekte* („Stream"-Objekte) zur Verfügung gestellt, die selbst
in C++ implementiert sind. Um Stream-Objekte benutzen zu können, muß die
Header-Datei iostream.h ins Programm aufgenommen werden.

Die Standardausgabe (i.d.R. der Bildschirm) ist der Variablen (dem Datenstromobjekt) cout zugeordnet, die in iostream.h eingeführt wird. Der Ausgabeoperator <<
muß als linken Operanden ein Stream-Objekt haben (bisher immer: cout) und als
rechten die auszugebende Größe. Standardmäßig kann er Werte vordefinierter Datentypen sowie Zeichenketten und void*-Werte (siehe Abschnitt 8.3) ausgeben und
fügt dazu die entsprechenden Zeichen in den Ausgabedatenstrom ein. Mit prog-4
wird ausgegeben, in wie vielen Bytes short ints, ints und long ints gespeichert
werden.

```
// prog-4

#include <iostream.h>

int main() {
    cout << "short int:\t" << sizeof(short int) << '\n'
         << "int:\t\t"     << sizeof(int)       << '\n'
         << "long int:\t"  << sizeof(long int)
         << endl;
    return 0;
}
```

Für das letzte Zeilenende ist hier endl besser geeignet als die Zeichenkonstante '\n'
– es wird dann zusätzlich zur Ausgabe des Zeilenendezeichens der Ausgabepuffer
geleert. Wie in prog-2 und prog-3 können mehrere Ausgaben in einer Anweisung
zusammengefaßt werden. Dadurch kommt prog-4 wieder mit einer einzigen Ausgabeanweisung aus.

Weitere Möglichkeiten und Erläuterungen im Zusammenhang mit Streams werden
wir in den folgenden Kapiteln nach und nach vorstellen. Eine Zusammenstellung
grundlegender Techniken zur Ein- und Ausgabe von selbst zusammengesetzten Datentypen und zum Zugriff auf Dateien liefert Kapitel 20.

Das am Ende der bisherigen Beispielprogramme **prog-1**, ..., **prog-4** stehende
return 0; gibt den Wert 0 als Funktionswert des Programms (genauer: der Funktion **main()**) an die Betriebssystemumgebung zurück. Nach Konvention zeigt 0 fehlerfreien Durchlauf und ein Wert ungleich 0 einen fehlerhaften Abbruch an; wir gehen in Abschnitt 11.11 hierauf nochmals genauer ein.

5

Variablen und Konstanten

Jedes C++-Programm besteht aus einer oder mehreren Dateien, die sich wiederum aus einer Folge von Deklarationen zusammensetzen. Der scheinbare Widerspruch zum Verständnis eines Programms als Folge von Anweisungen klärt sich dadurch auf, daß ausführbare Anweisungen in Funktionen enthalten sind und daß Funktionsdefinitionen selbst wieder Deklarationen sind (siehe Abschnitt 1.2 und Kapitel 11). In diesem Kapitel wird die Deklaration der Variablen und symbolischen Konstanten eines Programms behandelt.

5.1   Einleitung

Die Übersetzungseinheit in C++ ist die Programmdatei. Eine beliebige Anzahl von Programmdateien kann mit dem Compiler separat übersetzt und anschließend mit dem Linker zu einem ausführbaren Programm gebunden werden.

Jedes Programm muß genau eine Funktion mit dem Namen `main` enthalten. Diese Funktion wird beim Programmstart aufgerufen und sequentiell abgearbeitet, sofern keine Anweisungen zur Steuerung des Programmflusses eingesetzt werden (siehe Kapitel 7). Mit der Anweisung `return 0;` wird dem aufrufenden Betriebssystem die korrekte Beendigung der Funktion `main()` signalisiert.

Das Zerlegen eines Programms in mehrere Dateien hat verschiedene Vorteile: Größere Programme können von mehreren Programmierern getrennt entwickelt werden. Bei kleineren Änderungen, die nur eine Datei betreffen, muß nur diese neu übersetzt werden, wodurch viel Zeit gespart wird. Außerdem haben Programmierer die Möglichkeit, anderen ihre selbst entwickelten Funktionen als bereits übersetzte Objektdateien bzw. Funktionsbibliotheken zur Benutzung zu überlassen, ohne den Quellcode mitliefern zu müssen. Die Beschreibung der Schnittstellen, vor allem in Form von Deklarationen in Header-Dateien, ist dann ausreichend.

Damit der Compiler eine Programmdatei übersetzen kann, müssen die Namen der in dieser Datei vorkommenden Variablen, symbolischen Konstanten, Funktionen, Enumeratoren, Typen, Klassenelemente, Namensbereiche und Marken mittels einer *Deklaration* eingeführt werden. Darüber hinaus muß es für jede Variable, jede symbolische Konstante und jede Funktion innerhalb eines Programms genau eine

Definition geben, die für Variablen den entsprechenden Speicherplatz reserviert, die Bezeichner von symbolischen Konstanten mit Werten verknüpft und für Funktionen die Anweisungen des Funktionsrumpfs festlegt. Nur bei Vorhandensein einer Definition kann der Linker die jeweiligen Referenzen aus den einzelnen Programmdateien realisieren und ein ausführbares Programm erzeugen. Klassen und Aufzählungstypen nehmen eine Sonderstellung ein: sie müssen in allen Programmdateien definiert werden, in denen man ihren Namen verwenden will (siehe Anhang F).

Es ist wichtig, zwischen der Deklaration einer Größe und ihrer Definition zu unterscheiden: Eine Deklaration informiert den Compiler über einen Namen und den zugehörigen Typ, ohne weitere Details anzugeben. In der Definition werden Speicherplätze, Werte und Funktionscodes festgelegt. Jede Definition ist auch eine Deklaration. Die Syntax der Deklaration von Variablen und symbolischen Konstanten ergibt sich – zusammen mit der *Deklaration*-Regel aus Abschnitt 1.2 – aus den folgenden Regeln.

Dekl-Spezifiziererfolge:
   Dekl-Spezifiziererfolge$_{opt}$ *Dekl-Spezifizierer*

Dekl-Spezifizierer:
   Speicherklassenspezifizierer
   Typspezifizierer
   Funktionsspezifizierer
   `friend`
   `typedef`

Typspezifizierer:
   Einfacher-Typspezifizierer
   Klassenspezifizierer
   Enum-Spezifizierer
   Ausführlicher-Typspezifizierer
   Cv-Qualifizierer

Einfacher-Typspezifizierer:
   `::`$_{opt}$ *Eingebetteter-Namensspezifizierer*$_{opt}$ *Bezeichner*
   `::`$_{opt}$ *Eingebetteter-Namensspezifizierer*$_{opt}$ *Template-Name*
   `char`
   `bool`
   `short`
   `int`
   `long`
   `signed`
   `unsigned`
   `float`
   `double`
   `void`

Init-Deklaratorliste:
   Init-Deklarator
   Init-Deklaratorliste `,` *Init-Deklarator*

Init-Deklarator:
    Deklarator Initialisierer$_{opt}$

Deklarator:
    Direkter-Deklarator
    Zeigeroperator Deklarator

Direkter-Deklarator:
    Deklaratorname
    Direkter-Deklarator (Parameter-Deklarationsklausel) Cv-Qualifiziererfolge$_{opt}$
    Direkter-Deklarator [Konstanter-Ausdruck$_{opt}$]
    (Deklarator)

Deklaratorname:
    Name
    Eingebetteter-Namensspezifizierer$_{opt}$ Bezeichner
    Eingebetteter-Namensspezifizierer$_{opt}$ Template-Name

Name:
    Unqualifizierter-Name
    Qualifizierter-Name

Unqualifizierter-Name:
    Bezeichner
    Operatorfunktionsname
    Konversionsfunktionsname
    ˜ Klassenname

Cv-Qualifizierer:
    `const`
    `volatile`

Hier und im folgenden sind die jeweils benötigten Regeln immer vollständig aufgeführt, auch wenn bestimmte Alternativen, oben z.B. die Spezifizierer `friend` oder `typedef`, erst in späteren Abschnitten benötigt werden. In Anhang D ist für alle C++-Syntaxregeln angegeben, auf welcher Seite sie definiert sind.

5.2   Deklaration und Definition von Variablen

Eine *Variable* bezeichnet einen Speicherbereich, dessen Wert zur Laufzeit des Programms verändert werden kann. Bevor Variablen in einem Programm eingesetzt werden können, müssen sie deklariert werden. In der Deklaration werden sie mit einem frei wählbaren, aber eindeutigen Bezeichner und einem Datentyp verknüpft. Der für eine Variable (zur Ablage ihres Wertes) benötigte Speicherplatz wird in ihrer Definition reserviert. Zum Beispiel sind

```
char ch;
float x;
long double sum;
unsigned long int uli;
```

Definitionen der Variablen ch, x, sum und uli, die hier lediglich aus dem Namen
eines vordefinierten Datentyps, dem Namen der Variablen und dem abschließenden ;
bestehen. Der Name des Datentyps besteht u.U. aus mehreren Typspezifizierern.

In der Einleitung wurde bereits darauf hingewiesen, daß es erforderlich sein kann,
für ein und dieselbe Variable in einem Programm mehrere übereinstimmende Deklarationen und genau eine Definition anzugeben. Eine Variablendeklaration, die nicht
gleichzeitig Definition ist, unterscheidet sich von einer Variablendefinition durch das
vorangestellte Schlüsselwort extern; z.B. ist

```
extern float x;
```

Deklaration und nicht Definition der float-Variablen x. Für den Compiler bedeutet
dies: „x hat den Typ float und ist an anderer Stelle des Programms definiert".
Syntaktisch gesehen ist extern ein Speicherklassenspezifizierer, gemäß der Regel

> *Speicherklassenspezifizierer:*
> ```
> auto
> register
> static
> extern
> mutable
> ```

Bei den Definitionen des obigen Beispiels wurde für die Variablen Speicherplatz
reserviert, aber kein Anfangswert bereitgestellt. Man nennt ch, x, ... dann *nicht
initialisiert*. Da die reservierten Speicherbereiche jedoch eine bestimmte Bitfolge
und somit irgendeinen Wert enthalten, bezeichnet man den Wert der Variablen als
undefiniert. Unter Verwendung des optionalen Initialisierers aus der *Init-Deklarator-*
Regel kann eine Variable bei ihrer Definition mit einem Startwert passenden Typs
initialisiert werden – sie hat dann einen definierten Wert:

> *Initialisierer:*
> *= Initialisiererklausel*
> *(Ausdrucksliste)*
>
> *Initialisiererklausel:*
> *Zuweisungsausdruck*
> *{ Initialisiererliste $_{,opt}$ }*
> *{ }*
>
> *Initialisiererliste:*
> *Initialisiererklausel*
> *Initialisiererliste , Initialisiererklausel*
>
> *Ausdrucksliste:*
> *Zuweisungsausdruck*
> *Ausdrucksliste , Zuweisungsausdruck*

In Abschnitt 6.2 sind die Syntaxregeln für Zuweisungsausdrücke angegeben; im einfachsten Fall ist ein solcher Ausdruck eine Literalkonstante. Beispiele für Definitionen mit Initialisierern sind somit

```
char nl = '\n';
float eps = 1e-7;
unsigned long int fWort = 0xffffffffUL;
```

Mehrere Variablen desselben Datentyps können in einer einzigen Deklaration bzw. Definition zusammengefaßt werden, wobei innerhalb von Definitionen auch Initialisierungen möglich sind:

```
extern int i, j;
double a = 1.23, b;
```

Die Initialisierung von Variablen ist nicht mit der Zuweisung von Werten durch Anwendung eines Zuweisungsoperators innerhalb von Ausdrücken (Abschnitt 6.2) zu verwechseln. Während dort der linke Operand eine bereits existierende Variable ist, wird bei der Initialisierung zunächst eine Variable erzeugt, in deren Speicherplatz dann ein Wert kopiert wird.

Bemerkung

Es ist generell empfehlenswert, eine Variable sofort bei ihrer Definition zu initialisieren (sofern nicht direkt im Anschluß an die Definition ihr Wert eingelesen wird). Laufzeitfehler, die sich aufgrund undefinierter Variablenwerte ereignen, sind oft nur schwer zu lokalisieren.

5.3 Symbolische Konstanten

Das Schlüsselwort `const` kann den anderen Typspezifizierern einer Variablendeklaration vorangestellt werden. Die Variable wird dadurch zu einer *symbolischen Konstanten* mit eingeschränkten Zugriffsrechten – ihr Wert darf nicht verändert werden. Im Gegensatz zur Literalkonstanten ist eine symbolische Konstante wie eine Variable durch einen Bezeichner benannt. (Symbolische Konstanten werden gelegentlich auch als `const`-Variablen bezeichnet.)

Die Deklaration einer symbolischen Konstanten ist keine Definition, wenn sie den `extern`-Spezifizierer, aber keinen Initialisierer enthält. Fehlt `extern`, ist die Deklaration gleichzeitig Definition und die Konstante muß (sinnvollerweise) initialisiert werden. Zum Beispiel:

```
const double pi = 3.14159;        // Definition
extern const int bell = '\a';     // Definition
extern const int maxLaenge;       // Deklaration
const long double euler;          // Fehler: keine Initialisierung
```

Auch für eine symbolische Konstante gilt, daß sie in einem Programm mehrfach deklariert werden kann, daß das Programm aber genau eine Definition, in der sie ihren konstanten Wert erhält, enthalten muß.

Bei mehrfachen Deklarationen für ein und dieselbe symbolische Konstante müssen die aufgeführten Typspezifizierer jeweils übereinstimmen.

Symbolische Konstanten werden nicht generell wie Variablen im Speicher abgelegt.
Je nach Verwendung im Programm kann der Compiler es sich zunutze machen,
daß sich der Wert einer symbolischen Konstanten während eines Programmlaufs
nicht ändert, und diesen Wert direkt in den Objektcode einsetzen. Bei den von
uns verwendeten Compilern wird Speicherplatz reserviert, wenn die Konstante als
extern deklariert ist, wenn die Adresse der Konstanten berechnet wird (Kapitel 8)
oder die Konstante als Referenz an eine Funktion übergeben wird (Kapitel 11).

5.4   L-Werte

Ein *L-Wert* ist ein Ausdruck, der auf eine Adresse im Speicher verweist. An dieser Adresse kann z.B. eine Variable, eine symbolische Konstante, ein Feld oder eine
Funktion gespeichert sein. Steht der L-Wert für etwas, dessen Wert geändert werden
darf, so spricht man von einem *modifizierbaren L-Wert*. Ein L-Wert ist modifizierbar, wenn er nicht Name einer Funktion, eines Feldes oder **const** spezifizierter Name
ist. Der Name einer Variablen ist somit ein modifizierbarer L-Wert. Dagegen ist
eine symbolische Konstante nicht modifizierbar.

Ob ein Ausdruck ein L-Wert bzw. modifizierbarer L-Wert ist oder nicht, wird haupt-
sächlich im folgenden Kapitel bei der Verknüpfung von Operanden in Ausdrücken
diskutiert. Dort geben wir für die verschiedenen Operatoren jeweils an, ob ihre
Operanden L-Werte sein müssen und ob die Auswertung des Ausdrucks – also die
Anwendung der Operatoren – einen L-Wert oder modifizierbaren L-Wert ergibt.

5.5   Beispiel

Das Pendant zur Standardausgabe mittels `cout` ist die Standardeingabe, für die in
`iostream.h` das Datenstromobjekt `cin` erzeugt wird. In der Regel ist `cin` der Tastatur zugeordnet. Der zugehörige Eingabeoperator ist `>>`, dessen linker bzw. rechter
Operand ein Stream-Objekt bzw. die einzulesende Variable ist. Standardmäßig ist
er für die vordefinierten Datentypen und für Zeichenketten definiert. Er überliest
White-space und akzeptiert nur Zeichen, die zum einzulesenden Datentyp passen
(vgl. die Übungsaufgabe am Ende des Kapitels). Jede Tastatureingabe muß mit der
Return-Taste an `cin` abgeschickt werden.

```
// prog-5

#include <iostream.h>

int main() {
    const double pi = 3.141593;
    cout << "Das Programm berechnet zu vorgegebenem Radius und"
            " Winkel\nBogenlaenge und Flaeche des zugehoerigen"
            " Kreissegments.\n\nWelcher Radius (in Meter)? ";
    double radius;
```

```
    cin >> radius;
    cout << "Welcher Winkel (in Grad)? ";
    double winkel;
    cin >> winkel;
    double bogen = pi*radius*winkel/180.0;
    double flaeche = 0.5*bogen*radius;
    cout << "Bogen:    " << bogen << " m\n"
         << "Flaeche: " << flaeche << " qm" << endl;
    return 0;
}
```

In `prog-5` werden die symbolische Konstante `pi` und die `double`-Variablen `radius`, `winkel`, `bogen` und `flaeche` deklariert. Alle diese Deklarationen sind gleichzeitig Definitionen. Man erkennt an dem Beispiel auch, daß in C++ Deklarationen innerhalb einer Funktion, hier `main()`, überall dort stehen können, wo eine Anweisung stehen kann (vgl. Kapitel 7).

Wie bei der Ausgabe ist es möglich, mehrere Eingaben in einer Anweisung zusammenzufassen. Im Beispiel hätte man auch schreiben können:

```
    cout << "Geben Sie bitte Radius und Winkel ein: ";
    double radius, winkel;
    cin >> radius >> winkel;
```

Die einzelnen Werte müssen dabei durch White-space getrennt eingegeben werden.

Bemerkungen

Ein Ausdruck, der nicht L-Wert ist, heißt auch *R-Wert*. Literalkonstanten, z.B. `'a'`, `true` oder `1.23`, sind einfache R-Werte. Die ursprüngliche Bedeutung von L-Werten bzw. R-Werten war: „Etwas, das auch auf der linken Seite des Zuweisungsoperators `=` stehen darf" bzw. „Etwas, das nur auf der rechten Seite von `=` stehen kann".

Symbolische Konstanten und Variablen können nicht nur mit Literalkonstanten, sondern auch mit vorher deklarierten symbolischen Konstanten und Variablen bzw. Ausdrücken (siehe Abschnitt 6.2), die man aus diesen gebildet hat, initialisiert werden. Dabei werden ggf. die im nächsten Kapitel und in den Kapiteln 8, 11 und 14 behandelten Standardkonversionen vorgenommen. Zum Beispiel:

```
    const int laenge = 10;
    int groesse = laenge + 1;
    double r = groesse;
    const double pi = 3.141593;
    int fApprox = pi*r*r;
    const int i = fApprox;
```

Wie das Beispiel zeigt, können sowohl die initialisierte Größe als auch der Initialisierer `const` sein.

5.6   Übungsaufgabe

Stellen Sie fest, wie sich Ihr System verhält, wenn Sie **prog-5** starten und bei
der Frage nach dem Radius eine Zeichenkette, z.B. "**Test**" eingeben. Wie man
ein Programm gegen derartige fehlerhafte Eingaben absichern kann, wird in
Abschnitt 9.2 gezeigt.

6

Typumwandlungen und Ausdrücke

Gegenstand dieses Kapitels sind Ausdrücke, mit denen alle Berechnungen in C++ formuliert werden. Ausdrücke verbinden ihre Operanden durch Operatoren. Werden in einem Ausdruck Operanden verschiedener Typen gemischt, so macht dies i.d.R. die Typumwandlung wenigstens eines Operanden notwendig. Diese Umwandlung wird implizit vom Compiler vorgenommen, kann aber auch explizit durch die Programmierer veranlaßt werden.

6.1 Standardkonversionen

In bestimmten Fällen, z.B. bei der in Abschnitt 6.2 behandelten Berechnung des Werts eines Ausdrucks, bei der Initialisierung von Variablen in ihrer Definition (Abschnitt 5.2) oder bei der Übergabe aktueller Argumente an formale Parameter im Rahmen eines Funktionsaufrufs (Abschnitt 11.2), kann der Compiler Werte von einem Datentyp in einen anderen konvertieren. Bei diesen *Standardkonversionen* achtet er darauf, daß möglichst kein Informationsverlust auftritt. Eine Typkonversion wird als *sicher* bezeichnet, wenn der neue Typ alle Werte des Ausgangstyps darstellen kann.

6.1.1 Ganzzahlige Typangleichungen

Werte ganzzahliger Datentypen, deren Größe (`sizeof`) kleiner oder gleich der eines `int` ist, also `char`s und `short int`s sowie `int`-Bitfelder (jeweils vorzeichenlos oder vorzeichenbehaftet), dürfen überall dort stehen, wo auch ein `int` stehen darf. Sofern der Compiler sie implizit konvertiert, ist das Resultat vom Typ `int`, wenn ein `int` ausreicht, um alle Werte des ursprünglichen Typs aufzunehmen; ansonsten wird nach `unsigned int` konvertiert. Auch `bool`-Werte können in `int`s umgewandelt werden. Dabei wird `false` zu 0 und `true` zu 1. Und schließlich werden die Werte von Aufzählungstypen, falls nötig, implizit in ganzzahlige Werte konvertiert (siehe Abschnitt 8.8). Diese Konversionen werden als *ganzzahlige Typangleichungen* bezeichnet.

In der folgenden Anweisung werden die beiden Zeichen vor der Subtraktion vom Typ `char` in `int`s umgewandelt. Dadurch ist das Ergebnis ein `int` und kein `char`.

```
cout << 'a' - ' ' << endl;   // int 65 und nicht char 'A'
```

Der Fall, daß der aus der Typangleichung resultierende Typ implementationsabhängig `int` bzw. `unsigned int` ist, kann – außer bei Aufzählungstypen – nur auftreten, wenn der zu konvertierende Wert bereits einen `unsigned` Typ hat. Da in C++ nicht festgelegt ist, ob eine `char`-Variable `signed` oder `unsigned` ist, kann beispielsweise das Ergebnis der Konversion `char` nach `int` implementationsabhängig positiv oder negativ sein, wenn, wie im folgenden Programmfragment, in der Variablen ein Wert gespeichert ist, der nicht Ordinalzahl eines Zeichens im verwendeten Zeichensatz ist:

```
char ch = 0x8f;
int i = ch;
cout << i << endl;
// bc5, KCC und vc5: i = -113
```

6.1.2 Ganzzahlige Typumwandlungen

Zusätzlich zu den Typangleichungen kann jeder ganzzahlige Wert in jeden beliebigen ganzzahligen Typ konvertiert werden. Wenn der Compiler eine ganze Zahl i in einen `unsigned` Typ umwandelt, so ergibt sich als Resultat die kleinste positive ganze Zahl j mit $j = i \bmod 2^n$, wobei n die Anzahl der Bits ist, mit denen der `unsigned` Typ dargestellt wird. Diese Umwandlung ist nur für positive Werte sinnvoll – bei negativen Werten ergibt sich i.d.R. (Darstellung negativer ganzer Zahlen im Zweierkomplement) keine Änderung des Bit-Musters, aber eine andere Interpretation:

```
int i = -7;
unsigned int ui = i;
// bc5, KCC und vc5: ui = 4294967289
```

Umwandlungen „in umgekehrter Richtung", von `unsigned` nach `signed`, sind nur dann sicher, wenn der vorzeichenbehaftete Typ größer als der vorzeichenlose Typ ist. Weiterhin sind alle Umwandlungen in gleich große oder größere Typen sicher, bei denen entweder nur vorzeichenbehaftete oder nur vorzeichenlose ganzzahlige Typen beteiligt sind.

Bei der Umwandlung von `bool`-Werten behandelt der Compiler den Wert `false` wie den `int`-Wert 0 und `true` wie 1. Im umgekehrten Fall wird eine boolesche Konversion vorgenommen.

Generell bleibt festzuhalten, daß bei Verwendung anderer als der in 6.1.7 zusammengestellten sicheren Typumwandlungen darauf geachtet werden muß, daß der aktuell zu konvertierende Wert im neuen Datentyp auch darstellbar ist.

6.1.3 Boolesche Konversionen

Jeder Wert eines arithmetischen Typs, Aufzählungstyps oder Zeigertyps kann in einen `bool`-Wert konvertiert werden. Hier wird der Wert Null in `false` und jeder andere Wert in `true` umgewandelt:

```
double x = -17.54;
bool b = x;
// b = true
```

6.1.4   Typumwandlungen zwischen Gleitpunkttypen

Die darstellbaren Werte des Typs `float` sind eine Teilmenge der Werte des Typs
`double`, und diese sind wiederum eine Teilmenge der Werte des Typs `long double`.
Daraus ergibt sich, daß Umwandlungen von `float` nach `double` und von `double`
nach `long double` sicher sind, während bei Umwandlungen von präziseren in weniger präzise Typen Rundungsfehler und Überläufe auftreten können.

6.1.5   Gleitpunkttypen und ganzzahlige Typen

Eine Gleitpunktzahl wird durch Abschneiden der Nachkommastellen in einen ganzzahligen Wert umgewandelt. Falls der Wert nicht im Wertebereich des ganzzahligen
Typs liegt, ist das Ergebnis undefiniert. Wenn der Ergebnistyp `bool` ist, wird eine
boolesche Konversion durchgeführt.

Umgekehrt erfolgt die Umwandlung von ganzzahligen Werten in Gleitpunktwerte so
genau, wie es die Hardware ermöglicht. Bei zu geringer Größe des Gleitpunkttyps
kann das Ergebnis ungenau werden:

```
int j = 1.23;          // j = 1
float x = 123456789L;  // x = 123456792.0
```

Bei der Umwandlung von `bool`-Werten wird `false` wieder wie der `int`-Wert 0 und
`true` wie 1 behandelt.

6.1.6   Arithmetische Standardkonversionen

Bei Anwendung der (zweistelligen) multiplikativen, additiven und relationalen Operatoren sowie bei den Gleichheitsoperatoren und Bit-Operatoren erfolgt die Ermittlung von Wert und Typ des Resultats einheitlich. Das von C++ verwendete Schema
wird als *arithmetische Standardkonversion* bezeichnet.

Diese Operatoren, z.B. `*`, `+` oder `<`, setzen bei ihren Operanden einen arithmetischen
Datentyp oder einen Zeigertyp (vgl. Abschnitt 8.3) voraus. Generell wird, falls die
beiden Operanden verschiedene Typen besitzen, der kleinere Typ an den größeren
„angeglichen", bevor die Operation ausgeführt wird. Das Resultat hat dann den
größeren Datentyp.

Sofern keiner der Operanden `unsigned` ist, läßt sich die Vorgehensweise des Compilers kurz wie folgt beschreiben:

- Ist einer der Operanden vom Typ `long double`, wird der andere nach `long double` konvertiert.

- Anderenfalls wird, sofern einer der Operanden vom Typ `double` ist, der andere nach `double` konvertiert.

- Anderenfalls wird, sofern einer der Operanden vom Typ `float` ist, der andere nach `float` konvertiert.

- Anderenfalls sind beide Operanden ganzzahlig und es werden für beide die ganzzahligen Typangleichungen durchgeführt.

- Ist nun einer der Operanden vom Typ `long int`, wird der andere nach `long int` konvertiert.

Sind vorzeichenlose Operanden beteiligt, ergeben sich kompliziertere Konversionsregeln, die in Anhang B angeführt sind. Die resultierenden Datentypen sind hier teilweise wieder implementationsabhängig.

6.1.7 Übersicht der sicheren Typumwandlungen

Die in der folgenden Abbildung mit einem Pfeil gekennzeichneten Typumwandlungen sind sicher – auf keiner Maschine und bei keinem C++-Compiler kann bei ihrer Anwendung Genauigkeit verloren gehen.

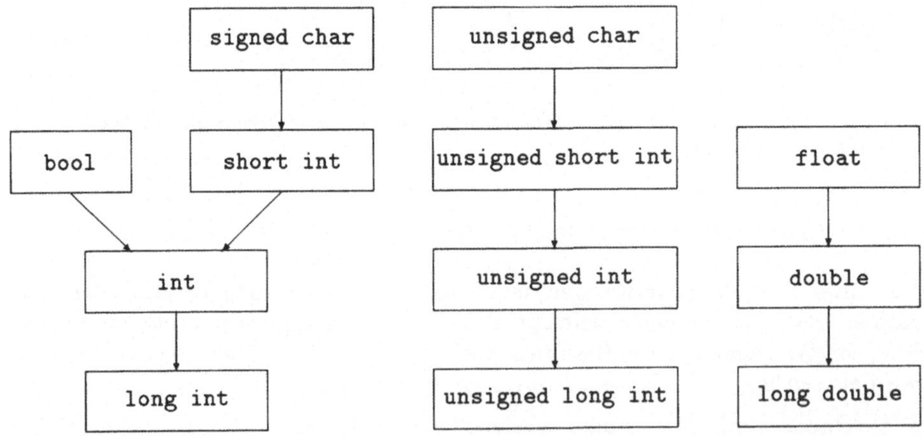

Bemerkung

Auch für die Werte zusammengesetzter Datentypen existiert eine Reihe impliziter Typumwandlungen, die in den entsprechenden Kapiteln und Abschnitten (8, 11, 15.2, 16.5, 17.3) jeweils unter dem Stichwort „Standardkonversionen" behandelt werden.

6.2 Ausdrücke

Ein *Ausdruck* steht für einen Wert, der entweder bereits bei der Übersetzung der
entsprechenden Programmdatei ermittelt werden kann oder zur Laufzeit des Programms berechnet wird. Er besteht im wesentlichen aus Operatoren (z.B. *, /, +
oder -), Operanden (z.B. Konstanten, Variablen oder Funktionswerten) und Interpunktionszeichen. Bei der Ermittlung des Werts eines Ausdrucks sind *Seiteneffekte*
möglich; hierunter versteht man die Veränderung eines Operanden durch einen Operator. Operatoren, die ihre Operanden verändern, wie die Zuweisungs-, Inkrement-
und Dekrement-Operatoren, werden meist wegen dieser Seiteneffekte benutzt. Auch
sie erzeugen jedoch einen Wert, der im Programm verwendet werden kann. Der Datentyp dieses Ergebnisses hängt von den beteiligten Operatoren, den Datentypen
der Operanden und den ggf. vorgenommenen Typumwandlungen ab.

Man unterscheidet:

- *Einstellige, zweistellige* und *dreistellige* Operatoren, je nach Anzahl der beteiligten Operanden.

- *Präfix-, Postfix-* und *Infix*-Operatoren, je nach Schreibweise, vor, nach bzw.
zwischen den Operanden.

- *Links-* und *rechts-assoziative* Operatoren: Treten gleiche Operatoren in einem
Ausdruck nebeneinander auf, so wird bei links-assoziativen Operatoren von
links nach rechts und bei rechts-assoziativen Operatoren von rechts nach links
ausgewertet. In C++ sind die einstelligen Operatoren rechts-assoziativ und die
zweistelligen Operatoren links-assoziativ (Ausnahme: Zuweisungsoperatoren).

- Operatoren verschiedener *Priorität*: Treten in einem Ausdruck verschiedene
Operatoren zusammen auf, so werden die Operatoren nach absteigender Priorität ausgewertet. Eine Übersicht über die Prioritäten der einzelnen Operatoren befindet sich in Anhang C.

Die Auswertungsreihenfolge bei verschiedenen Operatoren gleicher Priorität kann
durch Klammerung gesteuert werden. Wenn Klammern fehlen, darf der Compiler
Operanden umstellen, sofern für ihre Operatoren das Kommutativ- bzw. Assozia-
tivgesetz gilt.

Falls wir im folgenden bei der Besprechung der verschiedenen Operatoren nicht
gesondert darauf hinweisen, müssen die betroffenen Operanden keine L-Werte sein
– wenn ein Operand dennoch L-Wert ist, wird sein Wert ermittelt und eingesetzt.
Ebenso ist das Resultat eines Ausdrucks kein L-Wert, falls darauf nicht besonders
hingewiesen wird. Der Wert des Ausdrucks wird dann nur temporär ermittelt, z.B.
bis ein größerer Ausdruck vollständig berechnet ist, und man kann nicht mit einem
Bezeichner auf ihn zugreifen.

6.2.1 Elementare Ausdrücke

C++ stellt eine Fülle von Operatoren zur Verfügung. Entsprechend umfangreich ist
auch die Liste der Syntaxregeln:

> *Ausdruck:*
>   *Zuweisungsausdruck*
>   *Ausdruck   ,   Zuweisungsausdruck*
>
> *Zuweisungsausdruck:*
>   *Bedingter-Ausdruck*
>   *Einstelliger-Ausdruck   Zuweisungsoperator   Zuweisungsausdruck*
>   *Throw-Ausdruck*

Wie wir weiter unten sehen werden, ist ein Spezialfall von *Bedingter-Ausdruck* ein
Einstelliger-Ausdruck, der wie folgt definiert ist:

> *Einstelliger-Ausdruck:*
>   *Postfix-Ausdruck*
>   **++** *Einstelliger-Ausdruck*
>   **--** *Einstelliger-Ausdruck*
>   *Einstelliger-Operator   Cast-Ausdruck*
>   `sizeof` *Einstelliger-Ausdruck*
>   `sizeof` (*Typname*)
>   *New-Ausdruck*
>   *Delete-Ausdruck*
>
> *Postfix-Ausdruck:*
>   *Elementarer-Ausdruck*
>   *Postfix-Ausdruck* [*Ausdruck*]
>   *Postfix-Ausdruck* (*Ausdrucksliste*$_{opt}$)
>   *Einfacher-Typspezifizierer* (*Ausdrucksliste*$_{opt}$)
>   *Postfix-Ausdruck* . *Name*
>   *Postfix-Ausdruck* **->** *Name*
>   *Postfix-Ausdruck* **++**
>   *Postfix-Ausdruck* **--**
>   `dynamic_cast` < *Typname* > (*Ausdruck*)
>   `static_cast` < *Typname* > (*Ausdruck*)
>   `reinterpret_cast` < *Typname* > (*Ausdruck*)
>   `const_cast` < *Typname* > (*Ausdruck*)
>   `typeid` (*Ausdruck*)
>   `typeid` (*Typname*)
>
> *Elementarer-Ausdruck:*
>   *Literalkonstante*
>   `this`
>   :: *Bezeichner*
>   :: *Operatorfunktionsname*
>   :: *Qualifizierter-Name*
>   (*Ausdruck*)
>   *Name*

Die in Abschnitt 4.2–4.4 behandelten Literalkonstanten sind bereits (elementare) Ausdrücke. Ihr Typ, und damit der Typ des Ausdrucks, hängt von ihrer Schreibweise ab. Der Wert des Ausdrucks ist hier der Wert der Konstanten.

Auch der Name einer symbolischen Konstanten oder Variablen ist ein Ausdruck, dessen Typ sich aus der Deklaration der Konstanten bzw. Variablen ergibt. Der Wert des Ausdrucks ist der Wert der Konstanten bzw. Variablen; er ist ein L-Wert.

Wie (*Ausdruck*) anzeigt, sind Ausdrücke rekursiv definiert und können beliebig tief geschachtelt werden. Typ und Wert eines geklammerten Ausdrucks stimmen mit Typ und Wert des zwischen den Klammern stehenden Ausdrucks überein. Ein Ausdruck in Klammern muß folglich – unabhängig von Operatorprioritäten – ausgewertet werden, bevor ein Operator außerhalb der Klammern auf seinen Wert angewendet werden kann.

6.2.2   Multiplikative Operatoren

Die *multiplikativen Operatoren* *, / und % sind zweistellig und links-assoziativ. * und / bezeichnen Multiplikation und Division; ihre Operanden müssen einen arithmetischen Typ haben. Der Operator % liefert den Rest der Division des linken durch den rechten Operanden. Hier müssen beide Operanden einen ganzzahligen Typ haben. Es werden die arithmetischen Standardkonversionen durchgeführt, die den Typ des Ergebnisses bestimmen. Die zugehörigen Syntaxregeln sind:

> *Multiplikativer-Ausdruck:*
>> *ZE-Ausdruck*
>> *Multiplikativer-Ausdruck * ZE-Ausdruck*
>> *Multiplikativer-Ausdruck / ZE-Ausdruck*
>> *Multiplikativer-Ausdruck % ZE-Ausdruck*
>
> *ZE-Ausdruck:*
>> *Cast-Ausdruck*
>> *ZE-Ausdruck .* Cast-Ausdruck*
>> *ZE-Ausdruck ->* Cast-Ausdruck*
>
> *Cast-Ausdruck:*
>> *Einstelliger-Ausdruck*
>> *(Typname) Cast-Ausdruck*

Der hier auftretende *ZE-Ausdruck* kann ein *Zeiger* auf das *Element* einer Klasse sein (Abschnitt 14.14) oder einfach ein *Einstelliger-Ausdruck*.

Hat der zweite Operand bei / oder % den Wert 0, ist das Ergebnis undefiniert; sonst ist `(a/b)*b + a%b` gleich a. Wenn beide Operanden nicht negativ sind, ist auch der Rest nicht negativ; anderenfalls ist das Vorzeichen des Rests implementationsabhängig. Bei der Division ganzzahliger Typen ist das Ergebnis ganzzahlig. Zum Beispiel liefert

```
int a = 7, b = 3;
int quotient = a/b, rest = a%b;
```

den Quotienten 2 und den Rest 1. Die Wirkungsweise der arithmetischen Standardkonversion von `int` nach `double` kann man anhand des Beispiels

```
cout << 4.0*(1/2) << endl;
cout << (4.0*1)/2 << endl;
```

verfolgen. Während die erste Ausgabeanweisung 0 liefert, ergibt die zweite 2. In
beiden Fällen wird ein `double`-Wert ausgegeben.

6.2.3   Additive Operatoren

Die *additiven Operatoren* + und − sind zweistellig und links-assoziativ; wie üblich,
haben sie eine geringere Priorität als die multiplikativen Operatoren. Ihre Operanden müssen einen arithmetischen Typ oder Zeigertyp haben. Der Additionsoperator
+ berechnet die Summe und der Subtraktionsoperator − die Differenz zweier arithmetischer Operanden, wobei die arithmetischen Standardkonversionen durchgeführt
werden. Die entsprechende Syntaxregel ist:

> *Additiver-Ausdruck:*
> > *Multiplikativer-Ausdruck*
> > *Additiver-Ausdruck* + *Multiplikativer-Ausdruck*
> > *Additiver-Ausdruck* − *Multiplikativer-Ausdruck*

Addition und Subtraktion von Zeigertypen werden in Abschnitt 8.4 behandelt.

6.2.4   Shift-Operatoren

Die *Shift-Operatoren* `<<` und `>>` sind zweistellig und links-assoziativ. Ihre Operanden müssen ganzzahlig sein. Ganzzahlige Typangleichungen werden vorgenommen;
das Ergebnis hat dann den Typ des linken Operanden. Es ist undefiniert, wenn der
rechte Operand negativ oder größer als die Anzahl der Bits des linken Operanden
(nach evtl. Typangleichung) ist. Die Verwendung in Ausdrücken erfolgt nach der
Regel:

> *Shift-Ausdruck:*
> > *Additiver-Ausdruck*
> > *Shift-Ausdruck* `<<` *Additiver-Ausdruck*
> > *Shift-Ausdruck* `>>` *Additiver-Ausdruck*

Der Wert von `a` `<<` `b` ist das um `b` Bits nach links verschobene und rechts mit 0-Bits
aufgefüllte Bitmuster von `a`. Entsprechend ist `a` `>>` `b` der Wert `a` nach Verschiebung
um `b` Bits nach rechts. Wenn `a` einen `unsigned` Typ hat oder einen nicht negativen
Wert besitzt, wird dabei links mit 0-Bits aufgefüllt.

Um portable Programme zu erhalten, sollten `unsigned`-Typen verwendet werden,
weil das Ergebnis einer bitweisen Verschiebung nach rechts für negative Zahlen implementationsabhängig ist, und bei einer bitweisen Verschiebung nach links das Vorzeichen wechseln kann. Sind `a` und `b` beide vorzeichenlos, entspricht die Verschie-

bung nach links der Multiplikation von a mit 2^b und die Verschiebung nach rechts der Division von a durch 2^b. Zum Beispiel:

```
unsigned long int uli = 5;
cout << "uli*32 = " << (uli << 5) << '\n'
     << "uli/4  = " << (uli >> 2) << endl;
```

Die Klammerung ist hier erforderlich, damit der Compiler nicht den Ausgabe- bzw. Eingabeoperator benutzt.

6.2.5   Relationale Operatoren

In C++ gibt es vier *relationale Operatoren* <, >, <= und >=:

> *Relationaler-Ausdruck:*
>> *Shift-Ausdruck*
>> *Relationaler-Ausdruck*   <   *Shift-Ausdruck*
>> *Relationaler-Ausdruck*   >   *Shift-Ausdruck*
>> *Relationaler-Ausdruck*   <=   *Shift-Ausdruck*
>> *Relationaler-Ausdruck*   >=   *Shift-Ausdruck*

Diese Operatoren sind zweistellig und links-assoziativ. Ihre Operanden müssen einen arithmetischen Typ oder einen Zeigertyp haben. Bei arithmetischen Typen werden die arithmetischen Standardkonversionen durchgeführt. (Zu Vergleichen mit Zeigern siehe Abschnitt 8.3.)

Die Operatoren < (kleiner), > (größer), <= (kleiner oder gleich) und >= (größer oder gleich) liefern jeweils das Ergebnis `false`, wenn die spezifizierte Ungleichung nicht zutrifft und `true`, wenn sie zutrifft. Der Typ des Ergebnisses ist `bool`.

<u>Bemerkung</u>
Die Tatsache, daß die relationalen Operatoren links-assoziativ sind, kann nicht dazu ausgenutzt werden, mehrere Vergleiche zusammenzufassen. Beispielsweise wird a < b < c in der Form (a < b) < c ausgewertet – und nicht als a < b „und" b < c.

6.2.6   Gleichheitsoperatoren

Die beiden Operatoren == (gleich) und != (ungleich) verhalten sich völlig analog zu den relationalen Operatoren. Sie haben lediglich eine niedrigere Priorität. Ausdrücke werden entsprechend

> *Gleichheitsausdruck:*
>> *Relationaler-Ausdruck*
>> *Gleichheitsausdruck*   ==   *Relationaler-Ausdruck*
>> *Gleichheitsausdruck*   !=   *Relationaler-Ausdruck*

gebildet. Die Gleichheitsoperatoren sollten sinnvollerweise nicht auf Gleitpunkttypen angewendet werden. Z.B. ergibt sich bei den von uns verwendeten Compilern mit

```
cout << (0.0 == (200/3.0 - 200*(1/3.0))) << endl;
```

die Ausgabe 0, d.h. `false`, obwohl die Aussage $0.0 = 200/3.0 - 200(1/3.0)$ wahr ist.

6.2.7 Bit-Operatoren

Die *Bit-Operatoren* &, ^ und | sind zweistellig und links-assoziativ. Sie bezeichnen die bitweisen UND-, Exklusiv-ODER- bzw. Inklusiv-ODER-Verknüpfungen:

> *Und-Ausdruck:*
>   *Gleichheitsausdruck*
>   *Und-Ausdruck* & *Gleichheitsausdruck*
>
> *Exklusiv-Oder-Ausdruck:*
>   *Und-Ausdruck*
>   *Exklusiv-Oder-Ausdruck* ^ *Und-Ausdruck*
>
> *Inklusiv-Oder-Ausdruck:*
>   *Exklusiv-Oder-Ausdruck*
>   *Inklusiv-Oder-Ausdruck* | *Exklusiv-Oder-Ausdruck*

Beide Operanden müssen ganzzahlig sein. Es werden arithmetische Standardkonversionen durchgeführt. Die einzelnen Bits der Operanden werden dann, wie in der folgenden Tabelle angegeben, verknüpft.

Bit_1	Bit_2	Bit_1 & Bit_2	Bit_1 ^ Bit_2	Bit_1	Bit_2
0	0	0	0	0
0	1	0	1	1
1	0	0	1	1
1	1	1	0	1

Um portable Programme zu erhalten, sollten im Zusammenhang mit Bit-Operatoren ausschließlich `unsigned`-Typen verwendet werden. Die Bit-Operatoren können z.B. dazu verwendet werden, einzelne Bits eines Operanden auf 0 zu setzen, auf 1 zu setzen oder zu invertieren:

```
unsigned int op = 0x005a;      // 0...001011010
unsigned int maske = 0x00e7;   // 0...011100111
cout << hex << (op&maske) << endl;
```

Hier werden alle die Bits aus `op` auf 0 gesetzt, an deren entsprechender Position in der Maske eine 0 steht; die übrigen Bits bleiben unverändert. Als Resultat erhält man die Bitfolge 0...001000010, die wegen des *Manipulators* `hex` in hexadezimaler Notation ausgegeben wird. Analog kann man mit dem Inklusiv-ODER-Operator einzelne Bits in `op` auf 1 setzen, indem man an der entsprechenden Position in der Maske eine 1 einträgt, bzw. mit dem Exklusiv-ODER-Operator einzelne Bits in `op` durch Eintrag einer 1 im zweiten Operanden invertieren.

6.2.8 Logische Operatoren

Die *logischen Operatoren* && und || sind zweistellig und links-assoziativ. Die beiden
Operanden müssen nicht vom selben Typ sein; sie müssen jedoch einen arithmeti-
schen Typ, Aufzählungstyp oder Zeigertyp haben und werden vor der Anwendung
von && bzw. || mit einer booleschen Konversion in bool-Werte umgewandelt. Der
Typ des Resultats ist bool.

&& ist der logische UND-Operator. Er liefert true, wenn beide Operanden true sind,
ansonsten ist das Ergebnis false. Die Auswertung erfolgt von links nach rechts:
wenn der linke Operand false ist, wird der rechte Operand nicht mehr ausgewertet,
da das Resultat false bereits feststeht. Aus diesem Grund führt beispielsweise die
Auswertung von b && a/b < c auch bei b == 0 nicht zu einem Laufzeitfehler.

Der logische ODER-Operator || liefert true, wenn (mindestens) einer der beiden
Operanden true ist, ansonsten ergibt sich false. Die Auswertung erfolgt auch hier
von links nach rechts: wenn der linke Operand true ist, wird der zweite Operand
nicht mehr ausgewertet, da das Resultat true schon feststeht.

Zum Beispiel kann der Ausdruck x <= 0.0 || log(x) >= 1.23 auch bei negativem
x ohne Laufzeitfehler ausgewertet werden. (log() ist der natürliche Logarithmus.
Um diese Funktion verwenden zu können, muß die jeweilige Programmdatei ein
#include <math.h> enthalten.)

Die Syntaxregeln für die Bildung logischer Ausdrücke sind:

> *Logisches-Und-Ausdruck:*
>> *Inklusiv-Oder-Ausdruck*
>> *Logisches-Und-Ausdruck* && *Inklusiv-Oder-Ausdruck*
>
> *Logisches-Oder-Ausdruck:*
>> *Logisches-Und-Ausdruck*
>> *Logisches-Oder-Ausdruck* || *Logisches-Und-Ausdruck*

Treten bei der Auswertung des linken Operanden (von && oder ||) Seiteneffekte auf,
so werden die zugehörigen Änderungen vorgenommen, bevor der rechte Operand
ausgewertet wird. Wie üblich, hat die UND-Verknüpfung && eine höhere Priorität
als die ODER-Verknüpfung ||.

6.2.9 Der Konditional-Operator

Der *Konditional-Operator* ist der einzige dreistellige Operator in C++. Mit ihm
können die bereits in 6.2.1 erwähnten bedingten Ausdrücke gebildet werden:

> *Bedingter-Ausdruck:*
>> *Logisches-Oder-Ausdruck*
>> *Logisches-Oder-Ausdruck* ? *Ausdruck* : *Zuweisungsausdruck*

Der Operator ist rechts-assoziativ, d.h. a ? b : c ? d : e wird ausgewertet wie
a ? b : (c ? d : e) und nicht wie (a ? b : c) ? d : e.

In einem bedingten Ausdruck `ausdr1 ? ausdr2 : ausdr3` muß der erste Operand (`ausdr1`) einen arithmetischen Typ, Aufzählungstyp oder Zeigertyp haben. Dieser erste Ausdruck wird zunächst nach `bool` konvertiert und ausgewertet. Wenn er `true` ist (die Bedingung trifft zu), ist das Resultat des bedingten Ausdrucks der Wert des zweiten Ausdrucks (`ausdr2`). Anderenfalls wird der dritte Ausdruck (`ausdr3`) ausgewertet und liefert das Resultat. Etwaige bei der Betrachtung des ersten Operanden auftretende Seiteneffekte werden bei der Auswertung des zweiten oder dritten Operanden bereits berücksichtigt.

Wenn der zweite und dritte Ausdruck denselben Typ haben, ist das Resultat ebenfalls von diesem Typ. Sonst werden Standardkonversionen durchgeführt, um beide Ausdrücke auf denselben Typ zu bringen; das Resultat hat dann den gemeinsamen Typ. Es wird nur entweder der zweite oder der dritte Ausdruck – nicht beide zusammen – ausgewertet.

Das Resultat ist ein L-Wert, sofern der zweite und der dritte Operand denselben Typ haben und beide L-Werte sind. Mit den beiden bedingten Ausdrücken

```cpp
int n = 0, j = 0;
char ch = 'j';
cout << ((ch == 'j') ? "Ja" : "Nein") << endl;
((ch == 'j') ? j : n) = 1;   // die inneren Klammern
                             // dienen nur der Lesbarkeit
```

wird beispielsweise die Zeichenkette `"Ja"` als Resultat berechnet und ausgegeben bzw. der L-Wert j ermittelt, dem anschließend der Wert 1 zugewiesen wird.

6.2.10   Zuweisungsoperatoren

Es stehen elf *Zuweisungsoperatoren* zur Verfügung; alle sind zweistellig und rechtsassoziativ. Ihr linker Operand muß jeweils ein modifizierbarer L-Wert sein. Der Typ eines Zuweisungsausdrucks ist der Typ des linken Operanden. Als Resultat ergibt sich der Wert, der nach Durchführung der Zuweisung in dem linken Operanden gespeichert wird. Dieser Wert ist ein L-Wert.

Mit der Regel

> *Zuweisungsoperator:* eins von
> `=   *=   /=   %=   +=   -=   >>=   <<=   &=   ^=   |=`

ist der *Zuweisungsausdruck* aus Abschnitt 6.2.1 nunmehr vollständig definiert; wir haben ihn bei der Initialisierung von Variablen und symbolischen Konstanten bereits verwendet (vgl. Kapitel 5).

Bei der einfachen Zuweisung mit `=` ersetzt der Wert des rechten Operanden den Wert der Variablen, auf die der linke Operand verweist. Sofern der linke Operand keinen Klassentyp hat, wird der rechte Operand vor der Zuweisung in den Typ des linken Operanden umgewandelt. Z.B. hat eine `double`-Variable x nach der Zuweisung

```cpp
x = 1/3;
```

den Wert 0, da zuerst der multiplikative Ausdruck 1/3 ausgewertet wird. Anschließend wird noch vor der Zuweisung der int-Wert 0 in den double-Wert 0
konvertiert. Auch der Zuweisungsausdruck `x = 1/3` hat somit den Wert 0 und
den Typ double.

Eine Zuweisung der Form a *= b, a /= b, a %= b, ... hat das gleiche Ergebnis,
wie a = a*b, a = a/b, a = a%b, ... Der rechte Operand muß hier jeweils einen
arithmetischen Typ haben.

```
int a = 1, b = 2;
b += a += 9;
```

liefert also 12 als Wert des Zuweisungsausdrucks. Die Variablen a bzw. b erhalten
bei seiner Berechnung die neuen Werte 10 bzw. 12.

Die Zuweisung an Zeigertypen und Referenzen wird in den Abschnitten 8.3 und 8.7
genauer behandelt. In Kapitel 16 wird im Zusammenhang mit der Herleitung selbst
definierter Operatoren auch die Zuweisung an Klassenobjekte besprochen.

6.2.11 Der Kommaoperator

Die *Ausdruck*-Regel in Abschnitt 6.2.1 hat bereits angezeigt, daß zwei durch Komma
getrennte Ausdrücke syntaktisch wieder einen Ausdruck bilden. Das , tritt hier als
Kommaoperator auf. Dieser Operator ist zweistellig und links-assoziativ.

Als erstes wird der linke Operand ausgewertet, sein Wert wird nicht weiterverwendet
– nur die ggf. auftretenden Seiteneffekte sind von Interesse. Der Typ und Wert des
Resultats sind der Typ und Wert des rechten Operanden. Dieser Wert ist ein L-
Wert, sofern der rechte Operand L-Wert ist. Mit dem Ausdruck tmp = x, x = y,
y = tmp kann beispielsweise der Inhalt von x und y vertauscht werden (sofern x, y
und tmp geeignete Datentypen haben).

Im Zusammenhang mit anderen Kommas, die als Interpunktionszeichen verwendet
werden, z.B. bei Argumentlisten oder Listen von Initialisierern, müssen Ausdrücke
mit Kommaoperatoren in Klammern eingeschlossen werden. Hier leidet in der Regel
die Lesbarkeit:

```
int b;
int a = 1, c = (b = 2, b + 1);
```


6.2.12 Einstellige Operatoren

Die *einstelligen Operatoren* sind rechts-assoziativ. Der Übersicht in Anhang C kann
man entnehmen, daß ihre Priorität höher ist als die aller bisher behandelten zweistelligen Operatoren:

> *Einstelliger-Operator:* eins von
>   *   &   +   -   !   ~

Der Operand des einstelligen Operators + muß einen arithmetischen Typ, einen
Aufzählungstyp oder einen Zeigertyp haben. Bei ganzzahligen Operanden und
Aufzählungstypen werden ganzzahlige Typangleichungen vorgenommen. Das Ergebnis hat dann den Typ des Operanden nach Angleichung; sein Wert ist der Wert
des Operanden. (Dieser Operator wird nur sehr selten benutzt.)

Der Operand des einstelligen Operators - muß einen arithmetischen Typ oder einen
Aufzählungstyp haben. Bei ganzzahligen Operanden und Aufzählungstypen werden ganzzahlige Typangleichungen vorgenommen. Das Ergebnis hat den Typ des
Operanden nach Angleichung; sein Wert ist der negative Wert des Operanden. Den
negativen Wert einer **unsigned** Größe erhält man, indem man ihren Wert (nach
vorgenommener Typangleichung) von 2^n subtrahiert, wobei n die Anzahl der Bits
ist, mit denen der Ergebnistyp dargestellt wird:

```
unsigned short int i = 1;
cout << -i << endl;
// bc5, KCC und vc5: -1,   Ergebnis hat Typ int
```

Der Operand des logischen Negationsoperators ! muß einen arithmetischen Typ,
Aufzählungstyp oder einen Zeigertyp haben. Er wird nach **bool** umgewandelt. Das
Resultat ist **true**, wenn der Wert des (konvertierten) Operanden **false** ist und
ansonsten **false**. Der Typ des Resultats ist **bool**.

Der Operand des bitweisen Negationsoperators ~ muß einen ganzzahligen Typ haben. Als Resultat ergibt sich das Einerkomplement des Operanden (der sinnvollerweise **unsigned** sein sollte). Ganzzahlige Typangleichungen werden durchgeführt.
Das Ergebnis hat wieder den Typ des Operanden nach Angleichung. Zum Beispiel
wird bei

```
unsigned int i = 1;
cout << hex << ~i << endl;
```

der Wert **ff...fe** ausgegeben.

Die Anzahl der **f**s richtet sich hier nach der Größe des Ergebnistyps (bei unseren
Systemen 4 Byte, also **ffffffffe**). Das gleiche Resultat erzielt man mit Ausgabe
von **i^0xff...ff**, siehe 6.2.7.

Die Operatoren +, -, ! und ~ liefern als Resultat keinen L-Wert. Der Inhaltsoperator
* und der Adreßoperator **&** werden in Abschnitt 8.3 vorgestellt.

6.2.13   Präfix-Inkrement und -Dekrement

Der *Präfix-Inkrementoperator* ++ und der *Präfix-Dekrementoperator* -- werden in
einstelligen Ausdrücken verwendet. Beide Operatoren sind rechts-assoziativ. Ihr
Operand muß jeweils ein modifizierbarer L-Wert sein und einen arithmetischen Typ
oder Zeigertyp haben. Der Operand von ++ wird um 1 inkrementiert. Das Resultat
ist der neue Wert des Operanden; es ist wieder ein (modifizierbarer) L-Wert.

Der Ausdruck **++x** ist äquivalent zu **x += 1**. Mit

```
double x = 12.1234;
cout << ++x << '\t';
cout << x << endl;
```

wird somit die Ausgabe 13.1234 13.1234 erzeugt. Da das Resultat wieder ein modifizierbarer L-Wert ist, kann **++** mehrmals hintereinander angewendet werden: beispielsweise ist **++++++x** ein Ausdruck, der aufgrund der Assoziativität des Operators wie **++(++(++x))** ausgewertet wird. Daß der Compiler hier nicht sechs aufeinanderfolgende einstellige **+**-Operatoren unterstellt, liegt an der in Abschnitt 2.2 erwähnten Suche nach größtmöglichen lexikalischen Elementen.

Analog zu **++** bewirkt der Präfix-Dekrementoperator **--** eine Dekrementierung seines Operanden um 1.

6.2.14   Postfix-Inkrement und -Dekrement

Auch die *Postfix-Inkrement-* bzw. *-Dekrementoperatoren* **++** und **--** inkrementieren bzw. dekrementieren ihren Operanden um 1. Der Operand muß wieder modifizierbarer L-Wert sein und einen arithmetischen Typ oder Zeigertyp haben. Im Gegensatz zu den entsprechenden Präfix-Operatoren ist hier das Resultat der (alte) Wert des Operanden. Erst nach Feststellung des Resultats wird der Operand modifiziert. Das Ergebnis hat denselben Typ wie der Operand, ist jedoch kein L-Wert.

Der Ausdruck **x++** ist äquivalent zu **(t = x, x += 1, t)**. Als Ausgabe bei

```
double x = 12.1234;
cout << x++ << '\t';
cout << x << endl;
```

ergibt sich daher 12.1234 13.1234. Da das Resultat kein L-Wert ist, sind **x++++**, **i------** usw. keine korrekt gebildeten Ausdrücke – wegen der Rechts-Assoziativität der Operatoren wäre ihre Semantik auch unklar.

Bemerkung

Der **sizeof**-Operator wurde in Kapitel 3 bereits in der Form **sizeof(***Typname***)** benutzt, um die Größe eines Typs zu ermitteln. Der *Einstelliger-Ausdruck*-Regel (6.2.1) kann man entnehmen, daß auch die Form **sizeof** *Einstelliger-Ausdruck* möglich ist. Auch hier wird die Größe des Operanden (genauer: seines Ergebnistyps) in Vielfachen von **char** geliefert. (Das Ergebnis von **sizeof(bool)** ist implementationsabhängig – muß somit nicht gleich 1 sein.)

Ein nach **sizeof** stehender Ausdruck wird nicht ausgewertet, d.h. es treten auch keine Seiteneffekte durch Zuweisung, Inkrementierung usw. ein. Beispielsweise wird durch

```
double d = 3.33;
cout << sizeof (d *= 1.5L) << endl;
```

die Variable d nicht verändert. Die Klammern sind hier erforderlich, da sonst der „Ausdruck" `(sizeof d) *= 1.5L` untersucht würde.

6.2.15   Konstante Ausdrücke

In einigen Situationen schreibt C++ vor, daß ein Ausdruck einen ganzzahligen Wert ergibt, und daß dieser Wert bereits beim Übersetzen des Programms vom Compiler ermittelt werden kann (z.B. als Angabe der Größe eines Feldes, siehe Abschnitt 8.1, als Initialisierer von Aufzählungstypen, siehe Abschnitt 8.8, oder als `case`-Konstante innerhalb einer `switch`-Anweisung, siehe Abschnitt 7.3.2). Syntaktisch ist ein solcher *konstanter Ausdruck* ein bedingter Ausdruck:

> *Konstanter-Ausdruck:*
> > *Bedingter-Ausdruck*

er kann also weder Kommaoperator noch Zuweisungsoperatoren enthalten. Weiterhin sind Inkrement- und Dekrementoperatoren sowie Funktionsaufrufe ausgeschlossen, und als Operanden sind in einem konstanten Ausdruck lediglich zulässig

- Literalkonstanten,

- Werte von Aufzählungstypen,

- Werte von ganzzahligen symbolischen Konstanten, die mit konstanten Ausdrücken initialisiert sind, sowie

- mit dem `sizeof`-Operator gebildete einstellige Ausdrücke.

Gleitpunktkonstanten müssen explizit in einen ganzzahligen Typ umgewandelt werden (siehe Abschnitt 9.2). Im Operanden von `sizeof` dürfen auch Funktionsaufrufe, Klassenobjekte, Zeiger und Referenzen verwendet werden. Mit den Definitionen:

```
const double d = 3.33;
const int i = 256;
int j = 177;
```

sind z.B. `8*i - 128` und `(sizeof d > 4) ? 1 : 2` konstante Ausdrücke, wogegen beispielsweise `8*d - 128` oder `8*j - 128` keine konstanten Ausdrücke sind.

<u>Bemerkungen</u>

Die in diesem Abschnitt behandelten Ausdrücke haben einen Typ und einen Wert. Sie können innerhalb eines C++-Programms in vielfältiger Weise verwendet werden, z.B. bei der Steuerung des Programmablaufs mittels einer Auswahlanweisung, in der die getroffene Auswahl von einem Wert abhängt (Abschnitt 7.3), zur Festlegung der Anzahl von Wiederholungen bestimmter Anweisungen im Rahmen einer Wiederholungsanweisung (Abschnitt 7.4), bei der Dimensionierung oder beim Zugriff auf die Komponenten eines Feldes (Abschnitt 8.1), bei der Initialisierung von Variablen und Konstanten mit Werten (vgl. Kapitel 5), bei der Übergabe von Argumenten an Funktionen sowie bei der Rückgabe von Funktionswerten (Kapitel 11), bei der Übergabe von Werten an parametrisierte Klassen (Kapitel 18) oder in einer Ausdrucksanweisung, die einfach ein mit ; abgeschlossener Ausdruck ist (Abschnitt 7.2).

Die bisher noch nicht behandelten Operatoren wirken, mit der Ausnahme des globalen Geltungsbereichoperators, der in Abschnitt 14.3 besprochen wird, auf zusammengesetzte Datentypen ein; sie werden bei der Einführung dieser Typen diskutiert.

6.3 Übungsaufgaben

1. Schreiben Sie ein Programm, das eine reelle Zahl einliest und ihren Absolutbetrag ausgibt. Der Betrag soll mit einem bedingten Ausdruck berechnet werden.

2. Was ist der Unterschied zwischen den beiden Operatoren ~ und !? Überlegen Sie sich, welche Ausgabe die folgende Anweisung erzeugt. Ist das Ergebnis maschinenabhängig?

   ```
   cout << ~0 << ' ' << !0 << endl;
   ```

3. Welchen Typ haben die folgenden Ausdrücke?

   (a) `4/2`

   (b) `4.0/2.0`

   (c) `4L*2`

   (d) `4L + 2.0`

   (e) `4U - 2.0L`

4. Welchen Typ und Wert haben die folgenden Ausdrücke? (i und j seien jeweils mit `int i = 1;` bzw. `int j = 2;` definiert.)

   (a) `11/2`

   (b) `11.0/2`

   (c) `16%3`

   (d) `16%2`

   (e) `3 + 5.4`

   (f) `j <<= i + j`

   (g) `i >>= (3u & 2u)`

   (h) `5 < 8.3 - 4U`

   (i) `2 <= 3 == 3 > 2`

   (j) `15 < 12 && 12 <= 17`

   (k) `16 >= 3 + 13 || 5.5 < -17.8 || 6 <= 4 + 1`

   (l) `1 || 0 && 1`

    (m) 7 && 2

    (n) 7u & 2u

    (o) !076

    (p) ~076

    (q) ~065 == 012

    (r) i /= j*2

    (s) j ^= 1

    (t) j = 0 != (! - --i)

    (u) (5 > 3 ? i : j) += 3 && i > 5

5. Überlegen Sie sich, welche Ausgabe das folgende Programm erzeugt:

```cpp
#include <iostream.h>

int main() {
    int i, j, k, l;
    j = k = l = 2;
    i = j + k * l << 2 & 8;
    j = i & 077 , 3;
    k = i == j || i == k && k < l++;
    cout << i  << '\t'  << j  << '\t'
         << k  << '\t'  << l << endl;
    return 0;
}
```

6. Was geht hier schief?

```cpp
int b;
// ...
cout << (b = 2 ? "zwei" : "nicht zwei") << endl;
```

7. Warum sollte man generell keine unsigned-Typen in arithmetischen Ausdrük-
   ken (z.B. 2U - 4L) verwenden?

7

Anweisungen

In diesem Kapitel behandeln wir *Anweisungen*, die die algorithmischen
Aktionen eines Programms festlegen und die Reihenfolge, in der die Berechnungen durchgeführt werden – den sog. *Kontrollfluß* – steuern.

7.1 Einleitung

In Kapitel 1 hatten wir gesehen, daß ein C++-Programm aus Programmdateien besteht und daß jede Programmdatei eine oder mehrere Deklarationen enthält. Die in
Kapitel 5 besprochenen Deklarationen von Variablen und symbolischen Konstanten
sind Beispiele für eine solche Deklaration. Der *Deklaration*-Regel (Abschnitt 1.2) zu-
folge ist auch eine Funktionsdefinition eine Deklaration. Funktionsdefinitionen und
-aufrufe werden in Kapitel 11 behandelt; es soll aber jetzt schon darauf hingewiesen
werden, daß eine Funktionsdefinition aus zwei Teilen: dem Funktionsprototyp (in
dem die Schnittstelle der Funktion definiert ist) und dem Funktionsrumpf (in dem
die zur Verfügung gestellte Funktionalität spezifiziert ist) besteht. Syntaktisch ist
ein Funktionsrumpf eine *zusammengesetzte Anweisung*:

> *Zusammengesetzte-Anweisung:*
> { *Anweisungsfolge$_{opt}$* }

Die bisher vorgestellten vollständigen Programme `prog-1` bis `prog-5` enthalten jeweils die Definition einer Funktion `main()`, die in jedem C++-Programm vorhanden
sein muß. Beim Start eines fertig übersetzten und gebundenen Programms wird die
Ausführung des Rumpfs von `main()` veranlaßt.

Eine zusammengesetzte Anweisung wird auch als *Block* bezeichnet. Sie besteht aus
einer Folge von Anweisungen, die leer sein kann:

> *Anweisungsfolge:*
> *Anweisung*
> *Anweisungsfolge Anweisung*

Blöcke werden dort eingesetzt, wo die Syntax eine einzelne Anweisung erwartet, die
Programmlogik aber mehrere Anweisungen erfordert. Mehrere Anweisungen, die
in einer zusammengesetzten Anweisung aufeinander folgen, werden nacheinander
ausgeführt. Man unterscheidet die folgenden acht Klassen von Anweisungen:

> *Anweisung:*
>> *Markierte-Anweisung*
>> *Ausdrucksanweisung*
>> *Zusammengesetzte-Anweisung*
>> *Auswahlanweisung*
>> *Wiederholungsanweisung*
>> *Sprunganweisung*
>> *Deklarationsanweisung*
>> *Try-Block*

Jede Anweisung kann durch einen Bezeichner *markiert* werden und damit Ziel eines unbedingten Sprungs mittels einer `goto`-Anweisung (siehe Abschnitt 7.5.4) sein. Der Aufbau von Verzweigungen oder Wiederholungen mit Marken und `goto`-Anweisungen ist jedoch der Lesbarkeit eines Programms sehr abträglich und nach heutigem Verständnis kaum mehr vertretbar.

> *Markierte-Anweisung:*
>> *Bezeichner* : *Anweisung*
>> `case` *Konstanter-Ausdruck* : *Anweisung*
>> `default` : *Anweisung*

Zwei sinnvolle Spezialfälle der markierten Anweisung ergeben sich durch die Markierung mit `default` bzw. mit einer `case`-*Marke*, die aus dem Schlüsselwort `case` und einem konstanten Ausdruck besteht. Beide sind nur innerhalb von `switch`-Anweisungen (siehe Abschnitt 7.3.2) zulässig. Die Regel

> *Deklarationsanweisung:*
>> *Deklaration*

gibt an, daß einerseits eine Deklaration als Anweisung zwischen den anderen Anweisungen eines Programms stehen kann, so daß man in C++ eine Variable oder symbolische Konstante genau dort definieren und initialisieren kann, wo man sie im Programm benötigt. Andererseits ergibt sich zusammen mit der *Programmdatei*-Regel (Abschnitt 1.2), daß die einzigen Anweisungen, die außerhalb von Funktionsdefinitionen in einem Programm stehen dürfen, Deklarationen sind.

7.2 Ausdrucksanweisungen

Viele der Anweisungen eines Programms sind *Ausdrucksanweisungen*; sie bestehen einfach aus einem Ausdruck und einem abschließenden Semikolon. Daß nur ein Wert berechnet wird, der nicht weiter verwendet wird, wie z.B. bei

```
x + 2;
sin(3.1)/3.1;
```

ist zwar möglich, aber wenig sinnvoll. In der Regel wird eine Funktion aufgerufen, oder es kommt auf Seiteneffekte an, z.B.

```
a = b = 1000;
--i;
```

Bevor die nächste Anweisung ausgeführt wird, werden alle Seiteneffekte einer Ausdrucksanweisung wirksam.

Die Syntaxregel

> *Ausdrucksanweisung:*
>   *Ausdruck*$_{opt}$;

läßt auch *Leeranweisungen*, bei denen der Ausdruck fehlt, zu. Diese können angebracht sein, wenn syntaktisch eine Anweisung benötigt wird, jedoch vom Programm her keine Berechnungen erforderlich sind – siehe etwa das letzte Programmfragment in Abschnitt 8.4.

7.3 Auswahlanweisungen

Mit einer *Auswahlanweisung* kann ein möglicher Kontrollfluß durch das Programm gewählt werden. C++ kennt zwei Arten von Auswahlanweisungen.

> *Auswahlanweisung:*
>   *If-Anweisung*
>   *Switch-Anweisung*

7.3.1 Die `if`-Anweisung

Die gewählte Verzweigung hängt hier jeweils vom Wert des Ausdrucks bzw. Zuweisungsausdrucks in der Bedingung ab, der als Zutreffen (Wert `true`) oder Nichtzutreffen (Wert `false`) der Bedingung interpretiert wird:

> *If-Anweisung:*
>   `if ( ` *Bedingung* ` ) ` *Anweisung*
>   `if ( ` *Bedingung* ` ) ` *Anweisung* `else` *Anweisung*
>
> *Bedingung:*
>   *Ausdruck*
>   *Typspezifiziererfolge Deklarator* `=` *Zuweisungsausdruck*

Der Ausdruck bzw. Zuweisungsausdruck muß einen arithmetischen Typ, Aufzählungstyp oder Zeigertyp haben. Auch Klassentypen, für die eine Konversion (siehe 15.2 und 16.5) in einen arithmetischen Typ, Aufzählungstyp oder Zeigertyp definiert ist, sind erlaubt.

Der Ausdruck wird mittels boolescher Konversion (6.1.3) nach `bool` konvertiert. Ergibt sich `true`, so wird die Anweisung nach `if` ausgeführt. Anderenfalls wird, sofern angegeben, die Anweisung nach `else` ausgeführt. Wenn das Resultat `false` ist und kein `else` vorhanden ist, wird die `if`-Anweisung ohne Ausführung einer Anweisung beendet.

Beispielsweise erzielt die Anweisung

```
if (ch == 'j')
    j = 1;
else
    n = 1;
```

dieselben Auswirkungen, die man (per Seiteneffekt) bei der Auswertung des bedingten Ausdrucks und der Zuweisung ((ch == 'j') ? j : n) = 1 erhält (vgl. 6.2.9). Während ein bedingter Ausdruck die Wahl zwischen zwei Ausdrücken ermöglicht, gestattet die if-Anweisung jedoch die Auswahl zwischen zwei Anweisungen.

Wenn mehrere if-Anweisungen geschachtelt sind, kann der Fall eintreten, daß auf mehrere ifs nur ein else folgt. Dieses else gehört dann zum unmittelbar voranstehenden if. Mit

```
if (i >= 0)
    if (i > 0)
        cout << "i positiv" << endl;
else
    cout << "i negativ" << endl;
```

würde also nicht die durch die Einrückungen angedeutete Wirkung erzielt. Wünscht man den Bezug des else auf das erste if, so verwendet man einen Block:

```
if (i >= 0) {
    if (i > 0)
        cout << "i positiv" << endl;
} else
    cout << "i negativ" << endl;
```

Ist die Anweisung in einer if-Anweisung kein Block, so wird sie vom Compiler implizit in { und } eingeschlossen, d.h. if (x > y) double max = x; ist gleichbedeutend mit

```
if (x > y) {
    double max = x;
}
```

Analog wird eine einzelne Anweisung nach else geklammert. Diese Äquivalenz ist im Zusammenhang mit den Geltungsbereichen von Variablen (Abschnitt 10.1) wichtig.

7.3.2   Die switch-Anweisung

Für Situationen, in denen viele if-Anweisungen geschachtelt werden müßten, ist die switch-Anweisung gedacht. Statt

```
int absi = ((i > 0) ? i : -i );
if (absi == 1)
    cout << "|i| = 1" << endl;
else if (absi == 2)
    cout << "|i| = 2" << endl;
else if (absi == 3)
    cout << "|i| = 3" << endl;
else
    cout << "|i| nicht in {1, 2, 3}" << endl;
```

kann man

```
switch ((i > 0) ? i : -i ) {
    case 1: cout << "|i| = 1" << endl; break;
    case 2: cout << "|i| = 2" << endl; break;
    case 3: cout << "|i| = 3" << endl; break;
    default: cout << "|i| nicht in {1, 2, 3}" << endl;
}
```

schreiben. Die entsprechende Syntaxregel ist:

> *Switch-Anweisung:*
>   switch (*Bedingung*) *Anweisung*

Der Ausdruck bzw. Zuweisungsausdruck in der Bedingung muß einen ganzzahligen Typ, einen Aufzählungstyp oder einen Klassentyp, für den eine Konversion in einen ganzzahligen Typ definiert ist, haben. Ganzzahlige Typangleichungen werden ggf. vorgenommen. Üblicherweise ist die Anweisung eine zusammengesetzte Anweisung. Jede Anweisung in ihrer Anweisungsfolge kann dann mit einer oder mehreren `case`-Marken markiert werden. Optional ist auch genau einmal `default` als Marke möglich. Die `case`-*Konstanten* – das sind die konstanten Ausdrücke zwischen `case` und : – müssen paarweise verschiedene Werte haben.

Eine `switch`-Anweisung wird ausgeführt, indem der Ausdruck ausgewertet und mit den `case`-Konstanten verglichen wird. Wenn eine der `case`-Konstanten mit dem Wert des Ausdrucks übereinstimmt, wird die Ausführung des Programms hinter dieser `case`-Marke fortgesetzt. Anderenfalls wird, falls vorhanden, bei der mit `default` markierten Anweisung fortgefahren. Paßt keine der Konstanten und ist keine `default`-Marke vorhanden, wird die `switch`-Anweisung ohne Aktion beendet.

Die Marken selbst beeinflussen den Kontrollfluß nicht: Nach dem Verzweigen zu einer passenden `case`-Marke werden alle innerhalb des Blocks folgenden Anweisungen unabhängig von ihrer Markierung ausgeführt, wenn man die `switch`-Anweisung nicht explizit beendet. Der Abbruch kann, wie im obigen Beispiel, mit `break`-Anweisungen (siehe 7.5.1) veranlaßt werden. Läßt man hier die `break`s weg, so ergibt sich, wenn i z.B. den Wert -3 hat, als Ausgabe

```
|i| = 3
|i| nicht in {1, 2, 3}
```

Auch die Reihenfolge der Marken ist nicht festgelegt. Im Beispiel kann man etwa
(nach Anpassung der `break`-Anweisungen) mit der `default`-Marke beginnen:

```
default: cout << "|i| nicht in {1, 2, 3}" << endl; break;
case 1: cout << "|i| = 1" << endl; break;
case 2: cout << "|i| = 2" << endl; break;
case 3: cout << "|i| = 3" << endl;
```

Entsprechend der *Markierte-Anweisung*-Regel (7.1) kann eine Anweisung mit mehreren Marken versehen werden. Dies kann bei einer `switch`-Anweisung vorteilhaft
sein, z.B.

```
switch (monat) {
    case 10: case 11: case 12: case 1: case 2:
        cout << "Wintersemester" << endl; break;
    case 4: case 5: case 6: case 7:
        cout << "Sommersemester" << endl; break;
    default:
        cout << "vorlesungsfrei" << endl;
}
```

Ein Zusammenfassen mehrerer Werte zu einer „Marke", etwa `case 4..7:`, ist nicht
möglich.

7.4   Wiederholungsanweisungen

Die mehrfache Ausführung einer Anweisung wird durch *Wiederholungsanweisungen*
ermöglicht. Wiederholungsanweisungen werden auch als *Schleifen* bezeichnet. Es
können drei verschiedene Formen benutzt werden.

> *Wiederholungsanweisung:*
> *While-Anweisung*
> *Do-Anweisung*
> *For-Anweisung*

7.4.1   Die `while`-Anweisung

Die `while`-Anweisung hat die Syntax:

> *While-Anweisung:*
> `while` (*Bedingung*) *Anweisung*

Die Anzahl der Wiederholungen hängt vom Wert des Ausdrucks bzw. Zuweisungsausdrucks in der Bedingung ab, der – wie bei der `if`-Anweisung – deren Zutreffen
oder Nichtzutreffen anzeigt. Die Anweisung in der `while`-Anweisung wird so lange
wiederholt ausgeführt, wie der Wert des Ausdrucks `true` ist. Der Ausdruck wird
immer vor der Ausführung der Anweisung getestet. Vor seiner Auswertung wird er
jeweils nach `bool` konvertiert. Ein Beispiel ist:

```
  int x = z, querSumme = 0;
  while (x != 0) {
      querSumme += x%10;
      x /= 10;
  }
```

Hier wird die Quersumme einer positiven ganzen Zahl z berechnet.

Da die Bedingung vor der Ausführung der Anweisung geprüft wird, ist es möglich, daß die Anweisung einer while-Anweisung kein einziges Mal ausgeführt wird. Andererseits kann mit while(true) eine „Endlosschleife" aufgebaut werden.

7.4.2   Die do-Anweisung

Im Unterschied zur while-Anweisung wird die Anweisung in einer do-Anweisung mindestens einmal ausgeführt. Sie hat die Form:

> *Do-Anweisung:*
>   do *Anweisung* while (*Ausdruck*) ;

Die Anweisung in der do-Anweisung wird so lange wiederholt ausgeführt, bis der Wert des Ausdrucks false ist. Die Bedingung trifft dann nicht mehr zu. Der Test wird nach jedem Schleifendurchlauf vorgenommen. Der Ausdruck wird dazu wieder nach bool konvertiert.

Zum Beispiel berechnet

```
  double quad, links = 0.0, rechts = ((x >= 1.0) ? x : 1.0);
  do {
      quad = 0.5*(links + rechts);
      if (quad*quad - x > 0)
          rechts = quad;
      else
          links = quad;
  } while (rechts - links > eps);
```

die Quadratwurzel quad einer positiven Zahl x mittels Intervallhalbierung. eps ist dabei die geforderte Genauigkeit; man kann etwa const double eps = 1e-7; verwenden.

7.4.3   Die for-Anweisung

Eine for-Anweisung wird häufig zur Formulierung von Schleifen benutzt, wenn die Anzahl der Durchläufe bekannt ist, wie z.B. beim Zugriff auf die Komponenten von Feldern (8.1).

> *For-Anweisung:*
>   for (*For-Init-Anweisung Bedingung$_{opt}$* ; *Ausdruck$_{opt}$*) *Anweisung*

> *For-Init-Anweisung:*
>   *Ausdrucksanweisung*
>   *Deklarationsanweisung*

Da Ausdrucks- und Deklarationsanweisungen jeweils mit einem ; abgeschlossen sind, enthalten die runden Klammern nach **for** genau zwei Semikolons.

Die Anweisung `for (initialisierung bedingung; ausdruck) anweisung` hat die gleiche Wirkung wie die zusammengesetzte Anweisung

```
{
    initialisierung
    while (bedingung) {
        anweisung
        ausdruck;
    }
}
```

mit der Ausnahme, daß ein `continue` innerhalb der `anweisung` bei der `for`-Anweisung nicht zum Überspringen von `ausdruck` führt, siehe Abschnitt 7.5.2. Der Ausdruck bzw. Zuweisungsausdruck in `bedingung` wird vor seiner Auswertung jeweils nach `bool` konvertiert.

Sowohl die Bedingung als auch der Ausdruck sind optional, und die Initialisierung kann eine Leeranweisung sein. Fehlen `initialisierung` oder `ausdruck`, so läßt man sie in der obigen äquivalenten Formulierung mit `while` einfach aus. Wenn `bedingung` fehlt, wird die äquivalente `while`-Anweisung zu einem `while(true)`. Mit `for(;;)` kann somit eine Endlosschleife aufgebaut werden.

In der Regel ist `bedingung` ein relationaler Ausdruck oder ein Gleichheitsausdruck, und `ausdruck` spezifiziert eine nach jeder Iteration vorzunehmende Inkrementierung oder Dekrementierung wie im folgenden Beispiel, in dem der Mittelwert und die empirische Varianz von n einzugebenden Zahlen berechnet werden.

```
double xQuer = 0.0, empVar = 0.0;
for (int i = 0; i < n; i++) {
    double x;
    cin >> x;
    xQuer += x;
    empVar += x*x;
}
xQuer /= n;
empVar = empVar/n - xQuer*xQuer;
```

Bemerkung

Analog zur `if`-Anweisung wird die Anweisung in einer Wiederholungsanweisung, falls sie kein Block ist, implizit in { und } eingeschlossen. `while (--x >= 27.8) int j = 10;` ist z.B. gleichbedeutend mit der Anweisung

```
while (--x >= 27.8) {
    int j = 10;
}
```

7.5   Sprunganweisungen

Mit *Sprunganweisungen* ändert man den Kontrollfluß eines Programms unabhängig
von Bedingungen.

> *Sprunganweisung:*
> ```
> break ;
> continue ;
> return Ausdruck_opt ;
> goto Bezeichner ;
> ```

7.5.1   Die break-Anweisung

Außer in einer `switch`-Anweisung (vgl. 7.3.2) darf eine `break`-Anweisung auch innerhalb der (zusammengesetzten) Anweisung einer Wiederholungsanweisung (`do`,
`while`, `for`) verwendet werden. Sie beendet die Ausführung der innersten das `break`
umschließenden Schleife bzw. `switch`-Anweisung. Die Programmausführung wird
mit der Anweisung, die auf die abgebrochene Anweisung folgt (falls vorhanden),
fortgesetzt.

Im Zusammenhang mit Schleifen benutzt man die `break`-Anweisung, um die Wiederholungen zu beenden, bevor die Bedingung an ihrem Anfang oder Ende nicht
mehr erfüllt ist oder wenn es sich um eine Endlosschleife handelt, die aufgrund einer
Berechnung oder Eingabe verlassen werden soll:

```
for (;;) {
    cin >> x;
    if (x < 0.0)
        break;
    cout << x << '\t' << sqrt(x) << endl;   // sqrt() aus math.h
}
cout << "Alle Wurzeln berechnet" << endl;
```

7.5.2   Die continue-Anweisung

Eine `continue`-Anweisung darf nur innerhalb von Wiederholungsanweisungen (`do`,
`while`, `for`) stehen. Sie verursacht einen Sprung zum Schleifenende, so daß bei
`while`- und `do`-Anweisungen die Abbruchbedingung geprüft wird und bei `for`-Anwei-
sungen der Ausdruck ausgewertet wird.

7.5.3   Die return-Anweisung

Innerhalb der Funktion `main()` beendet eine `return`-Anweisung das Programm und
gibt die Kontrolle an das Betriebssystem zurück. Dabei kann mit dem auf `return`
optional folgenden Ausdruck ein Funktionswert angegeben werden, der vom Betriebssystem ausgewertet werden kann. Bei der Behandlung von Funktionen in Kapitel 11 werden wir noch einmal auf die `return`-Anweisung zurückkommen.

7.5.4   goto-Anweisung

Die `goto`-Anweisung führt einen unbedingten Sprung zu der mit ihrem Bezeichner
markierten Anweisung aus (vgl. 7.1). Diese Marke muß sich innerhalb derselben
Funktion wie die `goto`-Anweisung befinden. Bei zeitkritischen Anwendungen kann
eine `goto`-Anweisung u.U. zum schnellen Verlassen tief verschachtelter Wiederholungsanweisungen eingesetzt werden.

Die Verwendung von `break`-Anweisungen (außerhalb von `switch`) und von `continue`-
Anweisungen führt leicht zu ähnlich verwickelten Programmen wie die Benutzung
von `goto`; siehe hierzu die Übungsaufgabe 3 am Ende des Kapitels.

7.6   Beispiel

Mit Ausnahme von `continue` und `goto` enthält das folgende Beispielprogramm alle
in diesem Kapitel behandelten Anweisungsformen. `prog-6` liefert eine erste Übersicht über den Verlauf einer Funktion für Funktionswerte zwischen 0 und 1.

```
// prog-6

#include <iostream.h>
#include <math.h>

int main() {
    char ch;
    do {
        cout << "\nWelche Funktion soll gezeigt werden (f,g,h)? ";
        cin >> ch;
    } while (ch < 'f' || ch > 'h');
    const int max = 60;
    double x = 0.05;
    cout.setf(ios::fixed | ios::showpoint);
    cout.precision(2);
    cout << endl;
    for (int i = 0; i < 20; i++) {
        double f;
        switch (ch) {
            case 'f': f = cos(x); break;
```

```
                case 'g': f = sqrt(x); break;
                case 'h': f = 1.0 - exp(-2.0*x*x); break;
            }
            if (i%5 == 0)
                cout << x << " | ";
            else
                cout << "      | ";
            double y = f*max;
            while (--y >= 0.0)
                cout << '*';
            cout << endl;
            x += 0.05;
        }
        cout << endl;
        return 0;
    }
```

Da über die do-Anweisung die Eingabe von 'f', 'g' oder 'h' erzwungen wird, kann in der switch-Anweisung auf eine default-Marke verzichtet werden. Um Fehler bei späteren Erweiterungen um zusätzliche Funktionen zu vermeiden, haben wir auch hinter der letzten Alternative eine break-Anweisung eingefügt.

Mit den Stream-Funktionen setf() und precision(), die hier beide auf cout wirken, ist die „Achsenbeschriftung" auf zwei Nachkommastellen eingestellt.

7.7   Übungsaufgaben

1. Was berechnet das Programmfragment

```
int i = 0;
double xQuer = 0.0, empVar = 0.0;
for (double x; i < n; cin >> x,
    xQuer += x, empVar += x*x, i++) ;
xQuer /= n;
empVar = empVar/n - xQuer*xQuer;
```

Vergleichen Sie die Lesbarkeit mit der for-Anweisung in Abschnitt 7.4.3.

2. Schreiben Sie ein Programm, das den Funktionswert der Sinusfunktion

$$\sin x = \sum_{k=0}^{\infty} (-1)^k x^{2k+1}/(2k+1)!$$

durch Addition der ersten Summanden näherungsweise berechnet. Transformieren Sie das Argument x zunächst in das Intervall $[0, 2\pi)$. Brechen Sie die Addition ab, wenn sich zwei aufeinanderfolgende Approximationen um weniger als 10^{-6} unterscheiden und vergleichen Sie Ihr Ergebnis mit der Funktion sin() aus math.h.

3. Überlegen Sie sich die Wirkungsweise des folgenden Programms. Schreiben Sie anschließend ein klar formuliertes Programm mit derselben Funktionalität.

   Hinweis: Die Stream-Funktion `get()` liest vom angegebenen Eingabe-Streamobjekt (hier `cin`) ein Zeichen und liefert es im Argument (hier `ch`). Wird ein Dateiendezeichen (Unix: Ctrl-D, MS-DOS bzw. Win 95/NT: Ctrl-Z) gelesen, so ergibt der Ausdruck `cin.get(ch)` den Wert `false`, ansonsten `true`.

   Mit `while (cin.get(ch)) { /* ... */ }` kann somit der gesamte Eingabe-Stream – beispielsweise der Inhalt einer Datei, die ASCII-Zeichen enthält – gelesen und verarbeitet werden. Im Gegensatz zum Eingabeoperator `>>` wird White-space nicht ignoriert.

```cpp
#include <iostream.h>

int main() {
    char ch;
    while (cin.get(ch)) {
        if (ch < 32 || ch > 126)
            switch (ch) {
                case '\n': case '\t': case '\v':
                case '\b': case '\r': case '\f': break;
                default: continue;
            }
        cout << ch;
    }
    return 0;
}
```

4. (a) In der Header-Datei `stdlib.h` ist die Funktion `rand()` enthalten, die bei jedem Aufruf eine ganzzahlige Zufallszahl zwischen 0 und `RAND_MAX` liefert. Man kann sie z.B. in der Form `long int zufall = rand();` verwenden.

      Benutzen Sie die Funktion bei der Erstellung eines Programms, das 1000 `double`-Zufallszahlen zwischen 0.0 und 1.0 erzeugt und ermittelt, mit welchen Häufigkeiten die Zahlen in den Intervallen $[0, 0.2), [0.2, 0.4), \ldots,$ $[0.8, 1]$ liegen.

   (b) Welche Wirkung hat

```cpp
while (long int z = rand()) {
    // Verarbeitung von z, z.B.
    cout << z << endl;
}
```

   Aufgrund welcher Syntaxregeln ist diese `while`-Anweisung zulässig?

5. Schreiben Sie ein Programm, das eine ganze Zahl zwischen 1 und 3999 in das römische Zahlensystem umwandelt und ausgibt.

8

Zusammengesetzte Datentypen

Aus den in Kapitel 3 besprochenen vordefinierten Datentypen `int`, `double`, ... können von den Programmierern selbst mit Hilfe der Operatoren `[]`, `*`, `&` und `()` die Datentypen Feld, Zeiger, Referenz und Funktion hergeleitet werden. Bis auf Funktionen, die in Kapitel 11 dargestellt sind, werden diese *zusammengesetzten Datentypen* hier behandelt.

8.1 Felder

In einem *Feld* wird eine Reihe von Daten desselben Typs zusammengefaßt. Vektoren und Matrizen sind die bekanntesten Beispiele für Felder. Die Syntax der Felddeklaration entnimmt man der *Deklaration-* und der *Direkter-Deklarator*-Regel (vorletzte Alternative) aus den Abschnitten 1.2 bzw. 5.1. Im einfachsten Fall besteht eine Felddeklaration aus der Typangabe für die Komponenten des Feldes, einem Bezeichner und der zwischen `[` und `]` optional angegebenen Größe des Feldes, z.B.

```
long int fli[10];   // Feld mit zehn Komponenten des Typs long int
double vek[600];    // Feld namens vek mit 600 doubles
```

Mit einer solchen Deklaration der Form `T` *Bezeichner* `[anzahl];` erhält der Bezeichner den abgeleiteten Typ „Feld mit `anzahl` Komponenten des Typs `T`" oder kurz den Typ „`T[anzahl]`". Der Typ `T` der Feldkomponenten muß ein vordefinierter Typ außer `void`, ein Zeigertyp, ein Klassentyp, ein Aufzählungstyp oder wieder ein Feldtyp sein.

In bestimmten Fällen (s.u.) kann die Feldgröße entfallen; wird sie angegeben, so muß sie ein konstanter Ausdruck mit einem Wert größer als 0 sein. Ist dieser Wert gleich n, so hat das Feld n Komponenten, die mit 0, 1, ..., $n - 1$ indiziert sind. Der für das Feld benötigte Speicherplatz kann somit beim Übersetzen der Programmdatei festgestellt werden.

```
const int anzInts = 10000;
int x[anzInts]; // korrekt
```

```
    int numf = 12;
    float ff[numf];   // Fehler: kein konstanter Ausdruck
```

Um Felder variabler Größe zu deklarieren, deren Dimensionierung erst zur Laufzeit
des Programms vorgenommen wird, verwendet man Zeiger (siehe Abschnitt 8.6).
Mit mehreren aufeinanderfolgenden Größenangaben im Deklarator der Felddeklaration wird ein mehrdimensionales Feld erzeugt:

```
    double matA[50][50];        // 50x50-Matrix
    char dreiDTex[20][55][80];  // dreidimensionales Feld
```

Durch T *Bezeichner* [anzahl1][anzahl2]; wird *Bezeichner* als Feld mit anzahl1
Komponenten des Typs T[anzahl2] deklariert – oder ausführlicher als „Feld mit
anzahl1 Komponenten des Typs Feld mit anzahl2 Komponenten des Typs T".
(Analog für höhere Dimensionen.)

Der Zugriff auf die einzelnen Feldkomponenten erfolgt mit dem *Indexoperator* [], indem man den Index der gewünschten Komponente nach dem Feldnamen innerhalb
der Klammern angibt. Formal entsteht ein Postfix-Ausdruck (zweite Alternative,
vgl. 6.2.1), in dem der erste Ausdruck einen Feldtyp und der zweite einen ganzzahligen Typ hat, dessen Wert den Index spezifiziert. Das Ergebnis hat als Typ den
Typ der Feldkomponenten. Zum Beispiel werden mit

```
    char alpha['z' - 'a' + 1];
    for (char ch = 'a'; ch <= 'z'; ch++)
        alpha[ch - 'a'] = ch;
```

in den Komponenten 0, 1, ..., 25 des Feldes alpha die Zeichen 'a', 'b', ..., 'z'
gespeichert. Die größte und kleinste Komponente einer (50×50)-Matrix matA wird
im Beispiel

```
    double max = matA[0][0], min = max;
    for (int i = 0; i < 50; i++)
        for (int j = 0; j < 50; j++) {
            const double aij = matA[i][j];
            if (aij > max)
                max = aij;
            else if (aij < min)
                min = aij;
        }
```

berechnet. Da [] links-assoziativ ist, muß im letzten Beispiel nicht (matA[i])[j]
geklammert werden. Hier bezeichnet matA ein zweidimensionales Feld. Jede Feldkomponente, z.B. matA[i], ist selbst ein Feld mit fünfzig double-Komponenten,
und matA[i][j] ist schließlich eine double-Variable.

Ein Feld kann, bzw. muß bei Definition als const, durch Angabe einer in { und }
eingeschlossenen Liste von Zuweisungsausdrücken für die einzelnen Feldkomponenten initialisiert werden (vgl. die *Initialisierer*-Regel in Abschnitt 5.2). Die Liste ist

nach aufsteigendem Index geordnet. Enthält sie weniger Elemente als die Größe
des Feldes, werden die restlichen Komponenten mit dem Wert 0 (bzw. dem Standardkonstruktor, siehe Seite 178) initialisiert. Die Anzahl der Initialisierer darf die
Anzahl der Feldkomponenten aber nicht übersteigen. Z.B.

```
int a[3] = { 1, 3, 5 };                 // a[0]=1, a[1]=3, a[2]=5
double v[5] = { 1.1, 1.21, 1.331 };     // v[3]=0.0, v[4]=0.0
int b[2] = { 1, 3, 5 };                 // Fehler
double w[100] = { };                    // w[0]=0.0, ..., w[99]=0.0
```

Bei mehrdimensionalen Feldern kann die Liste für die einzelnen Komponenten, die
wieder Felder sind, eigene Initialisiererlisten enthalten. Eine solche *vollständig geklammerte* Initialisierung ist beispielsweise

```
const double i3[3][3] = {
    { 1.0, 0.0, 0.0 },
    { 0.0, 1.0, 0.0 },
    { 0.0, 0.0, 1.0 }
};
// alle i3[i][j] sind hier const
```

oder `int x[2][2] = { { 1 }, { 2 } };` – wobei in den inneren Listen ggf. mit
Nullen aufgefüllt wird, im letzten Beispiel wird x also zu `x[0][0] = 1`, `x[0][1] = 0`,
`x[1][0] = 2` und `x[1][1] = 0` initialisiert.

Wird nicht vollständig geklammert, so bezieht sich jede weiter innen stehende Klam-
merebene auf eine weiter rechts stehende Felddimension, z.B. initialisiert im Fall

```
int x[2][3][2] = { 1, 2, 3, 4 };
```

die Liste { 1, 2, 3, 4 } das $(2 \times 3 \times 2)$-Feld x, mit dem Resultat, daß `x[0][0][0]`
`= 1`, `x[0][0][1] = 2`, `x[0][1][0] = 3`, `x[0][1][1] = 4` und die restlichen Komponenten zu 0 initialisiert werden; im Fall

```
int x[2][3][2] = { { 1, 2 }, { 3, 4 } };
```

initialisieren die Listen { 1, 2 } bzw. { 3, 4 } die (3×2)-Felder `x[0]` bzw. `x[1]`
mit dem Resultat `x[0][0][0] = 1`, `x[0][0][1] = 2`, `x[1][0][0] = 3` und `x[1]`
`[0][1] = 4`. Offensichtlich spricht einiges dafür, die vollständig geklammerte Form
und einen eigenen Ausdruck zur Initialisierung jeder einzelnen Feldkomponente zu
verwenden.

Wenn ein Feld bei seiner Definition initialisiert wird, kann die Größenangabe für die
erste Dimension entfallen. Der Compiler bestimmt die Anzahl der Komponenten
dann anhand der Initialisiererliste. Zum Beispiel werden a bzw. x mit

```
int a[] = { 1, 3, 5 };
double x[][2] = { { 1.0, 0.0 }, { 3.0, 4.0 } };
```

als dreikomponentiges bzw. (2×2)-dimensionales Feld angelegt. `char alpha[];` wäre dagegen ebenso fehlerhaft, wie `double matA[][] = { 1, 2, 3, 4, 5, 6 };`. Im ersten Fall fehlt die Initialisiererliste, im zweiten Fall fehlt die zweite Größenangabe – mit der Liste könnten ein (1×6)-, (2×3)-, (3×2)- oder (6×1)-Feld oder ein Feld mit mehr als sechs Komponenten initialisiert werden.

Auch in einer Felddeklaration, die keine Definition ist, kann die erste Größenangabe weggelassen werden – vorausgesetzt, daß das Feld an einer anderen Stelle des Programms (z.B. in einer anderen Programmdatei) definiert ist:

```
extern const int ci[];
extern float fArray[][5];
```

Im Zusammenhang mit den im übernächsten Abschnitt eingeführten Zeigern ist es von Interesse, daß C++ die Komponenten eines Feldes im Speicher fortlaufend („ohne Lücken") ablegt. Mehrdimensionale Felder werden dabei wie eindimensionale Felder, deren Komponenten wieder Felder sind, behandelt. Die Speicherung erfolgt also „zeilenweise", so daß sich der am weitesten rechts stehende Index am schnellsten, der zweite Index von rechts am zweitschnellsten ändert usw. – so wie es in der folgenden Abbildung dargestellt ist.

```
int a[2][4] = {
    { -5, 87,  25, -2 },
    { 44, 67, -12, 88 }
};
```

-5	87	25	-2	44	67	-12	88
a[0][0]	a[0][1]	a[0][2]	a[0][3]	a[1][0]	a[1][1]	a[1][2]	a[1][3]

<u>Bemerkung</u>

Es soll zum Abschluß dieses Abschnitts nochmals betont werden, daß die erste, zweite, ..., n-te Komponente eines n-komponentigen Feldes mit $0, 1, \ldots, n-1$ indiziert sind. Bei der Implementation von Matrixalgorithmen muß dies, da in der entsprechenden Literatur immer von 1 bis n indiziert ist, sorgfältig beachtet werden. Als Beispiel geben wir hier eine einfache Version des Gauß-Algorithmus zur Berechnung der Lösung x eines linearen $n \times n$ Gleichungssystems $Ax = b$ an. (A, x und b heißen im Programm `matA`, `vekx` und `vekb`.)

```
for (int i = 0; i < n - 1; i++)
    for (int j = i + 1; j < n; j++) {
        const double y = -matA[j][i]/matA[i][i];
        matA[j][i] = 0.0;
        for (int k = i + 1; k < n; k++)
            matA[j][k] += y*matA[i][k];
        vekb[j] += y*vekb[i];
    }
```

```
for (int i = n - 1; i >= 0; i--) {
    vekx[i] = vekb[i];
    for (int j = n - 1; j > i; j--)
        vekx[i] -= matA[i][j]*vekx[j];
    vekx[i] /= matA[i][i];
}
```

8.2 Zeichenfelder

Die in Abschnitt 4.4 eingeführten Zeichenketten haben den Typ `const char[]`,
werden also als konstantes *Zeichenfeld* abgespeichert. Als letzte Feldkomponente
wird jeweils der *Terminator* '\0' angefügt, so daß z.B. "", "1", "11" Felder mit
einer, zwei bzw. drei Komponenten sind. Der Terminator dient in C++ dazu, das
Ende der einzelnen Zeichenketten zu erkennen. Wenn in einem Programm mehrere
dieser Konstanten vorkommen und im Datenteil des Programms abgelegt sind, wird
so beispielsweise der Ausgabeoperator `<<` in die Lage versetzt, jede Zeichenkette
korrekt auszugeben.

Neben der Initialisierung mit einer Liste einzelner Zeichen ist bei Zeichenfeldern
auch die Initialisierung mit einer Zeichenkette möglich:

```
char str[] = "string";
const char zFeld[7] = "string";
```

(vgl. die *Initialisiererklausel*-Regel, erste Alternative). Diese Initialisierungen bewirken dasselbe, wie

```
char str[] = { 's', 't', 'r', 'i', 'n', 'g', '\0' };
const char zFeld[7] = { 's', 't', 'r', 'i', 'n', 'g', '\0' };
```

Beide Felder haben somit sieben Komponenten. Das bedeutet, daß `char str[6] =
"string";` ein Fehler ist, da mehr Zeichen als Feldkomponenten vorhanden sind.
Mit `char str[6] = { 's', 't', 'r', 'i', 'n', 'g' };` oder gleichbedeutend
`char str[] = { 's', 't', 'r', 'i', 'n', 'g' };` ist `str` dagegen korrekt initialisiert.

Sofern bei Ausgaben jedoch nicht auf die einzelnen Komponenten des Feldes zugegriffen wird – etwa mit einer Wiederholungsanweisung – sondern `<<` auf den Feldnamen `str` angewandt wird, provoziert man wegen des fehlenden Terminators eine
fehlerhafte Ausgabe. Diesen Effekt kann man in `prog-7` gut verfolgen:

```
// prog-7

#include <iostream.h>

int main() {
    char str1[] = { 's', 't', 'r', '1' };
```

```
    char str2[] = { 's', 't', 'r', '2' };
    char str3[] = { 's', 't', 'r', '3' };
    cout << str1 << str2 << str3 << endl;
    return 0;
}
```

8.3   Zeiger

In *Zeigern* speichert man die Adressen von Variablen, symbolischen Konstanten
oder Funktionen während der Laufzeit eines Programms. Die Syntax der Zeigerdeklaration ergibt sich wieder aus der *Deklaration-* und der *Deklarator*-Regel (zweite
Alternative) zusammen mit:

> *Zeigeroperator:*
>> *   *Cv-Qualifiziererfolge*$_{opt}$
>>
>> &
>>
>> : :$_{opt}$ *Eingebetteter-Namensspezifizierer*   *   *Cv-Qualifiziererfolge*$_{opt}$
>
> *Cv-Qualifiziererfolge:*
>> *Cv-Qualifizierer   Cv-Qualifiziererfolge*$_{opt}$

Im einfachsten Fall besteht eine Zeigerdeklaration aus einem Typnamen, dem Operator * und einem Bezeichner, z.B.

```
    int* zgrInt;      // Zeiger auf ein int
    long double* zld; // Zeiger auf long double
```

Durch derartige Deklarationen der Form T* *Bezeichner* ; erhält der Bezeichner
den zusammengesetzten Typ „Zeiger auf T" oder kurz den Typ „T*". Als Typ T
sind alle Datentypen (auch andere zusammengesetzte Typen), mit Ausnahme von
Referenzen (siehe 8.7) und Bitfeldern (14.17) erlaubt. Leerzeichen vor oder nach
dem * sind hier bedeutungslos, d.h. `char* zc;` oder `char * zc;` oder `char *zc;`
oder `char*zc;` haben alle dieselbe Wirkung.

Deklariert man mehrere Bezeichner gemeinsam in einer Deklaration, so ist zu beachten, daß der * sich nur auf den jeweils folgenden Namen bezieht:

```
    int* p, y;    // bedeutet int* p; int y;
    int x, *q;    // bedeutet int x; int* q;
    int *p, *q;   // bedeutet int* p; int* q;
```

Eine Variable vom Typ T* enthält (nach entsprechender Initialisierung oder Zu-
weisung, s.u.) die Adresse eines Objekts vom Typ T. Sie *zeigt* dann auf dieses
Objekt (auch: *referenziert* das Objekt, *verweist* darauf). Deshalb sind z.B. ein
Zeiger auf `int` und ein Zeiger auf `long double` normalerweise gleich groß (bei den
von uns verwendeten Compilern jeweils 4 Bytes). Die Größe und Interpretation des
Inhalts der Objekte, auf die gezeigt wird, ist jedoch verschieden.

Ein Zeiger vom Typ `T*` kann mit der Adresse eines Objekts initialisiert werden, das den Typ `T` besitzt, auf den der Zeiger zeigt. Hierzu verwendet man den *Adreß-operator* `&`. Dieser einstellige Operator (vgl. 6.2.12) muß einen Operanden haben, der ein L-Wert – z.B. der Name einer Variablen, Funktion oder symbolischen Konstanten – oder ein qualifizierter Name ist. Im ersten Fall ist das Resultat vom Typ `T*`, wenn der Operand den Typ `T` hat. Den zweiten Fall behandeln wir in Abschnitt 14.14. (Zur formalen Herleitung vgl. die *Initialisierer*-Regel, erste Alternative, und die Regeln über den Aufbau von Zuweisungsausdrücken in Abschnitt 6.2.) Mit

```
char ch = 'a';
char* zgrCh = &ch;
```

zeigt folglich die Variable `zgrCh` auf die Variable `ch`. Genauer gesagt, enthält `zgrCh` die Adresse von `ch`, und in `ch` ist das Zeichen `'a'` gespeichert. Sind beispielsweise für `zgrCh` die Bytes 49991–49994 und für `ch` Byte 50000 reserviert, dann stellt sich der Sachverhalt wie abgebildet dar:

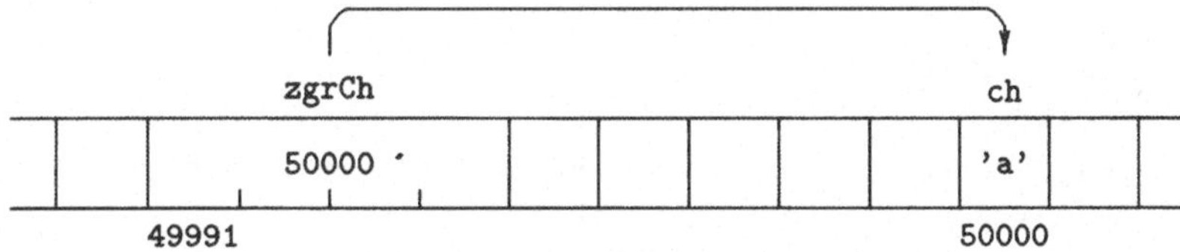

Auch die Initialisierung mit einem (vorher deklarierten) Zeiger desselben Typs ist möglich. Im obigen Beispiel könnte daher mit `char* pc = zgrCh;` fortgefahren werden. Dagegen wäre `int* zi = zgrCh;` genauso ein Fehler, wie `int* zi = &ch;` oder `char* zgrCh = &'a';`. Im letzten Beispiel wird versucht, die Adresse eines Ausdrucks zu bestimmen, der kein L-Wert, sondern eine Literalkonstante ist.

Eine dritte Möglichkeit, Zeiger zu initialisieren, besteht darin, als Initialisierer einen konstanten Ausdruck mit dem Wert 0 anzugeben. Dieser Wert wird dann implizit (per Standardkonversion) in den sog. *Nullzeiger* des entsprechenden Zeigertyps konvertiert. Mit ihm zeigt man an, daß ein Zeiger gerade keine relevante Adresse enthält. Diese implizite Konversion ist für alle Zeigertypen möglich.

```
unsigned long int* z = 0;
```

bedeutet beispielsweise, daß die Variable `z` zur Speicherung von Zeigern auf `unsigned long ints` eingesetzt werden soll, aber noch keinen sinnvollen Zeiger enthält. Explizite Adressen ungleich 0, die nicht vom Compiler oder Linker festgelegt werden, dürfen nicht angegeben werden. Das heißt `unsigned long int* z = 6500;` ist ein Fehler. Die Literalkonstante 6500 hat den Typ `int` und nicht den Typ `unsigned long int*`.

Die vierte und letzte Möglichkeit der Initialisierung besteht im Aufruf des `new`-Operators, den wir in Abschnitt 8.6 behandeln.

Die grundlegende auf Zeiger angewendete Operation ist das *Dereferenzieren* mit dem *Inhaltsoperator* `*` (vgl. 6.2.12). Der einstellige Ausdruck `*ausdr` liefert, falls der Operand `ausdr` vom Typ `T*` ist, den L-Wert des Objekts, auf das der Zeiger gerade zeigt; das Resultat ist vom Typ `T`. Im Beispiel

```
int i = 255;
int* zi = &i;
cout << *zi << endl;
```

zeigt `zi` auf `i`. Durch `*zi` wird somit derselbe Speicherbereich angesprochen, wie durch `i` – der Compiler „weiß", daß an der referenzierten Stelle ein `int` steht. Da `*zi` ein modifizierbarer L-Wert ist, kann der Wert von `i` über den Zeiger auch verändert werden, wie es in `prog-8` geschieht.

```
// prog-8

#include <iostream.h>

int main() {
    int i = 128;
    int* zi = &i;
    cout << "i = " << i << "\t *zi = " << *zi << endl;
    *zi *= 2;  // wirkt wie i *= 2;
    cout << "i = " << i << "\t *zi = " << *zi << endl;
    return 0;
}
```

Sofern man sich dafür interessiert, wo die Variablen vom verwendeten C++-System abgelegt werden, kann man mit dem Ausgabeoperator die Adressen `&zi`, `&i` oder auch `zi` ausgeben. Die Ausgabe erfolgt dann hexadezimal.

Der Zuweisungsoperator `*=` hat in `prog-8` auf die von `zi` referenzierte `int`-Variable gewirkt und nicht auf die Zeigervariable selbst. Die in `zi` stehende Adresse hat sich bei der Zuweisung nicht geändert. Zuweisungen sind aber auch an Zeigervariablen möglich (vgl. 6.2.10). Hier ist zu beachten, daß – falls der linke Operand einen Zeigertyp hat – der rechte Operand denselben Zeigertyp haben muß oder ein konstanter Ausdruck mit Wert 0 sein muß. Im letzteren Fall wird der Ausdruck vor der Zuweisung implizit in einen passenden Nullzeiger konvertiert. In jedem Fall muß der linke Operand wieder ein modifizierbarer L-Wert sein. Beispielsweise vertauschen die Initialisierung und die beiden Zuweisungen

```
char* tmp = zgr1;
zgr1 = zgr2;
zgr2 = tmp;
```

den Inhalt der Zeiger (also die Adressen in) `zgr1` und `zgr2`. Hatte man hier folgendermaßen initialisiert:

```cpp
char cf[] = { 'A', 'B', 'C', 'D', 'E' };
char* zgr1 = &cf[0];
char* zgr2 = &cf[4];
```

so zeigen nach dieser Vertauschung **zgr1** auf cf[4] und **zgr2** auf cf[0], und *zgr1 bzw. *zgr2 enthalten 'E' bzw. 'A'.

Wenn eine Zeigerdeklaration den Typspezifizierer **const** enthält, wird der unmittelbar darauf folgende Name zur symbolischen Konstanten. Dies bedeutet, daß z.B. in

```cpp
double d1 = 1.2, d2 = 2.4;
const double* zcd = &d1;
```

zcd ein *Zeiger auf Konstante* ist. Hier wird das referenzierte Objekt und nicht der Zeiger konstant. Hat ein Zeiger den Typ **const T***, so kann er so verändert werden, daß er auf ein anderes Objekt vom Typ **T** oder **const T** zeigt. Der Wert des jeweils adressierten Objekts kann mit Hilfe des Zeigers jedoch nicht geändert werden. Im Beispiel wäre *zcd = 1.25; ein Fehler, da *zcd zwar L-Wert, aber nicht modifizierbar ist. Die drei folgenden Anweisungen sind dagegen korrekt:

```cpp
d1 = 1.25;
zcd = &d2;
cout << *zcd << endl;   // nur lesender Zugriff
```

Initialisierungen eines Zeigers vom Typ **const T*** mit einem Zeiger vom Typ **T*** sind genauso gestattet, wie die entsprechenden Zuweisungen eines **T*** an ein **const T***. Die umgekehrte Initialisierung oder Zuweisung ist jedoch nicht zulässig:

```cpp
int i = 10000;
const int ci = 10;
const int* zci = &ci;
zci = &i;
int* zi;
zi = &ci;   // Fehler: &ci hat Typ const int*
zi = zci;   // Fehler: zci hat Typ const int*
```

Dem Zeiger auf Konstante **zci** kann also die Adresse der Variablen i zugewiesen werden. (Der Versuch, den Variableninhalt über den Zeiger, also mittels *zci zu verändern, würde vom Compiler entdeckt.) Dagegen ist es nicht gestattet, die Adresse der Konstanten **ci** der nicht **const** spezifizierten Zeigervariablen **zi** zuzuweisen; da *zi modifizierbarer L-Wert ist, wäre es sonst möglich, die Konstante über den Zeiger zu verändern.

Auch ein Zeiger selbst – nicht nur das Objekt, auf das er zeigt – kann als Konstante deklariert werden. Mit

```
long int li = 0x7fffffff;
long int* const czli = &li;
```

wird beispielsweise `czli` als *konstanter Zeiger* vereinbart. Hat ein Zeiger den Typ
`T* const`, so kann das Objekt, auf das er verweist, verändert werden, aber nicht die
Adresse, die er enthält. Die Zuweisung eines `T* const` an ein `T*` ist daher zulässig,
die umgekehrte Zuweisung jedoch nicht, da Zuweisungen an ein `T* const` generell
ausgeschlossen sind. Im Beispiel ist `*czli = -1;` möglich (zur Kontrolle kann man
`li` ausgeben). Dagegen wird

```
czli = 0;   // Fehler: czli nicht modifizierbar
```

nicht übersetzt. Bei der Initialisierung gibt es keine Einschränkungen: Zeiger vom
Typ `T*` oder `T* const` können sowohl mit Adressen des Typs `T*` als auch mit
`T* const` initialisiert werden. Konstante Zeiger sind eng mit den in Abschnitt 8.7
behandelten Referenzen verwandt.

Schließlich können auch konstante Zeiger auf Konstanten deklariert werden. In
diesem Fall können weder das Objekt, auf das der Zeiger zeigt, noch die Adresse,
die er enthält, verändert werden. Zum Beispiel

```
char c1 = 'a', c2 = 'b';
const char* const czcc = &c1;
*czcc = c2;   // Fehler: Zeiger auf Konstante
czcc = &c2;   // Fehler: konstanter Zeiger
```

Die Deklaration eines `const T* const` wird zunächst nicht sonderlich sinnvoll er-
scheinen. Auch diese Zeiger können jedoch, wie im obigen Beispiel, initialisiert
werden. In der speziellen Form als Referenz auf Konstante (Abschnitt 8.7) werden
wir sie in späteren Kapiteln zur schnellen Übergabe von Klassenobjekten, die nicht
modifiziert werden sollen, an Funktionen benutzen.

8.4   Zeigerarithmetik

Im Abschnitt 6.2 über Ausdrücke war an verschiedenen Stellen darauf hingewiesen
worden, daß die besprochenen Operatoren auch auf Operanden mit Zeigertypen angewendet werden können. Die *Zeigerarithmetik* führt jedoch nur dann zu portablen
Programmen, wenn die Operanden in Felder zeigen, da sonst nicht vorausgesetzt
werden kann, daß Variablen fortlaufend in einer bestimmten Reihenfolge hintereinander abgespeichert werden.

Der Wert einer Zeigervariablen (die Adresse, auf die der Zeiger zeigt) kann durch
Addition oder Subtraktion des Werts eines ganzzahligen Datentyps verändert werden. C++ interpretiert diesen Wert als Anzahl von Einheiten des Datentyps T, auf
den der Zeiger verweist. Das Resultat der Addition bzw. Subtraktion ist wieder vom
Typ `T*`.

Ist **zgr** ein Zeiger auf eine Feldkomponente, so sind **zgr + 1**, **zgr + 2**, ... Zeiger auf die nächste, übernächste, ... Komponente; **zgr - 1**, **zgr - 2**, ... zeigen auf die Komponente, die sich 1, 2, ... Komponenten „vor" der Komponente befindet, auf die **zgr** zeigt. Der Wert **zgr + 1** ist also um **sizeof(T)** größer als **zgr**. (Auch falls **x** eine Variable des Typs T ist, hat **&x + 1** einen Wert, der um **sizeof(T)** größer ist als **&x**.) Im Beispiel

```
double doubFeld[10];
for (int i = 0; i < 10; i++)
    doubFeld[i] = sqrt(i);
double* feldZgr = &doubFeld[5];
cout << *(feldZgr - 3) << '\t' << *(4 + feldZgr) << endl;
```

werden die dritte und zehnte Komponente von **doubFeld**, also $\sqrt{2}$ und $\sqrt{9}$ ausgegeben.

Die beschriebene Addition bzw. Subtraktion kann mit den additiven Operatoren **+** und **-** und mit den Zuweisungsoperatoren **+=** und **-=** vorgenommen werden. Bei **+=** und **-=** muß der linke Operand den Zeigertyp haben, der rechte Operand den ganzzahligen Typ. Als Spezialfall der Zuweisungen sind auch die Inkrementierung und Dekrementierung mit **++** und **--** in Präfix- und Postfix-Schreibweise möglich. Wenn der berechnete Zeiger nicht mehr in das Feld zeigt, ist die resultierende Adresse undefiniert. Eine Ausnahme bildet die erste Komponente nach dem Ende eines Feldes: sie kann für Zeigerarithmetik verwendet werden. Eine Schleife der Art

```
for (feldZgr = &doubFeld[0]; feldZgr < &doubFeld[10]; )
    cin >> *feldZgr++;
```

bei der **feldZgr** nach Ausführung der **for**-Anweisung die Adresse des ersten Bytes nach dem Ende von **doubFeld** enthält, ist somit zulässig. Das Dereferenzieren dieses Zeigers ist nicht erlaubt. (***feldZgr++** bedeutet ***(feldZgr++)**, siehe Übungsaufgabe 3 am Ende des Kapitels.)

Sofern zwei Zeiger p und q in dasselbe Feld (einschließlich der ersten Adresse nach dem Feldende) zeigen, ist auch ihre Subtraktion erlaubt. Das Resultat ist die Anzahl der Komponenten, die p und q auseinander liegen. Zum Beispiel ergibt (p - 1) - p den Wert -1.

Jeder Zeiger kann unter Verwendung der relationalen Operatoren oder Gleichheitsoperatoren mit dem Nullzeiger, einer ganzzahligen Konstanten mit Wert 0, verglichen werden. Auch für zwei Zeiger p und q auf denselben Typ können diese Vergleiche durchgeführt werden. Das Resultat **false** oder **true** ergibt sich hier aus dem Vergleich der in p bzw. q gespeicherten Adressen. Wenn p und q in dasselbe Feld (einschließlich der ersten Adresse nach dem Feldende) zeigen, ist garantiert, daß der Zeiger auf die Komponente mit dem größeren Index eine größere Adresse enthält.

Tritt ein Zeiger p als Operand eines logischen Operators (**&&**, **||** oder **!**) oder als erster Operand des Konditional-Operators auf, so kommt es bei der Auswertung des

Ausdrucks nur darauf an, ob p Nullzeiger ist oder nicht. Ein Nullzeiger wird implizit nach `false` konvertiert, eine gültige Speicheradresse nach `true`.

Ein klassisches Beispiel für Zeigerarithmetik ist die Bestimmung der Größe einer Zeichenkette `zk` (vom Typ `char[]`):

```
const char* zeiger = &zk[0];
while (*zeiger++ != '\0') ;
cout << "Groesse: " << zeiger - &zk[0] << endl;
```

Da der Terminator `'\0'` den ganzzahligen Wert 0 hat (vgl. Abschnitt 4.2), könnte man hier in der `while`-Anweisung auch kurz `while (*zeiger++)` ; schreiben.

8.5   Zeiger und Felder

Immer wenn ein Feldname ohne Indexoperator in einem Ausdruck vorkommt, wird er in C++ per Standardkonversion in einen Zeiger auf die erste Feldkomponente umgewandelt. (Ausnahmen: der Name ist Operand von `sizeof` oder `&`, oder er wird zur Initialisierung einer Referenz benutzt.) Für die Programmierung mit Zeigern und Feldern hat dies verschiedene Konsequenzen:

- Ist `fld` ein Feld mit Komponenten des Typs T und `zgr` ein Zeiger auf T, so hat `zgr = fld;` die gleiche Wirkung wie `zgr = &fld[0];`.

- Ist `fld` ein Feld mit Komponenten des Typs T und `var` eine Variable vom Typ T, so hat `var = fld[0];` die gleiche Wirkung wie `var = *fld;`.

- Ein Feld kann nicht mit einem anderen Feld (durch Angabe des Feldnamens, z.B. `int a[15] = fld;`) initialisiert werden.

- Der Name eines Feldes repräsentiert einen Zeiger. Da der Wert dieses Zeigers (die Adresse der ersten Feldkomponente) nicht geändert werden kann – dies würde das Verschieben des ganzen Feldes im Speicher implizieren –, ist dieser Name kein modifizierbarer L-Wert. Es können deshalb keine Zuweisungen an Felder vorgenommen werden.

  ```
  int b[3];
  b = fld;   // auch bei int fld[] = { 1, 2, 3 }; ein Fehler
  ++b;       // Fehler
  ```

Deklariert man das Feld `alpha` so wie in Abschnitt 8.1 und weist man den einzelnen Komponenten wieder die Zeichen `'a'`, ..., `'z'` zu, so wird beispielsweise mit

```
cout << alpha[0];
cout << *alpha;
char* zc1 = alpha;
cout << *zc1;
char* zc2 = &alpha[0];
cout << *zc2 << endl;
```

viermal das Zeichen 'a' ausgegeben. In den Anweisungen `cout << *alpha;` und
`char* zc1 = alpha;` ist der Feldname `alpha` jeweils durch die Adresse der ersten
Feldkomponente, also durch `&alpha[0]` ersetzt worden. Aus den Regeln zur Zeigerarithmetik ergibt sich weiterhin, daß `zc1 + 1`, `zc1 + 2`, ... und `&alpha[1]`,
`&alpha[2]`, ... identisch sind. `zc1 + 1`, `zc1 + 2`, ... sind also Verweise auf die
Komponenten `alpha[1]`, `alpha[2]`, ... von `alpha`. Oder m.a.W.: `*(zc1 + 1)`,
`*(zc1 + 2)`, ... und `alpha[1]`, `alpha[2]`, ... stimmen überein; dies wird in der
folgenden Abbildung nochmals illustriert.

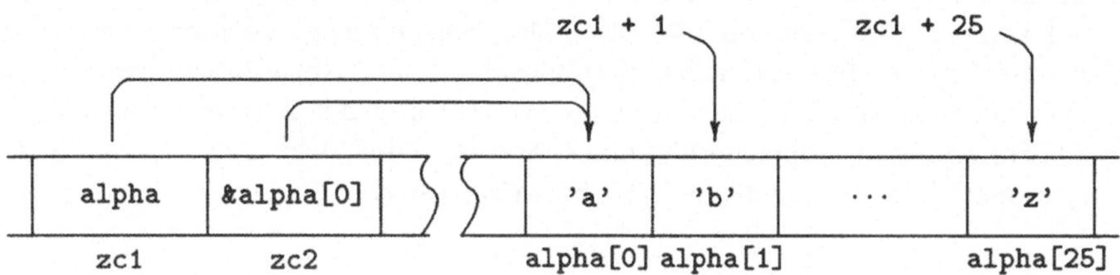

Allgemein bleibt festzuhalten, daß ein Ausdruck `a[i]` intern sofort in `*(a + i)`
umgewandelt wird. Wenn `a` ein Feldname ist und `i` ein ganzzahliger positiver Wert,
so ist `a[i]` die $(i + 1)$-te Komponente von `a`.

Setzt man das letzte Beispiel fort, so wird sowohl durch `cout << alpha[5];` als auch
durch `cout << *(alpha + 5);` oder `cout << *(zc1 + 5);` ein 'f' ausgegeben.

Nicht nur Feldnamen, sondern auch Zeigervariablen können indiziert werden. Auch
wenn `a` ein `T*` ist, sind `a[i]` und `*(a + i)` wieder identisch. Die Adresse `a + i`
ergibt sich dabei durch Addition von `i*sizeof(T)` zum aktuellen Wert von `a`. Im
Beispiel werden mit

```
cout << zc1[5] << endl;
++++zc1;
cout << zc1[5] << endl;
```

die sechste bzw. achte Komponente von `alpha` ausgegeben. Da ein Zeiger `a`, sofern er
nicht konstanter Zeiger ist, modifizierbar ist, wird mit `a[i]` aber nicht notwendig die
$(i + 1)$-te Komponente des Feldes, in das er ggf. zeigt, angesprochen. Wir werden
daher im folgenden indizierte Zeiger, falls möglich, immer konstant deklarieren. Der
Zugriff auf Feldkomponenten mittels Zeigern und nicht mit dem Indexoperator kann
– insbesondere bei großen mehrdimensionalen Feldern und geschachtelten Schleifen
– wegen der vereinfachten Adreßberechnung sinnvoll sein (siehe Übungsaufgabe 5
am Ende des Kapitels).

Neben dem Namen eines Feldes kann sogar generell jeder Ausdruck des Typs `T[]` von
C++ implizit (d.h. vom Compiler, ohne besondere Aktivitäten der Programmierer)
in einen Zeiger auf die erste Feldkomponente konvertiert werden. Da sie den Typ
`const char[]` haben, trifft dies auch für Zeichenketten zu. Zum Beispiel

```
const char* zc = "Literal";
```

```
zc = "Zeichenkette";
```

In der Zuweisung wird hier der Zeigervariablen **zc** eine (neue) Adresse zugewiesen.
Im Unterschied dazu ist zwar (vgl. 8.2) die Deklaration

```
char fc[] = "Literal";
```

möglich, eine Zuweisung der Form **fc = "Zeichenkette";** ist jedoch ein Fehler,
weil **fc** den Typ **char[]** hat. An Feldnamen ist aber keine Zuweisung möglich;
sie sind keine modifizierbaren L-Werte. Das Beispiel zeigt nochmals den Unterschied zwischen der Initialisierung einer Variablen oder Konstanten (Reservierung
von Speicherplatz und Speicherung eines Wertes) und der Zuweisung an eine Variable (Ermittlung und Speicherung eines Wertes). Die Wirkung der beiden letzten
Deklarationen veranschaulicht die folgende Abbildung:

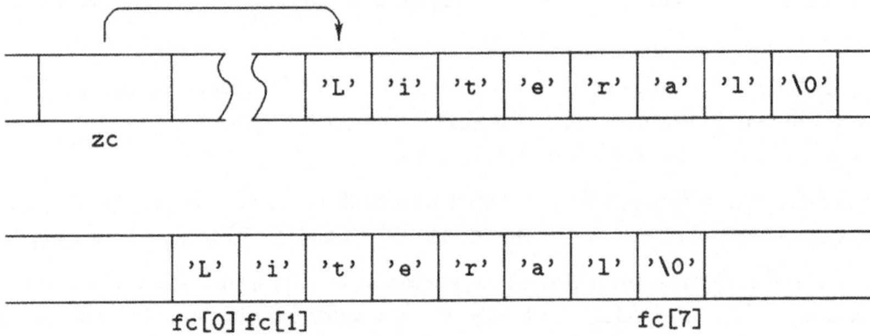

Aus zusammengesetzten Datentypen können wieder neue Datentypen zusammengesetzt werden. Beispielsweise deklariert

```
int* fzi[3];   // ein Feld mit drei Zeigern
```

eine Variable **fzi** vom Typ **int*[3]**, und jede Komponente **fzi[0]**, **fzi[1]** und
fzi[2] hat den Typ **int***. Soll dagegen ein Zeiger auf ein Feld deklariert werden,
so muß wegen der gegenüber ***** höheren Priorität von **[]** geklammert werden:

```
const double (*zgr)[3];   // ein Zeiger auf ein konstantes Feld
```

Hier ist **zgr** vom Typ **const double (*)[3]** – kann also auf ein Feld mit (beliebig
vielen) Komponenten des Typs **const double[3]** zeigen. Mit der (3×3)-Matrix **i3**
aus Abschnitt 8.1 ist dann beispielsweise die Zuweisung **zgr = i3;** möglich, durch
Inkrementieren oder Dekrementieren mittels **++** oder **--** kann man den Zeiger in
der Matrix zeilenweise vor- oder zurücksetzen, und auf die einzelnen (konstanten)
Elemente einer Zeile greift man z.B. mit **(*zgr)[0]**, **(*zgr)[1]** oder **(*zgr)[2]** zu.

Auch Zeiger auf Zeiger, die man einfach mittels Deklarationen der Art

```
double** zzd;
```

erhält sowie kompliziertere Kombinationen der Operatoren [] und * (und &) können vereinbart werden. Insbesondere den Typ `T**` werden wir in den folgenden
Abschnitten immer wieder verwenden.

Eine bekannte Anwendung von Feldern mit Zeigerkomponenten ist das Sortieren
der referenzierten Objekte, wie es **prog-9** zeigt. Bei dem verwendeten Sortierver-
fahren („Sortieren durch direktes Vertauschen") werden lediglich die Zeigerinhalte
vertauscht. Die Funktion `strcmp()` (Header-Datei `string.h`) vergleicht zwei Zeichenketten und liefert den `int`-Wert 0, falls sie übereinstimmen. Wenn die erste
Zeichenkette lexikalisch nach der zweiten kommt, resultiert ein Wert größer 0. Sofern der ASCII-Code zugrunde gelegt ist, kommen große vor kleinen Buchstaben.

```
// prog-9

#include <iostream.h>
#include <string.h>

const char* txt[] = { "Sortieren", "von", "vier", "Konstanten" };

int main() {
    const int n = sizeof(txt)/sizeof(char*);
    const char* tmp;
    do {
        tmp = 0;
        for (int i = 0; i < n - 1; i++)
            if (strcmp(txt[i], txt[i + 1]) > 0) {
                tmp = txt[i + 1];
                txt[i + 1] = txt[i];
                txt[i] = tmp;
            }
    } while (tmp);  // d.h. while (tmp != 0)
    for (int j = 0; j < n; j++)
        cout << txt[j] << endl;
    return 0;
}
```

Bemerkung

Zum Abschluß dieses Abschnitts wollen wir noch ausführlicher erläutern, wie C++
auf die Komponenten eines mehrdimensionalen Feldes, z.B.

```
double f[][4] = {
    { 1.0, 2.0, 3.0, 4.0 },
    { 1.1, 2.1, 3.1, 4.1 }
};
```

zugreift. Soll beispielsweise der Wert f[1][2] berechnet werden, so ist der Ausdruck (f[1])[2] zu betrachten ([] ist links-assoziativ). Dieser Ausdruck wird in
*((f[1]) + 2) und weiter in *((*(f + 1)) + 2) umgewandelt.

f ist hier ein Feld mit zwei Komponenten des Typs double[4] und wird in einen
Zeiger des Typs double (*)[4] umgewandelt, der auf die erste Feldkomponente
zeigt. Diese erste Komponente hat die Adresse &f[0]. Auch f + 1 ist dann vom
Typ double (*)[4] und zeigt auf die zweite Feldkomponente. Deren Adresse ist
sizeof(double[4]) Bytes größer als &f[0]. Das Resultat ist &f[1].

*(f + 1) ist daher wieder ein Feld, diesmal mit vier Komponenten des Typs dou-
ble. Der Ausdruck wird folglich in einen Zeiger des Typs double* umgewandelt,
der auf die erste Feldkomponente (mit Adresse &f[1][0]) zeigt. Damit hat auch
(f + 1) + 2 den Typ double und zeigt auf die dritte Feldkomponente in f[1],
deren Adresse sich durch Vergrößern von &f[1][0] um 2*sizeof(double) Bytes
ergibt. Das heißt: *(f + 1) + 2 zeigt auf f[1][2] und *(*(f + 1) + 2) liefert
den gewünschten Wert – im Beispiel den Wert 3.1.

Im allgemeinen Fall ist beim Zugriff auf f[i][j] ein *Offset* von i*sizeof(double
[4]) + j*sizeof(double) Bytes auf die Startadresse des Feldes f zu berücksichtigen. Bei höherdimensionalen Feldern wird analog verfahren. Man sieht hier einen
weiteren Grund, warum alle Größenangaben, außer derjenigen für die erste Dimension, bekannt sein müssen. Sie werden bei der Berechnung der Offsets benötigt.

8.6 Die Operatoren new und delete

Ein von Compiler und Linker erzeugtes ausführbares Programm besteht aus dem *Codeteil*, in dem die Anweisungen im Code der jeweiligen Maschine stehen, und dem
Datenteil, der die „globalen“ oder static Variablen des Programms enthält. Die
Objekte im Datenteil (in prog-9 z.B. die vier Zeiger txt[0],..., txt[3] und die vier
Zeichenketten "Sortieren",..., "Konstanten") sind während der gesamten Laufzeit des Programms an denselben festen Adressen gespeichert. Beim Start des Programms werden ihm vom Betriebssystem zwei weitere Speicherbereiche, der *Stack*
und der *Heap* (auch: *Freispeicher*) zugeteilt. „Lokale“ Variablen, das sind Variablen, die innerhalb eines Blocks deklariert sind (in prog-9 z.B. n, tmp, i und j), werden „auf“ dem Stack gespeichert. Sie werden dort automatisch angelegt, wenn mit
der Ausführung des Blocks begonnen wird und existieren nur bis zum Verlassen des
Blocks. Den im Datenteil oder auf dem Stack gespeicherten Objekten ist gemeinsam,
daß sie mit einer Definition, also z.B. double v[5] = { 1.1, 1.21, 1.331 };
oder int i = 0; vereinbart wurden. Wir gehen auf ihre Lebensdauer und den
Geltungsbereich ihrer Namen im Kapitel 10 noch ausführlich ein.

Variablen können auch zur Laufzeit des Programms erzeugt und wieder gelöscht
werden. Der Operator new legt sie auf dem Heap an; mit dem Operator delete
kann man sie später wieder zerstören. Da man – nur durch den verfügbaren Speicher
begrenzt – beliebig viele solcher Variablen erzeugen kann, ist es möglich, Objekte
zu speichern, deren Größe beim Übersetzen des Programms noch nicht feststeht.

Wichtige Anwendungen sind beispielsweise verkettete Listen, Bäume oder frei dimensionierbare Matrizen.

Der Operator **new** tritt in einem **new**-Ausdruck, der ein spezieller *Einstelliger-Ausdruck* ist, auf. Die entsprechenden Syntaxregeln sind:

> *New-Ausdruck:*
>> $::_{opt}$ **new** *New-Plazierung$_{opt}$* *New-Typname* *New-Initialisierer$_{opt}$*
>> $::_{opt}$ **new** *New-Plazierung$_{opt}$* (*Typname*) *New-Initialisierer$_{opt}$*
>
> *New-Plazierung:*
>> (*Ausdrucksliste*)
>
> *New-Typname:*
>> *Typspezifiziererfolge* *New-Deklarator$_{opt}$*
>
> *Typspezifiziererfolge:*
>> *Typspezifizierer* *Typspezifiziererfolge$_{opt}$*
>
> *New-Deklarator:*
>> * *Cv-Qualifiziererfolge$_{opt}$* *New-Deklarator$_{opt}$*
>> $::_{opt}$ *Eingebetteter-Namensspezifizierer* * *Cv-Qualifiziererfolge$_{opt}$*
>>> *New-Deklarator$_{opt}$*
>> *Direkter-New-Deklarator*
>
> *Direkter-New-Deklarator:*
>> [*Ausdruck*]
>> *Direkter-New-Deklarator* [*Konstanter-Ausdruck*]
>
> *New-Initialisierer:*
>> (*Ausdrucksliste$_{opt}$*)

Die einfachsten und von uns am häufigsten verwendeten **new**-Ausdrücke haben die Form **new T** oder **new T[ausdr]**, ggf. mit einem nachstehenden Initialisierer, z.B.

```
new long int;
new double[600];
new char('1');
```

Der optionale (einstellige) Geltungsbereichoperator `::` ist nur im Zusammenhang mit einem selbst definierten, *überladenen* (siehe Kapitel 16) Operator **new** von Interesse; die optionale auf **new** folgende *Plazierung* kann benutzt werden, um Speicherplatz an bestimmten Adressen zu reservieren. Zur Verwendung dieser Optionen sei auf die weiterführende Literatur, z.B. Coplien (1994) verwiesen.

new erzeugt eine Variable des spezifizierten Typs auf dem Heap, initialisiert sie ggf. und liefert als Wert des Ausdrucks einen Zeiger auf diese Variable. Wurde eine Variable des Typs **T** erzeugt, so hat das Resultat den Typ **T***. Im Beispiel

```
int* zi = new int(500);
cout << *zi << endl;
```

wird eine **int**-Variable erzeugt und mit dem Wert 500 initialisiert. Mit ihrer Adresse wird dann die Zeigervariable zi initialisiert. Auf den Inhalt der Variablen greift man, wie üblich, mittels *zi zu. Die folgende Abbildung illustriert die Auswirkung der Deklaration:

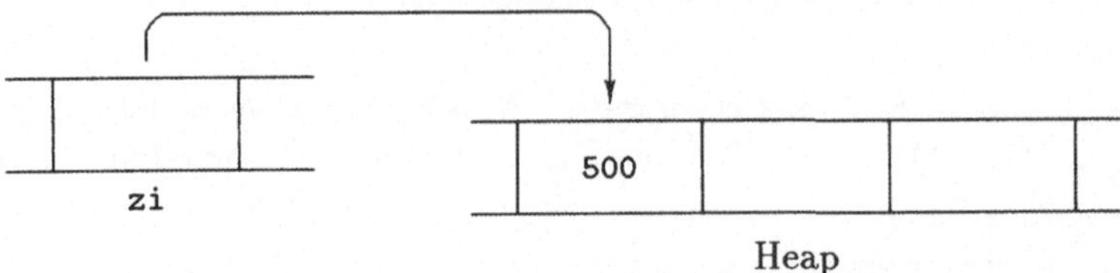

Im Gegensatz zu den bisherigen Beispielen, bei denen die referenzierten Objekte auch eigene Bezeichner hatten, ist hier die Verwendung von Zeigern unumgänglich, da die mit new erzeugten Variablen „namenlos" sind. Wird mit new ein Feld angelegt, so müssen alle Größenangaben, bis auf die erste, konstante Ausdrücke mit einem Wert größer als 0 sein. Die erste Dimension kann ein beliebiger Ausdruck sein. new liefert hier einen Zeiger auf die erste Feldkomponente. Zum Beispiel ist

```
int n;
cin >> n;
char* zc = new char[n];
```

korrekt; es wird ein Feld mit der eingegeben Anzahl von Komponenten erzeugt. Die Einschränkung der zweiten, dritten, ... Größenangabe auf konstante Ausdrücke verhindert nur auf den ersten Blick die Erzeugung beliebig dimensionierter Felder. Eine $(m \times n)$-Matrix matA, deren Zeilen- und Spaltenzahl zur Laufzeit des Programms festlegbar ist, kann man beispielsweise wie folgt generieren (vgl. die Abbildung auf S. 77):

```
double** const matA = new double*[m];
for (int i = 0; i < m; i++)
    matA[i] = new double[n];
```

Auf die Komponenten der Matrix greift man wie bei einem zweidimensionalen Feld mittels matA[i][j] zu; es ist jedoch zu beachten, daß matA Name eines Zeigers und nicht eines zweidimensionalen Feldes ist. Einen Hinweis darauf, wie man matA den Typ double* const* const geben kann, liefert Übungsaufgabe 12 am Ende von Kapitel 11.

Eine Einschränkung betrifft die Initialisierung von Variablen auf dem Heap. Für ein mit new erzeugtes Feld darf nämlich kein Initialisierer angegeben werden: Sowohl int* pi = new int[3]({ 1, 3, 5 }); als auch int* pi = new int[3](1, 3, 5); sind unzulässig.

Steht nicht mehr genug Speicherplatz zur Verfügung, um ein Objekt des spezifizierten Typs auf dem Heap anzulegen, so wird eine bad_alloc-Ausnahme ausgeworfen, die Programmierer jeweils problemadäquat behandeln können. Hierzu geben wir in Abschnitt 21.3 ein Beispiel.

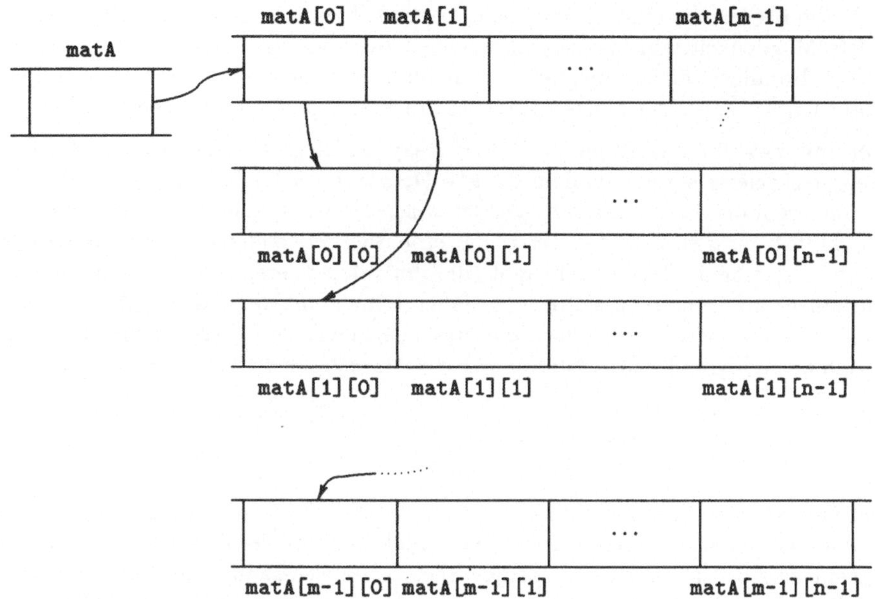

Um anstelle einer Ausnahme das traditionelle, an C angelehnte Verhalten, bei dem
new bei Speicherplatzmangel einen Nullzeiger liefert, zu erzielen, verwendet man die
Form **new(nothrow)**. Zum Beispiel wird durch

```
int n;
// ... Berechnung oder Eingabe von n

double* const x = new(nothrow) double[n];
if (x == 0) {
    cout << "kein Speicherplatz mehr vorhanden" << endl;
    exit(1);
}
```

das Programm abgebrochen, wenn kein n-komponentiges **double**-Feld mehr gespeichert werden kann. Zumindest bei der Verwaltung größerer Datenstrukturen ist es
sinnvoll, den Erfolg der Reservierung zu prüfen (oder eine geeignete Ausnahmebehandlung zu implementieren).

Im Beispiel wird die im Header **stdlib.h** deklarierte Funktion **exit()** verwendet,
die ein Programm sofort beendet und ihr Argument – hier den Wert 1 – an das
Betriebssystem zurückgibt. Der übergebene Wert muß vom Typ **int** sein.

nothrow ist eine im Header **new.h** deklarierte Konstante, die lediglich aus syntaktischen Gründen benötigt wird und deren Wert keine Rolle für eine Plazierung spielt.
Die Benutzung der Form **new(nothrow)** setzt also ein **#include <new.h>** voraus;
sie ist derzeit nur von **KCC** korrekt implementiert.

Scheitert **new**, so wird überhaupt kein Speicher reserviert oder initialisiert, auch wenn z.B. alle bis auf die letzte Komponente eines Feldes erzeugt werden könnten. Eine dritte Möglichkeit, auf Speicherplatzmangel zu reagieren, besteht darin sich selbst einen "Handler" für den möglichen Fehlereintritt zu definieren. Die entsprechende Vorgehensweise ist in Übungsaufgabe 13 am Ende von Kapitel 11 beschrieben.

Der mit **new** für ein Objekt auf dem Heap angelegte Speicherbereich bleibt so lange reserviert, bis er mit dem **delete**-Operator wieder freigegeben wird – oder bis anderenfalls das Programm beendet wird. Da C++ keine "garbage collection" durchführt, wird er auch dann nicht zur erneuten Verwendung mit **new** freigegeben, wenn es gar keine Zeiger mehr gibt, die ihn referenzieren. Nicht mehr benötigte Variablen auf dem Heap sollte man daher immer mit **delete** freigeben; dadurch wird auch die Gefahr verringert, daß **new** nicht genügend Speicher findet. **delete** ist ein einstelliger Operator, der in **delete**-Ausdrücken verwendet wird:

> *Delete-Ausdruck:*
> : : $_{opt}$ **delete** *Cast-Ausdruck*
> : : $_{opt}$ **delete** [] *Cast-Ausdruck*

Der Operator darf nur auf einen Zeiger, dessen Adreßwert mit einem **new**-Ausdruck erzeugt wurde, angewendet werden. Das Objekt, auf das der Zeiger zeigt, wird durch **delete** zerstört und der frei werdende Speicherbereich kann anderweitig verwendet werden. Das Resultat des Ausdrucks hat den Typ **void**; es kommt lediglich auf den Seiteneffekt an. Die Anwendung von **delete** auf einen Nullzeiger hat keine Wirkung.

Felder, die mit **new** erzeugt wurden, gibt man frei, indem man die Form **delete[]** benutzt. Bei Zeigern auf Zeiger auf ..., wie oben im Beispiel der Matrix **matA**, muß man auf die richtige Reihenfolge achten. Zum Beispiel werden durch

```
delete[] matA;
```

die m Zeiger **matA[0]**, ..., **matA[m - 1]** zerstört, und die $m \times n$ **double**-Variablen **matA[0][0]**, ..., **matA[m - 1][n - 1]** können nicht mehr freigegeben werden. Um die beabsichtigte Wirkung zu erzielen, muß man „in umgekehrter Zeigerrichtung" vorgehen:

```
for (int i = 0; i < m; i++)
    delete[] matA[i];
delete[] matA;
```

Es ist zu beachten, daß der Operand von **delete** kein Zeiger auf Konstante sein darf – der Inhalt des Speicherbereichs, auf den dieser Zeiger verweist, darf über ihn nicht verändert, also auch nicht freigegeben werden:

```
const int* zci = new int(12345);
delete zci;  // Fehler
```

Der optionale Geltungsbereichoperator : : ist wie bei **new** nur im Zusammenhang mit benutzerdefinierten Versionen des Operators **delete** von Interesse.

Wir wollen zum Abschluß dieses Abschnitts noch die zweite Form des `new`-Operators mit dem in () angegebenen Typnamen behandeln:

> *Typname:*
> > *Typspezifizirererfolge   Abstrakter-Deklarator$_{opt}$*
>
> *Abstrakter-Deklarator:*
> > *Zeigeroperator   Abstrakter-Deklarator$_{opt}$*
> > *Direkter-Abstrakter-Deklarator*
>
> *Direkter-Abstrakter-Deklarator:*
> > *Direkter-Abstrakter-Deklarator$_{opt}$ (Parameter-Deklarationsklausel)*
> > > *Cv-Qualifiziererfolge$_{opt}$ Ausnahmespezifikation$_{opt}$*
> >
> > *Direkter-Abstrakter-Deklarator$_{opt}$ [Konstanter-Ausdruck$_{opt}$]*
> > *(Abstrakter-Deklarator)*

Durch diese Schreibweise wird es möglich, Variablen komplexerer Typen auf dem Heap zu erzeugen. Während `new int*[3]` bzw. `new(nothrow) int*[3]` beispielsweise ein Feld mit drei Zeigern des Typs `int*` anlegt und einen Zeiger auf die erste Feldkomponente liefert, ist `new int (*)[3]` bzw. `new(nothrow) int (*)[3]` ein Fehler: hier würde versucht, einen Zeiger auf ein Feld mit drei Komponenten des „Typs" `new int` bzw. `new(nothrow) int` anzulegen. Mit `new (int (*)[3])` bzw. `new(nothrow) (int (*)[3])` wird dagegen ein Zeiger des Typs `int (*)[3]` erzeugt. Durch Deklaration neuer Typnamen (siehe Abschnitt 8.9) können solche Konstruktionen sehr viel klarer formuliert werden.

`prog-10` zeigt eine Anwendung von `new` und `delete`, bei der ein „Lifo"-Speicher (Last in, first out) mit `int`s auf dem Heap angelegt wird. Bei jeder Eingabe von `+` wird eine weitere, mittels `rand()` erzeugte, Zufallszahl gespeichert. Ist der Speicher voll, wird er, um `incr` vergrößert, neu angelegt. Mit Eingabe von `-` wird die letzte gespeicherte Zahl wieder entfernt. (Eine Sicherung gegen den Versuch, eine Zahl aus dem leeren Speicher zu entfernen, fehlt noch; siehe Übungsaufgabe 11.)

```cpp
// prog-10

#include <iostream.h>
#include <stdlib.h>

int main() {
    const int incr = 100;
    int grs = 0, top = -1;
    int* lifo = 0;
    char act;
    do {
        cout << "Aktion (+,-,<,.)? "; cin >> act;
        switch (act) {
            case '+':
                if (top == grs - 1) {
                    int* const tmp = new int[grs += incr];
```

```cpp
                    for (int i = 0; i <= top; i++)
                        tmp[i] = lifo[i];
                    delete[] lifo;
                    lifo = tmp;
                }
                lifo[++top] = rand();
                break;
            case '-':
                if (top >= 0)
                    --top;
                break;
            case '<':
                for (int i = 0; i <= top; i++)
                    cout << '\t' << lifo[i];
                cout << endl;
                break;
        }
    } while (act != '.');
    delete[] lifo;
    return 0;
}
```

Bemerkung

Ohne es explizit zu erwähnen, haben wir seit dem Abschnitt über Zeiger gelegentlich
kurz den Term Objekt (z.B. Adresse eines Objekts, referenziertes Objekt usw.) verwendet, statt wie sonst Variable, symbolische Konstante usw. zu schreiben. Dies ist
die übliche C++-Notation, in der generell ein Speicherbereich, in dem eine Variable
oder symbolische Konstante gespeichert ist, als Objekt bezeichnet wird. Variablen
des benutzerdefinierten Datentyps „Klasse" – also die eigentlichen „Objekte" der
objektorientierten Programmierung – werden hier als „Klassenobjekte" bezeichnet.

8.7　Referenzen

Mit einer *Referenz* erzeugt man einen alternativen Namen für eine Variable, Kon-
stante oder Funktion. Wie Zeiger werden Referenzen nach der *Deklaration*-, der
Deklarator- und der *Zeigeroperator*-Regel gebildet. Typischerweise setzt sich eine
Referenzdeklaration aus einem Typnamen, dem Operator **&**, einem Bezeichner und
einem Initialisierer zusammen. Durch **T&** *Bezeichner* = *Zuweisungsausdruck* ; erhält
der Bezeichner den zusammengesetzten Typ „Referenz auf **T**" oder kurz den Typ
„**T&**" und wird zum Synonym für die im Zuweisungsausdruck spezifizierte Größe.
Zum Beispiel:

```cpp
int i = 2;
double v[5] = { 1.1, 1.21, 1.331, 0.0, 0.0 };
int& ri = i;
double& rd = v[1];
```

Hier ist `ri` ein anderer Name für die Variable `i` und `rd` ist eine alternative Bezeichnung für die Feldkomponente `v[1]`. Auch Referenzen auf zusammengesetzte Datentypen sind (mit Einschränkungen, siehe die Zusammenstellung am Ende des Abschnitts) möglich: beispielsweise deklariert `double (&rfd)[5] = v;` eine Referenz auf ein `double`-Feld (Typ `double[5]&`) und initialisiert sie mit dem Feldnamen `v`, der hier nicht in den Zeiger `&v[0]` umgewandelt wird.

Referenzen müssen bei ihrer Deklaration initialisiert werden, es sei denn, sie sind `extern` deklariert, sie sind Klassenelement in einer Klassendeklaration (siehe 14.7) oder sie sind Parameter oder Rückgabewert einer Funktion (siehe Kapitel 11). Z.B.

```
float& reff;             // Fehler
extern long int& refli;  // Initialisierung an anderer Stelle
```

Wenn man eine Referenz des Typs `T&` in einem Ausdruck verwendet, wird sie als L-Wert des Typs `T` behandelt, der auf die bei der Initialisierung spezifizierte Variable, Konstante oder Funktion verweist. Tritt eine Referenz also als Operand auf, wird der Operator nicht auf die Referenz selbst, sondern auf das referenzierte Objekt angewandt. Es gibt keine Operatoren, die direkt auf Referenzen operieren – oder anders ausgedrückt: ein Ausdruck hat nie den Typ `T&` sondern einen Typ `T`. Mit der Referenz `rd` aus dem obigen Beispiel bewirkt die Anweisung `++rd;` daher, daß der Wert von `v[1]` um 1 auf `2.21` erhöht wird; `rd` wird dabei nicht verändert.

Auch die Zuweisungsoperatoren `=`, `+=` usw. bewirken folglich keine Zuweisung an die Referenz, sondern an das durch sie bezeichnete Objekt. Obwohl es den Anschein hat, als würde durch die Anweisung `ri = 25000;` die Referenz `ri` modifiziert, wird hier der `int`-Variablen `i` der Wert 25000 zugewiesen. Der schon früher diskutierte Unterschied zwischen Initialisierung und Zuweisung wird hier besonders deutlich.

Für den Adreß- und den `sizeof`-Operator gilt analog: Wird `&` bzw. `sizeof` auf eine Referenz angewendet, ergibt sich als Resultat, wie im nachfolgenden Beispiel, die Adresse bzw. die Größe (in Bytes) des referenzierten Objekts.

```
double eps = 0.000001;
double& rd = eps;
rd -= 1.0;
cout << "Wert\t" << rd << '\t' << eps << '\n'
     << "Adresse\t" << &rd << '\t' << &eps << '\n'
     << "Groesse\t" << sizeof(rd) << '\t' << sizeof(eps);
```

Eine weitere Konsequenz ist, daß der Wert einer Referenz nach ihrer Initialisierung nicht mehr verändert werden kann. Es gibt deshalb auch keine dem Nullzeiger vergleichbare „Nullreferenz". Referenzen sind also immer konstante Referenzen; die Spezifizierung einer Referenz als const, z.B. `double& const rd = eps;` wäre überflüssig und ist nicht zulässig.

Man kann sich Referenzen als konstante Zeiger vorstellen, die bei jeder Verwendung in einem Ausdruck dereferenziert werden. Die von uns benutzten Compiler erzeugen beispielsweise aus den letzten drei Anweisungen denselben Code wie aus:

```
double* const x = &eps;
*x -= 1.0;
cout << "Wert\t" << *x << '\t' << eps << '\n'
     << "Adresse\t" << x << '\t' << &eps << '\n'
     << "Groesse\t" << sizeof(*x) << '\t' << sizeof(eps);
```

Ein Typ `T&` kann nur mit einem L-Wert des Typs T oder eines von T abgeleiteten Klassentyps (siehe Kapitel 17) initialisiert werden; `double& rd = eps++;` ist daher ein Fehler. Auch die Initialisierung mit einem `const T` ist unzulässig.

Soll ein Wert mit Typ T, der nicht L-Wert ist, oder eine Konstante zur Initialisierung benutzt werden, so muß die Referenz (sinnvollerweise) den Typ *Referenz auf Konstante*, d.h. `const T&` haben. In diesem Fall wird eine *temporäre* Variable erzeugt und mit dem spezifizierten Wert initialisiert. Dabei werden ggf. Typkonversionen vorgenommen. Die Referenz ist dann ein Name für die temporäre Variable. Die Deklaration

```
const char& term = '\0';
```

entspricht somit in ihrer Wirkung den beiden Deklarationen

```
char tmp = '\0';
const char& term = tmp;
```

Die temporäre Variable existiert solange wie die Referenz, die sie verwendet. Wie man am Beispiel sieht, kann eine Referenz auf `const T` sowohl mit dem Typ `const T` als auch mit T initialisiert werden. Ebenso wie ein Zeiger auf Konstante kann auch die Referenz auf Konstante das referenzierte Objekt dann nicht verändern. Die Frage, welche brauchbaren Anwendungen es für Referenzen und insbesondere für Referenzen auf Literalkonstanten gibt, werden wir im Zusammenhang mit der Übergabe von Argumentwerten an Funktionen im Abschnitt 11.4 beantworten.

Aus der besonderen Semantik von Referenzen ergeben sich verschiedene Einschränkungen in bezug auf ihre Verwendung:

- Es gibt keine Zeiger auf Referenzen. Deshalb gibt es auch keine Felder, die Referenzen als Komponenten haben, die Erzeugung einer Referenz mit `new` ist nicht möglich, und es gibt keine Referenzen auf Referenzen.

- Es gibt keine Referenzen auf `void`.

- Es gibt keine Referenzen auf Bitfelder.

Bemerkung

Wie der Operator `*` bei Zeigerdeklarationen, bezieht sich auch bei der Deklaration von Referenzen der Operator `&` immer auf den jeweils folgenden Namen, d.h. `long double& r = x, d = y;` ist gleichbedeutend mit den beiden Deklarationen `long double& r = x;` und `long double d = y;`.

8.8 Aufzählungstypen

Ein *Aufzählungstyp* ist ein eigenständiger Datentyp, dessen Wertebereich durch die Aufzählung einer Liste von symbolischen Konstanten festgelegt wird. Aufzählungstypen deklariert man unter Verwendung eines *Enum-Spezifizierers*, der ein spezieller *Typspezifizierer* ist:

> *Enum-Spezifizierer:*
>   **enum** *Bezeichner*$_{opt}$ { *Enumeratorliste*$_{opt}$ }
>
> *Enumeratorliste:*
>   *Enumeratordefinition*
>   *Enumeratorliste* , *Enumeratordefinition*
>
> *Enumeratordefinition:*
>   *Enumerator*
>   *Enumerator* = *Konstanter-Ausdruck*
>
> *Enumerator:*
>   *Bezeichner*

Die *Enumeratoren* werden als Konstanten deklariert und können überall dort verwendet werden, wo ein (ganzzahliger) konstanter Ausdruck stehen muß – beispielsweise als **case**-Konstanten innerhalb einer **switch**-Anweisung. Ihre Namen müssen sich von den Bezeichnern anderer symbolischer Konstanten und Variablen unterscheiden. Zum Beispiel:

```
enum status { rot, rotgelb, gruen, gelb };
enum { aus, an };
```

Sofern für die Enumeratoren keine expliziten Werte mit = angegeben werden, beginnen die Werte der „enumerierten" Konstanten mit 0 und erhöhen sich von links nach rechts jeweils um 1. Die zweite Deklaration ist daher nahezu gleichbedeutend zu

```
const int aus = 0;
const int an = 1;
```

mit dem wichtigen Unterschied, daß für die einzelnen Werte kein adressierbarer Speicherplatz reserviert wird, so daß die Bezeichner **aus** und **an** keine L-Werte sind. Überall, wo sie im Programm vorkommen, werden sie vom Compiler direkt durch die entsprechenden Werte 0 bzw. 1 ersetzt. Es ist daher nicht möglich, Zeiger auf die mit einem Aufzählungstyp erzeugten Konstanten anzulegen.

Der Wertebereich eines Aufzählungstyps ist ganzzahlig und hat die Form $\{w_{min}, w_{min} +1, \ldots, w_{max}\}$, wobei sich w_{min} und w_{max} wie folgt aus seinen Enumeratoren ergeben: Ist e_{min} bzw. e_{max} der kleinste bzw. größte Enumerator, so ist w_{max} der kleinste Wert der Form $2^n - 1$, der größer oder gleich $\max\{|e_{min}|, |e_{max}|\}$ ist. w_{min} ist Null, falls e_{min} nicht negativ ist, ansonsten gilt $w_{min} = -w_{max} - 1$. Im Beispiel hat **status** den Wertebereich $\{0, 1, 2, 3\}$.

Während **aus** und **an** die Werte eines *unbezeichneten* Datentyps sind, ist durch
die erste Deklaration ein neuer Typ namens **status** definiert worden. Sein Name
kann wie jeder vordefinierte Typname zur Deklaration von Variablen, symbolischen
Konstanten, Funktionen, Zeigern usw. benutzt werden:

```
status anzeige;
status anzFld[4];
```

Variablen kann man alternativ direkt zusammen mit der Typdeklaration erzeugen,
z.B. `enum status { rot, rotgelb, gruen, gelb } anzeige, anzFld[4];` oder
`enum { aus, an } xonxoff;` für einen unbezeichneten Typ.

Ein Aufzählungstyp kann nur mit Werten seines Typs initialisiert werden. Auch bei
Zuweisungen müssen die Typen übereinstimmen. Zum Beispiel:

```
status wert = 3;       // Fehler: int statt status
anzFld[2] = rotgelb;   // korrekt
```

Umgekehrt können die Werte von Enumeratoren mittels ganzzahliger Typangleichung in die entsprechenden ganzzahligen Werte konvertiert werden. Der Typ
des Resultats ist hier der erste der folgenden Typen, in denen der Wertebereich
$\{w_{min}, \ldots, w_{max}\}$ gespeichert werden kann: **int**, **unsigned int**, **long int** oder **unsigned long int**. Diese implizite Konversion wird z.B. vor der Anwendung lo-
gischer Operatoren vorgenommen. Werte eines Aufzählungstyps können in Ausdrücken auch dort stehen, wo ein arithmetischer Operand erwartet wird; auch in
diesem Fall wird zunächst eine ganzzahlige Typangleichung durchgeführt.

```
status s = rot;
status* zs = &s;
if (*zs == gruen)
    /* ... */ ;
```

Wenn es auf die Zahlenwerte der Enumeratoren ankommt, kann man mit = bestimmte Werte vorgeben. Nachfolgende Bezeichner ohne Initialisierung erhalten wieder um
jeweils 1 erhöhte Werte. Zum Beispiel:

```
enum fehlerTyp { dram = 50, scan = 52, font = 62, buf = 67 };
enum figur { bauer = 1, springer = 3, laeufer = 3, turm = 5,
    dame = 8, koenig = 10000 };
```

Ein Enumerator gilt als definiert, wenn der Compiler seinen Namen und ggf. seinen
Initialisierer gelesen hat; er kann somit bei der Definition der folgenden Enumeratoren verwendet werden. Die Werte der Enumeratoren müssen nicht verschieden
sein. So erhalten mit der Deklaration `enum bsp { a = -7, b, c = b - 1 };` die
Konstanten **b** und **c** die Werte -6 bzw. -7.

Aufzählungstypen werden meist dazu benutzt, die Auswahl- (insbesondere switch) und Wiederholungsanweisungen eines Programms lesbarer zu formulieren. Eine weitere mögliche Verwendung ist die Definition von Konstanten innerhalb einer Klassendeklaration (siehe Abschnitt 14.16).

Bemerkung

Die Deklaration eines Aufzählungstyps ist immer auch gleichzeitig seine Definition. Es ist nicht möglich, einen Aufzählungstyp ohne Angabe der in { und } eingeschlossenen Liste der Enumeratoren lediglich zu deklarieren. Sofern ein benannter Aufzählungstyp in verschiedenen Programmdateien benötigt wird, kann er dort jeweils einmal definiert werden – vorausgesetzt, die Namen und Werte aller Enumeratoren stimmen überein (siehe Übungsaufgabe 6 am Ende von Kapitel 12).

8.9 Typnamen und typedef

Wenn aus zusammengesetzten Datentypen weitere Typen zusammengesetzt werden, können leicht Konstruktionen entstehen, deren Bedeutung nicht mehr sofort verständlich ist. Zum Beispiel wird in der Deklaration

```
long int* (*x)[3];
```

die Variable x als „Zeiger auf Feld mit drei Komponenten des Typs Zeiger auf long int" vereinbart. Mit dem Spezifizierer typedef (vgl. die *Dekl-Spezifizierer-Regel*) kann man die einzelnen zusammengesetzten Typen der Reihe nach benennen und so die Lesbarkeit des Programms erhöhen.

Beginnt eine Deklaration mit typedef, so wird der in ihr enthaltene Bezeichner nicht als Name für eine Variable, symbolische Konstante, Funktion usw. eingeführt, sondern als Name für den spezifizierten Typ. In den beiden folgenden Deklarationen:

```
long int* vek;          // Variablendeklaration
typedef long int* zTyp;  // typedef-Deklaration
```

wird vek als Name einer Zeigervariablen des Typs long int* vereinbart, dagegen wird zTyp zum Synonym für den Typ long int*. Im Gegensatz zu den Aufzählungstypen im letzten Abschnitt, mit denen man neue Datentypen erzeugen und bezeichnen kann, wird mit typedef kein neuer Typ definiert, sondern lediglich ein neuer Name für den angegebenen Typ deklariert. Nach seiner Deklaration kann dieser Name genau wie char, int usw. benutzt werden. Zum Beispiel erhält man mit

```
zTyp a, b[3];
```

eine Variable a des Typs long int* und ein Feld b mit drei Komponenten dieses Typs. Wird der Typname mit const kombiniert, wie z.B. in

```
const zTyp c = a;
```

so ist zu beachten, daß das deklarierte Objekt zur Konstanten wird. Im Beispiel ist c
ein Zeiger, und ein konstantes c ist ein konstanter Zeiger. Das heißt, c hat den Typ
`long int* const`; mit dem Typnamen `zTyp` kann kein Zeiger auf `const long int`
deklariert werden.

Der Typname kann auch in weiteren `typedef`-Deklarationen verwendet werden, z.B.

```
typedef zTyp fzTyp[3];
```

Hier wird `fzTyp` zum Namen für den Typ „Feld mit drei Komponenten des Typs
zTyp", so daß man schließlich Variablen des Zeigertyps `long int* (*)[3]` aus dem
ersten Beispiel einfach mittels

```
fzTyp* y = x;
```

deklarieren und initialisieren kann. Bei dieser Herleitung wurde in jeder Deklaration
nur jeweils einmal mit Hilfe von `*` bzw. `[]` ein neuer Typname zusammengesetzt.

Ein unbezeichneter Aufzählungstyp, der in einer `typedef`-Deklaration definiert wird,
erhält den *Typedef-Namen* als Typnamen, z.B. erzeugt

```
typedef enum { aus, an } zustand;
```

einen Typ namens `zustand`. Die Alternative `enum zustand { aus, an };` ist hier
u.E. vorzuziehen. Analog könnte man auch einen unbezeichneten Klassentyp, siehe
Kapitel 14.2, in einer `typedef`-Deklaration definieren und bezeichnen.

Eine Funktionsdeklaration (in der die Schnittstelle der Funktion, also ihr „Typ"
festgelegt ist) kann mit `typedef` eingeleitet werden; für Funktionsdefinitionen (in
denen man die Implementation, also die auszuführenden Anweisungen spezifiziert)
ist dies nicht zulässig, siehe Abschnitt 11.1.

Bemerkung

Syntaktisch ist eine `typedef`-Deklaration immer nur Deklaration: Da es keinen Wert
und keinen Wertebereich gibt, mit dem der Typname verknüpft wird, gibt es keine
`typedef`-Definition. Für den Typnamen einer `typedef`-Deklaration wird deshalb
auch kein adressierbarer Speicherplatz reserviert. Der Compiler ersetzt ihn beim
Übersetzen sofort durch den bezeichneten Datentyp.

8.10   Der abgeleitete Typ `void*`

Der vordefinierte Datentyp `void` bezeichnet eine leere Wertemenge, d.h. es können
keine Objekte dieses Typs deklariert werden (Kapitel 3).

Die zusammengesetzten Typen `void*` und `const void*` kann man dagegen als Zeiger auf ein Objekt unbekannten oder nicht spezifizierten Typs verwenden. Jeder
Zeiger auf ein nicht `const` deklariertes Objekt kann implizit (per Standardkonversion) in den Typ `void*` konvertiert werden. Für Zeiger auf `const` Objekte ist entsprechend die implizite Umwandlung nach `const void*` möglich. Zum Beispiel

```cpp
char ch;
const long double e = 2.718281828;
void* zv = &ch;
const void* c = &e;
```

Von der Variablen **zv** und der symbolischen Konstanten c ist nur bekannt, daß sie eine Adresse (eines Objekts bzw. eines **const** Objekts) enthalten. Den Typ, und damit die Größe, des aktuell referenzierten Objekts kennt der Compiler nicht. Daher ist mit Zeigern auf **void** auch keine Zeigerarithmetik möglich.

Zulässige Operationen sind die Zuweisung eines beliebigen Zeigers **zgr** an **void*** und der Vergleich von **zgr** mit einem Zeiger auf **void** oder **const void** durch die relationalen oder Gleichheitsoperatoren. **zgr** wird dazu implizit in **void*** umgewandelt. Im Beispiel hat der Ausdruck c **==** zv den Wert **false**, nach der Zuweisung c **=** zv; ergibt sich **true**.

Ein Zeiger auf **void** kann nicht implizit in einen anderen Zeiger umgewandelt werden:

```cpp
char* zc;
zc = zv;  // Fehler: zv ist ein void*
```

Hier muß eine explizite Typumwandlung, wie sie im folgenden Kapitel 9 beschrieben ist, verwendet werden.

Das folgende Programmfragment zeigt beispielhaft, wie ein n-komponentiges Feld mit **void**-Zeigern angelegt wird. Den Zeigern werden Adressen von auf dem Heap erzeugten **char**-, **double**-, **int**- oder **long int**-Objekten zugewiesen.

```cpp
enum { character, doublePrec, integer, longInt } typ;
const int n = 5;
void* fld[n];
// ... Ermittlung des gewuenschten Typs typ
int i = 0;
while (i < n) {
    switch (typ) {
        case character: {
                char x; cin >> x;
                fld[i++] = new char(x);
            }
            break;
        case doublePrec: {
                double x; cin >> x;
                fld[i++] = new double(x);
            }
            break;
        // restliche Faelle analog
    }
}
```

Der Typ der erzeugten Objekte wird hier erst zur Laufzeit des Programms festgelegt. Um die eingelesenen Komponenten sinnvoll verarbeiten zu können, muß jeweils eine explizite Typumwandlung vorgenommen werden (9.2).

Man könnte die `fld[i]`-Zeiger hier sogar auf verschiedene Typen zeigen lassen, indem man die Variable `typ` erst innerhalb der `while`-Anweisung festlegt. Da die Zeiger keine Information darüber speichern, worauf sie zeigen, ist es dann erforderlich, daß das Programm über den Typ der erzeugten Objekte in einem „Typfeld" Buch führt. Von dieser Programmiertechnik kann wegen ihrer Fehleranfälligkeit nur abgeraten werden. (Der zusammengesetzte Typ „Zeiger auf `void`" wurde bei früheren C++-Versionen auch zur Definition von Funktionen mit variablen Parametertypen oder Klassen mit variablen Elementtypen verwendet. Mit der Verfügbarkeit sog. parametrisierter Funktionen und Klassen, vgl. Kapitel 18, sind derartige Konstruktionen kaum noch interessant.)

Bemerkungen

Zum Abschluß dieses Kapitels über abgeleitete Datentypen soll nochmals betont werden, daß bei Initialisierungen, Zuweisungen und in Ausdrücken

- ein Typ `const T`, `T&` oder `const T&` wie ein Typ `T` verwendet werden kann – sofern in 6.2 und 8.3 nichts anderes angegeben ist (Im ersten und dritten Fall darf `T` kein Zeigertyp sein.)

- ein Typ `T* const` wie ein `T*` verwendet werden kann – sofern 6.2 dies nicht ausschließt

- ein Typ `T` wie ein `const T` verwendet werden kann.

Diese Regeln können kombiniert werden; z.B. ist `T&` anstelle von `const T` zulässig.

Weiterhin muß eine Referenz des Typs `T&` mit einem Typ `T` oder `T&`; eine Referenz auf Konstante `const T&` muß mit einem `T`, `const T`, `T&` oder `const T&` initialisiert werden.

8.11   Übungsaufgaben

1. Testen Sie die Ausgabe, die man bei `prog-7` erhält, wenn man die Zeichenfelder mit Literalkonstanten initialisiert.

2. Verändern Sie `prog-6`, so daß die Funktionsgraphen in der üblichen Weise (mit horizontal verlaufender Abszisse) dargestellt werden. Berechnen Sie dazu zunächst den Funktionsverlauf und speichern Sie ihn in einem Feld des Typs `char graph[20][50]`, das dann zeilenweise ausgegeben wird.

3. Machen Sie sich anhand der Syntaxregeln (ausgehend von der *Einstelliger-Ausdruck*-Regel) klar, daß der Ausdruck `*p++` ein * *Cast-Ausdruck* ist, also `*(p++)` bedeutet, und daß der Versuch der Entwicklung als *Postfix-Ausdruck* `++` zwangsläufig auf die Klammerung `(*p)++` führt.

4. Ermitteln Sie die Wertebereiche der Aufzählungstypen **fehlerTyp** und **figur**
   aus Abschnitt 8.8.

5. Überzeugen Sie sich, daß die beiden folgenden Programmabschnitte die gleiche
   Wirkung haben, und messen Sie die Laufzeiten für verschiedene Werte der
   Dimension **dim** und des Wiederholungsfaktors n.

```cpp
const int dim = 25;
const int n = 50;

typedef char* zTyp;
char a4[dim][dim][dim][dim];

int main() {
    // Teil a
    for (int x = 0; x < n; x++)
        for (int d1 = 0; d1 < dim; d1++)
            for (int d2 = 0; d2 < dim; d2++)
                for (int d3 = 0; d3 < dim; d3++)
                    for (int d4 = 0; d4 < dim; d4++)
                        a4[d1][d2][d3][d4] = 'x';

    // Teil b
    const zTyp stop = &a4[dim - 1][dim - 1][dim - 1][dim - 1];
    for (int x = 0; x < n; x++)
        for (zTyp zgr = &a4[0][0][0][0]; zgr <= stop; )
            *zgr++ = 'x';
    return 0;
}
```

Auf einem Unix-System bestimmt man die Laufzeit eines Programms **progname**, indem man es mit **time progname** startet. Unter MS-DOS oder Win
95/NT kann man die Funktionen **time()** und **difftime()** der Header-Datei
time.h verwenden. Eine einfache Möglichkeit zur Zeitmessung ist dann:

```cpp
time_t start = time(0);
// interessierender Programmabschnitt
cout << difftime(time(0), start) << " Sek.";
```

(Auch unter Unix gibt es die Funktionen **time()** und **difftime()**. Bei einem Mehrbenutzersystem erhält man hier jedoch i.d.R. nicht die gewünschten
reinen Laufzeiten.)

6. Deklarieren Sie einen Zeiger, den man mit der Matrix **intMat**, die wie folgt
   definiert ist, initialisieren kann.

```
int intMat[5][2] = {
    { 2, 7 },
    { 18, 28 },
    { 18, 28 },
    { 45, 90 },
    { 45, 1 }
};
```

Benutzen Sie den Zeiger, um `intMat[3][1]` auszugeben. Verwenden Sie zum Dereferenzieren drei verschiedene Schreibweisen.

7. Welchen Typ hat der Ausdruck `"Zeichenkette" + 5`? Welchen Wert hat `*("Zeichenkette" + 5)`? Was liefert `5["Zeichenkette"]`?

8. `var` sei eine Variable eines beliebigen Datentyps T. Überlegen Sie sich, daß die Ausdrücke `*&var` und `var` denselben Typ und denselben Wert haben.

9. Stellen Sie für fünf vordefinierte Datentypen fest, welche Werte `sizeof(a)` bzw. `sizeof(&a[0])` haben, wenn `a` als Feld mit zehn Komponenten des Typs deklariert ist.

10. Was geht hier schief?

```
const int n = 80;
int* zi = new char[n];
char fc[n] = new char[n];
```

11. Vervollständigen Sie `prog-10`, indem Sie

   - verhindern, daß die Aktion „-" auf den leeren Speicher angewendet wird,
   - den Speicher, sobald er mehr als `2*incr` freie Speicherplätze enthält, um `incr` Komponenten verkleinern.

9

Typumwandlungen

In Kapitel 6 hatten wir bereits eine Reihe von Typumwandlungen besprochen, die – z.B. bei Initialisierungen oder bei der Auswertung von Ausdrücken – implizit vorgenommen werden. Bei diesen Standardkonversionen achtet der Compiler darauf, daß möglichst keine Information verloren geht (bzw. daß der Informationsverlust möglichst gering ist). Darüber hinaus haben Programmierer die Möglichkeit, Typumwandlungen unter Umgehung der Typprüfung des Compilers vorzunehmen. Diese expliziten Typumwandlungen sind Hauptgegenstand des folgenden Kapitels.

9.1   Standardkonversionen

Zusätzlich zu den in Kapitel 6 diskutierten impliziten Typumwandlungen, die insbesondere dadurch verursacht werden, daß ein Operator auf mehrere Operanden verschiedenen Typs angewendet wird, haben wir bisher die hier nochmals aufgeführten Standardkonversionen besprochen:

- Umwandlung eines konstanten Ausdrucks mit Wert 0 in einen Zeiger, den sog. Nullzeiger. Vgl. Abschnitt 8.3.

- Umwandlung eines Ausdrucks mit Typ `T[]` in einen Zeiger auf die erste Feldkomponente. Vgl. Abschnitt 8.5.

- Umwandlung eines Zeigers vom Typ `T*` bzw. `const T*` in den Typ `void*` bzw. `const void*`. Vgl. Abschnitt 8.10.

Weitere Standardkonversionen werden in den Kapiteln 11, 14 und in Abschnitt 17.6 behandelt.

9.2   Explizite Typumwandlungen

Wenn man eine implizite Typumwandlung zur Verdeutlichung explizit hinschreiben will oder eine Typumwandlung in einer Situation erzwingen will, in der sonst nicht

konvertiert wird, benutzt man eine *explizite Typumwandlung*. Syntaktisch gibt es
hierfür zwei Alternativen: den Einsatz eines *Konversionsoperators* `static_cast`,
`const_cast`, `reinterpret_cast` bzw. `dynamic_cast` (vgl. die *Postfix-Ausdruck*-
Regel in Abschnitt 6.2.1) oder die *funktionale* Notation.

Konversionen mittels `static_cast`

Ist a ein Ausdruck des Typs A, so konvertiert `static_cast<T>(a)` den Wert von a in
einen Wert des Typs T. Diese Umwandlung ist in den folgenden vier Fällen möglich:

- A kann implizit in T umgewandelt werden.

- T kann implizit in A umgewandelt werden – das Entfernen von `const` ist hier
  jedoch ausgeschlossen.

- T ist ein Aufzählungstyp und a ist ein ganzzahliger Wert, der im Wertebereich
  von T liegt. Der Wert von a wird dann nicht verändert.

- A und T sind Zeigertypen und zeigen auf Klassen, die voneinander abgeleitet
  sind; vgl. Abschnitt 17.3.

Ein Beispiel für den ersten Fall ist

```
int i = 3, j = 2;
double x = static_cast<double>(i)/j;   // x = 1.5
```

Hier wird für den Wert von j eine arithmetische Standardkonversion durchgeführt,
weil der Dividend durch die explizite Umwandlung den Typ `double` hat.

Wichtiger ist der zweite Fall, mit dem implizite Konversionen explizit „umgekehrt"
werden können. Dabei ist gewährleistet, daß die Umwandlung eines Zeigers nach
`void*` und zurück den Zeigerwert nicht ändert. Für das letzte Beispiel aus Abschnitt 8.10 bedeutet dies, daß die gelesenen Komponenten etwa mit

```
if (typ == character)
    for (int j = 0; j < n; j++)
        cout << *static_cast<char*>(fld[j]) << '\t';
else if (typ == doublePrec)
    for (int j = 0; j < n; j++)
        cout << *static_cast<double*>(fld[j]) << '\t';
else if (typ == integer)
    for (int j = 0; j < n; j++)
        cout << *static_cast<int*>(fld[j]) << '\t';
else
    for (int j = 0; j < n; j++)
        cout << *static_cast<long int*>(fld[j]) << '\t';
```

wieder sicher ausgegeben werden können.

Durch den dritten Fall wird beispielsweise die Initialisierung einer Variablen eines Aufzählungstyps mit einem ganzzahligen Wert möglich. Mit dem Typ `figur` aus Abschnitt 8.8 ist etwa

```
figur x = static_cast<figur>(3);
```

zulässig. Denselben `figur`-Wert erhält `x` auch durch die Zuweisungen `x = springer;` oder `x = laeufer;`.

Die explizite Umwandlung `x = static_cast<figur>(20000);` ist dagegen ein Fehler, da 20000 nicht im Wertebereich des Datentyps `figur` liegt. Fehler dieser Art werden i.d.R. vom Compiler nicht erkannt und führen daher zu implementationsabhängigem Laufzeitverhalten. Die Umwandlung eines Werts, der im Wertebereich des Aufzählungstyps liegt, dem jedoch kein Enumerator entspricht – z.B. `x = static_cast<figur>(25);` – ist zulässig, u.E. aber kaum sinnvoll.

<u>Bemerkung</u>

Mittels `static_cast` wird ein Wert des zwischen < und > spezifizierten Typs konstruiert. Das Resultat ist nur dann ein L-Wert, wenn in den Typ „Referenz auf ..." umgewandelt wird. Und dies ist nur im vierten Fall möglich. Deklariert man dagegen

```
int i[] = { 65, 66, 67 };
int* zi = i;
```

ist zwar `zi++` ein korrekter Ausdruck, aber `static_cast<int*>(i)++` ist ein Fehler. Beispiele für die (explizite) Umwandlung in einen Referenztyp werden in Kapitel 17 gegeben.

Konversionen mittels `const_cast`

Eine explizite Umwandlung mit dem Operator `const_cast` benutzt man, wenn ein Ausdruck ohne Änderung seines Werts in einen stärker oder schwächer `const` spezifizierten Typ konvertiert werden soll. Hier sind zwei Fälle möglich:

- `A` und `T` sind Zeigertypen, die sich lediglich durch einen oder mehrere `const`-Qualifizierer unterscheiden. Dann hat `const_cast<T>(a)` denselben Wert wie `a`. Der Typ des Resultats ist jedoch `T`.

- `a` ist L-Wert eines beliebigen Typs `A`, und `T` stimmt bis auf einen oder mehrere `const`-Qualifizierer mit `A` überein. Dann ist `const_cast<T&>(a)` ein L-Wert des Typs `T`, der auf `a` verweist. Diese Typumwandlung wird auch als *Referenz-Cast* bezeichnet.

Derartige Konversionen wird man in der Regel zum Entfernen von `const` einsetzen. Zum Beispiel kann eine auf dem Heap angelegte Konstante, wenn sie nicht mehr benötigt wird, wie folgt wieder gelöscht werden:

```
const int* zci = new int(12345);
// ... Benutzung von zci
delete const_cast<int*>(zci);
```

Das Entfernen von `const` mit Hilfe des Operators `const_cast` zum Modifizieren
des zugehörigen Objekts führt nur zu definierten Ergebnissen, wenn – wie in obigem
Beispiel – das betroffene Objekt tatsächlich nicht `const` ist; sonst sind schreibende
Zugriffe nicht definiert, z.B.

```
const int ci = 12345;
const_cast<int&>(ci) = 69;   // nicht definiert
```

Eine Situation, in der ein `const_cast` typischerweise zum Entfernen von `const`
benötigt wird, ist in Übungsaufgabe 4 am Ende von Kapitel 21 beschrieben.

Konversionen mittels `reinterpret_cast`

Anders als bei Verwendung der Operatoren `static_cast` und `const_cast` wird
durch einen `reinterpret_cast` die C++-Typprüfung vollständig umgangen. Hier
ist jedes im Speicher befindliche Bitmuster nahezu beliebig als Wert eines bestimmten Datentyps interpretierbar. Ist `a` wieder ein Ausdruck des Typs `A`, so konvertiert `reinterpret_cast<T>(a)` dessen Wert in einen Wert des Typs `T`. Es gibt drei
Möglichkeiten, `reinterpret_cast`s in dieser Form anzuwenden:

- `A` und `T` sind beliebige Zeigertypen. Dann ist das Resultat die „Reinterpreta-
  tion" des Speicherbereichs auf den `a` zeigt.

- `a` ist ein Zeigerwert und `T` ist ein ganzzahliger Typ, der groß genug ist, um
  Adressen aufzunehmen.

- `T` ist ein Zeigertyp und `a` ist ein ganzzahliger Wert. Konvertiert man einen
  Zeiger in einen ganzzahligen Typ ausreichender Größe und wandelt man das
  Resultat danach wieder in den ursprünglichen Zeigertyp um, so wird der Zei-
  gerwert dabei nicht verändert.

Die einzige Einschränkung ist hier, daß ein `reinterpret_cast` wie ein `static_cast`
keine `const`-Spezifizierungen entfernen kann.

Als Beispiel für den ersten Fall betrachten wir die drei Anweisungen

```
char ch[] = { 'A', 'B', 'C', 'D' };
float* zf = reinterpret_cast<float*>(ch);
cout << *zf << endl;
```

Der Compiler wird durch sie angewiesen, die an der Adresse `&ch[0]` beginnenden
`sizeof(float)` Bytes als Objekt des Typs `float` zu interpretieren und dabei den
ihm bekannten Typ von `ch` zu ignorieren. Als Ausgabe erhalten wir beispielsweise

12.1414 (KCC) bzw. 781.035 (bc5 und vc5). Dieses Beispiel hatten wir in Kapitel 3 schon einmal betrachtet.

Auch der `reinterpret_cast`-Operator gestattet wie `const_cast` einen Referenz-Cast durch `reinterpret_cast<T&>(a)`. Es gibt u.E. jedoch keine sinnvolle Begründung dafür, einen L-Wert in einen L-Wert anderen Typs zu konvertieren und dann gegebenenfalls sogar noch auf diesem Weg zu modifizieren.

Die funktionale Notation

Alle bisher behandelten expliziten Typumwandlungen können auch in funktionaler Notation formuliert werden. Man verwendet dann einen einfachen Typspezifizierer, gefolgt von einem in (und) eingeschlossenen zu konvertierenden Ausdruck (vgl. die *Postfix-Ausdruck*-Regel, dritte Alternative). Zum Beispiel

```
int i = 3, j = 2;
double x = double(i)/j;  // s.o.
```

Bei zusammengesetzten Typnamen muß man hier eine `typedef`-Deklaration einsetzen, etwa

```
char ch[] = { 'A', 'B', 'C', 'D' };
typedef float* zfTyp;
float* zf = zfTyp(ch);  // s.o.
```

Diese Art der Notation hat den Nachteil, daß sie die Unterschiede bezüglich der Sicherheit der Umwandlungen verwischt und darüber hinaus die expliziten Konversionen im Programmcode versteckt. Wir werden Sie im folgenden nicht einsetzen.

Funktionen aus der Standardbibliothek

Während die in diesem Abschnitt bisher geschilderten Möglichkeiten zum Großteil nur mit Vorsicht zu nutzen sind, enthält die Standardbibliothek (im Header `stdlib.h`) drei Funktionen zur expliziten Typumwandlung, mit denen ein Programm sinnvoll gegen fehlerhafte Eingaben geschützt werden kann.

In der folgenden Schleife zum Einlesen der Komponenten eines Feldes `df` vom Typ `double[10]`

```
for (int i = 0; i < 10; ++i) {
    cout << "Komponente " << i << " : ";
    cin >> df[i];
}
```

wird das gesamte Programm abgebrochen, wenn man sich vertippt und als dritte „Zahl" etwa `2.2w2` eingibt.

Hiergegen kann man sich durch Verwendung der Umwandlungsfunktion `strtod()` absichern, die eine Zeichenkette in den entsprechenden `double`-Wert konvertiert. Zum Beispiel

```
char inp[80];
for (int i = 0; i < 10; ++i) {
    char* fehler;
    do {
        cout << "Komponente " << i << " : ";
        cin >> setw(sizeof inp) >> inp;
        df[i] = strtod(inp, &fehler);
        if (*fehler != '\0')
            cout << "fehlerhafte Eingabe" << endl;
    } while (*fehler != '\0');
}
```

Wird bei der Auswertung mittels `strtod()` ein Zeichen erreicht, das nicht der *Gleitpunktkonstante*-Regel entspricht, so beendet `strtod()` die Umwandlung und liefert im zweiten Argument einen Zeiger auf dieses Zeichen. Im Beispiel hat `df[2]` dann den Wert `2.2` und `fehler` zeigt auf `"w2"`. Ähnlich wie `strtod()` ("string to double") arbeiten die Funktionen `strtol()` ("string to long int") und `strtoul()` ("string to unsigned long int"), bei denen als drittes Argument die Basis der umzuwandelnden Zahl angegeben wird. Der Manipulator `setw` (Header `iomanip.h`) sorgt hier dafür, daß nicht mehr als 80 Zeichen eingelesen werden.

Bemerkungen

Wie `static_cast`, der Name des wichtigsten der drei besprochenen Konversionsoperatoren, anzeigt, werden diese Umwandlungen „statisch", also bereits beim Übersetzen einer Programmdatei, vorgenommen. Explizite Typumwandlungen zur Laufzeit des Programms sind nur im Zusammenhang mit Klassenobjekten möglich. Man benutzt dazu den Operator `dynamic_cast`, der in Abschnitt 17.6 behandelt wird.

Zum Abschluß dieses Abschnitts wollen wir noch erwähnen, daß eine weitere Form der expliziten Typumwandlung – die Umwandlung mittels *Cast-Notation* – existiert (vgl. die *Cast-Ausdruck*-Regel). Sämtliche bisher besprochenen Umwandlungen sind damit in der Form „`(T) a`" explizit durchführbar. Hierbei handelt es sich um ein C-Relikt mit allen Nachteilen der funktionalen Notation.

9.3 Übungsaufgaben

1. Welche Probleme ergeben sich, wenn man mit Referenz-Casts L-Werte erzeugt und modifiziert? Untersuchen Sie z.B. die Auswirkung von Ausdrücken der Art `reinterpret_cast<double&>(ch)++`, wenn ch durch `char ch = 'z';` deklariert wurde.

2. Schreiben Sie ein kleines Programm zum Testen von `strtod()`, `strtol()` und `strtoul()` aus `stdlib.h`. Welchen Wert liefert `strtod()`, wenn bereits das erste eingegebene Zeichen nicht in einer Gleitpunktkonstanten vorkommen darf?

3. Ergänzen Sie die Programmfragmente, in denen das `void*`-Feld `fld` vorkommt zu einem lauffähigen Programm. Welche Schwachstellen hat das Programm?

10

Geltungsbereiche und Lebensdauer

Mit den in Kapitel 5 behandelten Deklarationen werden Namen für Objekte, Funktionen, Typen usw. eingeführt. An welcher Stelle einer Programmdatei ein solcher Name verwendet werden kann, und wie lange während der Laufzeit des Programms für ihn Speicherplatz reserviert wird, ist Gegenstand der beiden folgenden Abschnitte.

10.1 Geltungsbereiche

Alle in einem Programm deklarierten Variablen, symbolischen Konstanten, Funktionen, Enumeratoren, Typen, Klassenelemente oder Marken bzw., genauer, ihre Namen besitzen einen *Geltungsbereich*. Der Geltungsbereich ist der Teil der Programmdatei, in dem der jeweilige Name *verwendet* werden kann – unter Verwendung wird dabei jede Aufnahme des Namens in den Programmtext mit Ausnahme der Deklaration selbst verstanden.

Welchen Geltungsbereich ein Name erhält, richtet sich danach, an welcher Stelle innerhalb der Programmdatei seine Deklaration steht. C++ unterscheidet vier Arten von Geltungsbereichen: lokale Geltungsbereiche, Namensbereich-Geltungsbereiche (auch: Namespace-Geltungsbereiche) sowie die Geltungsbereiche Funktion und Klasse. Die letzten beiden Geltungsbereiche werden in den Kapiteln 11 und 14 besprochen.

Ein Name hat *lokalen* Geltungsbereich, wenn er innerhalb eines Blocks deklariert ist. Der Geltungsbereich beginnt dann an dem *Deklarationspunkt* des Namens und endet am Ende des Blocks; der Name ist *lokal*. Der Deklarationspunkt eines Namens befindet sich direkt hinter seinem Deklarator (vgl. die *Init-Deklaratorliste*-Regel) und vor einem ggf. vorhandenen Initialisierer. In den folgenden Deklarationen ist der Deklarationspunkt jeweils mit ↑ markiert:

```
double** const matA = new double*[m];
              ↑

int a[] = { 65, 66, 67 };
       ↑
```

```
long double* (*x)[15] ;
                      ↑

typedef long int longInt ;
                          ↑
```

Im Beispielprogramm (es berechnet den größten gemeinsamen Teiler von zwei `int`-Zahlen i und j und gibt ihn aus) ist der Geltungsbereich von **tmp** bzw. **rest** mit der dunkleren bzw. helleren Schattierung dargestellt.

```
int main() {
    int i, j;
    cin >> i >> j;
    if (i < j) {
        int tmp = i;
        i = j;
        j = tmp;
    }
    int rest;
    do {
        rest = i%j;
        i = j;
        j = rest;
    } while (rest != 0);
    cout << i << endl;
    return 0;
}
```

Wenn derselbe Name in zwei verschiedenen, voneinander unabhängigen Blöcken – d.h. kein Block ist in dem anderen enthalten – definiert ist, werden damit zwei verschiedene Objekte mit unterschiedlichen eigenen Geltungsbereichen angelegt:

```
int main() {
    {
        long int a;
        a = 214503;
        cout << a << endl;
    }
    {
        float a = 1.203;
        cout << a << endl;
    }
    return 0;
}
```

Die beiden Variablen namens **a** haben hier verschiedene Datentypen und enthalten ihre jeweiligen Werte unabhängig voneinander.

Ein Name hat *globalen* Geltungsbereich, wenn er außerhalb sämtlicher Blöcke, Klassen oder Namensbereiche deklariert ist. Der Geltungsbereich beginnt dann an seinem Deklarationspunkt und endet am Ende der Programmdatei. Namen mit globalem Geltungsbereich werden als *globale* Namen bezeichnet. Zum Beispiel ist in

```cpp
char fc[] = "Literalkonstante";

int main() {
    char* zc = fc;
    // ...
}
```

`fc` eine globale und `zc` eine lokale Variable. Da der Feldname `fc` globalen Geltungsbereich hat, kann er auch innerhalb von `main()`, etwa wie oben, zur Initialisierung des Zeigers `zc`, verwendet werden.

Der globale Geltungsbereich (auch: globale Namensbereich) ist die einfachste Form eines Namensbereich-Geltungsbereichs. Im Unterschied zu dem globalen und den lokalen Geltungsbereichen kann man mit der Definition eines Namensbereichs Geltungsbereiche erzeugen (und benennen), die sich über verschiedene, nicht zusammenhängende Teile einer Programmdatei oder auch über mehrere Programmdateien erstrecken können. Diese Möglichkeiten werden wir in Kapitel 19 behandeln.

Ein Name kann dadurch *verdeckt* werden, daß man in einem inneren Block seines Geltungsbereichs denselben Namen nochmals deklariert; d.h. der Name wird umdefiniert und bezeichnet innerhalb des Blocks eine neue Größe. Nach Verlassen des Blocks „gilt" der Name wieder in seiner ursprünglichen Bedeutung. Z.B. kommt in

```cpp
int x = 50;

int main(){
    x++;
    cout << x << endl;
    double x = 10.01;
    x++;
    cout << x << endl;
    {
        int x = 1;
        x++;
        cout << x << endl;
    }
    x++;
    cout << x << endl;
    return 0;
}
```

dreimal der Name `x` vor. Er bezeichnet eine lokale `int`-Variable (dunkel schattierter Geltungsbereich), eine lokale `double`-Variable (hell schattierter Geltungsbereich mit

Ausnahme des dunkel schattierten Teils) und eine globale `int`-Variable (restlicher
Teil des Programmtextes als Geltungsbereich). Als Ausgabe erhält man damit die
Zahlen 51, 11.01, 2 und 12.01.

Das Verdecken eines Namens bedeutet keine Verletzung der in Kapitel 5 notierten
Regel, daß es für jede Variable, symbolische Konstante und Funktion innerhalb eines
Programms genau eine Definition geben muß, da hier in jedem inneren Block eine
neue Variable definiert wird. Aus Sicht des Compilers unterscheidet sich das obige
Programm in keiner Weise von dem folgenden:

```cpp
int x = 50;

int main() {
    x++;
    cout << x << endl;
    double y = 10.01;
    y++;
    cout << y << endl;
    {
        int z = 1;
        z++;
        cout << z << endl;
    }
    y++;
    cout << y << endl;
    return 0;
}
```

Wie man an dem ersten Beispiel erkennen kann, bietet die Möglichkeit der Verwendung lokaler statt globaler Namen den Vorteil, daß Variablen, Typen usw., die nur
kurzfristig benötigt werden – z.B. zur Aufnahme der Zwischenergebnisse `tmp` und
`rest` – in einem inneren Block definiert und verwendet werden können, ohne daß
eine u.U. gerade geltende Größe gleichen Namens davon beeinträchtigt wird. Insbesondere bei der Entwicklung umfangreicherer Programme gewinnt das Verdecken
von Namen an Bedeutung.

Es wurde bereits angesprochen, daß das Neudefinieren von Namen nur möglich ist,
wenn für den Namen mit einem inneren Block ein neuer Geltungsbereich angelegt
wird. Im obigen Beispiel wäre also

```cpp
double x = 10.01;
x++;
cout << x << endl;
int x = 1;   // Fehler: zweite Definition
```

ein Fehler; der Compiler hat hier keine Möglichkeit mehr, festzustellen, welches `x` in
welchem Teil der zu übersetzenden Programmdatei gelten soll.

Auf den Namen einer verdeckten globalen Variablen, symbolischen Konstanten oder Funktion kann man mit dem einstelligen *globalen Geltungsbereichoperator* `::` zugreifen. Wenn man beispielsweise im obigen Programm die letzte Anweisung vor der `return`-Anweisung durch `cout << ::x << endl;` ersetzt, so erhält man als Ausgabe 51, 11.01, 2 und 51.

Syntaktisch ist `::x` ein elementarer Ausdruck (vgl. die *Elementarer-Ausdruck*-Regel, dritte Alternative). Falls `x` ein L-Wert ist, wie im Beispiel, so ist auch `::x` ein L-Wert. Der Operand von `::` muß ein globaler Bezeichner sein, d.h. man kann innerhalb eines Blocks nicht mit `::x`, `::::x` usw. auf ein `x` im nächsten, übernächsten usw. umgebenden Block zugreifen.

Wenn in der Bedingung einer Auswahlanweisung oder einer `while`-Anweisung ein Name deklariert wird, gilt er von seinem Deklarationspunkt bis zum Ende der Anweisung, die ausgewählt bzw. wiederholt wird. (Vgl. z.B. Übungsaufgabe 4b von Kapitel 7.) Sofern es sich dabei nicht um eine zusammengesetzte Anweisung handelt, wird sie vom Compiler implizit zu einem Block geklammert (vgl. 7.3 und 7.4).

Entsprechend endet der Geltungsbereich eines Namens, der in der Initialisierung einer `for`-Anweisung deklariert wird, am Ende der `for`-Anweisung. Dies kann man auch an der zur `for`-Anweisung äquivalenten `while`-Anweisung (S. 54) erkennen. Das heißt, im Beispiel

```
for (int i = 0; i < n; i++)
    if (a[i] < 0)
        break;
if (i < n)            // Fehler: kein i sichtbar
    cout << "a enthaelt negative Elemente" << endl;
```

steht der Wert von i nach Ausführung der `for`-Anweisung nicht mehr zur Verfügung. Der „kleine" Geltungsbereich bietet den Vorteil, daß man in ein Programm `for`-Anweisungen einfügen kann, ohne jeweils nach etwaigen vorherigen Deklarationen der Indexvariablen suchen zu müssen. Anweisungsfolgen der Art

```
for (int i = 0; i < n - 1; i++)
    /* ... */ ;
for (int i = n - 1; i >= 0; i--)
    /* ... */ ;
```

sind möglich, was insbesondere die Implementation von Matrixalgorithmen erleichtert.

Bemerkung

Wenn im Geltungsbereich des Namens eines Aufzählungstyps ein Objekt oder eine Funktion mit demselben Namen deklariert wird oder wenn umgekehrt im Geltungsbereich eines Objekts oder einer Funktion ein Aufzählungstyp mit demselben Namen deklariert wird, so wird immer der Typname der Aufzählung verdeckt. Ansonsten kommt es nur auf den Namen und nicht auf den Typ an.

Mit vorangestelltem **enum** kann der Typname jedoch benutzt werden (vgl. Übungs-aufgabe 3 am Ende des Kapitels). Diese Form der Typbeschreibung ist ein ausführ-licher Typspezifizierer:

> *Ausführlicher-Typspezifizierer:*
>> *Klassenschlüssel* $::_{opt}$ *Eingebetteter-Namensspezifizierer$_{opt}$ Bezeichner*
>> **enum** $::_{opt}$ *Eingebetteter-Namensspezifizierer$_{opt}$ Bezeichner*

Wie im Abschnitt 8.8 bereits angedeutet, befindet sich der Deklarationspunkt eines Enumerators direkt hinter seinem Bezeichner.

10.2   Die Lebensdauer von Objekten

Daß es möglich ist, mit dem Geltungsbereichoperator überall in einem Programm auf den Wert eines globalen Objekts zuzugreifen, hängt damit zusammen, daß globa-le Objekte während der gesamten Laufzeit im Datenteil des Programms gespeichert sind. Ihre *Lebensdauer* – das ist die Zeit, während der unter ihrem Namen Speicher-platz reserviert ist – stimmt mit der Laufzeit des Programms überein. Die ebenso immer mögliche Verwendung globaler Funktionsnamen erklärt sich analog dadurch, daß die entsprechenden Anweisungen beginnend an festen Adressen im Codeteil ab-gespeichert sind.

Die Lebensdauer von namentlich deklarierten Objekten hängt in C++ von ihrer *Speicherklasse* ab; hierbei werden die Speicherklasse *automatisch* und die Speicher-klasse **static** unterschieden.

Automatische Objekte werden jedesmal erzeugt und ggf. initialisiert, wenn der Kon-trollfluß ihre Definition erreicht. Sie werden zerstört, wenn der Geltungsbereich (Block) ihres Namens wieder verlassen wird. Sind sie durch ein Objekt gleichen Na-mens verdeckt, so existieren sie weiter und behalten ihren Wert. Alle lokalen Objek-te sind automatisch, sofern sie nicht explizit **static** deklariert sind. Automatische Objekte werden jeweils auf dem Stack (oder, falls verfügbar, in Prozessorregistern) angelegt. Im Beispiel der beiden Variablen **a** aus dem letzten Abschnitt (Seite 100) wird die **float**-Variable erzeugt, nachdem die **long int**-Variable **a** bereits wieder zerstört ist.

Objekte der Speicherklasse **static** existieren und behalten ihren Wert während der gesamten Laufzeit des Programms. Sie werden im Datenteil gespeichert. Alle Objekte mit nicht lokalem Geltungsbereich, also alle globalen Objekte und Objekte mit Namespace-Geltungsbereichen sind **static**; sie werden vor jeglicher Verwen-dung eines Objekts oder einer Funktion aus ihrer Programmdatei initialisiert. Bei mehreren Programmdateien ist die Initialisierungsreihenfolge jedoch nicht definiert.

Auch lokale Objekte, die mit dem Speicherklassenspezifizierer **static** deklariert werden, sind **static**. Sie werden initialisiert, wenn der Kontrollfluß zum ersten Mal ihre Definition erreicht. Alle **static** Objekte werden also genau einmal in-itialisiert. Ist in ihrer Definition kein Initialisierer angegeben, initialisiert sie der Compiler implizit mit dem Wert 0 des entsprechenden Datentyps (bzw. mit dem Standardkonstruktor).

Zum Beispiel werden die Felder **x** und **y** durch die folgenden Definitionen beide komponentenweise zu 0.0 initialisiert.

```
static double x[4] = { 0.0, 0.0, 0.0, 0.0 };
static double y[4];
```

Mit einer **static** Variablen kann man beispielsweise zählen, wie oft ein bestimmter Block des Programms ausgeführt wird. Ergänzt man etwa **prog-10** (Abschnitt 8.6) wie folgt um zwei Anweisungen

```
case '+': if (top == grs - 1) {
        static int zaehler = 0;
        zaehler++;
        // ...
    }
```

so liefert **zaehler** jeweils die Anzahl der Vergrößerungen des Feldes **lifo**. Die explizite **zaehler**-Initialisierung dient hier nur der besseren Lesbarkeit. Da **zaehler** eine lokale Variable ist, kann sie nur in dem oben gezeigten Block weiter verwendet werden. Wenn der berechnete Wert auch an anderer Stelle des Programms von Interesse ist, so kann mit einer globalen Variablen (die ja im obigen Block ebenfalls Geltung hat und auch **static** ist) gearbeitet werden.

Im Gegensatz zu **static** Objekten werden automatische Objekte nicht implizit initialisiert. Das heißt, wenn ihre Definition keinen Initialisierer enthält, steht nach ihrer Erzeugung im jeweiligen Speicherbereich eine Bitfolge, die dort von vorangehenden Anweisungen abgelegt wurde. Bis zu einer expliziten Zuweisung ist der entsprechende Wert noch undefiniert. Den Unterschied zur Behandlung von **static** Objekten sieht man hier:

```
double x;  // initialisiert mit Wert 0.0

int main() {
    double y;     // nicht initialisiert
    cout << x << "     " << y << endl;
    // ...
    return 0;
}
```

Die (unbeabsichtigte) Verwendung solcher undefinierter Werte – z.B. oben mit

```
if (x != y)
    /* ... */ ;
```

führt auf unsicheres und zunächst unverständliches Laufzeitverhalten, dessen Ursache schwer feststellbar ist, sofern der Compiler keine Warnung der Art ... **possibly referenced before set** o.ä. ausgibt. Die Regel, Variablen sofort bei der Definition zu initialisieren oder direkt im Anschluß einen Wert für sie einzulesen, soll hier nochmals empfohlen werden.

Die behandelten Zusammenhänge sind in der folgenden Tabelle zusammengefaßt.

	Deklaration außerhalb sämtlicher Blöcke	Deklaration innerhalb eines Blocks — mit Spezifizierer `static`	Deklaration innerhalb eines Blocks — ohne Spezifizierer `static`
Geltungsbereich	global	lokal	lokal
Lebensdauer	gesamte Laufzeit des Programms	gesamte Laufzeit des Programms	solange Kontrollfluß durch Block verläuft
Speicherklasse	`static`	`static`	automatisch
Initialisierung	implizit	implizit	keine
Speicherung	im Datenteil	im Datenteil	auf dem Stack

Die Lebensdauer der bisher besprochenen automatischen oder `static` Objekte betrifft Variablen oder symbolische Konstanten, die mit ihrem Namen – also innerhalb einer Deklaration – vereinbart und optional initialisiert werden.

Geltungsbereiche für mit `new` auf dem Heap angelegte Objekte haben wir nicht diskutiert, weil diese keine Namen tragen und sich das Problem des Geltungsbereichs eines Namens für sie demzufolge nicht stellt. Für die Lebensdauer namenloser Objekte gilt:

- Eine temporäre Variable, die implizit bei der Initialisierung einer Referenz mit einer Konstanten erzeugt wird (vgl. 8.7), hat dieselbe Lebensdauer wie diese Referenz.

- Ein mit `new` erzeugtes Objekt wird mit `delete` oder bei Beendigung des Programms zerstört. Seine Lebensdauer ist somit unabhängig vom Geltungsbereich der Zeiger, mit denen man auf es zugreift.

Bemerkung

Nur Objekte und Funktionen können explizit `static` deklariert werden. Lokale Objekte, deren Speicherklasse sonst grundsätzlich automatisch ist, werden dadurch `static`. Auf die Wirkung des `static`-Spezifizierers bei globalen Objekten und bei Funktionen gehen wir in Kapitel 12 ein.

10.3 Übungsaufgaben

1. Was ist an diesem „Programm" falsch?

```
char fc[] = "Literalkonstante";
char* zc;
zc = fc;

int main() { /* ... */ return 0; }
```

2. Welche Vor- oder Nachteile ergeben sich bei der Verwendung globaler Variablen?

3. Überlegen Sie sich die Wirkungsweise des folgenden korrekten Programms. Wird es von Ihrem Compiler übersetzt?

```cpp
enum { temp, druck, status };

int main() {
    enum status { rot, rotgelb, gruen, gelb };
    status x = rot;
    int status = 203;
    enum status y = rotgelb;
    cout << status << " " << ::status <<
        " " << x << " " << y << endl;
    return 0;
}
```

4. Warum kann ein `typedef`-Name nicht wie folgt `static` deklariert werden?

```cpp
static typedef int intFeld[25];
```

5. Im nachstehenden Programm wurde versucht, den Zugriff auf die lokale Variable d über ihren Geltungsbereich hinaus zu ermöglichen. Ist dies gelungen?

```cpp
int main() {
    double* zgr;
    {
        double d = 2.5;
        // ...
        zgr = &d;
    }

    {
        double x = 2.50001;
        cout << *zgr << endl;   // Verwendung von d
        // ...
    }
    return 0;
}
```

6. Weshalb arbeitet die `if`-Anweisung hier nicht so wie offensichtlich geplant?

```cpp
double x = 11.2, y = 1.23;
if (x > y)
    double tmp = x, x = y, y = tmp;
```

7. Überlegen Sie sich Geltungsbereiche und Lebensdauern der Variablen a, b und
   c des Programms

```cpp
int a;

int main() {
    while (a < 5) {
        int b = 1;
        static int c = 1;
        cout << ++++a << ' ' << ++b
             << ' ' << c++ << endl;
    }
    return 0;
}
```

Welche Ausgabe wird erzeugt?

11

Funktionen

Um lesbare und wartbare Programme zu erhalten und um die Fehlersuche in größeren Programmen zu erleichtern, zerlegt man die Gesamtfunktionalität eines Programms in übersichtliche Teilaufgaben, die von *Funktionen* übernommen und gelöst werden. Durch den Aufruf von Bibliotheksfunktionen macht man sich den Inhalt der Standardbibliothek zunutze. Und bei mehrfach wiederkehrenden Anweisungsblöcken vermeidet man die erneute Aufnahme in den Programmcode. Eine Funktion kann man als benutzerdefinierte Operation ansehen. Die Beschreibung, auf welche Operanden diese Operation angewendet werden kann, wird in der Funktionsdeklaration gegeben; die Funktionsdefinition spezifiziert darüber hinaus auch die bei der Ausführung der Operation abzuarbeitenden Anweisungen.

11.1 Deklaration und Definition von Funktionen

Mit einer *Funktionsdeklaration* werden Name und Typ einer Funktion innerhalb einer Programmdatei vereinbart; dies ist die Voraussetzung für einen Aufruf der Funktion. Die Deklaration einer Funktion richtet sich nach der *Deklaration-* und der *Direkter-Deklarator*-Regel (zweite Alternative) und besteht aus dem Typ des Funktionswerts, dem Namen der Funktion und den zwischen (und) aufgeführten *Parametern* (auch: *formalen Argumenten*), z.B.

```
int maxDrei(int, int, int);
void swap(double*, double*);
float& naechstRef();
```

Durch eine Deklaration T *Bezeichner* (*Parameter-Deklarationsklausel*) ; erhält der Bezeichner den Typ „Funktion mit Parametern des Typs *Parameter-Deklarationsklausel* und Funktionswert des Typs T" oder kurz den Typ „T(*Parameter-Deklarationsklausel*)". Formal zählt auch dieser Typ noch zu den zusammengesetzten Datentypen, vgl. Kapitel 8. Die Syntax für die Beschreibung der Parameter liefern die folgenden Regeln:

Parameter-Deklarationsklausel:
   Parameter-Deklarationsliste$_{opt}$ $\cdots_{opt}$
   Parameter-Deklarationsliste , ...

Parameter-Deklarationsliste:
   Parameter-Deklaration
   Parameter-Deklarationsliste , *Parameter-Deklaration*

Parameter-Deklaration:
   Dekl-Spezifiziererfolge Deklarator
   Dekl-Spezifiziererfolge Deklarator = *Zuweisungsausdruck*
   Dekl-Spezifiziererfolge Abstrakter-Deklarator$_{opt}$
   Dekl-Spezifiziererfolge Abstrakter-Deklarator$_{opt}$ = *Zuweisungsausdruck*

Eine Funktionsdeklaration, die – wie in den obigen drei Beispielen – reine Deklaration und noch keine Definition ist, wird auch als *Funktionsprototyp* bezeichnet. Alle in einem Programm (z.B. in verschiedenen Programmdateien) vorkommenden Deklarationen derselben Funktion müssen beim Typ des Funktionswerts und beim Typ der Parameter exakt übereinstimmen. Dabei zählt die Verwendung eines **typedef**-Namens wie bei

```
typedef long int lInt;
int f(long int);
int f(lInt);
```

als exakte Übereinstimmung. Auch Parameter eines Typs T bzw. **const** T werden nicht unterschieden. Die Deklarationen

```
void g(int);
void g(const int);
```

sind für den Compiler gleichbedeutend. Ob ein Funktionsparameter **const** ist oder nicht, ist ein reines Implementationsdetail, das nur den Funktionsrumpf einer Funktionsdefinition betrifft (siehe Abschnitt 11.5). Parameter des Typs T[] und T* werden ebenfalls nicht unterschieden, d.h.

```
double h(double*);
double h(double[25]);
```

sind zwei Deklarationen derselben Funktion. Der Grund hierfür liegt in der Übergabe von Feldern an Funktionen mittels Zeigern (siehe Abschnitt 11.6).

Felder und Funktionen sind als Typ des Funktionswerts einer Funktion ausgeschlossen; dies bedeutet jedoch keine besondere Einschränkung, da Zeiger und Referenzen auf Felder und Funktionen als Funktionswerte zulässig sind.

```
typedef int intFld[1000];
intFld* mische(int[], int[]);
intFld sortiere(int[], int);   // Fehler: Rueckgabetyp Feld
```

Auch Felder mit Funktionen als Komponenten können nicht deklariert werden (in diesem Fall müßte der von der Funktion auszuführende Code als Feldkomponente auftreten), Felder mit Zeigern auf Funktionen (siehe 11.7) sind dagegen unproblematisch:

```
typedef int fTyp(int, int);
fTyp* funktn[2];
fTyp fld[2];   // Fehler: Funktionen als Feldkomponenten
```

`fTyp` ist hier ein Bezeichner für den Typ „Funktion mit zwei Parametern des Typs `int` und Funktionswert des Typs `int`" oder kürzer: für den Typ „`int(int, int)`".

Um die Funktionalität zu veranschaulichen, kann man bei der Parameter-Deklaration auch Parameternamen (als Deklaratoren) mit angeben, z.B.

```
double endKap(double zins, int perioden, double anfKap);
double nullstelle(double untergrenze, double obergrenze);
```

Der Geltungsbereich dieser Namen endet jedoch bereits am Ende der Funktionsdeklaration.

Funktionen können nur mit Namespace-Geltungsbereich – also insbesondere global – oder mit Geltungsbereich Klasse (dann als Elementfunktion, siehe Abschnitt 14.1) deklariert werden. Während eine Funktion mehrmals deklariert werden kann, darf es für jede Funktion nur genau eine Definition innerhalb eines Programms geben. Eine *Funktionsdefinition* ist eine Deklaration, die außer der Beschreibung des Typs auch die von der Funktion auszuführenden Anweisungen innerhalb des *Funktionsrumpfs* festlegt:

> *Funktionsdefinition:*
>   *Dekl-Spezifiziererfolge*$_{opt}$ *Deklarator   Ktor-Initialisierer*$_{opt}$
>   *Funktionsrumpf*
>
> *Funktionsrumpf:*
>   *Zusammengesetzte-Anweisung*

Der Deklarator muß wie bei der Funktionsdeklaration neben dem Namen der Funktion eine in (und) eingeschlossene, optionale Liste von Parametern angeben. Der Geltungsbereich der Parameter ist hier der Funktionsrumpf. Zum Beispiel

```
double endKap(double zins, int perioden, double anfKap) {
    double q = 1.0 + zins;
    double res = anfKap;
    for (int i = 1; i <= perioden; i++)
        res *= q;
    return res;
}
```

```
int maxDrei(int i, int j, int k) {
    const int m = (i > j) ? i : j;
    return (m > k) ? m : k;
}

void fehler(const char* txt) {
    cout << txt << endl;
    exit(1);
}
```

`fehler(const char* txt)` ist im letzten Beispiel der Deklarator, `void` bildet die
Dekl-Spezifiziererfolge, und `{ cout << txt << endl; exit(1); }` ist der Funktionsrumpf.

Bemerkung

Der auf die Parameterliste optional folgende Spezifizierer `const` (vgl. die *Direkter-
Deklarator*-Regel) kann ebenso wie der optionale Initialisierer eines Konstruktors
nur bei Elementfunktionen (14.10) verwendet werden.

11.2   Funktionsaufruf und Argumentübergabe

Eine Funktion wird mittels eines Postfix-Ausdrucks (dritte Alternative der entsprechenden Syntaxregel in Abschnitt 6.2) *aufgerufen*. Dies ist ein Ausdruck, der vor
einer mit Klammern zusammengefaßten Liste von Ausdrücken – den *Argumenten*
(auch: *aktuellen* Argumenten) – steht. Wenn der Ausdruck den Typ „Funktion mit
Funktionswert des Typs T" hat, ist T der Typ des Resultats des Funktionsaufrufs.
Wie die Liste der Parameter kann auch die Liste der Argumente leer sein. Beim
Aufruf wird dann entsprechend () hinter dem Funktionsnamen angegeben.

Die bisher deklarierten Funktionen kann man beispielsweise folgendermaßen aufrufen:

```
i = maxDrei(27, -5, 1011);
if (endKap(0.04, 5, x) > endKap(0.05, 4, x)) /* ... */ ;
fehler("negativer Feldindex");
naechstRef() = z;
swap(&a[k], &a[m]);
```

Ein Funktionsaufruf hat die folgenden Auswirkungen:

- Die Parameter werden erzeugt und mit den Argumenten initialisiert, d.h. die
  Werte der Argumente werden ermittelt und in die für die Parameter reservierten Speicherplätze kopiert – eine Reihenfolge für die Auswertung der Argumente ist nicht festgelegt. C++ übergibt Funktionsargumente grundsätzlich
  als Wert (sog. "call by value"); dabei gibt es zwei Ausnahmen, die Übergabe
  von Feldern und Referenzen, s.u.

- Die Liste der Parameter wird benutzt, um – wie bei der üblichen Initialisierung innerhalb einer Definition – den Typ der Argumente zu prüfen. Gegebenenfalls werden Standardkonversionen oder benutzerdefinierte Konversionen (siehe 15.2, 16.5 und 17.3) vorgenommen.

- Die Anweisungen des Funktionsrumpfs werden ausgeführt (sofern er nicht leer ist).

- Der Funktionswert wird mittels einer **return**-Anweisung (falls vorhanden) als Ergebnis des Funktionsaufrufs zurückgegeben, und die Parameter werden wieder zerstört.

In **prog-11** wird mit dem Newton-Verfahren eine Nullstelle der (streng monoton wachsenden, konvexen) Funktion f mit $f(x) = e^x + x$ ausgehend vom Startwert 1 ermittelt. Die Funktion **newton()** wird in **main()** aufgerufen und ruft ihrerseits **f()** und **fStrich()** auf. Die beiden letztgenannten Funktionen rufen jeweils die Funktion **exp()** aus der Standardbibliothek auf.

```
// prog-11

#include <iostream.h>
#include <math.h>

double f(double x) {
    return exp(x) + x;  // exp(x) liefert 'e hoch x'
}

double fStrich(double x) {
    return exp(x) + 1;  // erste Ableitung von f
}

double newton(double xNeu) {
    double xAlt;
    do {
        xAlt = xNeu;
        xNeu -= f(xAlt)/fStrich(xAlt);
    } while (xNeu < xAlt);
    return xNeu;
}

int main() {
    cout << "Nullstelle: " << newton(1.0) << endl;
    return 0;
}
```

Nur dadurch, daß die Übergabe der Argumente mittels Initialisierung und nicht durch Zuweisung erfolgt, wird es möglich, daß Funktionen auch Referenzen als Parameter haben können, z.B.

```
void g(int&);
int h(const char&);
```

Die entsprechenden Deklarationen und Initialisierungen kann man sich als erste Anweisungen des Funktionsrumpfs vorstellen. Wird eine Konstante an einen Parameter des Typs **const T&** übergeben, z.B. beim Aufruf **h('x')**, so erzeugt der Compiler wieder eine temporäre Variable, vgl. Abschnitt 8.7.

Wegen der Unabhängigkeit der einzelnen Geltungsbereiche sind auch die in Deklarationen und Definition einer Funktion sowie die beim Aufruf verwendeten Namen der Parameter und Argumente irrelevant. Sie können übereinstimmen, müssen es aber nicht. In **prog-11** kann man beispielsweise den Variablennamen **xAlt** durch **x** ersetzen, ohne daß dies den Aufruf von **f()** und **fStrich()** tangiert. Auch die beiden folgenden Programme sind für den Compiler völlig gleich.

```
void f(int i);                        void f(int i);

int main() {                          int main() {
    int i = 1000;                         int j = 1000;
    f(i);                                 f(j);
    cout << i << endl;                    cout << j << endl;
    return 0;                             return 0;
}                                     }

void f(int i) {                       void f(int k) {
    i = 10;                               k = 10;
    cout << i << endl;                    cout << k << endl;
}                                     }
```

In diesen Beispielen befindet sich die Definition der Funktion **f()** lexikalisch hinter ihrem Aufruf in **main()**, so daß eine vor dem Aufruf in **main()** stehende Deklaration tatsächlich erforderlich ist.

11.3 Die Rückgabe von Funktionswerten

Eine Funktion, die nicht **void** als Typ des Funktionswerts hat, muß einen Funktionswert des in der Deklaration spezifizierten Typs liefern. Diese Rückgabe eines Funktionswerts wird mit der **return**-Anweisung (vgl. Abschnitt 7.5) vorgenommen. **return** beendet die gerade aktive Funktion und liefert den Wert des nachstehenden Ausdrucks als Wert des Funktionsaufrufs. Das Programm wird dann an der Stelle des Funktionsaufrufs, dessen Wert nun ermittelt ist, fortgesetzt. Eine Funktion kann mehrere **return**-Anweisungen enthalten. Zum Beispiel

```
long int binom(int n, int k) {
    if (k == 0 || k == n)
        return 1;
```

```
    else
        return binom(n - 1, k - 1) + binom(n - 1, k);
}
```

Mit `binom(n, k)` wird hier der Binomialkoeffizient $\binom{n}{k}$ berechnet.

Wie die Übergabe der Werte der aktuellen Argumente an die Funktion, so erfolgt auch die Rückgabe des Funktionswerts durch eine Initialisierung. (Bei den von uns benutzten Compilern wird dazu eine temporäre Variable verwendet, die sofort nach Ermittlung des Werts des Funktionsaufrufs wieder zerstört wird.) Somit wird auch der Typ des mit `return` zurückzugebenden Werts geprüft und ggf. mittels Standardkonversion oder benutzerdefinierter Konversion umgewandelt. Im obigen Beispiel wird die `int`-Konstante 1 vor der Rückgabe in den Typ `long int` konvertiert.

Die Form `return`; ist nur in Funktionen zulässig, die keinen Funktionswert liefern, die also `void` als Typ des Funktionswerts haben. Enthält eine derartige Funktion keine `return`-Anweisung, so wird nach Ausführung der letzten Anweisung des Funktionsrumpfs implizit ein `return`; eingefügt.

Bemerkungen

- Rekursive Funktionsaufrufe sind gestattet, vgl. das obige Beispiel mit der Funktion `binom()`.

- Das Resultat eines Funktionsaufrufs ist genau dann ein L-Wert, wenn mit `return` eine Referenz zurückgegeben wird, der Funktionswert also einen Typ `T&` hat. Vgl. das Beispiel am Ende von Abschnitt 11.6.

11.4 Referenzparameter

Die bisher definierten Funktionen haben alle mit Hilfe der übergebenen Werte einen Funktionswert berechnet und als Wert eines Funktionsaufrufs zur Verfügung gestellt. Darüber hinaus kann man über Zeiger- und Referenzparameter auch Variablen in dem Geltungsbereich verändern, der den Funktionsaufruf enthält. Meist benutzt man dazu den Typ `void`(*Parameter-Deklarationsliste*). Mit der Funktion `lies2ints()` sollen z.B. zwei Werte des Typs `int` eingelesen werden:

```
void lies2ints(int i, int j) {
    cout << "Zwei int-Werte eingeben: ";
    cin >> i >> j;
}
```

Ruft man diese Funktion jedoch (etwa in `main()`) wie folgt auf

```
int a, b;
lies2ints(a, b);
```

so enthalten a und b nach ihrer Erzeugung noch undefinierte Werte, beispielsweise
1306 und 32. Die Auswertung des Aufrufs `lies2ints(a, b)` ist dann gleichbedeutend mit der Ausführung von

```
int i = 1306;
int j = 32;
cout << "Zwei int-Werte eingeben: ";
cin >> i >> j;
```

Nach der Ausführung von `cin >> i >> j;`, z.B. mit der Eingabe von 5 und 200,
enthalten die Parameter i und j die Werte 5 bzw. 200. Der Funktionsrumpf von
`lies2ints()` ist damit ausgeführt, d.h. der Aufruf `lies2ints(a, b)` ist ausgewertet, und die lokalen Variablen i und j werden zerstört. a und b enthalten nach wie
vor ihre undefinierten Werte.

Die beabsichtigte Wirkung erzielt man, indem man die Eingabefunktion folgendermaßen definiert:

```
void lies2ints(int* zi, int* zj) {
    cout << "Zwei int-Werte eingeben: ";
    cin >> *zi >> *zj;
}
```

und auch den Aufruf entsprechend zu `lies2ints(&a, &b)` modifiziert. Sind nun
beispielsweise a und b in den Bytes 48796–48799 bzw. 48792–48795 gespeichert,
so werden beim Aufruf `lies2ints(&a, &b)` die Adressen 48796 bzw. 48792 in die
Zeiger zi bzw. zj kopiert. `cin >> *zi >> *zj;` trägt die eingelesenen Werte, z.B.
wieder 5 und 200, dann in die referenzierten Speicherbereiche ein, wie es in der
folgenden Abbildung dargestellt ist.

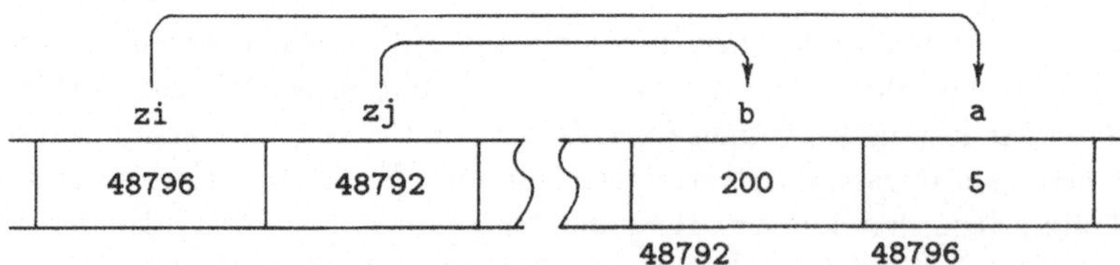

Auch nach Beendigung des Funktionsaufrufs enthalten jetzt a und b die eingelesenen Werte. Da die Zeiger zi und zj nur zum Zugriff auf die Variablen a und b
verwendet werden, kann man den Prototyp von `lies2ints()` auch auf

```
void lies2ints(int* const, int* const);
```

ändern und hat damit (irrtümliche) Zuweisungen an die Zeigervariablen zi und zj
ausgeschlossen. Es ist zu beachten, daß hier, obwohl die Werte von a und b verändert
werden, jeweils ein *call by value* vorgenommen wird – die aktuellen Argumente &a
bzw. &b werden bei der Initialisierung der formalen Argumente lediglich kopiert.

Ruft man sich die Semantik der in Abschnitt 8.7 behandelten Referenzen in Er-
innerung, so wird klar, daß diese letzte Version der Funktion `lies2ints()` völlig
analog mit Referenzen als Funktionsparametern definiert werden kann. Der Funktionsrumpf vereinfacht sich dabei, weil nicht mehr dereferenziert werden muß. Und
auch der Funktionsaufruf wird vereinfacht: Da eine Referenz direkt mit der Größe
initialisiert wird, für die sie steht, entfällt der Adreßoperator.

```cpp
void lies2ints(int& ri, int& rj) {
    cout << "Zwei int-Werte eingeben: ";
    cin >> ri >> rj;
}
```

Der Aufruf hat jetzt die Form `lies2ints(a, b)`. Die Übergabe eines aktuellen
Arguments an eine Referenz wird als *call by reference* bezeichnet. Benutzt man diese Art der Argumentübergabe aus Effizienzgründen – z.B. bei der Übergabe großer
Klassenobjekte – und nicht, um die Argumente in der Funktion verändern zu können,
so ist es üblich, dies durch Deklaration der formalen Argumente als `const T&` anzu-
zeigen. (Dadurch wird es dann auch ermöglicht, mittels `const` als konstant deklarierte Klassenobjekte zu übergeben.)

Bemerkung

Die in Abschnitt 8.7 behandelten Regeln gelten unverändert auch für die Initialisierung von Referenzparametern bei einem Funktionsaufruf. Ein Aufruf mit einem
Argument, das R-Wert ist, also z.B. mit einer Literalkonstanten, ist nur möglich,
wenn der entsprechende Referenzparameter vom Typ Referenz auf Konstante ist.
Der Parameter verweist dann auf die beim Aufruf erzeugte temporäre Variable.

11.5   const Parameter

In Abschnitt 11.1 hatten wir bereits darauf hingewiesen, daß es für eine Funktionsdeklaration, die ja die Schnittstelle der Funktion (also ihr für Aufrufer sichtbares
Verhalten) beschreibt, belanglos ist, ob Parameter `const` deklariert sind oder nicht.
Der Grund hierfür ist, daß C++ die Argumente eines Funktionsaufrufs *by value* an
die Parameter übergibt; im Beispiel

```cpp
void f(int);
void g(int*);

int main() {
    int i = 10;
    int* zi = &i;
    f(i);
    g(zi);
    return 0;
}
```

```
void f(int x) { /* ... */ }
void g(int* y) { /* ... */ }
```

hat nach den beiden Funktionsaufrufen i nach wie vor den Wert 10, und zi referenziert unverändert i – unabhängig davon, ob die Parameter x bzw. y in den Funktionsrümpfen verändert werden. Das heißt, für den Aufrufer könnten die Funktionen ebensogut void f(const int); und void g(int* const); deklariert sein.

Wenn ein Funktionsparameter const ist, wird im Rumpf der Funktionsdefinition, also bei der Implementation der Funktion, jedoch kontrolliert, daß er nicht modifiziert wird. Beispielsweise wird das Folgende nicht übersetzt:

```
int h(const int i) {
    return --i;   // Fehler: i ist const
}
```

Es ist zu beachten, daß bei Deklarationen der Art void a(const int* x);, void b(const int*const* x);, void c(const int& x); usw. der Parameter x selbst nicht const ist, sondern eine Konstante referenziert. An dieser Stelle ist auch daran zu erinnern, daß Referenzen immer konstante Referenzen sind. Es gibt daher keine Parameter eines Typs T& const, und die bisherigen Überlegungen sind für Aufrufe *by reference* nicht von Bedeutung.

11.6   Felder als Argumente

Wenn in einer Funktion ein Feld als Parameter verwendet wird, nimmt C++ eine Standardkonversion in einen Zeiger auf die erste Feldkomponente vor. Argumente des Typs T[] werden also implizit in den Typ T* umgewandelt, und die Adresse der ersten Feldkomponente wird als Wert übergeben. Dies bedeutet, daß die Funktion nicht mit einer lokalen Kopie des aktuellen Feldarguments arbeitet, sondern daß Veränderungen der Feldkomponenten über den Funktionsaufruf hinaus wirksam sind; es handelt sich also um einen impliziten *call by reference*.

Mit den Funktionen liesKoeff() und p() kann man z.B. die Koeffizienten eines Polynoms n-ten Grades p mit $p(x) = a_n x^n + \cdots + a_1 x + a_0$ einlesen und den Funktionswert berechnen.

```
void liesKoeff(double* const a, int n) {
    cout << "Bitte die " << n + 1
        << " Koeffizienten a0, a1, ... an eingeben: ";
    for (int i = 0; i <= n; i++)
        cin >> a[i];
}

double p(double a[], double x, int n) {
    double fWert = a[n];
    for (int i = n - 1; i >= 0; i--)
```

```
        fWert = fWert*x + a[i];  // Horner-Schema
    return fWert;
}
```

Es spielt keine Rolle, ob der Feldparameter als `double* a`, `double a[]`, `double a[5]`, `double a[1000]` oder `double* const a` deklariert wird; C++ generiert jeweils den Code für den Parametertyp `double*`. Nach geeigneter Deklaration der aktuellen Argumente, etwa `const int n = 5;` und `double a[n + 1];`, ruft man die Funktionen z.B. mit den Ausdrücken `liesKoeff(a, n)` oder `p(a, -0.9, n)` auf.

Mehrdimensionale Felder sind als Parameter so lange unproblematisch, wie ihre Größe bereits beim Übersetzen der Funktion bekannt ist. Innerhalb des Funktionsrumpfs kann dann mit der üblichen Schreibweise indiziert werden, vgl. Abschnitt 8.5. Die Funktion `trans()` transponiert z.B. eine (2×4)-Matrix.

```
void trans(int a[2][4], int aTrans[4][2]) {
    for (int i = 0; i < 2; i++)
        for (int j = 0; j < 4; j++)
            aTrans[j][i] = a[i][j];
}
```

Analog zum eindimensionalen Fall werden Argumente des Typs `T[] [n]`, `T[] [m] [n]` usw. beim Aufruf in den Typ `T (*)[n]`, `T (*)[m] [n]` usw. umgewandelt. Und die Adresse der ersten Feldkomponente, die jetzt selbst wieder einen Feldtyp hat, wird als Wert übergeben. Wenn man `trans()` wie folgt aufruft

```
int a[2][4] = {
    { 1, 5, 2, 6 },
    { 3, 7, 4, 8 }
};
int b[4][2];
trans(a, b);
```

wird `a` als Zeiger auf `int[4]` und `b` als `int (*)[2]` übergeben. Die Angabe für die erste Dimension wird für die Indexberechnung nicht benötigt und kann wieder entfallen. Das heißt, die folgenden Deklarationen des ersten Funktionsparameters sind alle gleichbedeutend: `int a[] [4]`, `int a[2] [4]`, `int a[500] [4]`, `int (*a) [4]` oder `int (* const a) [4]`. Entsprechendes gilt für den zweiten Parameter `aTrans`.

In der Regel wird eine derartig frühzeitige Festlegung der Feldgrößen, die `trans()` auf das Transponieren von (2×4)-Matrizen einschränkt, nicht flexibel genug sein. Da `T[] []`, `T[] [] []` usw. als Typen generell, also auch in der Liste der Funktionsparameter, nicht zulässig sind, kann man nicht einfach `void trans(int a[] [], int aTrans[] [])`; deklarieren. Eine mögliche Lösung berücksichtigt, daß mehrdimensionale Felder zeilenweise gespeichert werden und greift mit einem T-Zeiger auf die einzelnen Komponenten zu. Die passenden Indexberechnungen müssen dann mit in die Funktion aufgenommen werden. Zum Beispiel

```
void trans(int* const a, int dim1, int dim2, int* const aTrans) {
    for (int i = 0; i < dim1; i++)
        for (int j = 0; j < dim2; j++)
            aTrans[j*dim1 + i] = a[i*dim2 + j];
}
```

Damit ein Funktionsaufruf von `trans()` nicht an der Typprüfung der Argumente
scheitert, müssen die Felder mit einem Zeiger auf `int`, also in der Art

```
trans(&a[0][0], n, m, &b[0][0]);
trans(a[0], n, m, b[0]);   // dto. mit Standardkonversion
```

übergeben werden. Sofern in einer Funktion wie `trans()` häufiger auf die Feldkom-
ponenten zugegriffen wird oder im Fall höherdimensionaler Felder, ist es sicherer, die
Indexberechnung in eine eigene Funktion aufzunehmen. Bei dem hier betrachteten
zweidimensionalen Fall ist die Funktion `komp()` verwendbar, die die mit ij indizierte
Komponente eines Feldes vom Typ `int[][dim]` liefert, wobei das Feld mit einem
`int`-Zeiger übergeben wird:

```
int& komp(int i, int j, int* const a, int dim) {
    return a[i*dim + j];
}
```

`komp()` liefert als Funktionswert eine Referenz, d.h. der Funktionsaufruf hat einen
L-Wert zum Ergebnis. Dieser ist modifizierbar, weil `int&` und nicht `const int&`
zurückgegeben wird. Im Rumpf von `trans()` kann somit die letzte Anweisung auch
durch `komp(j, i, aTrans, dim1) = komp(i, j, a, dim2);` ersetzt werden.

<u>Bemerkung</u>

Wenn man die Felder, so wie in Abschnitt 8.6 besprochen, „dynamisch" mittels
`new` anlegt, entfallen die oben behandelten Probleme in bezug auf Feldübergabe
und Indexberechnung. Es sind dann lediglich die entsprechenden Zeiger des Typs
`T** const, T*** const` usw. zu initialisieren. Zum Beispiel kann die Matrix `matA`
von S. 76 einfach mittels

```
void drucke(double** const a, int m, int n) {
    for (int i = 0; i < m; i++) {
        for (int j = 0; j < n; j++)
            cout << a[i][j] << '\t';
        cout << endl;
    }
}
```

und einem Aufruf `drucke(matA, m, n)` ausgegeben werden.

Da ein C++-Compiler keine Bereichsprüfung für Indizes durchführt, müssen die
besprochenen Techniken sorgfältig angewendet werden, um Laufzeitfehler zu vermeiden. Meist ist es sinnvoller, entsprechende *Container*-Klassen zu definieren (wie
beispielsweise `Vektor`, `Matrix`, `Feld` usw. ab Kap. 14).

11.7 Zeiger auf Funktionen

Neben dem Aufrufen einer Funktion ist das Bilden ihrer Adresse möglich. Der entsprechende Zeiger zeigt dann nicht, wie bisher, auf Daten, sondern auf eine Funktion, also auf eine Adresse im Codeteil des Programms. Im Unterschied zur Deklaration einer Funktion mit Funktionswert Zeiger, z.B.

```
int* f(int);  // Funktion mit Funktionswert int*
```

muß bei der Deklaration eines Zeigers auf eine Funktion – ähnlich wie bei der Deklaration eines Zeigers auf ein Feld – geklammert werden:

```
int (*zFunk)(int);  // Zeiger auf Funktion
```

Hier hat zFunk den Typ „Zeiger auf Funktion mit einem Parameter des Typs int und Funktionswert int" oder kurz den Typ „int (*)(int)". Wie alle bisher behandelten Zeiger können Zeiger auf Funktionen bei ihrer Definition mit einem Zeiger desselben Typs initialisiert werden. Auch Zuweisungen sind möglich, sofern die Typen übereinstimmen. Zum Beispiel

```
double poisson(int, double);
double expon(double, double);  // Definitionen an anderer Stelle

void g() {
    double (*zf)(double, double) = &expon;
    zf = &poisson;  // Fehler
}
```

In diesem Beispiel wird versucht, dem Zeiger zf einen Wert des Typs double (*)(int, double) zuzuweisen; zfs Typ ist aber double (*)(double, double).

Neben Initialisierung und Zuweisung sind für Zeiger desselben Typs Vergleiche unter Verwendung der relationalen oder Gleichheitsoperatoren möglich. Dabei kann auch 0 als aktuell nicht spezifizierter Zeiger auf Funktion benutzt werden.

Um eine bestimmte Funktion über einen Zeiger aufzurufen, geht man wie bisher bei Zeigern auf Objekte vor und dereferenziert den Zeiger auf diese Funktion. Die Übergabe der Argumente, Rückgabe von Werten usw. wird dann genauso durchgeführt, als sei die Funktion mit ihrem Namen aufgerufen worden. Da die Klammern um die Argumentliste höhere Priorität als der Inhaltsoperator haben, muß wie bei der Deklaration geklammert werden:

```
fWert = (*zf)(1.5, 0.7);
```

Weitere Operationen außer Zuweisung, Vergleich und Dereferenzierung sind mit Zeigern auf Funktionen nicht möglich; insbesondere ist also keine Zeigerarithmetik gestattet. Der Name einer Funktion ist ein L-Wert, aber nicht modifizierbar.

Wenn der Name einer Funktion nicht in einem Funktionsaufruf und ohne den Adreßoperator **&** auftritt, wird er mittels Standardkonversion in einen Zeiger auf die Funktion umgewandelt. Dies bedeutet, daß man mit dem obigen Zeiger einfach

```
zf = expon;                          // explizit: zf = &expon
if (zf != expon)                     // explizit: zf != &expon
    /* ... */ ;
```

schreiben kann. `prog-12` zeigt, wie man einen Zeiger auf Funktion als Argument an
eine andere Funktion übergeben kann. Mit der Funktion **ws()** wird hier die Wahr-
scheinlichkeit dafür berechnet, daß eine stetige Zufallsvariable (Exponentialvertei-
lung mit Parameter 1 bzw. Standardnormalverteilung) Realisierungen im Intervall
$[a, b]$ annimmt.

Das entsprechende Integral $\int_a^b f(x)\, dx$ wird mittels der Simpson-Regel approximiert.

```
// prog-12

#include <iostream.h>
#include <math.h>

typedef double (*zfTyp)(double);

double expon(double x) {
    if (x < 0.0)
        return 0.0;
    return exp(-x);
}

double stdNormal(double x) { return 0.398942*exp(-0.5*x*x); }

double ws(double a, double b, zfTyp zf) {
    const double eps = 1e-5;
    double alt, neu = 0.0;
    long int n = 100;
    do {
        alt = neu;
        const double delta = (b - a)/n;
        neu = (*zf)(a);
        for (long int i = 1; i < n; i++)
            neu += ((i%2 == 0) ? 2 : 4)*(*zf)(a + i*delta);
        neu = (neu + (*zf)(b))*delta/3;
        n *= 2;
    } while (fabs(alt - neu) >= eps);  // fabs(x) liefert |x|
    return neu;
}
```

```
int main() {
    cout << ws(-5.0, 0.65, stdNormal) << '\n'
         << ws(0.0, 1.5, expon) << endl;
    return 0;
}
```

Zur vereinfachten Deklaration des Zeigerarguments in `ws()` wurde hier der `typedef`-Name `zfTyp` eingeführt. Ohne die entsprechende Deklaration schreibt sich der Prototyp von `ws()` als `double ws(double, double, double (*)(double));`.

Der Funktionsaufruf mittels Zeigern kann noch einfacher geschrieben werden: Ein Zeiger auf eine Funktion, gefolgt von der in Klammern eingeschlossenen Liste der Argumente, bewirkt den Aufruf der Funktion, auf die er zeigt. Der Grund ist der, daß C++ auch „normale" Funktionsaufrufe, etwa `poisson(3, 0.7)` über einen Zeiger, nämlich mit einem Sprung auf die Startadresse der Funktion im Codeteil des Programms realisiert; im Beispiel würde der Kontrollfluß nach `&poisson` verzweigt. In `prog-12` kann man somit die Funktionsaufrufe vereinfachen zu `zf(a)`, `zf(a + i*delta)` usw. Hier besteht, von der Notation her gesehen, kein Unterschied mehr zu einer Referenz.

Zeiger auf Funktionen werden häufig zusammen mit Feldern eingesetzt, z.B. wenn verschiedene Programmfunktionen ausgewählt werden sollen. Mit ihrer Hilfe lassen sich die jeweiligen Auswahlanweisungen oft sehr elegant umgehen. Wenn man beispielsweise das elementare Zeichenprogramm `prog-6` mit den Definitionen

```
double f(double x) { return cos(x); }
double g(double x) { return sqrt(x); }
double h(double x) { return 1.0 - exp(-2.0*x*x); }
double (*funkFeld[])(double) = { f, g, h };
```

einleitet, kann die `switch`-Anweisung entfallen, und die `for`-Anweisung vereinfacht sich zu

```
for (int i = 0; i < 20; i++) {
    if (i%5 == 0)
        /* ... Rand zeichnen */ ;
    int j = 0;
    while (j < funkFeld[ch - 'f'](x)*max) {
        cout << '*';
        j++;
    }
    cout << endl;
    x += 0.05;
}
```

`funkFeld` ist hier ein Feld mit drei Komponenten des Typs `double (*)(double)`.

Die implizite Umwandlung von Funktionen in Zeiger auf Funktionen bewirkt, daß auch die Parametertypen Funktion des Typs T(S) und Zeiger auf Funktion des Typs T(S) übereinstimmen, d.h.

```
void i(int f(int));
void i(int (*f)(int));
```

sind für C++ zwei Deklarationen derselben Funktion. Der Typ von i() ist hier void(int (*)(int)).

Bemerkung

In `prog-12` wird eine Funktion mit einem Zeiger an eine Funktion übergeben. Ebenso ist es möglich, einen Zeiger auf Funktion als Rückgabewert einer Funktion zu verwenden (siehe Übungsaufgabe 6 am Ende des Kapitels). Auch Referenzen auf Funktionen sind deklarierbar.

11.8   Der Geltungsbereich Funktion

Alle innerhalb des Funktionsrumpfs oder in der Parameterliste deklarierten Bezeichner sind lokal. (Die im Funktionsrumpf deklarierten Namen können auch **static** vereinbart werden und existieren dann während der gesamten Laufzeit des Programms.)

Nur Marken – genauer: die Bezeichner von markierten Anweisungen (vgl. die erste Alternative der entsprechenden Regel in Abschnitt 7.1) – haben den *Geltungsbereich Funktion*. Sie können zur Bezeichnung des Sprungziels innerhalb einer **goto**-Anweisung überall in der Funktion verwendet werden, auch vor ihrem Deklarationspunkt. Der Deklarationspunkt befindet sich direkt hinter ihrem Bezeichner in der markierten Anweisung. Bei Anwendung eines **goto**-freien Programmierstils ergeben sich aus diesem neuen Geltungsbereich keine interessanten Konsequenzen.

11.9   Standardargumente

In der Parameterliste einer Funktionsdeklaration kann für einen Parameter ein Zuweisungsausdruck als *Standardargument* angegeben werden (vgl. die *Parameter-Deklaration*-Regel in Abschnitt 11.1). Wenn ein Argument bei einem Funktionsaufruf fehlt, wird dann der Wert des Standardarguments zur Initialisierung verwendet. Für die Funktion

```
void zeigeInt(int i, int breite = 10) {
    cout.width(breite);
    cout << i;
}
```

sind beispielsweise Aufrufe folgender Art möglich:

```
zeigeInt(5, 8);
zeigeInt(5);     // bedeutet zeigeInt(5, 10);
```

Mit der Stream-Funktion `width()` wird dabei die Anzahl der Zeichen, mit denen der Wert des Arguments i ausgegeben wird, eingestellt. Fehlt das zweite Argument beim Aufruf von `zeigeInt()`, so wird 10 als *Standardwert* benutzt. Es ist zu beachten, daß im Beispiel `zeigeInt(5, )` kein korrekter Funktionsaufruf ist: „5, " ist keine Ausdrucksliste.

Wenn ein Parameter in einer Deklaration ein Standardargument erhält, dann müssen für alle nachfolgenden Parameter ebenfalls Standardargumente (in dieser oder in vorherigen Deklarationen der Funktion) vorgegeben werden, z.B.

```
double normal(double x, double mu = 0.0, double sigma = 1.0) {
    const double std = (x - mu)/sigma;
    return (0.398942/sigma)*exp(-0.5*std*std);
}
```

Ohne diese Einschränkung wären Deklarationen wie

```
int f(int i = 1, int j, int k = 100);   // Fehler
```

zulässig, bei denen ein Aufruf mit zwei Argumenten, etwa `f(x, y)`, nicht mehr eindeutig interpretierbar ist. Sowohl `f(x, y, 100)` als auch `f(1, x, y)` kommen hier in Frage.

Für Standardargumente erfolgt die Typprüfung am Deklarationspunkt des Parameters. Auch wenn der Wert eines Standardarguments nie benötigt wird, weil jeder Funktionsaufruf mit einer vollständigen Argumentliste erfolgt, muß sein Typ stimmen. Ein Standardargument darf nur Literalkonstanten und nicht-lokale Namen als Operanden haben. Zum Beispiel

```
int n = 6;
void f(int = 0, int = 2*n);
```

Die Verwendung einer lokalen Größe, insbesondere auch eines anderen Parameters, ist nicht möglich: `void g(int i = 0, int j = 2*i);` ist ein Fehler. Der Grund hierfür ist, daß in C++ die Reihenfolge der Initialisierung von Parametern mit Argumenten nicht festgelegt, sondern den Compilerherstellern überlassen ist.

Ein Standardargument darf in einer nachfolgenden Funktionsdeklaration nicht erneut definiert werden (auch nicht mit demselben Wert oder Ausdruck). Es können jedoch zusätzliche Standardargumente spezifiziert werden.

```
int h(int, int, int);
int h(int, int, int = 1024);
int h(int, int = 0, int);
int h(int, int = 0, int = 1024);  // Fehler
```

Für die Definition eines anderweitig deklarierten Funktionsprototyps, der Standardargumente enthält, bedeutet dies, daß die entsprechenden Ausdrücke in der Funktionsdefinition nicht wiederholt werden.

Standardargumente sind nicht Teil des Typs einer Funktion. Das heißt, daß die oben definierte Funktion `normal()` den Typ `double(double, double, double)` und nicht `double(double, double)` oder `double(double)` hat. Dies ist besonders bei der Übergabe der Funktionsadresse an einen Zeiger wichtig, z.B.

```
double (*funkZgr) (double, double, double) = normal;
double (*zf) (double, double) = normal;   // Fehler: falscher Typ
```

Standardargumente werden sehr häufig bei der Deklaration sog. Standardkonstruktoren einer Klasse (siehe Abschnitt 14.7) eingesetzt.

11.10   Unspezifizierte Argumente

Mit den im letzten Abschnitt behandelten Standardargumenten ist es möglich, einer Funktion bei ihrem Aufruf weniger Argumente zu übergeben, als Parameter vorhanden sind. Umgekehrt ist auch die Übergabe von mehr Argumenten, als in der Funktionsdeklaration Parameter spezifiziert sind, möglich. Um dies zu erreichen, schließt man die Parameterliste durch Auslassungspunkte „..." ab; sie zeigen an, daß beim Aufruf noch weitere Argumente folgen können. (Vgl. die *Parameter-Deklarationsklausel*-Regel.) Die Formen ... und , ... sind gleichwertig, im letzten Fall muß aber mindestens ein Parameter vorhanden sein.

Die Standardbibliothek stellt in der Header-Datei `stdarg.h` einen Typ und drei Funktionen zur Verfügung, mit denen man auf die mittels ..., also ohne Namen, übergebenen Argumente im Rumpf der Funktionsdefinition zugreifen kann.

- `va_list` ist ein Zeigertyp, mit dem man Zeiger auf die unspezifizierten *variablen* Argumente deklarieren kann.

- `va_start()` ist eine Funktion, nach deren Aufruf der Zeiger das erste unspezifizierte Argument referenziert. Sie wird mittels `va_start(x, y)` aufgerufen, wobei `x` der zu initialisierende Zeiger des Typs `va_list` ist und `y` der Name des letzten benannten Parameters sein muß. Für Funktionen ohne benannte Argumente, also z.B. Funktionen des Typs `void(...)`, `int(...)` usw. gibt es keine portable Möglichkeit, auf die variablen Argumente zuzugreifen. Derartige praktisch wertlose Funktionstypen werden im folgenden nicht behandelt. Im Beispiel

```
void f(int maxArgs, ...) {
    va_list zArg;
    va_start(zArg, maxArgs);
    // ...
}
```

zeigt **zArg** nach dem Aufruf von **va_start()** auf das erste variable Argument. Ist also **f()** mit **f(5, 2020)** aufgerufen worden, so hat an dieser Stelle ***static_cast<int*>(zArg)** den Wert 2020.

- **va_arg()** ist eine Funktion, die mit zwei Argumenten aufgerufen wird. Das erste hat wieder den Typ **va_list**, und mit dem zweiten gibt man den Typ an, auf den der Argumentzeiger gerade zeigt. **va_arg()** liefert dann als Resultat den entsprechenden Wert. Mit der Anweisung **int i = va_arg(zArg, int);** im obigen Funktionsrumpf erhält i beim Aufruf **f(5, 2020)** somit den Wert 2020. Ein Seiteneffekt des Aufrufs von **va_arg()** ist, daß der Argumentzeiger – im obigen Beispiel also die Variable **zArg** – inkrementiert wird. Erweitert man das Beispiel zu

```
void f(int maxArgs, ...) {
    va_list zArg;
    va_start(zArg, maxArgs);
    int i = va_arg(zArg, int);
    double d = va_arg(zArg, double);
    // ...
}
```

so werden i und d durch einen Aufruf **f(5, 2020, -17.04)** zu 2020 bzw. **-17.04** initialisiert. Die gleiche Wirkung erzielt ein Aufruf mit zusätzlichen Argumenten, z.B. **f(5, 2020, -17.04, 8, "tst")**. Verwendet man jedoch weniger als drei Argumente, oder ist das zweite bzw. dritte Argument nicht vom Typ **int** bzw. **double**, so erhält man für i und d keine sinnvollen Werte. Bei der Übergabe mittels ... werden keine Typprüfungen und deshalb auch keine Standardkonversionen, bis auf die Umwandlung von **float** in **double** und die ganzzahligen Typangleichungen, vorgenommen. Allein die Programmierer sind hier für die korrekte Abwicklung des Funktionsaufrufs verantwortlich.

- **va_end()** muß vor der Ausführung der (expliziten oder impliziten) **return**-Anweisung, die eine mit variablen Argumenten aufgerufene Funktion beendet, aufgerufen werden. **va_end()** erwartet als Argument die **va_list**-Variable, mit der auf die aktuellen Argumente zugegriffen wurde. Im Beispiel ist die Definition von **f()** mit der Anweisung **va_end(zArg);** abzuschließen.

Ein Beispiel für ein vollständiges Programm ist **prog-13**. Die hier definierte Funktion **drucke()** kann mit einer variablen Anzahl von **int**- oder **double**-Argumenten aufgerufen werden.

```
// prog-13

#include <iostream.h>
#include <stdarg.h>

enum typ { ints, doubles };
```

```cpp
    void drucke(int anz, typ x, ...) {
        va_list zva;
        va_start(zva, x);
        switch (x) {
            case ints: {
                for (int i = 0; i < anz; i++)
                    cout << va_arg(zva, int) << '\t';
                break;
            }
            case doubles: {
                for (int i = 0; i < anz; i++)
                    cout << va_arg(zva, double) << '\t';
                break;
            }
        }
        cout << endl;
        va_end(zva);
    }


    int main() {
        drucke(3, ints, -10, 20, 225);
        drucke(5, doubles, 1.01, 20.2, -22.5, -3.3, -4.4);
        return 0;
    }
```

In der Regel kann der Gebrauch unspezifizierter Argumente durch das Überladen
oder Parametrisieren von Funktionen – wobei dann wieder alle Argumenttypen geprüft werden – vermieden werden, siehe Kapitel 13 und Kapitel 18.2 (Übungsaufgabe 6).

11.11   Die Funktionen main() und exit()

Jedes Programm muß eine Funktion **main()** enthalten. Beim Start des Programms
wird **main()** aufgerufen; ein Aufruf innerhalb eines Programms ist nicht möglich,
und auch die Adresse von **main()** kann nicht bestimmt werden. **main()** kann in
zwei Formen definiert werden. Wie bisher in **prog-1**, ..., **prog-13**:

```cpp
    int main() { /* ... */ }
```

oder alternativ mit zwei Parametern als

```cpp
    int main(int argAnz, char* argFeld[]) { /* ... */ }
```

In der zweiten Form ist **argAnz** die Anzahl der Argumente innerhalb der Betriebssystemumgebung beim Programmstart. Die Argumente selbst werden **main()** als Zeichenketten in **argFeld[1]**, ..., **argFeld[argAnz - 1]** zur Verfügung gestellt. Der

Zeiger `argFeld[0]` verweist auf den Programmnamen; `argFeld[argAnz]` hat immer
den Wert 0. Man kann dies leicht nachprüfen, indem man in `main()` die Anweisung
`for (int i = 0; i < argAnz; i++) cout << argFeld[i] << endl;` einfügt.

Ein Aufruf der Funktion `exit()`, die in `stdlib.h` deklariert ist, beendet das Programm. Der Aufruf kann in `main()` oder jeder anderen Funktion erfolgen. `exit()`
hat den Typ `void(int)` und gibt den Wert des Arguments an das Betriebssystem
zurück. Diesen Wert kann man unter Unix bzw. MS-DOS oder Win 95/NT mit
den Statusvariablen `$status` (C-Shell) oder `$?` (Bourne-Shell) bzw. durch Vergleich
der `errorlevels` (z.B. `if errorlevel 1 ...`) abfragen. Die Anweisung `return`
`x;` hat in `main()` denselben Effekt wie der Aufruf `exit(x);`.

Der zukünftige Sprachstandard sieht vor, daß C++ ein `return 0;` ergänzt, wenn
der Kontrollfluß das Ende der Funktion `main()` erreicht, ohne auf eine `return`-
Anweisung zu treffen.

11.12 inline-Funktionen

Beim Aufruf einer Funktion sind, wie in Abschnitt 11.2 besprochen, Variablen zu
erzeugen und Werte zu kopieren, um Argumente und den Funktionswert zu übergeben. Diese Kopiervorgänge können vermieden werden, wenn man die Funktion als
inline-Funktion definiert. Man benutzt dazu den Spezifizierer `inline`:

> *Funktionsspezifizierer:*
> > `inline`
> > `virtual`
> > `explicit`

Die Definition als `inline`-Funktion ist ein Hinweis an den Compiler, jeden Aufruf
der Funktion durch Einfügen des entsprechenden Codes für die Anweisungen des
Funktionsrumpfs zu ersetzen. (Wenn eine aufwendigere Funktion sehr oft aufgerufen wird, kann dies andererseits den Codeumfang wesentlich vergrößern.) Der
Hinweis kann vom Compiler ignoriert werden. In der Regel ist der Aufwand für die
Durchführung eines Funktionsaufrufs nur bei den einfachsten Funktionen höher als
der Aufwand für die eigentliche Auswertung der Anweisungen des Funktionsrumpfs.
Kandidaten für `inline`-Funktionen sind daher Funktionen, deren Rumpf nur ein
oder zwei einfache Anweisungen enthält. Zum Beispiel

```
inline int max(int i, int j) {
    return (i > j) ? i : j;
}

inline double dichte(double x, double a = 0.0, double b = 1.0) {
    return (x < a || x > b) ? 0.0 : 1.0/(b - a);
}
```

Auf das Ergebnis des Funktionsaufrufs hat die `inline`-Spezifizierung keine Auswirkung. Damit der Compiler einen Funktionsaufruf `inline` abwickeln kann, muß die aufgerufene Funktion in der zu übersetzenden Programmdatei definiert – nicht nur deklariert – sein.

Die von uns verwendeten Compiler führen gewöhnliche Funktionsaufrufe durch, wenn eine `inline`-Funktion Wiederholungs- oder `switch`-Anweisungen enthält.

Bemerkungen

- Zum Typ einer Funktion gehören

  - die Typen der Parameter,

  - der Typ des Funktionswerts,

  - unspezifizierte Argumente . . ., falls vorhanden,

  - ein auf die Parameterliste folgender `const`-Qualifizierer, falls vorhanden (siehe Abschnitt 14.10).

- Ein Funktionsaufruf wird auch als Anwendung des binären *Aufrufoperators* () auf den Funktionsbezeichner und die Argumentliste interpretiert.

- Wenn eine Funktion innerhalb eines Programms nie benutzt wird (d.h. sie wird nicht aufgerufen und ihre Adresse wird nicht berechnet), muß sie nicht definiert werden, auch wenn sie deklariert ist.

- Wenn eine Funktion in einer Programmdatei aufgerufen wird, muß sie in dieser Datei deklariert sein. Die Definition kann in einer anderen Programmdatei stehen. Beispiele hierzu werden im folgenden Kapitel gegeben. (Eine Einschränkung für `inline`-Funktionen ist oben beschrieben.)

11.13   Übungsaufgaben

1. Warum wird das folgende Programm nicht übersetzt?

```
void f(int i, double d) { /* ... */ }

int main() {
    double x = 11.2;
    int i = 5;
    f(i, &x);
    return 0;
}
```

2. Welchen Fehler enthält dieses Programm?

```
double& kubik(double x) {
    double xxx = x*x*x; return xxx;
}
```

```
int main() {
    int i = 5;
    cout << kubik(i) << endl;
    return 0;
}
```

3. Was ist das Resultat, wenn man im Rumpf der Funktion

```
void trans(int* const, int, int, int* const);
```

aus Abschnitt 11.6 die Anweisung `aTrans[j*dim1 + i] = a[i*dim2 + j];`
zu `aTrans[j][i] = a[i][j];` „vereinfacht"?

4. Die Funktion `f()` sei wie folgt definiert:

```
void f(int& i) { i++; }
```

Warum ist ein Funktionsaufruf mit konstantem Argument, z.B. `f(1)` hier nicht
zulässig? (Einige Compiler geben lediglich ein „**warning: ...**" aus.)

5. (a) Schreiben Sie eine Funktion `druckeKompIjk()`, mit der die Komponente
   mit Index ijk eines dreidimensionalen `double`-Feldes ausgegeben wird.
   Die Funktion soll für beliebig dimensionierte Matrizen, z.B.

   ```
   double a[5][2][3];
   double b[4][2][64];
   ```

   verwendbar sein.

   (b) Realisieren Sie eine vergleichbare Funktion für mit `new` erzeugte Felder.
   Testen Sie ihre Implementation mit einer kleinen Anwendung.

6. Die drei Funktionen `f1()`, `f2()` und `f3()` sind gegeben:

   ```
   int f1(int x) { return x; }
   int f2(int x) { return 2*x; }
   int f3(int x) { return x*x; }
   ```

   Schreiben Sie eine Funktion `g()`, die einen `int`-Wert i als Argument erhält
   und im Fall $i = 1, 2, 3$ einen Zeiger auf `f1`, `f2`, bzw. `f3` zurückgibt. Benutzen
   Sie einen `typedef`-Namen. Wie kann man den Funktionswert von `g()` selbst
   wieder aufrufen?

7. Fertigen Sie eine überarbeitete Version von **prog-12** an, indem Sie `typedef`
   `double fTyp(double);` statt `zfTyp` benutzen. Was ändert sich dabei?

8. Ein Kredit in Höhe von s DM wird in Raten von r DM in n Monaten (jeweils am Monatsende) abgezahlt. Der effektive Monatszinssatz p (in %) ergibt sich dann aus der Lösung der Gleichung:

$$sq^n = r(q^n - 1)/(q - 1), \qquad \text{mit} \quad q = 1 + p/100.$$

Der zugehörige effektive Jahreszinssatz p^* ist dann $p^* = 100(q^{12} - 1)$. Schreiben Sie eine Funktion `eff()`, die zu gegebenem s, r, n den Wert p^* liefert. Bestimmen Sie z.B. zunächst eine Nullstelle der Funktion f mit

$$f(q) = r(1 - 1/(q^n)) - s(q - 1)$$

mittels Intervallhalbierung und den Startwerten 1.001 und 1.999.

9. Entwerfen Sie eine Funktion mit unspezifizierten Argumenten, die vergleichbar zu `drucke()` aus `prog-13`, eine variable Anzahl von `int`- oder `double`-Werten liest.

10. Überlegen Sie sich, wie im folgenden Programm der Funktionswert von `txt()` ermittelt und zurückgegeben wird.

```cpp
#include <iostream.h>

const char* txt(int tag) {
    const char* wochenTag[] = {
        "Montag", "Dienstag", "Mittwoch", "Donnerstag",
        "Freitag", "Samstag", "Sonntag"
    };
    return (tag >= 1 && tag <= 7) ? wochenTag[tag - 1] : 0;
}

int main() {
    cout << "Nr: ";
    int i;
    cin >> i;
    const char* res = txt(i);
    if (res != 0)
        cout << res << endl;
    return 0;
}
```

11. Welchen Vorteil bringt die „Lokalisierung" der Variablen `i` in der folgenden `while`-Anweisung mit sich?

```cpp
while (int i = eingabe()) {
    // ... Wert i speichern
}
```

Die Funktion `eingabe()` sei von der Art

```
int eingabe() {
    int i;
    cout << "Welcher Wert i soll gespeichert werden?"
            "\n(0 = ENDE) : ";
    cin >> i;
    return i;
}
```

12. Definieren Sie zwei Funktionen

```
double* const* const konstruiereMatrix(int m, int n);
void loescheMatrix(double* const* const a, int m, int n);
```

mit denen man eine $(m \times n)$-Matrix konstruieren bzw. wieder löschen kann. Testen Sie die Funktionen in einer kleinen Anwendung.

13. In der Header-Datei `new.h` ist eine Funktion `set_new_handler()` definiert, die mit einem Zeiger auf eine Funktion des Typs `void()` aufgerufen werden kann, z.B.

```
void f() {
    cout << "\nKein Speicherplatz mehr vorhanden" << endl;
    exit(1);
}

// ...
set_new_handler(f);
```

Wenn nun bei einer Anwendung des `new`-Operators kein Speicherplatz mehr verfügbar ist, wird die beim Aufruf von `set_new_handler()` als Argument übergebene Funktion – im Beispiel also `f()` – aufgerufen. Überprüfen Sie diesen Zusammenhang auf Ihrem System, z.B. mit einem Programm der Art

```
for (;;) {
    cout << '.' << flush;
    new double[10000];      // oder new(nothrow) double[10000];
}
```

Hinweise: `exit()` benötigt die Header-Datei `stdlib.h`. Der Manipulator `flush` sorgt dafür, daß eine Ausgabe sofort (ungepuffert) erfolgt.

14. In Abschnitt 11.7 hatten wir gesehen, daß C++ den Parameter `g` der Funktion

```
double max(double g(double), double a, double b) {
    // Maximum der Funktion g() zwischen a und b bestimmen
}
```

durch einen Parameter des Typs `double (*)(double)` ersetzt. Weiterhin wird auch beim Aufruf von `max()` ein Argument des Typs `double (double)` implizit in einen Zeiger konvertiert.

Prüfen Sie diesen Sachverhalt nach, indem Sie die Funktion mittels `max(f, 1.0, 10.0)` aufrufen, wobei `f()` z.B. folgendermaßen definiert ist.

```
double f(double x) { return sin(x)/x; }
```

Derartige Parameterdeklarationen werden sehr selten angewandt. Da sowohl Parameter als auch Argument implizit konvertiert werden, benutzt man i.d.R. Zeigerparameter.

12

Externe und interne Bindung

Mit der Zerlegung der Funktionalität eines Programms in einzelne Funktionen wird auch die Aufteilung des gesamten Programms in einzelne Programmdateien möglich, die weitgehend unabhängig voneinander entwickelt werden können. Wie die Programmdateien Daten und Informationen austauschen können, ist Gegenstand dieses Kapitels.

Ein ausführbares Programm wird i.d.R. dadurch erzeugt, daß man zunächst die einzelnen Programmdateien getrennt übersetzt und dann die entstandenen Objektdateien zusammenbindet. (Dabei werden ggf. noch Bibliotheksroutinen hinzugefügt.) Während der Compiler jeweils nur die zu übersetzende Programmdatei „sieht", hat der Linker Zugriff auf den gesamten Objektcode. Es ist seine Aufgabe, zu entscheiden, ob der Name eines Objekts, einer Funktion oder eines Typs in verschiedenen Programmdateien dieselbe Größe bezeichnet oder nicht – ob also für diesen Namen ein gemeinsamer Speicherplatz reserviert wird oder ob verschiedene Speicherplätze erforderlich sind. Ausschlaggebend ist die *Bindung* des Namens, die mit den Spezifizierern `extern`, `static`, `inline` und `const` festgelegt wird.

Ein Name mit *externer* Bindung bezeichnet in allen Dateien des Programms dieselbe Variable, dieselbe Funktion, dieselbe Klasse, denselben Aufzählungstyp oder denselben Enumerator.

Namen mit *interner* Bindung sind „lokal" für ihre Programmdatei und können in anderen Programmdateien zur Bezeichnung anderer Variablen, Funktionen oder symbolischer Konstanten verwendet werden.

Bei Namen, für die der Compiler keinen Speicherplatz reservieren muß, z.B. bei `typedef`-Namen, bei Funktionsparametern und auch bei lokalen Namen, die nur kurzfristig auf dem Stack existieren, stellt sich das Problem gemeinsamer oder verschiedener Speicherplätze nicht. Sie werden auch als Namen *ohne Bindung* bezeichnet und können in anderen Geltungsbereichen derselben Programmdatei anderweitig eingesetzt werden.

Globale Namen und (allgemeiner) Namen mit Namespace-Geltungsbereich haben grundsätzlich externe Bindung, und lokale Namen haben grundsätzlich keine Bindung, sofern man dies nicht durch expliziten Einsatz von `extern`, `static`, `inline` oder `const` ändert.

Zum Beispiel haben die in der folgenden Programmdatei sort.cpp definierten Namen swap, anz und sort externe Bindung. Damit man anz und sort auch in der

sort.cpp

```cpp
void swap(double& x, double& y) {
    const double tmp = x;
    x = y;
    y = tmp;
}

int anz;                                // Definition

void sort(double* a) {                  // Definition
    for (int i = 1; i < anz; i++)
        for (int j = anz - 1; i <= j; j--)
            if (a[j] < a[j - 1])
                swap(a[j], a[j - 1]);
}
```

main.cpp

```cpp
#include <iostream.h>

extern int anz;                         // Deklaration
void sort(double*);                     // Deklaration

int main() {
    cout << "Anzahl der Komponenten: ";
    cin >> anz;
    double* const a = new double[anz];
    for (int i = 0; i < anz; i++) {
        cout << "Komponente " << i << ": ";
        cin >> a[i];
    }
    cout << endl;
    sort(a);
    for (int i = 0; i < anz; i++)
        cout << a[i] << endl;
    delete[] a;
    return 0;
}
```

Datei main.cpp innerhalb der Funktion main() verwenden kann, müssen sie auch in main.cpp mit externer Bindung deklariert werden. Dies wird durch die beiden globalen Deklarationen in main.cpp erreicht. (Eine Variablendeklaration unterscheidet sich von der Definition durch das vorangestellte **extern**, vgl. 5.2; bei einer Funktionsdeklaration fehlt im Vergleich zur -definition der Funktionsrumpf.) Zur gesamten Laufzeit des Programms existiert also genau eine **int**-Variable **anz**.

Alle anderen Variablen haben keine Bindung. Und der mittels **new** für das zu sortierende Feld auf dem Heap angelegte Speicherplatz hat keinen Namen, so daß sich die Frage nach der Bindung hier nicht stellt.

Die einzelnen Programmdateien des Beispiels übersetzt man mit **bcc32 -c sort** und **bcc32 -c main** (bc5) bzw. mittels **KCC -c sort.cpp** und **KCC -c main.cpp** oder **cl -c sort.cpp** und **cl -c main.cpp** (vc5). Die Objektdateien heißen dann ····.o bzw. ····.obj. Das Binden zu einem ausführbaren Programm, z.B. namens **test**, erfolgt durch **bcc32 -etest main.obj sort.obj** bzw. **KCC -o test main.o sort.o** oder **cl -o test main.obj sort.obj**.

Globale Namen (allgemein: Namen mit Namespace-Geltungsbereich) erhalten interne Bindung und können dann in anderen Programmdateien als Bezeichner für andere Objekte oder Funktionen benutzt werden,

- wenn man sie explizit als **static** spezifiziert, oder

- wenn man sie explizit als **inline** spezifiziert, oder

- wenn man sie explizit **const** und nicht auch explizit **extern** spezifiziert.

In den Programmdateien **prog-14a.cpp** und **prog-14b.cpp**, die gemeinsam das Programm **prog-14** bilden, haben die Namen **x** und **f** jeweils interne Bindung, und **ch** ist

`prog-14a.cpp`

```cpp
#include <iostream.h>

const long int x = 256000;
typedef const char T;
extern T ch;                        // Deklaration

inline void f() {
    cout << x << ch << endl;
}

int main() {
    f();
    return 0;
}
```

eine symbolische Konstante des Typs **char** mit externer Bindung und Wert 'L'. Die Typnamen T haben keine Bindung, gelten nur in ihren Dateien und bezeichnen verschiedene Typen. Das Programm erzeugt somit die Ausgabe 256000L.

prog-14b.cpp

```
typedef long int T;
const T x = 55;
extern const char ch = 'L';              // Definition

static T f(T i) {
    return i + x;
}
```

Das Wort **static** tritt hier in einer neuen Bedeutung auf. Bisher haben wir es
verwendet, um Objekten mit lokalem Geltungsbereich die Speicherklasse **static** zu
geben – so daß sie nicht jedesmal beim Erreichen ihrer Deklaration auf dem Stack,
sondern einmal für die gesamte Programmlaufzeit an einer festen Adresse im Datenteil angelegt und initialisiert werden. Mit der neuen Bedeutung erhalten Funktionen
oder globale Variablen interne Bindung. (Eine bessere Alternative zur Verwendung
von **static** werden wir mit den unbenannten Namensbereichen in Kapitel 19 ken-
nenlernen.)

Lokale Variablen und lokale symbolische Konstanten erhalten externe Bindung,
wenn man sie explizit als **extern** deklariert und wenn sie nicht bereits explizit
static deklariert sind. Sofern derselbe Name dann in einer anderen Programmdatei
mit externer Bindung vereinbart ist, bezeichnet er dasselbe Objekt. Zum Beispiel
hat die lokale Variable i in **prog-15a.cpp** externe Bindung. In **main()** greift man
mit ihr auf die in **prog-15b.cpp** definierte globale Variable zu.

prog-15a.cpp

```
#include <iostream.h>

int rest();                              // Deklaration

int main() {
    extern int i;                        // Deklaration
    cout << "i: ";
    cin >> i;
    cout << "i%8 = " << rest() << endl;
    return 0;
}
```

prog-15b.cpp

```
int i;                                   // Definition
int rest() {                             // Definition
    return i%8;
}
```

Benutzt man **extern** als Spezifizierer für eine Definition mit Initialisierer, z.B.

```
extern double x  = 1.75;
```

so hat dies für eine globale Variable keine Bedeutung; ihr Name hat bereits externe Bindung. Dagegen ist eine **extern**-Spezifizierung mit Initialisierung (also eine Definition) innerhalb eines Blocks ein Fehler.

```
{
    extern int y;              // Deklaration
    extern const int z;        // Deklaration
    extern int i = 1000;       // Fehler
    extern const int j = -22;  // Fehler
}
```

Bei i und j handelt es sich hier um den Versuch, einer lokal definierten Größe externe Bindung zu geben. Auch ein vorangehendes oder nachfolgendes **static** ...; ändert daran nichts.

In der folgenden Tabelle ist nochmals zusammengefaßt, wie sich die Deklaration (mit oder ohne Spezifizierer) eines Namens auf seine Bindung auswirkt. „k.A." zeigt an, daß Spezifizierer keine Auswirkung auf die „Standard"-Bindung (extern für globale, keine für lokale Namen) haben.

	globaler Name	lokaler Name
Deklaration ohne Spezifizierer	externe Bindung	keine Bindung
mit Spezifizierer **static**	interne Bindung	k.A. (keine Bindung)
mit Spezifizierer **inline**	interne Bindung	—
mit Spezifizierer **const**	interne Bindung	k.A. (keine Bindung)
mit Spezifizierern **extern const**	externe Bindung	externe Bindung (*nur bei Deklarationen möglich*)
mit Spezifizierer **extern**	k.A. (externe Bind.)	externe Bindung (*nur bei Deklarationen möglich*)

Alle in einem Programm vorkommenden Deklarationen eines Namens mit externer Bindung müssen diesen Namen mit demselben Typ vereinbaren. Dabei zählt die Verwendung von **typedef**-Namen und von Feldtypen, die sich nur durch eine fehlende Größenangabe unterscheiden, als Übereinstimmung. Zum Beispiel

```
extern int a[];              int a[40];
typedef char** zTyp;         extern char** x;
zTyp x = 0;
// ...                       // ...
```

Hier können beide Programmdateien korrekt zu einem Programm gebunden werden.

Wir wollen zum Abschluß dieses Kapitels nochmals auf das erste Beispiel zurückkommen: Da die Funktion `swap()` nur in der Programmdatei `sort.cpp` benötigt
wird, kann man ihr mit den Spezifizierern `static` oder `inline` interne Bindung geben. In diesem Fall ist `inline` vorzuziehen, weil `swap()` nur ein einziges Mal in der
Funktion `sort()` aufgerufen wird und sehr einfach strukturiert ist. Soll `sort()` auch
noch in anderen Programmdateien eingesetzt werden, so ist es schon hier sinnvoll,
zu `sort.cpp` eine Header-Datei zusammenzustellen, beispielsweise

`sort.h`

```
extern int anz;
void sort(double*);

// Sortieren eines Feldes der Groesse anz
// mittels Bubble-Sort
```

An die Stelle der beiden ersten Deklarationen in `main.cpp` setzt man dann die
Anweisung `#include "sort.h"`.

Bemerkungen

- Wird eine Funktion `inline` definiert, so erhält ihr Name interne Bindung –
  gleichgültig, ob der Compiler ihre Aufrufe tatsächlich `inline` umsetzt oder
  nicht.

- Variablen, Konstanten, Funktionen, benannte Aufzählungstypen und ihre Enu-
  meratoren können, wie besprochen, interne oder externe Bindung erhalten.
  Die Namen von Klassen und die Namen ihrer Elemente haben immer externe
  Bindung. Darauf wird in Abschnitt 14.1 eingegangen.

- Da globale Namen spezielle Namespace-Namen (siehe Kapitel 19) sind, gilt
  alles in diesem Kapitel für globale Namen gesagte auch für Namen aus Namespace-Geltungsbereichen.

Übungsaufgaben

1. Ist es einleuchtend, daß `inline` einer Funktion interne Bindung verschafft?

2. Was ändert sich, wenn man in `prog-15a.cpp` die Funktion `main()` durch

```
int main() {
    extern int i = 1025;
    cout << "i%8 = " << rest() << endl;
    return 0;
}
```

   ersetzt. Welche Auswirkung hätte `extern const int i = 1025;`?

3. Implementieren Sie eine Funktion `zeichnen()`, die einen Zeiger auf eine Funktion des Typs `double(double)` als Argument übernimmt und diese Funktion skizziert. Verwenden Sie **prog-6** aus Abschnitt 7.6 als Grundlage. Die Funktion `zeichnen()` soll in einer eigenen Datei `fzeich.cpp` definiert sein. Eine Header-Datei `fzeich.h` soll die benötigten Deklarationen und Konstantendefinitionen enthalten. Testen Sie das Zusammenwirken dieser beiden Programmdateien mit dem Testprogramm:

```
#include "fzeich.h"

double f(double x) { return 0.44*x*x*x - 1.37*x + 0.96; }

int main() {
    zeichnen(f);
    return 0;
}
```

4. (a) Machen Sie sich klar, daß das Programm **test** zur Laufzeit etwa so aussieht:

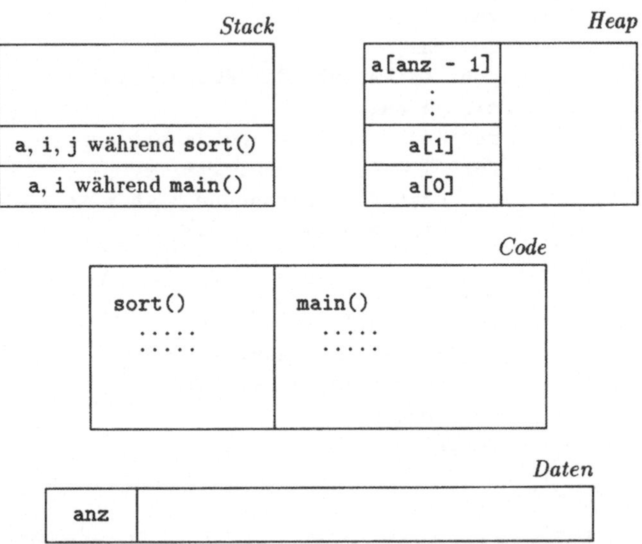

(Hier ist vorausgesetzt, daß der Aufruf von `swap()` tatsächlich `inline` umgesetzt wurde.) Wo sind die Zeichenketten `"Anzahl der Komponenten: "`, `"Komponente "` und `": "` gespeichert? Wo befindet sich die für `swap()` lokale Variable `tmp`?

(b) Was ändert sich an der Bindung der Namen, wenn `sort.cpp` zu

```
static void swap(double& x, double& y) {
    /* ... wie bisher */
}
```

```cpp
    static int i, j;

    void sort(double* a, int anz) {
        for (i = 1; i < anz; i++)
            for (j = anz - 1; i <= j; j--)
                if (a[j] < a[j - 1])
                    swap(a[j], a[j - 1]);
    }
```

und `main.cpp` entsprechend wie folgt abgeändert werden (und keine Header-Datei benutzt wird)?

```cpp
    #include <iostream.h>

    static int i;

    void sort(double*, int);

    int main() {
        int anz;
        cout << "Anzahl der Komponenten: ";
        cin >> anz;
        double* const a = new double[anz];
        for (i = 0; i < anz; i++) {
            cout << "Komponente " << i << ": ";
            cin >> a[i];
        }
        cout << endl;
        sort(a, anz);
        for (i = 0; i < anz; i++)
            cout << a[i] << endl;
        delete[] a;
        return 0;
    }
```

Skizzieren Sie den Sachverhalt für dieses Programm in ähnlicher Form. Anstelle von `static` kann man auch alternativ unbenannte Namensbereiche definieren, die `swap()`, i, j bzw. i enthalten – siehe Übungsaufgabe 3 aus Kapitel 19.

(c) Ändern Sie das Programm so ab, daß bis auf `main`, `sort` und `swap` kein Name Bindung hat.

5. Die beiden folgenden Programmdateien sollen mit weiteren Dateien zu einem Programm gebunden werden. Welche Fehler sind noch zu beseitigen?

```
// erste Programmdatei            // zweite Programmdatei

int x = 10;                       int x;
float y = 3.14;                   extern double y;
extern int z;                     extern int z;
const int k = 5;                  extern const int k = 5;
int f() { return z; }             int g() { return f(); }
```

6. Was bewirken diese beiden Programmdateien, wenn man sie zu einem Programm bindet? (Vgl. hierzu die Bemerkung auf S. 85.)

```
// Datei 1                        // Datei 2

                                  #include <iostream.h>

enum X { rot, gruen, blau };      enum X { rot, gruen, blau };
X x = gruen;                      extern X x;
                                  int main() {
                                      cout << x << endl;
                                      return 0;
                                  }
```

Ist Ihr System in der Lage, einen Fehler der Art `enum X { rot, grun, blau };`
in der zweiten Datei zu entdecken?

13

Überladene Funktionsnamen

Bei der Ausführung gleichartiger Operationen auf unterschiedlichen Datentypen wird oft dasselbe Operatorsymbol benutzt, wie z.B. im Fall 3 + 7 oder 3.01 + 7.12 bei der Addition von zwei int- bzw. double-Operanden. Analog dazu kann man in C++ verschiedenen Funktionen, die vergleichbare Operationen mit unterschiedlichen Argumenttypen ausführen, denselben Namen geben. Dieses Überladen eines Funktionsnamens wird im folgenden Kapitel behandelt.

13.1 Einleitung

In den vorherigen Kapiteln wurde besprochen, daß der Name für ein Objekt, eine Funktion, einen Typ, einen Enumerator, einen Wert oder eine Marke mit einer Deklaration eingeführt wird, daß ein Name nur in seinem Geltungsbereich verwendet werden kann und daß es für jedes Objekt und jede Funktion in einem Programm genau eine Definition geben muß. Die beiden folgenden Definitionen sind also ein Fehler:

```
int x = 10;
double x = 11.11;   // Fehler: zweite Definition
```

Die beiden Definitionen

```
void x(int a) { cout << a; }
void x(double b) { cout << b; }
```

sind dagegen zulässig, da zwei Funktionsdeklarationen mit demselben Namen nur dann dieselbe Funktion bezeichnen, wenn sie identische Parametertypen besitzen (und sich im selben Geltungsbereich befinden).

Werden, wie im Beispiel, in demselben Geltungsbereich Funktionen verschiedenen Typs mit demselben Namen deklariert, so ist der Funktionsname *überladen*. Beim Aufruf wird die richtige Funktion durch Vergleich der Typen der Argumente mit denen der Parameter ausgewählt. In prog-16 ist beispielsweise sort ein überladener Funktionsname. In main() wird durch den Aufruf von sort() zunächst ein double-

```cpp
// prog-16

#include <iostream.h>
#include <string.h>

inline void swap(double& x, double& y)  { /* wie in Kap. 12 */ }

// zweite Definition
inline void swap(const char*& x, const char*& y) {
    const char* tmp = x;
    x = y;
    y = tmp;
}

void sort(double* a, int anz) { /* ... vgl. Kap. 12 */ }

// zweite Definition
void sort(const char** a, int anz) {
    for (int i = 1; i < anz; i++)
        for (int j = anz - 1; i <= j; j--)
            if (strcmp(a[j], a[j - 1]) < 0)
                swap(a[j], a[j - 1]);
}

int main() {
    double a[] = { 1.1, -2.23, 10.9, 23.6, -0.295 };
    int anz = sizeof(a)/sizeof(double);
    sort(a, anz);
    for (int i = 0; i < anz; i++)
        cout << a[i] << endl;
    const char* txt[] = { "eins", "zwei", "drei" };
    anz = sizeof(txt)/sizeof(char*);
    sort(txt, anz);
    for (int i = 0; i < anz; i++)
        cout << txt[i] << endl;
    return 0;
}
```

Feld und dann ein Zeichenkettenfeld sortiert. `sort()` ruft wieder die Funktion
`swap()` auf, deren Name hier ebenfalls überladen ist.

Die Deklaration überladener Funktionsnamen wird dadurch möglich, daß der Compiler sie intern mit einer Kennung für die Parametertypen versieht und beispielsweise
für `void sort(double*)` und `void sort(const char**)` die ausführlicheren „Namen" `sort$qpd` und `sort$qppxc` (bc5) bzw. `sort__FPd` und `sort__FPPCc` (KCC)
benutzt.

Einige Einschränkungen sind bei der Deklaration überladener Funktionen zu beachten:

1. Funktionen, die sich nur beim Typ des Funktionswerts unterscheiden, dürfen nicht denselben Namen erhalten. Zum Beispiel wäre im Fall

```
int f(int);
char f(int);        // Fehler: mehrdeutig
```

   nicht klar, was bei einem Aufruf der Form cout << f(10); gemeint ist.

2. T und T& sind als Typ der Parameter nicht unterschiedlich genug, um einen Funktionsnamen zu überladen. Zum Beispiel wäre ein Aufruf mit x = g(y); mehrdeutig, wenn g() wie folgt deklariert werden könnte:

```
double g(double&);
double g(double);  // Fehler: mehrdeutig
```

3. Zwischen T und const T Parametern wird nicht unterschieden (siehe Abschnitte 11.1 und 11.5). Die const-Spezifizierung eines Parameters wird außerhalb des Funktionsrumpfs ignoriert und kann nicht zum Überladen eingesetzt werden. Zum Beispiel würde durch

```
int h(int);                 // Deklaration von h(int)
int h(const int);           // erneute Deklaration von h(int)
int h(int i) { /* ... */ }         // Definition von h(int)
int h(const int i) { /* ... */ }   // Fehler: zweite Def.
```

   versucht, dieselbe Funktion nochmals zu definieren.

4. Da mit einer typedef-Deklaration nur ein neuer Typname aber kein neuer Typ eingeführt wird, kann ein Funktionsname nicht überladen werden, wenn sich die Parametertypen nur durch einen typedef-Namen unterscheiden. Zum Beispiel wäre auch

```
typedef unsigned int uInt;

int i(unsigned int u) { /* ... */ }
int i(uInt u) { /* ... */ }        // Fehler: zweite Definition
```

   der Versuch, dieselbe Funktion erneut zu definieren.

5. Parameter des Typs T* bzw. T[] werden in C++ nicht unterschieden (siehe Abschnitte 11.1 und 11.6). Auch

```
int x(int* a) { /* ... */ }
int x(int a[]) { /* ... */ }       // Fehler: zweite Definition
int x(int a[20]) { /* ... */ }  // Fehler: dritte Definition
```

wären wiederholte Definitionen derselben Funktion x(). Weil aber die zweite, dritte, ... Größenangabe immer – also auch bei der Deklaration der zu übergebenden Argumente – spezifiziert werden muß, wird der Name der Funktion y() im folgenden Beispiel überladen.

```
void y(int[][10]);
void y(int[][15]);
```

6. Parameterdeklarationen, die sich nur im Typ Funktion bzw. Zeiger auf Funktion unterscheiden, sind äquivalent (siehe Abschnitt 11.7). Zum Beispiel:

```
char z(int());          // Deklaration von z(int())
char z(int (*)());      // erneute Deklaration von z(int())
char z(int f()) { /* ... */ }     // Definition von z(int())
char z(int (*f)()) { /* ... */ }  // Fehler: zweite Def.
```

Das in 3. behandelte, von C++ ignorierte const betrifft den Parameter selbst und nicht ggf. von ihm referenzierte Objekte. const-Spezifizierungen, die sich nicht auf „der obersten Ebene" befinden, werden dagegen berücksichtigt, und Funktionen, deren Parametertypen sich in dieser Hinsicht unterscheiden, können mit demselben Namen bezeichnet werden. Zum Beispiel sind überladene Funktionen der Art

```
int f(const int&);
int f(int&);
double g(double*);
double g(const double*);
```

definierbar. Weiterhin sind auch ganzzahlige Datentypen und Aufzählungstypen unterscheidbar, d.h.

```
enum status { rot, rotgelb, gruen, gelb };
int h(status s);
int h(int i);
```

ist zulässig. Wie C++ vorgeht, um beim Aufruf einer überladenen Funktion zu entscheiden, welcher Funktionsrumpf auszuführen ist, wird in den nächsten beiden Abschnitten behandelt. Dabei beginnen wir mit Funktionen mit genau einem Argument.

13.2 Funktionen mit einem Argument

Wenn eine Funktion mit überladenem Funktionsnamen aufgerufen wird, entscheidet der Compiler, welche Funktion tatsächlich ausgeführt wird. Diese Entscheidung wird während der Übersetzung der Programmdatei getroffen, nicht erst zur Laufzeit des Programms. Hierzu werden alle Funktionsdeklarationen herangezogen,

- die den entsprechenden überladenen Namen tragen,

- in deren Geltungsbereich der Funktionsaufruf liegt, und

- die ausführbar sind, weil das Argument (beim Aufruf) und der Parameter (in
  der Deklaration) übereinstimmende Typen haben oder das Argument mittels
  Standardkonversion bzw. benutzerdefinierter Konversion implizit in den Parametertyp umgewandelt werden kann.

Unter diesen in Frage kommenden Funktionen (den sog. Funktions*kandidaten*) wird
diejenige ausgewählt und ausgeführt, für die Argument und Parameter „am besten
übereinstimmen". Die Suche nach der besten Übereinstimmung wird in maximal
drei Schritten vorgenommen, bei denen der Grad der Übereinstimmung schrittweise
abnimmt:

[1] Übereinstimmung durch Standardkonversionen
[2] Übereinstimmung durch benutzerdefinierte Konversionen
[3] Übereinstimmung durch unspezifizierte Argumente

Der Funktionsaufruf ist ein Fehler, wenn auch im dritten Schritt keine Übereinstimmung möglich ist.

Neben identischen Argument- und Parametertypen (einschließlich **typedef**) gelten
die in der folgenden Tabelle zusammengestellten Typen als *exakt übereinstimmend*,
d.h. für sie muß nicht mittels [1]–[3] nach Übereinstimmungen gesucht werden.

Argument	Parameter
T	T&
T&	T
T	const T
const T	T

Im ersten Fall handelt es sich um eine einfache Initialisierung der Referenz auf T mit
einem T-Argument, wobei keinerlei Konversion erforderlich ist. Im zweiten Fall tritt
die Referenz als Argument eines Funktionsaufrufs, also innerhalb eines Ausdrucks,
auf und ist daher bei der Auswertung ein L-Wert des Typs T. Auch hier ist keine
Konversion nötig. (Siehe Abschnitt 8.7.)

Beim dritten Fall wird die `const`-Spezifizierung des Parameters ignoriert, und beim
vierten Fall ist zu beachten, daß ein T immer mit einem `const` T initialisierbar
ist. In diesen beiden Fällen kopiert der Compiler das Bitmuster der Argumente
unverändert. Im Beispiel

```
void f(double d) { /* ... */ }
void f(int& ri) { /* ... */ }
.....
    int i = 128;
    f(i);
```

wird daher die Funktion `f()` des Typs `void(int&)` ausgeführt. Das Argument i
hat den Typ `int`, der exakt mit dem Parametertyp `int&` übereinstimmt.

Auch sämtliche Kombinationen der in der Tabelle aufgeführten Übereinstimmungen, z.B. `const T&` mit `const T`, `const T` mit `const T&`, `T&` mit `const T`, `T&` mit
`const T&`, `const T&` mit `T` sowie `T` mit `const T&` sind exakte Übereinstimmungen.
Ein `const T` oder `const T&` als Argument zusammen mit einem `T&` als Parameter
ist jedoch ausgeschlossen, vgl. Abschnitt 8.7.

Ist T ein Zeigertyp, so muß man beachten, daß `const T` dann ein konstanter Zeiger
und nicht Zeiger auf Konstante ist. Das bedeutet z.B., daß auch `S*` und `S* const`
oder `const S*` und `const S* const` exakt übereinstimmen (vgl. Übungsaufgabe 4
am Ende des Kapitels.)

```
void f(const double& rcd) { /* ... */ }
void f(float x) { /* ... */ }
. . . . .
    f(2.73);
```

Bei diesem Beispiel ist das Argument `2.73` vom Typ `double`, und wegen der exakten
Übereinstimmung mit dem Parametertyp `const double&` wird die erste Funktion
ausgeführt.

Zu Schritt [1]: *Suche nach Übereinstimmung durch Standardkonversionen*
Die hier vom Compiler beim Aufruf ggf. implizit vorzunehmenden Konversionen der
Argumente auf den Parametertyp werden nochmals in vier Kategorien unterschieden; aus jeder Kategorie wird höchstens eine Konversion angewandt, wobei immer
die folgende Reihenfolge eingehalten wird:

> [1.1] Zeigertransformation   (Rang 0)
> [1.2] Typangleichung   (Rang 1)
> [1.3] Konversion   (Rang 2)
> [1.4] `const`-Qualifizierung   (Rang 0)

Die „Güte" einer solchen Standardkonversion (genauer: der entsprechenden Kon-
versionsfolge) ergibt sich aus dem maximalen Rang der aus [1.1]–[1.4] benötigten
Konversionen. Je geringer dieser Rang ist, desto besser ist die Übereinstimmung.
Und eine Standardkonversion mit Rang 0 ist genauso gut wie eine exakte Übereinstimmung.

Zeigertransformationen sind die in den Abschnitten 8.5 und 11.7 behandelten Standardkonversionen von `T[]` nach `T*` und von T(*Parameterliste*) nach T (*)(*Parameterliste*). Zum Beispiel

```
void f(void* zv) { /* ... */ }
void f(char* zc) { /* ... */ }
. . . . .
    char a[] = { '0', '1', '2' };
    f(a);
```

In diesem Fall wird die zweite Funktion (Typ `void(char*)`) ausgeführt. Das Argument `a` hat den Typ `char[]`, der implizit in den Parametertyp `char*` transformiert wird.

Typangleichungen sind die in Abschnitt 6.1.1 besprochenen ganzzahligen Typangleichungen sowie die (sichere) Umwandlung von `float` nach `double`. Im Beispiel

```cpp
void f(int i) { /* ... */ }
void f(double d) { /* ... */ }
.....
    f('x');
```

wird der Typ `char` des Arguments `x` an den Typ `int` angeglichen und die Funktion `f(int)` wird ausgeführt. Die lokale Variable `i` wird dabei mit dem Wert 120 initialisiert (vgl. Anhang A).

```cpp
void f(const double& rcd) { /* ... */ }
void f(int i) { /* ... */ }
.....
    float x = 3.754;
    f(x);
```

Hier wird die Funktion `f(const double&)` ausgeführt. Dazu erfolgt eine Typangleichung von `float` nach `double`; dieser Typ stimmt exakt mit dem Typ des Parameters (`const double&`) überein.

Konversionen, die – ebenso wie die Typangleichungen – implizit durchgeführt werden können, sind ganzzahlige Typumwandlungen, vgl. Abschnitt 6.1.2, boolesche Konversionen, vgl. Abschnitt 6.1.3, Typumwandlungen zwischen Gleitpunkttypen, vgl. Abschnitt 6.1.4, Umwandlungen zwischen Gleitpunkttypen und ganzzahligen Typen, vgl. Abschnitt 6.1.5, Umwandlungen eines Zeigers in `void*` bzw. `const void*`, vgl. Abschnitt 8.10 sowie die Umwandlung eines ganzzahligen Ausdrucks mit Wert 0 in den Nullzeiger, vgl. Abschnitt 8.3. Auch die Umwandlung von Klassenobjekten in Basisklassenobjekte bzw. die Umwandlung der entsprechenden Zeiger ist eine Konversion; wir gehen darauf in Abschnitt 17.3 ein. Zum Beispiel wird nach Konversion von `short int` nach `double` im Fall

```cpp
void f(...) { /* ... */ }
void f(const double cd) { /* ... */ }
.....
    short int s = 15;
    f(s);
```

die Funktion mit dem Typ `void(const double)` ausgeführt. Im nächsten Beispiel wird nach Zeigertransformation von `int[]` nach `int*` und Konversion von `int*` nach `void*` die Funktion `f(void*)` ausgeführt.

```
    void f(void* zv) { /* ... */ }
    void f(long int* zli) { /* ... */ }
    .....
        int ia[5] = { 5, 0, 8, -3, -4 };
        f(ia);
```

Die zweite Funktion kommt nicht in Betracht, da `int` zwar mittels Konversion in
`long int` umgewandelt werden kann, nicht aber `int*` in `long int*`.

`const`-*Qualifizierungen* wandeln einen Zeiger in einen Zeiger auf Konstante um, z.B.
`T*` in `const T*` oder `T* const` in `const T* const`.

```
    void f(const int* zci) { /* ... */ }
    void f(long int* const czli) { /* ... */ }
    .....
        int i = 508;
        int* const p = &i;
        f(p);
```

Der Typ `int* const` des Arguments stimmt hier exakt mit `int*` überein, und nach
der `const`-Qualifizierung zu `const int*` wird die erste Funktion aufgerufen.

Auch bei Zeigern auf Zeiger ... auf Zeiger auf T sind `const`-Qualifizierungen möglich,
z.B. `T**` in `T*const*`, `const T***` in `const T*const*const*` usw. Es ist dabei zu
beachten, daß man nach dem (von links gesehen) ersten `const` alle übrigen Zeiger
bis auf den letzten ebenfalls `const` qualifizieren muß, d.h. daß beispielsweise eine
Umwandlung von `T***` in `T*const**` nicht zulässig ist. (Sinnvolle Anwendungen
für derartige abwechselnd variable und konstante Zeigerkombinationen sind kaum
vorstellbar; vgl. aber Übungsaufgabe 8.)

Falls zwei Standardkonversionen S_1 und S_2 aufgrund ihrer Ränge nicht unterscheidbar sind, ist S_1 besser als S_2

- wenn die Folge S_1 Teilfolge von S_2 ist, oder

- wenn S_2 im Vergleich zu S_1 zusätzliche `const`-Qualifizierungen vornimmt, oder

- wenn S_2 eine Übereinstimmung von `T&` mit `const T&` enthält und S_1 nicht.

Im folgenden Beispiel sind beide Funktionen mit einer Standardkonversion, die Rang
0 hat, aufrufbar:

```
    typedef long int* zTyp;
    void f(zTyp* x) { /* ... */ }
    void f(const zTyp* y) { /* ... */ }
    .....
        zTyp z[3] = { /* ... */ };
        f(z);
```

Da im ersten Fall lediglich die Zeigertransformation von `long int*[3]` nach `long int**`, im zweiten Fall zusätzlich noch die `const`-Qualifizierung `long int**` nach `long int*const*` benötigt wird, ruft C++ die erste Funktion auf.

Zu Schritt [2]: *Suche nach einer Übereinstimmung durch benutzerdefinierte Konversionen*
Übereinstimmungen durch benutzerdefinierte Konversionen sind schlechter als die Übereinstimmungen durch Standardkonversionen nach [1.1]–[1.4]. Sie sind aber besser als die Übereinstimmungen aufgrund unspezifizierter Argumente.

Benutzerdefinierte Typumwandlungen und Beispiele für ihre Anwendung beim Aufruf überladener Funktionen werden in den Abschnitten 15.2 und 16.5 diskutiert.

Zu Schritt [3]: *Übereinstimmung durch unspezifizierte Argumente*
Einem unspezifizierten Parameter, also ..., kann man beliebig viele Argumente beliebiger Typen übergeben (vgl. Abschnitt 11.10). Eine Übereinstimmung, an der unspezifizierte Argumente beteiligt sind, ist schlechter als jede andere Übereinstimmung.

Bemerkungen

Durch Anwendung der in [1.1]–[1.4] aufgeführten Typumwandlungen läßt sich jedes Argument eines beliebigen arithmetischen Typs oder Aufzählungstyps mit jedem Parameter eines beliebigen arithmetischen Typs in Übereinstimmung bringen. Weiterhin ist jedes Argument mit dem Wert 0 mit Parametern eines beliebigen arithmetischen Typs oder eines beliebigen Zeigertyps in Übereinstimmung.

Gibt es bei der Suche nach Übereinstimmung der Argumente mit den Parametern verschiedene, im Sinne von [1.1]–[1.4] gleich „gute" Funktionen, so ist der Funktionsaufruf *mehrdeutig* und ein Fehler. Beispielsweise ist im Fall

```
void f(char c) { /* ... */ }
void f(long int (*zfli)[20]) { /* ... */ }
.....
    f(0);  // Fehler: mehrdeutiger Aufruf
```

der Aufruf beider Funktionen mittels Konversion ([1.3]) möglich. Zum Aufruf der ersten Funktion muß der Typ `int` des Arguments durch eine ganzzahlige Typumwandlung nach `char` konvertiert werden, im zweiten Fall wäre die Standardkonversion des `int`-Werts 0 in einen Nullzeiger des Typs `long int (*)[20]` erforderlich. Beide Standardkonversionen haben Rang 2, sind also gleich aufwendig. Eine „Ähnlichkeit" von Datentypen spielt keine Rolle.

13.3   Funktionen mit mehreren Argumenten

Auch im Fall mehrerer Argumente wird beim Aufruf diejenige Funktion ausgewählt, bei der diese Argumente am besten mit den Parametern übereinstimmen.

Funktionskandidaten sind hier die Funktionen, die den entsprechenden Namen tragen, deren Deklaration im Geltungsbereich des Aufrufs liegt und deren Parameterzahl auf die Weise „paßt", daß sie mit der Anzahl der Argumente übereinstimmt oder daß, falls mehr Argumente vorhanden sind, die Parameterliste durch ... abgeschlossen wird oder daß, falls mehr Parameter vorhanden sind, die nicht benötigten Parameter über Standardargumente verfügen.

Bei der Suche nach der besten Übereinstimmung wird die so zusammengestellte Kandidatenliste zunächst reduziert auf diejenigen Funktionen, für die bei jedem einzelnen Argument mittels [1]–[3] eine implizite Konversion vom Typ des Arguments auf den Parametertyp möglich ist.

Sind f_1 und f_2 Funktionen aus der *reduzierten* Kandidatenliste, ist f_1 besser als f_2,

- wenn jedes Argument des Funktionsaufrufs mit dem zugehörigen Parametertyp bei f_1 nicht schlechter übereinstimmt als bei f_2, und

- wenn es weiterhin (mindestens) ein Argument gibt, das mit dem zugehörigen Parameter bei f_1 besser übereinstimmt als bei f_2.

Ergibt sich bei diesen Vergleichen eine Funktion, die besser ist als jede andere Funktion, so wird der Aufruf mit ihr durchgeführt. Anderenfalls ist der Aufruf mehrdeutig und unzulässig. Im Beispiel

```
void f(char* pc, int i) { /* ... */ }
void f(int** zzi) { /* ... */ }
void f(int i, int j) { /* ... */ }
void f(long int li, double* zd) { /* ... */ }
. . . . .
    f(0, 'a');
```

ist { `f(char*, int)`, `f(int, int)`, `f(long int, double*)` } die Liste der Funktionskandidaten, die auf { `f(char*, int)`, `f(int, int)` } reduziert wird, weil im Fall `f(long int, double*)` der Typ `char` des zweiten Arguments nicht implizit in `double*` konvertierbar ist. Beim zweiten Argument erzielen beide verbliebenen Kandidaten denselben Rang 1 (Typangleichung von `char` nach `int`), beim ersten Argument ist für `f(char*, int)` eine Konversion in den Nullzeiger erforderlich (Rang 2), während für `f(int, int)` Argument und Parameter exakt übereinstimmen. Somit wird `f(int, int)` ausgeführt.

In `prog-17` ist die Funktion `ws()` aus `prog-12` überladen worden, so daß sie neben der Integration auch zum Aufaddieren der Wahrscheinlichkeiten einer diskreten Zufallsvariablen (hier einer Poisson-Verteilung mit Parameter 1) einsetzbar ist:

```
// prog-17

#include <iostream.h>
#include <math.h>

double stdNormal(double);          // Definition in prog-12
```

```cpp
double ws(double, double, double (*)(double));    // dto.

double ws(int a, int b, double (*zf)(int)) {
    double prob = 0.0;
    for (int x = a; x <= b; x++)
        prob += zf(x);
    return prob;
}

double poisson(int x) {
    if (x < 0)
        return 0;
    long double faktor = 1.0;
    for (int i = 1; i <= x; i++)
        faktor /= i;
    return faktor*exp(-1.0);
}

int main() {
    cout << ws(-5.0, 0.65, stdNormal) << endl;
    cout << ws(0, 2, poisson) << endl;
    return 0;
}
```

Bei den beiden Aufrufen von `ws()` in `main()` stimmen die beiden ersten Argumente exakt überein, beim dritten ist jeweils lediglich die Zeigertransformation einer Funktion in einen Zeiger auf Funktion erforderlich.

Zu Beginn des Abschnitts hatten wir bereits diskutiert, daß bei der Suche nach übereinstimmenden Argumenten und Parametern deren Anzahl nicht notwendigerweise identisch sein muß.

Eine Funktion mit n Parametern, von denen k Standardargumente besitzen, wird hier so behandelt, als sei sie $(k+1)$-mal deklariert: mit $n, n-1, \ldots, n-k$ Parametern. Zum Beispiel hat die Definition der Funktion

```cpp
void ausgInt(int i, int breite = 10) { /* ... */ }
```

die gleiche Wirkung wie ($n = 2, k = 1$)

```cpp
void ausgInt(int i, int breite) { /* Rumpf wie oben */ }

void ausgInt(int i) {
    ausgInt(i, 10);
}
```

und die Definition der Funktion `normal()` aus Abschnitt 11.9 ist (mit $n = 3$ und den $k = 2$ Standardargumenten für `mu` und `sigma`) semantisch äquivalent zu

```
double normal(double x, double mu, double sigma) {
    const double std = (x - mu)/sigma;
    return (0.398942/sigma)*exp(-0.5*std*std);
}


double normal(double x, double mu) { return normal(x, mu, 1.0); }


double normal(double x) { return normal(x, 0.0, 1.0); }
```

Wenn bei einem Aufruf mehr Argumente angegeben wurden als Parameter in der
Funktionsdeklaration spezifiziert sind, und wenn die Parameterliste mit ... endet,
so werden zum Zweck der Suche nach Übereinstimmungen so viele Auslassungspunkte ergänzt wie benötigt. Im Fall

```
void f(int, ...) { /* ... */ }
.....
    f(1220, 'a', 3.75, 4);
```

wird beispielsweise void f(int, ...) zu void f(int, ..., ..., ...) erweitert.

13.4 Zeiger auf überladene Funktionen

Die Verwendung einer Funktion f() beschränkt sich nicht auf ihren Aufruf, sondern
auch ihre Adresse ist benutzbar (vgl. Abschnitt 11.7). Mit der Adresse von f()
kann ein Zeiger initialisiert werden; man kann die Adresse einem Zeiger zuweisen,
sie einer Funktion als aktuelles Argument übergeben oder sie als Rückgabewert einer
Funktion erhalten. Da es für Zeiger auf Funktionen keine Standardkonversionen gibt
(Ausnahme: Umwandlung in void*), muß in allen diesen Fällen die Deklaration des
Zeigers den Typ von f() genau wiedergeben.

Für einen überladenen Funktionsnamen hat dies die Konsequenz, daß sich bei Benutzung des Namens ohne Argumente das Problem der Suche nach einer bestmöglichen
Übereinstimmung gar nicht stellt. Es wird diejenige Funktion ausgewählt, deren Typ
mit dem Typ des Zeigers (der initialisiert wird oder an den die Zuweisung erfolgt)
exakt übereinstimmt. Zur Auswahl stehen auch hier nur die Funktionen, in deren
Geltungsbereich die Adreßbestimmung erfolgt. Z.B. kann nach den Definitionen

```
void dump(short int i) {
    cout << "0x" << setfill('0') << setw(2*sizeof(short int))
        << hex << i;
}


void dump(int i) {
    cout << "0x" << setfill('0') << setw(2*sizeof(int))
        << hex << i;
}
```

```
void dump(long int i) {
    cout << "0x" << setfill('0') << setw(2*sizeof(long int))
        << hex << i;
}
```

ein Zeiger mit der Deklaration `void (*pf1)(long int) = dump;` definiert und initialisiert werden. In diesem Beispiel wird die dritte Funktion ausgewählt. Ruft man sie über den Zeiger auf, etwa mittels `pf1(2345)`, so erhält man als Ausgabe `0x00000929`. Durch die Manipulatoren `setw` und `setfill` (Header-Datei `iomanip.h`) wird dabei mit einer bestimmten Mindestanzahl von Zeichen, und links mit 0 aufgefüllt, ausgegeben. Die Zuweisung

```
void (*pf)(double);
pf = dump;
```

ist dagegen ein Fehler, da es keine Funktion namens `dump` mit Typ `void(double)` gibt. Ist eine überladene Funktion über den Typ des Zeigers einmal ausgewählt, so werden beim Aufruf wieder die üblichen Standardkonversionen der Argumente durchgeführt. Mit `pf1` kann beispielsweise der Aufruf `pf1('a')` vorgenommen werden, bei dem das `char`-Argument nach `long int` konvertiert wird.

13.5 Übungsaufgaben

1. Welche Wirkung hat der Funktionsaufruf `f(10, -10)`, wenn die beiden folgenden Definitionen gegeben sind?

   ```
   void f(long int i, long int j) { cout << i << '\t' << j; }
   void f(double x, double y) { cout << x << '\t' << y; }
   ```

2. Was bewirkt der Funktionsaufruf `g(0, 'X', &x)`, wenn zuvor

   ```
   int g(int i, int j, ...) { return i*j; }
   int g(int i, short int j, int* zi) { return i + j**zi;  }
   int x = 72;
   ```

   definiert worden sind?

3. Welche Wirkung hat der Aufruf `g()` in der folgenden Programmdatei?

   ```
   void h(short int i) { cout << i; }
   void h(float i, int j) { cout << i << '\t' << j; }
   void h(double i, char j = '0') { cout << i << '\t' << j; }

   void g() {
       float f = 44412.9;
       h(f);
   }
   .....
   ```

4. Überlegen Sie sich sämtliche exakten Übereinstimmungen zwischen Argumenten und Parametern die einen Zeigertyp S* enthalten.

5. Schreiben Sie eine Funktion spur(), die die Spur einer quadratischen Matrix – also die Summe der Elemente der Hauptdiagonale – berechnet. spur soll so überladen werden, daß Matrizen mit int- und mit double-Komponenten als Argumente möglich sind. Übergeben Sie die Matrizen jeweils mittels Zeiger auf Konstante.

6. Welche Funktion wird hier aufgerufen?

```cpp
bool f(unsigned int x, char y = ' ') { /* ... */ }
bool f(int& x) { /* ... */ }

int main() {
    unsigned int a = 44555;
    unsigned int& ref = a;
    if (f(ref))
        /* ... */ ;
    return 0;
}
```

7. Warum scheitert der Versuch, die beiden überladenen Funktionen namens g zu definieren, obwohl die Deklarationen von f möglich sind?

```cpp
void f(void p());
void f(void (*zp)());
void g(void p()) { }
void g(void (*zp)()) { }
```

8. Warum läßt sich die Funktion f() nicht mit dem Argument s aufrufen?

```cpp
void f(const char** x) { /* ... */ }
void test(char** s) { f(s); }
```

9. Finden Sie heraus, ob die drei Typen char, unsigned char und signed char von Ihrem System unterschieden werden.

14

Klassen

Eine Klasse ist ein *benutzerdefinierter Datentyp*. In Erweiterung der Möglichkeiten bei der Definition zusammengesetzter Datentypen kann man für eine Klasse neben den Datenelementen, die sie enthält, auch eigene Operationen definieren, mit denen man auf die Daten zugreift, sie verändert, verknüpft usw. In diesem Kapitel werden die grundlegenden Vorgehensweisen zur Erzeugung und Verwendung von Klassen sowie von Variablen und Konstanten eines Klassentyps behandelt.

14.1 Die Definition von Klassen

Eine *Klasse* ist ein vom Programmierer festgelegter Datentyp. Objekte dieses Typs bestehen aus einer (möglicherweise leeren) Folge von *Klassenelementen* und von Objekten aus Basisklassen, siehe Kapitel 17. Es gibt vier Arten von Klassenelementen:

- *Datenelemente*. Das sind Objekte eines beliebigen Datentyps;

- *Elementfunktionen*. Das sind die Operationen, die auf Objekte der Klasse angewendet werden können;

- *Eingebettete Typen*. Das sind andere Klassen oder Aufzählungstypen, die innerhalb der Klasse definiert sind, oder mittels **typedef** innerhalb der Klasse deklarierte Typen;

- *Elementkonstanten*. Das sind die Enumeratoren eines eingebetteten Aufzählungstyps.

Üblicherweise definiert man eine Klasse so, daß die Elementfunktionen die Schnittstelle zum Zugriff auf die übrigen Klassenelemente aus anderen Funktionen und Dateien des Programms heraus bilden. Die Definition einer Klasse besteht aus einem *Klassenspezifizierer*, der den Namen der Klasse und, in { und } eingeschlossen, die Folge der Klassenelemente festlegt. Sie wird durch ein ; abgeschlossen (vgl. die *Deklaration*- und die *Typspezifizierer*-Regel in den Abschnitten 1.2 und 5.1).

Klassenspezifizierer:
    Klassenkopf { *Elementspezifikation*$_{opt}$ }

Klassenkopf:
    Klassenschlüssel Bezeichner$_{opt}$ Basisklausel$_{opt}$
    Klassenschlüssel Eingebetteter-Namensspezifizierer Bezeichner
        Basisklausel$_{opt}$

Klassenschlüssel: eins von
    `class   struct   union`

Eingebetteter-Namensspezifizierer:
    Klassenname :: Eingebetteter-Namensspezifizierer$_{opt}$
    Namespace-Name :: Eingebetteter-Namensspezifizierer$_{opt}$

Klassenname:
    Bezeichner
    Template-Name

Elementspezifikation:
    Elementdeklaration Elementspezifikation$_{opt}$
    Zugriffsspezifizierer : Elementspezifikation$_{opt}$

Elementdeklaration:
    Dekl-Spezifiziererfolge$_{opt}$ Element-Deklaratorliste$_{opt}$;
    Funktionsdefinition ;$_{opt}$
    Qualifizierter-Name ;
    Using-Deklaration

Element-Deklaratorliste:
    Element-Deklarator
    Element-Deklaratorliste , Element-Deklarator

Element-Deklarator:
    Deklarator Rv-Spezifizierer$_{opt}$
    Deklarator = Konstanter-Ausdruck
    Bezeichner$_{opt}$: Konstanter-Ausdruck

Zugriffsspezifizierer: eins von
    `private   protected   public`

Beispielsweise wird mit der folgenden Definition der Bezeichner `Timer` als Name einer Klasse mit den sechs Elementen `min`, `sek`, `tsdSek`, `stelle`, `leseAb` und `tick` vereinbart.

```
struct Timer {
    int min, sek, tsdSek;
    void stelle(int i, int j, int k) {
        min = i;
        sek = j;
        tsdSek = k;
    }
    void leseAb(int&, int&, int&);
    void tick();
};
```

Die Elementfunktion `stelle()` ist innerhalb der Klassendefinition bereits definiert, `leseAb()` und `tick()` sind lediglich deklariert und müssen, sofern man sie aufrufen will, noch definiert werden. (Die Deklaration einer Elementfunktion als Prototyp wird mit der ersten Alternative der *Elementdeklaration*-Regel möglich. Bei der Funktion `tick()` ist beispielsweise `void` der *Dekl-Spezifizierer* und `tick()` der *Element-Deklarator*.)

Eine Klasse ist vollständig definiert, wenn alle ihre Elementfunktionen und, falls vorhanden, alle `static` Datenelemente (14.12) definiert sind. Da der Compiler Objekte eines Klassentyps bereits erzeugen kann, wenn er den Klassenspezifizierer – und damit die Definitionen der Datenelemente – kennt, wird der Klassenspezifizierer bereits als *Klassendefinition* bezeichnet. Den Unterschied zu einer reinen Klassendeklaration und deren Verwendungsmöglichkeit in einem Programm behandeln wir in Abschnitt 14.6.

Eine Klasse muß in allen Programmdateien definiert werden, in denen ihr Name zur Erzeugung von Objekten benutzt werden soll; der Klassenname und die Namen aller Klassenelemente haben externe Bindung. Die Elementfunktionen einer Klasse können (wie jede andere Funktion) beliebig oft deklariert werden, es darf in einem Programm aber nur eine Definition – die die Anweisungen des Funktionsrumpfs festlegt – geben.

Weil die Spezifizierer `const`, `extern` und `static` nur bei der Deklaration von Objekten und Funktionen eingesetzt werden dürfen, sind

```
const class X { /* ... */ };     // Fehler
static class Y { /* ... */ };     // Fehler
extern struct Z { /* ... */ };   // Fehler
```

fehlerhafte Klassendefinitionen. Wenn eine Klasse mit dem Schlüsselwort `struct` deklariert wird, sind alle ihre Elemente standardmäßig `public`, d.h. auf sie kann an jeder Stelle des Programms zugegriffen werden. Bei der Deklaration mittels `class` werden die Klassenelemente `private` und sind dann nur für Elementfunktionen derselben Klasse sowie `friend`-Funktionen und -Klassen (siehe Abschnitt 14.11) zugreifbar. Möglichkeiten zur Änderung der Standard-Zugriffsrechte behandeln wir in Abschnitt 14.4. Außer bei den Zugriffsrechten ergibt sich kein Unterschied durch die Verwendung von `class` oder `struct`.

Es ist zu beachten, daß eine Element-Deklaratorliste im Gegensatz zur „gewöhnlichen" Init-Deklaratorliste keine Initialisierer enthalten kann:

```
class X {
    double d = 1.25;  // Fehler: kein Initialisierer zulaessig
    // ...
};
```

Dies liegt daran, daß eine Klasse, im Beispiel `X`, ein Typ ist; die Variable `d` existiert erst in konkreten Objekten dieses Klassentyps. Hieraus folgt unmittelbar, daß bei Klassenelementen eines Feldtyps alle Größenangaben spezifiziert werden müssen.

```
class Y {
    int a[] ;  // Fehler:
              // Initialisierer erforderlich aber unzulaessig
};
```

Eine Ausnahme bilden `static` Datenelemente, die nur einmal pro Klasse angelegt werden, siehe Abschnitt 14.12.

14.2   Klassenobjekte

Nach der Definition einer Klasse kann ihr Name wie jeder andere Typname (`int`, `double` usw.) in Deklarationen verwendet werden. Zum Beispiel

```
Timer t1, t2;
```

Hier werden zwei *Klassenobjekte* des Typs `Timer` definiert. Erst bei dieser Definition werden die Elemente `min`, `sek` und `tsdSek` im Speicher erzeugt. Jedes Klassenobjekt erhält dabei eine eigene Kopie der Datenelemente seiner Klasse. Im Beispiel haben sowohl `t1` als auch `t2` ihr eigenes `min`-, `sek`- und `tsdSek`-Element.

Klassenobjekte können wie jedes andere Objekt als Operand in einer Zuweisung auftreten, Komponente eines Feldes sein, als Argument einer Funktion übergeben werden, Rückgabewert einer Funktion sein, als `const`, `extern` oder `static` spezifiziert werden, durch einen Zeiger oder eine Referenz referenziert werden und mit `new` auf dem Heap angelegt werden.

Man kann Klassenobjekte direkt zusammen mit der Klassendeklaration definieren, z.B. `struct Timer { /* ... wie oben */ } t1, t2;`.

Auch für unbenannte Klassen können auf diese Weise Objekte erzeugt werden:

```
class {
    double x;
    // ...
} a, b, c;
```

Die Variablen `a`, `b` und `c` kann man jedoch nicht als Argumente eines Funktionsaufrufs einsetzen, da ein entsprechender Parameter nicht deklariert werden kann.

Jede Klassendefinition führt einen neuen Typ ein. Bei Initialisierungen und Zuweisungen werden auf Klassenobjekte nur benutzerdefinierte Konversionen (siehe 15.2, 16.5) implizit angewandt. Die exakten Übereinstimmungen und Standardkonversionen mit Rang 0 (`T` nach `const T`, `T[]` nach `T*` usw., vgl. Abschnitt 13.2) werden ebenfalls berücksichtigt. Mit

```
class X { int i; } x1, x2;
class Y { int i; } y;
```

sind daher die Zuweisung **x1 = x2**; oder die Initialisierung **const X a = x1**; zulässig. Die Zuweisung

```
x2 = y;   // Fehler: falscher Typ
```

ist jedoch ein Fehler. Um eine derartige Zuweisung zu ermöglichen, müßte für eine der Klassen X bzw. Y eine Konversionsfunktion implementiert werden. Dies ist jedoch nachträglich – ohne Änderung der Klassendefinition – nicht mehr möglich. Eine Klassendefinition ist in der Hinsicht *komplett*, daß an keiner anderen Stelle des Programms weitere Datenelemente, Elementfunktionen, eingebettete Typen oder Elementkonstanten hinzugefügt werden können.

<u>Bemerkung</u>
Klassenobjekte, also Objekte eines benutzerdefinierten Datentyps, werden auch als *Instanzen* oder *Exemplare* einer Klasse bezeichnet. Sie sind gemeint, wenn der Begriff „Objekt"-orientiert verwendet wird.

14.3 Der Geltungsbereich Klasse

Die Namen von Klassenelementen haben den *Geltungsbereich Klasse*. Sie sind lokal für ihre Klasse und können eigenständig nur innerhalb der Klassendefinition, also insbesondere in allen Elementfunktionen der Klasse, verwendet werden.

Außerhalb ihres Geltungsbereichs kann man auf Klassenelemente mittels konkreter Klassenobjekte zugreifen. Hierzu benutzt man den *Punktoperator* . und den *Pfeiloperator* -> jeweils innerhalb von Postfix-Ausdrücken, vgl. die entsprechende Regel in Abschnitt 6.2 (fünfte und sechste Alternative).

Der Punktoperator wird auf ein Klassenobjekt (z.B. **t1**) und den Namen eines Elements dieser Klasse (z.B. **sek**) angewandt und liefert als Resultat das benannte Element des jeweiligen Klassenobjekts; das Resultat ist ein L-Wert, sofern das Klassenelement nicht Elementkonstante ist. Im Beispiel sind **t1.min**, **t1.sek** und **t1.tsdSek** drei modifizierbare L-Werte des Typs **int**, und mit

```
t1.min = 2;
t1.sek = 0;
t1.tsdSek = 17;
```

wird **t1** ein bestimmter Zeitpunkt zugewiesen.

Der Pfeiloperator wird auf einen Zeiger auf ein Klassenobjekt und den Namen eines Elements der Klasse angewandt. **ausdr->elem** ist lediglich eine Kurzschreibweise für **(*ausdr).elem**. Zum Beispiel

```
void anzeige(Timer* const zt) {
    cout << setfill('0') << setw(2) << zt->min
         << '.' << setw(2) << zt->sek
         << ',' << setw(3) << zt->tsdSek << endl;
}
```

Die hier definierte Funktion ist kein Element der Klasse `Timer`, sondern eine global deklarierte Funktion. Ihr Parameter ist als konstanter Zeiger vereinbart, weil die Zeit nur für ein bestimmtes Objekt ermittelt und angezeigt werden soll. Ruft man die Funktion für `t1` auf, also mit `anzeige(&t1)`, so erhält man mit der oben eingestellten Zeit die Ausgabe 02.00,017.

Damit, wie in den beiden letzten Beispielen, mittels . bzw. -> auf die Elemente eines Klassenobjekts zugegriffen werden kann, muß der Zugriff im Geltungsbereich des Objektnamens (`t1` bzw. `zt`) erfolgen.

Eine Elementfunktion muß nicht gleichzeitig mit ihrer Klassendefinition definiert werden. Wenn sich nur ihr Funktionsprototyp innerhalb, ihre Definition aber lexikalisch außerhalb der Klassendefinition befindet, muß der Funktionsname unter Verwendung des zweistelligen Geltungsbereichoperators :: mit dem Klassennamen *qualifiziert* werden. (Eingebettete Namensspezifizierer enden immer mit ::, vgl. 14.1.)

> *Qualifizierter-Name:*
> *Eingebetteter-Namensspezifizierer   Unqualifizierter-Name*

Die Funktionsdefinition wird dadurch in den Geltungsbereich ihrer Klasse aufgenommen, wie es im folgenden Beispiel durch die Schattierung dargestellt ist.

```cpp
struct Timer {
    int min, sek, tsdSek;
    void stelle(int i, int j, int k) {
        min = i;
        sek = j;
        tsdSek = k;
    }
    void leseAb(int&, int&, int&);
    void tick();
};

void anzeige(Timer* const zt) {
    cout << setfill('0') << setw(2) << zt->min
         << '.' << setw(2) << zt->sek
         << ',' << setw(3) << zt->tsdSek << endl;
}

void Timer::tick() {
    if (++tsdSek == 1000) {
        tsdSek = 0;
        if (++sek == 60) {
            sek = 0;
            min++;
        }
    }
}
```

Die Elementfunktion kann somit alle Elemente der Klasse, unabhängig von deren Zugriffsrechten, benutzen. (Eine Ausnahme sind die in Abschnitt 14.12 behandelten `static` Elementfunktionen.) Im Beispiel zeigt `Timer::tick` an, daß die Funktion `tick()` Elementfunktion der Klasse `Timer` ist und sich in deren Geltungsbereich befindet.

Auch Elementfunktionen werden jeweils für ein bestimmtes Klassenobjekt mit dem Punkt- oder Pfeiloperator aufgerufen. Die innerhalb des Funktionsrumpfs verwendeten Elementnamen bezeichnen dann die Elemente des Objekts, für das die Funktion aufgerufen wird. Der Aufruf

```
t1.stelle(2, 0, 17);
```

hat z.B. genau dieselbe Wirkung, wie die drei einzelnen Anweisungen zu Beginn des Abschnitts. Und mit

```
t2.stelle(0, 0, 0);
for (int i = 0; i < 15000; i++)
    t2.tick();
```

wird beispielsweise im Aufruf `t2.tick()` jedesmal `t2.tsdSek` und gegebenenfalls auch `t2.sek` und `t2.min` inkrementiert.

Alle anderen Funktionen, die nicht Elementfunktionen sind, haben globalen oder Namespace-Geltungsbereich. Damit sie die Elemente eines Klassenobjekts manipulieren können, muß man ihnen die Adresse des Objekts als Argument übergeben, wie z.B. beim Aufruf `anzeige(&t2)`, oder eine Referenz als Parameter einsetzen. In diesem Fall einer globalen Funktion kann aber immer nur auf die Elemente zugegriffen werden, die `public` – also frei zugreifbar sind. Das hier behandelte `Timer`-Beispiel ist nicht typisch und wird in Abschnitt 14.4 noch verändert.

In einer Elementfunktion kann auf alle Klassenelemente nicht nur unabhängig von Zugriffsrechten, sondern auch unabhängig von ihrem Deklarationspunkt zugegriffen werden. Im Beispiel könnten die drei Datenelemente auch am Ende der Klassendefinition stehen:

```
struct Timer {
    void stelle(int i, int j, int k) { /* ... wie oben */ }
    void leseAb(int&, int&, int&);
    void tick();
    int min, sek, tsdSek;
};
```

Die Funktion `leseAb()` muß noch an anderer Stelle des Programms definiert werden.

Wenn der Name eines Klassenelements innerhalb des Rumpfs einer Elementfunktion verdeckt wird, kann man ihn dennoch verwenden, sofern man ihn vollständig qualifiziert. Zum Beispiel

```
struct A {
    int i;
    void f(int);
    void g(int);
};

void A::f(int k) {
    int i = 10;
    A::i = k*i;
    // ...
}
```

Hier wird das Klassenelement i durch die Definition `int i = 10;` verdeckt. Aufgrund der Qualifizierung mit dem Klassennamen erfolgt dennoch eine Zuweisung an das Element i des Objekts, für das die Funktion `f()` aufgerufen wird. Schreibt man statt dessen `i = k*i;`, so wird an die lokale Variable i zugewiesen.

Noch weniger verständlich ist die Wirkungsweise eines Funktionsaufrufs, wenn ein Parameter den Namen eines Klassenelements verdeckt, z.B.

```
void A::g(int i) { /* ... */ }
```

Derartige Konstruktionen vermeidet man am besten. Auch der Klassenname selbst kann dadurch verdeckt werden, daß in seinem Geltungsbereich eine Variable, symbolische Konstante, Funktion oder ein Enumerator mit demselben Namen deklariert wird. Wenn man ihn als ausführlichen Typspezifizierer, also mit vorangestelltem `class` bzw. `struct` benutzt, kann der verdeckte Typname jedoch verwendet werden. Der Klassentyp verhält sich hier ähnlich wie der Aufzählungstyp (vgl. die Bemerkung am Ende von Abschnitt 10.1).

Wie die Namen von globalen Funktionen können auch die Namen von Elementfunktionen überladen werden. Die Suche nach Übereinstimmungen bei einem Funktionsaufruf (vgl. Abschnitt 13.2) beschränkt sich dann auf die Elementfunktionen derselben Klasse.

14.4 Die Spezifizierung von Zugriffsrechten

Die Elemente einer Klasse können entweder verborgen oder explizit verfügbar gemacht werden. Dies geschieht durch das Markieren der entsprechenden Elementdeklarationen in der Klassendefinition mit einem der Zugriffsspezifizierer `private`, `protected` oder `public`. Ein Zugriffsspezifizierer regelt die Zugriffsrechte für alle auf ihn folgenden Klassenelemente bis zum Ende der Klassendeklaration oder bis ein weiterer Zugriffsspezifizierer erreicht wird. Es können beliebig viele Zugriffsspezifizierer in beliebiger Reihenfolge verwendet werden. Die Standard-Zugriffsrechte sind `public` für mittels `struct` definierte Klassen und `private` für mittels `class` definierte Klassen. Zum Beispiel

```
class Tel {
    int netz;        // per Voreinstellung private
    int bereich;     // dto.
protected:
    int status;      // protected
public:
    void anschliessen(int, int, int);    // public
    void waehlen();                      // dto.
    double gebuehren();                  // dto.
};
```

Sofern man keine „von einer Basisklasse abgeleiteten Klassen" betrachtet, haben die Spezifizierer `private` und `protected` dieselbe Wirkung; wir werden das Schlüsselwort `protected` deshalb erst ab Kapitel 17, in dem abgeleitete Klassen eingeführt werden, einsetzen.

- Auf ein `public` Klassenelement kann man in jeder Funktion des Programms und in jedem Namespace-Geltungsbereich, also insbesondere global, zugreifen. Es ist daher sinnvoll, lediglich die Elementfunktionen, die die Schnittstelle der Klasse zu den übrigen Funktionen des Programms bilden sollen, als `public` zu deklarieren.

- Den Namen eines `private` Klassenelements kann man nur in Elementfunktionen und `friend`-Funktionen (14.11) der Klasse, in der es deklariert ist, verwenden. Üblicherweise deklariert man daher Datenelemente und Implementationsdetails als `private`. Diese Trennung von Schnittstelle und Implementation hat den Vorteil, daß „Benutzer" der Klasse unabhängig von internen Änderungen der Klasse werden.

Da sie `public` Klassenelement der Klasse `Tel` ist, kann die Funktion `gebuehren()` also beispielsweise in der Funktion `f()` aufgerufen werden. Dagegen ist der Versuch, dem Klassenelement `netz` in der Funktion `g()` einen Wert zuzuweisen, ein Fehler. (Hier ist vorausgesetzt, daß es innerhalb des Programms eine Definition für `gebuehren()` gibt.)

```
class Tel { /* wie oben */ };

void f(Tel* zApp) {
    double d = zApp->gebuehren();
    // ...
}

void g() {
    Tel app;
    app.netz = 78;  // Fehler: netz ist private
    // ...
}
```

Die Zugriffsrechte auf einen Namen und der Geltungsbereich des Namens sind nicht miteinander zu verwechseln. Im letzten Beispiel „gelten" in der Funktion **g()** die Namen **app.netz**, **app.bereich**, **app.status**, **app.anschliessen**, **app.waehlen** und **app.gebuehren**. Es ist jedoch nur der Zugriff auf die Elementfunktionen, d.h. auf die drei letzten Namen gestattet. Vor der Verwendung eines Namens prüft der Compiler (1.) ob der Name gilt, (2.) ob er einen passenden Typ hat und (3.) ob er *zugreifbar* ist.

Objekte von Klassen, die weder **private** noch **protected** Elemente enthalten, und die keinen Konstruktor (siehe 14.7), keine Basisklassen (siehe 17) und keine virtuellen Funktionen (siehe 17.4) haben, können mit einer *Initialisiererliste*, wie sie schon bei Feldern in Abschnitt 8.1 behandelt wurde, initialisiert werden:

```cpp
struct Anschrift {
    const char* strasse;
    const char* nummer;
    long int plz;
    const char* ort;
    void drucke();
};

Anschrift univ[] = {
    { "Schloss", "", 68131, "Mannheim" },
    { "Silberburgstr.", "90", 70176, "Stuttgart" },
    { "Kollegium am Schloss", "", 76131, "Karlsruhe" }
};

int main() {
    univ[0].drucke();
    return 0;
}

void Anschrift::drucke() {
    cout << "Universitaet " << ort << '\n'
         << strasse << ' ' << nummer << "\n\n"
         << plz << ' ' << ort << endl;
}
```

Im Beispiel werden insgesamt drei einfach strukturierte Klassenobjekte **univ[0]**, **univ[1]** und **univ[2]** auf diese Art initialisiert.

Es ist garantiert, daß aufeinanderfolgende Datenelemente einer Klasse – sofern sie nicht **static** deklariert sind und nicht durch einen Zugriffsspezifizierer getrennt sind – innerhalb eines Klassenobjekts an aufsteigenden Adressen angelegt werden. Die folgende Abbildung zeigt beispielhaft, wie die beiden Klassenobjekte **t1** und **t2** der **Timer**-Klasse abgespeichert werden:

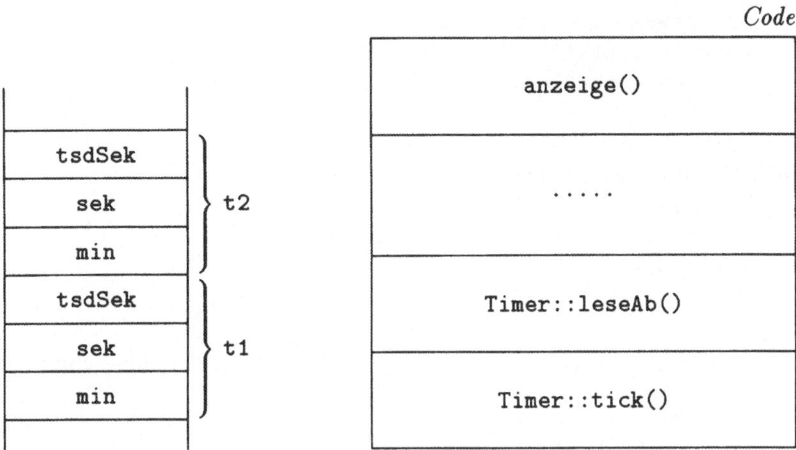

Bei diesem Beispiel hat der Zugriff auf die einzelnen Datenelemente eines Klassenobjekts, z.B. auf `t1.min`, `t1.sek`, große Ähnlichkeit mit dem Zugriff auf die Komponenten eines Feldes, etwa mittels `s1[0]`, `s1[1]` usw.

Obwohl es durch die Syntax des Aufrufs so scheint, als hätte jedes Klassenobjekt auch eine eigene Kopie aller Elementfunktionen, ist dies nicht der Fall. Wie abgebildet, wird jede Elementfunktion nur einmal im Codeteil gespeichert. Im nächsten Abschnitt besprechen wir, wie C++ dennoch innerhalb einer Elementfunktion korrekt auf die Datenelemente des Objekts, für das die Funktion aufgerufen wurde, zugreift.

<u>Bemerkung</u>

Die Einschränkung der Zugriffsrechte auf Klassenelemente, so daß nur noch Elementfunktionen Zugang zu ihnen haben, wird als *Kapselung von Informationen* innerhalb der Klasse bezeichnet (sog. "information hiding"). Den Zugriff auf die Klasse `Timer` könnte man sinnvoll wie folgt regeln:

```
struct Timer {
    void stelle(int i, int j, int k) { /* Rumpf wie oben */ }
    void leseAb(int&, int&, int&);
    void tick();
private:
    int min, sek, tsdSek;
};
```

Auch in der Funktion `anzeige()` muß das Lesen der Werte der Datenelemente dann über die *Klassenschnittstelle* – das ist die Gesamtheit aller `public` Elementfunktionen einer Klasse, die hier von `stelle()`, `leseAb()` und `tick()` gebildet wird – erfolgen. Zum Beispiel

```
void anzeige(Timer* const zt) {
    int m, s, t;
```

```
        zt->leseAb(m, s, t);
        cout << setfill('0') << setw(2) << m << '.'
             << setw(2) << s << ',' << setw(3) << t << endl;
    }

    void Timer::leseAb(int& i, int& j, int& k) {
        i = min;
        j = sek;
        k = tsdSek;
    }
```

`leseAb()` wird nun tatsächlich benötigt und muß daher auch definiert sein.

14.5   Der Zeiger this

Damit eine Elementfunktion auf die Elemente des Klassenobjekts, für das sie aufgerufen wird, zugreifen kann, wird dieses Objekt beim Aufruf implizit als zusätzliches Argument mit übergeben. Beispielsweise wird ein Aufruf `t.leseAb(i, j, k)` von C++ intern durch den Aufruf `leseAb(t, i, j, k)` realisiert und entsprechend `zt->leseAb(i, j, k)` durch `leseAb(*zt, i, j, k)` ersetzt, wobei die Elementfunktion `Timer::leseAb()` intern den Typ `void(Timer&, int&, int&, int&)` erhält. (Die von uns eingesetzten Compiler verwenden für den ersten Referenzparameter einen konstanten Zeiger, vgl. Abschnitt 8.7.)

Auf die *implizite Objektreferenz* kann in einer Elementfunktion auch explizit mit dem Schlüsselwort `this` zugegriffen werden. `this` ist ein elementarer Ausdruck (siehe S. 34), dessen Wert die Adresse des Objekts ist, für das die Funktion aufgerufen wurde. Er ist kein L-Wert, kann also auch nicht modifiziert werden und hat während der gesamten Bearbeitungszeit der Funktion diesen konstanten Wert; `*this` ist dagegen ein L-Wert. Der `this`-Zeiger bietet in der Funktion `A::f()` aus 14.3 eine Alternative zur Herstellung der „Sichtbarkeit" des verdeckten Klassenelements i:

```
    void A::f(int k) {
        int i = 10;
        this->i = k*i;   // Zuweisung an das Klassenelement
        // ...
    }
```

Typische Beispiele für Anwendungen, die man am sinnvollsten mit `this` implementiert, werden im Zusammenhang mit benutzerdefinierten Operatoren (siehe Kapitel 16) behandelt. Auch Abschnitt 14.7 enthält eine praktische Anwendung.

Mit der Ausnahme von `static` Elementfunktionen, die keinen `this`-Zeiger besitzen (siehe 14.12), ist `this` in jeder Elementfunktion einer Klasse X verwendbar. Der Ausdruck hat den Typ `X*`, sofern die Elementfunktion nicht zusätzlich `const` spezifiziert ist. (Im letzteren Fall hat `this` den Typ `const X*` und `*this` ist nicht modifizerbar, siehe Abschnitt 14.10.) Der Compiler präzisiert im Rumpf einer Elementfunktion implizit alle nicht verdeckten Elementnamen durch Voranstellen von `this->`. Im Beispiel der Funktion `leseAb()` wird daher der Funktionsrumpf

```
i = this->min;
j = this->sek;
k = this->tsdSek;
```

ausgeführt, und die Werte der Elemente des Objekts, über das `leseAb()` aufgerufen wurde, werden an `i`, `j` und `k` zugewiesen.

In der globalen Funktion `anzeige()` aus den letzten Abschnitten wirkt der Parameter `zt` im Funktionsrumpf genau wie der `this`-Zeiger einer Elementfunktion. Und bei der Initialisierung mit einem aktuellen Argument bringt `zt` wie das implizite Argument einer Elementfunktion ein spezielles Klassenobjekt mit dessen jeweiligen Elementen in den Geltungsbereich der Funktion ein.

Bei der Suche nach Übereinstimmungen für überladene Elementfunktionen wird die implizite Objektreferenz wie jedes andere Funktionsargument mit berücksichtigt.

14.6 Namensdeklarationen

Da die Größe des für ein Klassenobjekt zu reservierenden Speicherplatzes (und die Interpretation der darin enthaltenen Bitfolge) erst bekannt ist, wenn die Klasse definiert ist, kann die Definition einer Klasse `X` nicht schon Klassenobjekte des Typs `X` als Elemente enthalten. Zum Beispiel

```
class X {
    // ...
    X x;  // Fehler: X noch nicht definiert
};
```

Zeiger und Referenzen auf die Klasse `X` können in der Definition von `X` jedoch verwendet werden – zum Speichern ihrer Adreßwerte wird immer dieselbe feste Speicherplatzgröße benötigt. Diese Möglichkeit wird insbesondere bei der Erzeugung von dynamisch verketteten Strukturen, etwa Listen, doppelt verketteten Listen, binären Bäumen usw. genutzt. `prog-18` zeigt als Beispiel eine Klasse `DoubMenge`, deren Objekte den benutzerdefinierten Typ „Menge von `double`-Werten" haben:

```
// prog-18

#include<iostream.h>
#include<stdlib.h>
#include<math.h>

struct DoubElem {
    double element;
    DoubElem* nachf;
};
```

```cpp
class DoubMenge {
public:
    void init() { anzahl = 0; start = 0; }
    bool leer() { return anzahl == 0; }
    bool istElement(double);
    bool fuegeEin(double);
    void inhalt();
private:
    int anzahl;
    DoubElem* start;
};

bool DoubMenge::istElement(double x) {
    if (leer())
        return false;
    DoubElem* tmp = start;
    do {
        if (fabs(tmp->element - x) < 1.0e-15*fabs(x))
            return true;   // 'tmp->element == x'
        else
            tmp = tmp->nachf;
    } while (tmp != 0);
    return false;
}

bool DoubMenge::fuegeEin(double x) {
    if (istElement(x))
        return false;
    DoubElem* neu = new DoubElem;  // noch keine Fehlerbehandlung
    neu->element = x;
    neu->nachf = start;
    start = neu;
    anzahl++;
    return true;
}

void DoubMenge::inhalt() {
    cout << "{ ";
    if (!leer()) {
        DoubElem* tmp = start;
        cout << tmp->element;
        while ((tmp = tmp->nachf) != 0)
            cout << ", " << tmp->element;
    }
    cout << " }" << endl;
}
```

```cpp
int main() {
    DoubMenge mengeA, mengeB;
    mengeA.init();
    mengeB.init();
    for (int j = 0; j < 5; j++)
        mengeA.fuegeEin(rand()/100000.0);
    cout << "A = ";
    mengeA.inhalt();
    cout << "B = ";
    mengeB.inhalt();
    return 0;
}
```

Die Menge ist durch eine Liste von `DoubElem`-Objekten realisiert; dabei enthält die Definition der Klasse `DoubElem` bereits ein Datenelement des Typs `DoubElem*`. Beide Elemente von `DoubElem` sind `public`. Da der Zeiger `start` auf den Anfang der Liste in `DoubMenge` als `private` deklariert ist, ist der Listeninhalt dennoch nur über die `DoubMenge`-Schnittstelle zugänglich. Eine mit der Elementfunktion `fuegeEin()` auf dem Heap aufgebaute dreielementige Menge sieht dann z.B. so aus:

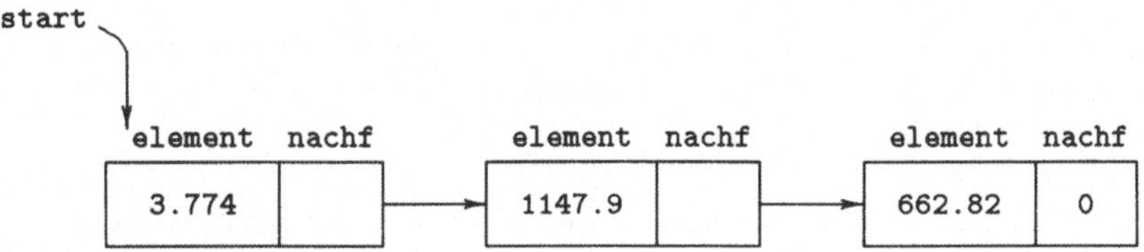

`fuegeEin()` nimmt ein neues Element in die Menge auf, sofern es noch nicht in ihr enthalten ist. Um dies zu prüfen wird `istElement()` aufgerufen. Als Funktionswert liefert `fuegeEin()` den Wert `false`, wenn eine Zahl bereits in der Menge enthalten ist. Eine Fehlerbehandlung, die darauf reagiert, daß ein Listenelement nicht mehr aufgenommen werden kann, weil `new` keinen Speicherplatz mehr findet, ist noch zu ergänzen (vgl. Abschnitt 8.6).

In C++ gibt es auch reine Deklarationen von Klassen, z.B.

```cpp
class X;
```

Diese Deklaration führt den Namen `X` als Klassennamen ein; sie wird auch als *Namensdeklaration* bezeichnet. Syntaktisch tritt `class X` hier als ausführlicher Typspezifizierer in der *Dekl-Spezifizierer*-Regel auf. Bevor man für eine so deklarierte Klasse Objekte erzeugen und verwenden kann, muß noch eine Klassendefinition mit der Aufzählung aller Klassenelemente vorgenommen werden. Es ist jedoch möglich, nach einer Klassendeklaration Zeiger und Referenzen auf die Klasse zu erzeugen. Dadurch erhält man die Möglichkeit, Klassen zu vereinbaren, deren Objekte untereinander verbunden sind. Im Beispiel

```
class Marke;

class Haendler {
    Marke* angebot;
    // Firma, Anschrift, ...
};

class Marke {
    Haendler* vertrieb;
    // Typ, Modell, ...
};
```

sind die Absatzbeziehungen zwischen Herstellern und Händlern von Produkten modelliert. Jedes Markenobjekt enthält einen Verweis auf einen Händler oder auf ein Feld mit Händlern, von denen es vertrieben wird. Und jedes Händlerobjekt enthält einen Verweis auf eine Marke oder ein Feld mit Marken, die es vertreibt. Ohne die Namensdeklaration der Klasse `Marke` können diese gegenseitigen Verweise nicht realisiert werden.

14.7 Die Konstruktion von Klassenobjekten

Unter der Initialisierung eines Objekts versteht man seine Erzeugung im Speicher und das Kopieren von Anfangswerten in diesen Speicherplatz. Dabei sind die folgenden drei Fälle zu unterscheiden:

- Definition eines neuen Objekts – als globales bzw. Namespace-Objekt, als lokales Objekt oder mittels `new`. (Gegebenenfalls Initialisierung mit einem bereits existierenden Objekt derselben Klasse, vgl. 15.1.)

- Übergabe eines Arguments an einen Parameter bei einem Funktionsaufruf (vgl. 11.2 und 15.1).

- Rückgabe eines Funktionswerts (vgl. 11.3 und 15.1).

Klassenobjekte werden dadurch initialisiert, daß ihre Datenelemente initialisiert werden. Eine Möglichkeit ist die Verwendung einer Initialisiererliste wie sie bereits in Abschnitt 14.4 besprochen wurde. In der Regel wird ein Klassenobjekt aber auch geschützte (`private` oder `protected`) Daten enthalten und kann dann nicht auf diese Weise initialisiert werden. Bei den Klassen `Timer` bzw. `DoubMenge` wurden daher die Funktionen `stelle()` bzw. `init()` zur Zuweisung von Startwerten benutzt. Vergißt man z.B. in `prog-18` nach der Definition von `mengeA` den Aufruf `mengeA.init()`, so enthält `anzahl` für diese Menge, obwohl sie leer ist, einen zufälligen Wert, z.B. `-28` oder `452`. Derartige Fehler lassen sich vermeiden, wenn man für jede Klasse einen geeigneten *Konstruktor* (oder mehrere Konstruktoren) definiert.

Eine Elementfunktion mit demselben Namen wie die Klasse heißt Konstruktor; sie wird aufgerufen, um Objekte der Klasse zu erzeugen und zu initialisieren. Wenn eine

Klasse einen Konstruktor besitzt, wird jedes Klassenobjekt vor seiner ersten Verwendung durch den Konstruktoraufruf initialisiert. (Bei der Definition des Konstruktors muß dafür gesorgt werden, daß er eine sinnvolle Initialisierung der Datenelemente vornimmt.) Zum Beispiel

```
struct Timer {
    Timer(int, int, int);
    void stelle(int i, int j, int k) { /* ... */ }
    void leseAb(int&, int&, int&);
    void tick();
private:
    int min, sek, tsdSek;
};


Timer::Timer(int m, int s, int t) { stelle(m, s, t); }
```

Timer-Objekte kann man dann wie folgt definieren (vgl. die *Initialisierer*-Regel, zweite Alternative):

```
Timer t1(2, 0, 17);
Timer t2(0, 0, 0);
```

Hier werden implizit `Timer(2, 0, 17)` bzw. `Timer(0, 0, 0)` aufgerufen. Ein Konstruktor kann auch explizit aufgerufen werden, z.B. wird mit

```
Timer* zTim = new Timer(0, 9, 82);
```

ein namenloses `Timer`-Objekt auf dem Heap erzeugt und initialisiert; mit seiner Adresse wird die Zeigervariable `zTim` initialisiert (vgl. die *New-Ausdruck*-Regel). Die folgenden Punkte sind bei der Definition von Konstruktoren wichtig:

- Für einen Konstruktor darf kein Typ des Funktionswerts – auch nicht `void` – angegeben werden. In der Definition eines Konstruktors darf eine `return`-Anweisung nur in der Form `return`; vorkommen. (Ein Konstruktor berechnet keinen Funktionswert, sondern „konstruiert" und initialisiert ein Klassenobjekt.)

- Innerhalb eines Konstruktors können andere Elementfunktionen aufgerufen werden (wie `stelle()` im obigen Beispiel).

- Mit einem Konstruktor können `const` Klassenobjekte erzeugt werden, z.B. `const Timer genau(0, 0, 1);` (siehe 14.9).

- Ein Konstruktor darf nicht als `const` (siehe 14.10), `static` (siehe 14.12) oder `virtual` (siehe 17.4) spezifiziert werden.

Ein Konstruktor, der ohne Argumente aufgerufen werden kann, heißt *Standardkonstruktor*. Ein Konstruktor kann Standardkonstruktor sein, weil er keine Parameter besitzt oder weil für alle Parameter Standardargumente spezifiziert sind:

```
class X {
public:
    X();  // Standardkonstruktor ohne Parameter
    // ...
};

struct Timer {
    Timer(int = 0, int = 0, int = 0);
    // Standardkonstruktor durch Standardargumente
    // ...
};
```

Bei der impliziten Verwendung des Standardkonstruktors einer Klasse dürfen keine
Klammern angegeben werden, da z.B. `Timer x();` als Deklaration einer parame-
terlosen Funktion mit Namen `x` und Funktionswert `Timer` interpretiert wird. Ein
Klassenobjekt `x` definiert man richtig mittels

```
Timer x;  // impliziter Aufruf von Timer()
```

Wenn Klassenobjekte mit `new` erzeugt werden, können die Klammern gesetzt werden
oder entfallen, ohne daß dies spezielle Auswirkungen hat:

```
Timer* zgr1 = new Timer;    // impliziter Aufruf
Timer* zgr2 = new Timer();  // expliziter Aufruf
```

Im Beispiel `prog-18` entfernt man zweckmäßigerweise die Definition und die Aufrufe
der Elementfunktion `init()` und definiert einen Standardkonstruktor für die Klasse
`DoubMenge`, etwa

```
class DoubMenge {
public:
    DoubMenge() { anzahl = 0; start = 0; }
    // ...
};
```

Das Programm kann weiter verbessert werden, wenn man auch für die Klasse `Doub-
Elem` einen Konstruktor definiert, z.B.

```
struct DoubElem {
    DoubElem(double, DoubElem* = 0);
    double element;
    DoubElem* nachf;
};

DoubElem::DoubElem(double e, DoubElem* n) {
    element = e;
    nachf = n;
}
```

und durch dessen Aufruf die Elementfunktion `DoubMenge::fuegeEin()`, in der die
Listenelemente jeweils erzeugt werden, vereinfacht:

```cpp
bool DoubMenge::fuegeEin(double x) {
    if (istElement(x))
        return false;
    start = new DoubElem(x, start);  // Konstruktoraufruf
    anzahl++;
    return true;
}
```

Ein Konstruktor unterliegt den üblichen Zugriffsregeln. Damit ihn nicht nur Elementfunktionen und `friends` (siehe Abschnitt 14.11) seiner Klasse zur Erzeugung
von Klassenobjekten verwenden können, muß er, wie in den letzten Beispielen,
`public` spezifiziert sein.

Durch Überladen des Klassennamens können beliebig viele Konstruktoren für eine
Klasse definiert werden. Bei der `Timer`-Klasse kann es beispielsweise sinnvoll sein,
auch einen Konstruktor mit einem Zeichenkettenparameter bereitzustellen. D.h.

```cpp
struct Timer {
    Timer(int = 0, int = 0, int = 0);
    Timer(const char*);
    // ...
};

Timer::Timer(const char* zt) {
    int m = 0;
    while (*zt != '.')
        m = 10*m + *zt++ - '0';
    int s = 10*(zt[1] - '0') + zt[2] - '0';
    int t = 100*(zt[4] - '0') + 10*(zt[5] - '0') + zt[6] - '0';
    stelle(m, s, t);
}
```

Die Argumente müssen hier die Form `"m ··· m.ss,ttt"` mit mindestens einem m
haben. (Eine Fehlerprüfung ist noch zu ergänzen.) Klassenobjekte sind jetzt auch
mittels `Timer a("00123.00,045");` oder `Timer* zb = new Timer("2.00,017");`
definierbar.

Sofern für eine Klasse kein Konstruktor deklariert wurde, deklariert der Compiler
implizit einen Standardkonstruktor, der dann `public` ist. Dieser reserviert lediglich
den für ein Objekt benötigten Speicherplatz. Bei der ersten Version von **prog-18**
wurde beispielsweise für beide Klassen eine implizite Deklaration eines Standardkonstruktors vorgenommen. Hat eine Klasse `X` einen oder mehrere Konstruktoren,
aber keinen Standardkonstruktor, so wird vom Compiler kein Standardkonstruktor erzeugt. Das heißt, bei der Definition von Klassenobjekten müssen dann die

passenden Argumente für einen der vorhandenen Konstruktoren angegeben werden.
Definitionen ohne Initialisierer, z.B. `X x;` oder `X* a = new X;` sind in diesem Fall
nicht möglich.

Felder, deren Komponenten Objekte einer Klasse mit Konstruktoren sind, können
wie gewohnt mit einer Initialisiererliste initialisiert werden. In der Liste gibt man
jeweils das Argument für einen Konstruktor (falls es Konstruktoren gibt, die mit
genau einem Argument aufrufbar sind) oder einen expliziten Konstruktoraufruf an.
Zum Beispiel

```
Timer tFld[] = { 10, "2.00,017", Timer(0, 9, 82), Timer() };
```

`tFld[1]` wird hier mit `Timer::Timer(const char*)` konstruiert, die übrigen drei
Feldkomponenten mit `Timer::Timer(int, int, int)`. Die Feldkomponenten werden mit aufsteigendem Index initialisiert. Wenn die Liste weniger Initialisierer
enthält, als das Feld Komponenten hat, wird für die restlichen Klassenobjekte der
Standardkonstruktor verwendet. Sofern kein Standardkonstruktor definiert ist, muß
die Liste vollständig sein. Die folgende Deklaration ist also fehlerhaft, da die Klasse
`DoubElem` über keinen Standardkonstruktor verfügt:

```
DoubElem vektor[5] = { 2.26, 3.01, 4.55, 5.897 };
    // Fehler: kein Standardkonstruktor fuer fuenfte Komponente
```

Felder mit Klassenobjekten, die man auf dem Heap anlegt, unterscheiden sich von
globalen und lokalen Feldern dadurch, daß man sie nicht explizit – auch nicht mit
demselben Konstruktoraufruf für alle Feldkomponenten – sondern nur mittels Standardkonstruktor (benutzerdefiniert oder implizit) initialisieren kann. Es sind also
z.B. folgende Deklarationen möglich:

```
Timer* listZgr = new Timer[20];
Timer* tz = new Timer(0, 10, 0);
```

Im ersten Fall wird ein 20-komponentiges Feld erzeugt und jedes der zwanzig Klassenobjekte mit dem Standardkonstruktor initialisiert. Die zweite Deklaration erzeugt ein Objekt, das mit dem Aufruf `Timer(0, 10, 0)` initialisiert wird. Beide
Möglichkeiten können jedoch nicht kombiniert werden: Mit

```
Timer* zListe = new Timer[20](0, 10, 0);
    // Fehler: kein Initialisierer moeglich
```

wird kein 20-komponentiges Feld, dessen Komponenten alle durch `Timer(0, 10, 0)`
initialisiert sind, definiert.

Jeder Konstruktor kann in seiner Definition zwischen der Parameterliste und dem
Funktionsrumpf eine Initialisiererliste enthalten, die eine Alternative zum Initialisieren der Datenelemente durch Zuweisungen im Rumpf des Konstruktors bietet (vgl.
die *Funktionsdefinition*-Regel in Abschnitt 11.1):

> *Ktor-Initialisierer:*
> > : *Element-Initialisiererliste*
>
> *Element-Initialisiererliste:*
> > *Element-Initialisierer*
> > *Element-Initialisierer* , *Element-Initialisiererliste*
>
> *Element-Initialisierer:*
> > $::_{opt}$ *Eingebetteter-Namensspezifizierer$_{opt}$ Klassenname*
> > (*Ausdrucksliste$_{opt}$*)
> > *Bezeichner* (*Ausdrucksliste$_{opt}$*)

Die Initialisiererliste ist eine Folge aus Bezeichnern von Elementnamen und zugehörigen Argumentlisten. Mit den in den Klammern aufgeführten Ausdrücken werden die bezeichneten Elemente des zu konstruierenden Klassenobjekts initialisiert. Die Element-Initialisierungen werden im Geltungsbereich des Konstruktorrumpfs – das ist die gesamte Klassendefinition – vor Ausführung der ersten Anweisung (falls vorhanden) vorgenommen. Die Ausdruckslisten der Initialisierer können daher auf die Namen der Konstruktorargumente und die Namen der Klassenelemente (sofern diese nicht verdeckt sind, siehe 14.3) zugreifen. (Die ebenfalls mögliche Initialisierung von direkten Basisklassen wird in Abschnitt 17.1 behandelt.) Die beiden Konstruktoren für **prog-18** könnte man auch so definieren:

```
class DoubMenge {
public:
    DoubMenge() : anzahl(0), start(0) { }
    // ...
};


DoubElem::DoubElem(double e, DoubElem* n)
    : element(e), nachf(n) { }
```

Hier hat sich im Vergleich zu **prog-18** lediglich die Notation geändert. Es gibt jedoch Fälle, in denen gar keine andere Möglichkeit der Initialisierung besteht. An Datenelemente eines Typs **const T**, **T&**, **T* const** usw. können keinerlei Zuweisungen erfolgen; es können also auch im Rumpf des Konstruktors keine Startwerte zugewiesen werden. Dieser Fall liegt im folgenden Beispiel vor.

Es sind zwei Klassen definiert, mit denen der Abschluß von Lebensversicherungsverträgen modelliert werden soll: **VersNehmer** für den Versicherungsnehmer und **VersVertrag** für den Versicherungsvertrag. Neben den Daten der abgeschlossenen Versicherung enthalten Objekte der Klasse **VersVertrag** auch einen Verweis (**nehmer**) auf die Person, die die Versicherung abschließt. Umgekehrt enthalten die **VersNehmer**-Objekte neben personenbezogenen Daten auch einen Verweis (**vertrag**) auf den Versicherungsvertrag, der für die entsprechende Person abgeschlossen wird.

```
class VersVertrag;

class VersNehmer {
public:
    VersNehmer(const char*, int, const char*, VersVertrag*);
    // Anschrift aendern,
    // Rabatt berechnen,
    // ...
private:
    char* name;
    const int gebJahr;
    char* anschrift;
    VersVertrag* const vertrag;
};

VersNehmer::VersNehmer(const char* n, int g, const char* a,
    VersVertrag* v) : gebJahr(g), vertrag(v) {
    name = new char[strlen(n) + 1];
    strcpy(name, n);
    anschrift = new char[strlen(a) + 1];
    strcpy(anschrift, a);
}

class VersVertrag {
public:
    VersVertrag(long int, int, int, long int, const char*,
        int, const char*);
    // Vertrag aendern,
    // Beitrag berechnen,
    // ...
private:
    const long int vertragsNummer;
    const int versBeginn;
    int versDauer;
    long int versSumme;
    VersNehmer* const nehmer;
};

VersVertrag::VersVertrag(long int v, int b, int d, long int s,
    const char* n, int g, const char* a)
        : vertragsNummer(v), versBeginn(b),
          nehmer(new VersNehmer(n, g, a, this)) {
    versDauer = d;
    versSumme = s;
}
```

Damit jeder Versicherungsvertrag für genau eine Person abgeschlossen wird, und damit für jeden Versicherungsnehmer genau ein Versicherungsvertrag existiert, wird das zu einem `VersVertrag`-Objekt gehörende `VersNehmer`-Objekt jeweils im `VersVertrag`-Konstruktor mit erzeugt und passend initialisiert. Zur Initialisierung des Zeigers `vertrag` wird dabei der `this`-Zeiger der `VersVertrag`-Klasse benutzt. An diesem Beispiel erkennt man, daß auch in einem Konstruktor der Zeiger `this`, der auf das zu konstruierende Objekt zeigt, bereits existiert und verwendet werden kann.

Name und Anschrift einer Person werden im Beispiel mit den Funktionen `strlen()` und `strcpy()` aus der Header-Datei `string.h` initialisiert. `strlen(z)` liefert die *Länge* einer Zeichenkette, auf die der Zeiger `z` verweist. Als Länge wird die Anzahl der Zeichen vor dem Terminator `'\0'` ermittelt. `strcpy(a, b)` kopiert die Zeichenkette, auf die `b` zeigt, einschließlich Terminator in das `char`-Feld, auf das `a` zeigt. (Eine Ausnahmebehandlung für den Fall, daß `new` keinen Speicherplatz mehr bereitstellen kann, ist noch in die Klassendefinitionen aufzunehmen.) Ruft man den Konstruktor eines Versicherungsvertrags beispielsweise mit

```
VersVertrag x(47068, 93, 10, 80000, "Sabine Berg", 59, "Kandel");
```

auf, so entstehen die folgenden Objekte:

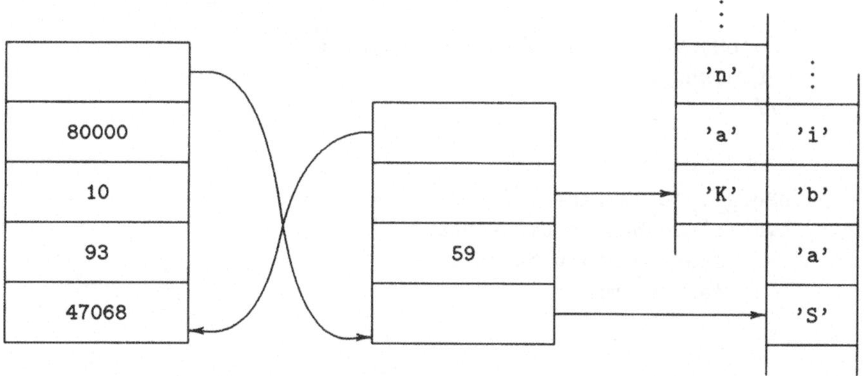

Beim Aufruf eines Konstruktors mit Initialisiererliste werden zunächst die Datenelemente in der Reihenfolge, in der sie in der Klassendefinition aufeinanderfolgen, initialisiert. Die Reihenfolge der Initialisierer in der Liste spielt dabei keine Rolle, vgl. hierzu Aufgabe 5 am Ende des Kapitels. Im Anschluß daran wird der Rumpf des Konstruktors ausgeführt.

14.8 Destruktoren

Eine Elementfunktion einer Klasse `X` mit dem Namen `~X` heißt *Destruktor*. Sofern nötig, verwendet man einen Destruktor, um Datenelemente eines Klassenobjekts zu zerstören, unmittelbar bevor das Objekt, das diese enthält, selbst zerstört wird. Ein Destruktor wird implizit aufgerufen, wenn

- ein Klassenobjekt automatischer Speicherklasse beim Verlassen seines Blocks zerstört wird. (Automatische Objekte werden jedesmal, wenn ihre Definition erreicht wird, neu erzeugt.)

- ein Klassenobjekt der Speicherklasse `static` bei Beendigung des Programms zerstört wird. (`static` Objekte werden einmal zu Beginn des Programms erzeugt.)

- ein mit `new` erzeugtes Klassenobjekt durch explizite Anwendung des `delete`-Operators zerstört wird.

Von den bisher definierten Klassen benötigt z.B. `DoubMenge` einen Destruktor. Hat man ansonsten eine Menge, etwa $\{3.744, 1147.9, 662.82\}$ lokal in einer Funktion erzeugt, so ist nach der Beendigung des Funktionsaufrufs das entsprechende `DoubMenge`-Objekt wieder zerstört, die dreielementige Liste von `DoubElem`-Objekten ist aber noch auf dem Heap gespeichert. Weil nach dem Zerstören des Mengenobjekts auch der Zeiger `start` nicht mehr existiert, kann auf die Liste nicht mehr zugegriffen werden, und sie kann auch nicht mehr gelöscht werden. Der Destruktor für diese Klasse muß, z.B. in der Form

```
class DoubMenge {
public:
    DoubMenge() : anzahl(0), start(0) { }
    ~DoubMenge();
    // ...
};


DoubMenge::~DoubMenge() {
    while (DoubElem* tmp = start) {
        start = start->nachf;
        delete tmp;
    }
}
```

den für die Mengenelemente reservierten Speicherplatz wieder freigeben, bevor `anzahl` und `start` einer `DoubMenge` zerstört werden. Wie bei den Konstruktoren einer Klasse sind auch bei der Definition von Destruktoren einige Restriktionen zu beachten:

- Für einen Destruktor darf kein Typ des Funktionswerts angegeben werden; `return`-Anweisungen können im Rumpf eines Destruktors nur in der Form `return;` vorkommen.

- Ein Destruktor hat keine Parameter, d.h. im Unterschied zu Konstruktoren, deren Namen man überladen kann, kann man für eine Klasse höchstens einen Destruktor definieren.

- Innerhalb eines Destruktors kann man andere Elementfunktionen aufrufen.

- Ein Destruktor kann für `const` Klassenobjekte aufgerufen werden.

- Ein Destruktor darf nicht `const` oder `static`, aber im Gegensatz zu einem Konstruktor als `virtual` spezifiziert werden.

- Der Operator `delete` ruft, wenn er auf einen Zeiger auf ein Klassenobjekt angewendet wird, den Destruktor der Klasse auf.

Bei den beiden Klassen des Versicherungsbeispiels muß im Destruktor der **VersVertrag**-Klasse dafür gesorgt werden, daß auch das erzeugte **VersNehmer**-Objekt vollständig gelöscht wird. Zum Beispiel

```
VersVertrag::~VersVertrag() { delete nehmer; }
    // bewirkt Aufruf von ~VersNehmer()

VersNehmer::~VersNehmer() {
    delete[] name;
    delete[] anschrift;
}
```

(Die Destruktordeklarationen sind auch hier wieder in die Klassendefinitionen mit aufzunehmen.) Die Destruktoren der Komponenten eines Feldes von Klassenobjekten werden in umgekehrter Reihenfolge ihrer Konstruktoren aufgerufen. Das heißt die Objekte mit den größten Indizes werden zuerst zerstört.

Ist für eine Klasse kein Destruktor deklariert, so erzeugt der Compiler einen `public` *Standarddestruktor* (der dann lediglich die Datenelemente löscht).

Wenn man die Klasse **string** der neuen C++-Standardbibliothek zur Aufnahme von Zeichenketten verwenden kann, vereinfacht sich das letzte Beispiel stark: Bei der Definition der **VersNehmer**-Klasse ersetzt man den Typ der Datenelemente **name** und **anschrift** durch **string** und ändert den Konstruktor passend zu

```
VersNehmer::VersNehmer(const string& n, int g, const string& a,
    VersVertrag* v)
    : name(n), gebJahr(g), anschrift(a), vertrag(v) { }
```

Beim **VersVertrag**-Konstruktor ist entsprechend der Typ der Parameter n und a auf **const string&** anzupassen. Und für die Klasse **VersNehmer** ist dann der Standarddestruktor ausreichend.

14.9   Konstante Klassenobjekte

So wie es möglich ist, Objekte eines vordefinierten oder zusammengesetzten Datentyps durch den Spezifizierer `const` als symbolische Konstante zu deklarieren, beispielsweise

```
const long double pi = 3.14159265358L;
const int e1[5] = { 1, 0, 0, 0, 0 };
```

oder, wie in Abschnitt 14.7 gezeigt, einzelne Datenelemente eines Klassenobjekts
`const` zu deklarieren und mittels der Initialisiererliste eines Konstruktors zu initialisieren, können auch ganze Klassenobjekte `const` spezifiziert werden. Jedes
Datenelement eines solchen Objekts ist dann `const`. Da symbolische Konstanten bei ihrer Definition initialisiert werden müssen, kann ein Konstruktor auch für
ein `const` Klassenobjekt aufgerufen werden, z.B. `const Timer hundSek(0, 0, 10);`
oder

```
struct A { int i; A(); };
const A ca;
```

Nach der Initialisierung können die Datenelemente nicht mehr verändert werden –
weder von globalen Funktionen noch von Elementfunktionen. Im Beispiel ist der
Aufruf `hundSek.tick()` genauso ein Fehler, wie die Definition

```
int f(const A& rca) { rca.i = 10; /* ... */ }
    // Fehler: Zuweisung an konstantes Element
```

Es gibt zwei Ausnahmen, die die Datenelemente eines konstanten Objekts modifizierbar machen: Zum einen kann ein Datenelement in der Definition seiner Klasse
als `mutable` spezifiziert werden, sofern es nicht gleichzeitig `const` oder `static` ist.
Dieses Element kann dann in allen Klassenobjekten verändert werden – auch in
konstanten Klassenobjekten. Im nächsten Abschnitt geben wir ein Beispiel hierzu
an. Zum anderen spielen – wie schon bei der Initialisierung von Datenelementen
(S. 162) – `static` Datenelemente, die nur einmal pro Klasse angelegt werden, eine
Sonderrolle, siehe Abschnitt 14.12.

14.10   Als const deklarierte Elementfunktionen

Es mag überraschen, daß nach der Definition des konstanten Klassenobjekts `const
Timer hundSek(0, 0, 10);` auch der Aufruf `hundSek.leseAb(i, j, k)` ein Feh-
ler ist, obwohl in `leseAb()` die `Timer`-Datenelemente gar nicht verändert werden.
Der Grund dafür ist, daß der Compiler dies nur nachprüfen kann, wenn die zu übersetzende Programmdatei nicht nur eine Deklaration, sondern auch die Definition der
Elementfunktion `leseAb()` enthält – was nicht gewährleistet ist. (Erste Beispiele
für die Trennung der Klassendefinition von der Definition ihrer Elementfunktionen
werden in den Abschnitten 14.15 und 14.18 gegeben.)

Um sicherzustellen, daß eine Elementfunktion die Datenelemente des Klassenobjekts, für das sie aufgerufen wird, nicht modifiziert, deklariert man sie `const`, indem man den Spezifizierer `const` an die Parameterliste anfügt (vgl. die *Direkter-
Deklarator*-Regel, zweite Alternative). Zum Beispiel

```
struct Timer {
    void leseAb(int&, int&, int&) const;
    // ...
};

void Timer::leseAb(int& i, int& j, int& k) const {
    i = min;
    j = sek;
    k = tsdSek;
}
```

Dies hat zwei Auswirkungen:

1. Der Zeiger `this` einer `const` Elementfunktion einer Klasse `X` hat den Typ
   `const X*`. Das heißt `*this` ist ein konstantes Klassenobjekt, dessen Datenelemente nicht veränderbar sind. (Ausnahme: `mutable` bzw. `static` Elemente.)

   ```
   class X {
   public:
       X() { i = 0; }
       int e() { return --i; }
       int f() const { return i++; }  // Fehler: aendert const
       int g() const { return i; }    // Lesen ist moeglich
       int h() const;
   private:
       int i;
   };
   ```

   Entsprechend hat der *implizite Objektparameter*, den eine `const` Elementfunktion einer Klasse `X` zur Aufnahme der impliziten Objektreferenz erhält,
   den Typ `const X&` – ansonsten den Typ `X&`, vgl. Abschnitt 14.5.

   Dies bedeutet auch, daß der Aufruf einer nicht `const` spezifizierten Elementfunktion innerhalb einer `const` Elementfunktion nicht möglich ist, da die impliziten Parameter in beiden Funktionen einen anderen Typ haben. (Es existiert
   keine Konversion von `const X&` nach `X&`.) Zum Beispiel

   ```
   int X::h() const {
       return e();  // Fehler: e() nicht const
   }
   ```

2. Für ein nicht `const` deklariertes Klassenobjekt können beide Arten von Elementfunktionen (`const` oder nicht `const` spezifizierte Funktionen) aufgerufen
   werden. Für ein konstantes Klassenobjekt können dagegen nur `const` Elementfunktionen aufgerufen werden. Diese (sinnvolle) Einschränkung hängt wieder
   mit dem Typ der impliziten Objektreferenz zusammen: Nur eine Referenz auf
   Konstante kann mit einem konstanten Objekt initialisiert werden.

```
    void k(X* zx) {
        int j = zx->e();
        j = zx->g();
        const X y;
        j = y.g();
        j = y.e();    // Fehler: e() nicht const
    }
```

Damit die globale Funktion `anzeige()`, mit der die formatierte Ausgabe von `Timer`-Objekten vorgenommen wird, auch `const` Klassenobjekte anzeigen kann, ist es sinnvoll, ihren Typ auf `void(const Timer* const)` zu ändern oder, besser, sie als Elementfunktion mit in die Klasse aufzunehmen. Sie ist dann wie folgt definiert:

```
    void Timer::anzeige() const {
        cout << setfill('0') << setw(2) << min
             << '.' << setw(2) << sek
             << ',' << setw(3) << tsdSek << endl;
    }
```

Betrachtet man `prog-18` unter dem gleichen Gesichtspunkt, so wird man auch die Funktionen `DoubMenge::inhalt()`, `DoubMenge::leer()` und `DoubMenge::istElement()` als const deklarieren.

Die bereits erwähnte Möglichkeit, `mutable` Datenelemente eines konstanten Klassenobjekts zu verändern, kann man z.B., wie im folgenden Programmfragment gezeigt, dazu einsetzen, zu zählen, wie oft eine bestimmte Elementfunktion für ein bestimmtes Klassenobjekt aufgerufen wird:

```
    class Daten {
    public:
        Daten() { anzahl = 0; }
        void zeigeDaten() const { anzahl++; /* ... */ }
    private:
        mutable int anzahl;
        // ... Daten
    };
```

Für nicht konstante Klassenobjekte hat `mutable` keine Auswirkungen. Der Versuch, als Alternative zur `mutable` Deklaration von `anzahl`, durch explizite Typumwandlung des `this`-Zeigers im Rumpf von `zeigeDaten()` die C++-Typprüfung zu umgehen, ist nicht sinnvoll; das Programmverhalten ist dann nicht definiert.

```
    void zeigeDaten() const {
        const_cast<Daten*>(this)->anzahl++; /* ... */
    }
```

Bemerkung

Da der Spezifizierer `const` Teil des Typs einer Funktion ist, muß er sowohl in der Definition als auch in sämtlichen Deklarationen einer `const` Elementfunktion angegeben werden. `const` spezifizierte Elementfunktionen werden oft als *konstante Elementfunktionen* bezeichnet. Wegen des unterschiedlichen Typs der impliziten Objektreferenz kann eine Elementfunktion als konstante und als nicht konstante Funktion überladen werden. Zum Beispiel

```
struct A {
    int f() { /* ... */ }
    int f() const { /* ... */ }
    // ...
};
```

14.11   friend-Funktionen und -Klassen

Eine Funktion, die nicht Elementfunktion einer Klasse `X` ist, kann dennoch auf die `private` bzw. `protected` Elemente der Klasse `X` zugreifen, wenn man sie als `friend` von `X` spezifiziert. Der Geltungsbereich einer solchen `friend`-Funktion ist nicht der Geltungsbereich der Klasse (sie hat keinen `this`-Zeiger), d.h. eine `friend`-Funktion kann nur dann auf die Namen der Elemente von `X` zugreifen, wenn sie Klassenobjekte, Zeiger auf Klassenobjekte usw. in ihrem Rumpf deklariert oder bei ihrem Aufruf als Argumente erhält. Eine `friend`-Funktion von `X` wird mit Punkt- oder Pfeiloperator aufgerufen, wenn sie selbst Elementfunktion einer anderen Klasse `Y` ist.

Eine Funktion wird dadurch `friend` der Klasse `X`, daß man sie innerhalb der Definition von `X` mit dem Spezifizierer `friend` deklariert (vgl. die *Dekl-Spezifizierer*-Regel). Es hat keine Bedeutung, wo (im `private`, `protected` oder `public` Teil) diese Funktionsdeklaration innerhalb der Klassendefinition steht. In `prog-19` ist beispielsweise die globale Funktion `sync()` ein `friend` der Klasse `Timer`. `sync()` synchronisiert ein Feld von `anz` Komponenten des `Timer`-Typs, indem alle Uhren auf die gleiche, mittlere Zeit eingestellt werden.

```
// prog-19

#include <iostream.h>
#include <iomanip.h>
#include <stdlib.h>

struct Timer {
    friend void sync(Timer* const, int);
    void anzeige() const;
    //  ... wie oben
};
```

```cpp
    void sync(Timer* const zt, int anz) {
        long int x = 0;
        for (int i = 0; i < anz; i++)
            x += zt[i].tsdSek + 1000*zt[i].sek + 60000*zt[i].min;
        x /= anz;
        for (int i = 0; i < anz; i++) {
            zt[i].min = x/60000;
            zt[i].sek = (x%60000)/1000;
            zt[i].tsdSek = (x%60000)%1000;
        }
    }

    int abweichung() {
        return 100 - (201.0*rand())/RAND_MAX;
    }

    int main() {
        const int anz = 5;
        Timer t[anz];
        for (int i = 0; i < anz; i++) {
            long int jmax = 150000 + abweichung();
            for (long int j = 0; j < jmax; j++)
                t[i].tick();
        }
        for (int i = 0; i < anz; i++)
            t[i].anzeige();
        sync(t, anz);
        for (int i = 0; i < anz; i++)
            t[i].anzeige();
        return 0;
    }
```

Mit der Funktion `abweichung()` wird hier simuliert, daß die Uhren um ± 0.1 Sekunden vor- oder nachgehen; sie benötigt `stdlib.h` für `rand()` und `RAND_MAX`.

Auch die Elementfunktion einer Klasse `Y` kann `friend` einer Klasse `X` sein. In diesem Fall muß bei der `friend`-Deklaration der vollständig qualifizierte Funktionsname angegeben werden.

Ein klassisches Beispiel ist das Multiplizieren von Matrizen und Vektoren, wobei die Multiplikationsoperation als Elementfunktion `matXvek()` in die Klasse `Matrix` aufgenommen ist. `matXvek()` soll aus Effizienzgründen direkt auf die Vektorkomponenten zugreifen können und wird deshalb als `friend` der Klasse `Vektor` deklariert. Zum Beispiel

```cpp
    class Vektor;
```

```cpp
class Matrix {
public:
    Matrix(int, int);
    void matXvek(const Vektor&, Vektor&);
    // ...
private:
    int zeilen, spalten;
    double** const komp;
};

class Vektor {
    friend void Matrix::matXvek(const Vektor&, Vektor&);
public:
    Vektor(int);
    // ...
private:
    int anzKomp;
    double* const komp;
};

void Matrix::matXvek(const Vektor& v, Vektor& res) {
    for (int i = 0; i < zeilen; i++) {
        res.komp[i] = 0.0;
        for (int j = 0; j < spalten; j++)
            res.komp[i] += komp[i][j]*v.komp[j];
    }
}
```

Da es nicht möglich ist, eine Elementfunktion vor ihrer Klassendefinition zu deklarieren (auch nicht in einer `friend`-Deklaration), kann die Reihenfolge der Klassendefinitionen im Beispiel nicht vertauscht werden: zuerst ist `Matrix` und dann `Vektor` zu definieren. Die Namensdeklaration von `Vektor` ist nötig, damit in `matXvek()` die Referenzen auf `Vektor`-Objekte benutzt werden können. Um ein Produkt, z.B. $b = Ax$ zu berechnen, muß ein Aufruf der Art `matA.matXvek(x, b)` vorgenommen werden. In Kapitel 16 werden wir die Operatoren `*` und `=` so überladen, daß man auch einfacher `b = matA*x` schreiben kann.

Alle Elementfunktionen einer Klasse `Y` können unter Verwendung des ausführlichen Typspezifizierers `class Y` mit einer einzigen Deklaration `friend`-Funktionen einer Klasse `X` werden:

```cpp
class X {
    friend class Y;
    // ...
};
```

Sofern die als `friend` deklarierte Klasse nicht bereits vorher deklariert wurde, erhält

sie denselben Geltungsbereich, wie die Klasse X. Diese Möglichkeit läßt sich sinnvoll zur weiteren Verbesserung des VersVertrag-Beispiels nutzen, indem man alle Elemente der VersNehmer-Klasse private vereinbart und lediglich die Klasse
VersVertrag zum friend macht:

```
class VersNehmer {
    friend class VersVertrag;
    VersNehmer(const char*, int, const char*, VersVertrag*);
    ~VersNehmer();
    //  ...
};
```

Dadurch, daß der Konstruktor und Destruktor jetzt nur noch in den Elementfunktionen der Klasse VersVertrag aufgerufen werden können, wird verhindert, daß
Versicherungsnehmer ohne entsprechenden Vertrag angelegt werden, bzw. gelöscht
werden, ohne daß der zugehörige Vertrag aufgelöst wird. Die Namensdeklaration
der Klasse VersVertrag kann wegen der friend-Deklaration entfallen.

Wenn sich eine friend-Deklaration auf einen überladenen Funktionsnamen, z.B. f,
bezieht, erhält nur die mit den spezifizierten Parametertypen definierte Funktion
f() den friend-Status. Ansonsten wäre der Zugriff auf die geschützten Elemente
einer Klasse einfach durch Überladen einer friend-Funktion möglich.

Eine Funktion, die mit einer friend-Deklaration zum erstenmal deklariert wird,
erhält – als sei sie bereits global deklariert – externe Bindung und kann später nicht
mehr durch static-Spezifizierung mit interner Bindung versehen werden.

Bemerkung

Die Verwendung von friend-Funktionen widerspricht strenggenommen dem Prin-
zip der Informationskapselung. Eine „natürliche" Syntax beim Aufruf von Operatorfunktionen (Kapitel 16) ist jedoch oft nur mittels friend-Funktionen erzielbar.
Ein gewisser Schutz ist dadurch gegeben, daß der friend-Status von der Klasse
vergeben wird und nicht von der Funktion selbst deklariert werden kann.

14.12 static Klassenelemente

Datenelemente

Lokale, static deklarierte Objekte (vgl. Abschnitt 10.2) existieren während der
gesamten Laufzeit des Programms; sie unterscheiden sich von globalen Objekten
durch den auf ihren Block eingeschränkten Geltungsbereich. Auch für Klassenelemente kann man eine durchgehende Lebensdauer herstellen, indem man sie static
deklariert. Sie sind dann nicht mehr an ein konkretes Klassenobjekt gebunden,
sondern werden für die Klasse nur einmal – mit externer Bindung – angelegt und
stehen dann allen Objekten der Klasse zur Verfügung. Ein static Datenelement
kann nicht gleichzeitig mutable sein.

Die Deklaration eines static Datenelements innerhalb seiner Klassendefinition ist noch keine Definition; diese muß an anderer Stelle des Programms global oder im Geltungsbereich des Klassennamens vorgenommen werden. (Letzteres ist nur im Zusammenhang mit Namespace-Geltungsbereichen von Interesse.) Im Beispiel wird die für alle Apparate eines Telefonnetzes übereinstimmende Grundgebühr als `static` vereinbart.

```cpp
class Tel {
public:
    void anschliessen(int, int, int);
    double gebuehren();
    static double grundGeb;
    // ...
};


double Tel::grundGeb = 21.39;
```

Bei der Definition ist zu beachten, daß hier der Spezifizierer `static` nicht nochmals verwendet werden darf. Dies wäre der Versuch, einer Variablen, die externe Bindung hat, später interne Bindung zu geben.

Auf ein `static` Datenelement `x` einer Klasse `X` kann in der Form `X::x`, also unabhängig von jedem Klassenobjekt (und auch ohne daß überhaupt Klassenobjekte erzeugt worden sind) zugegriffen werden. Wenn man dennoch den Punkt- oder Pfeiloperator verwendet, z.B.

```cpp
Tel app1;
Tel* zApp;

// ...
double geb = app1.grundGeb + app1.gebuehren();
drucke(zApp->grundGeb);
```

wird der linke Operand ausgewertet – dabei können Seiteneffekte auftreten. In Elementfunktionen wird, wie üblich, einfach der Elementname benutzt.

Beim Zugriff auf `static` Datenelemente werden, wie bei allen anderen Klassenelementen, nach der Typprüfung die Zugriffsrechte (`private`, `protected`, `public`) überprüft. Eine Initialisierung im Rahmen der Definition ist jedoch auch bei `private` und `protected` Datenelementen möglich. Ist in der Definition kein Initialisierer angegeben, wird, wie generell bei `static` Objekten, implizit mit dem Standardkonstruktor bzw. 0 initialisiert.

Wie in der folgenden Erweiterung des `VersVertrag`-Beispiels, werden `static` Datenelemente oft eingesetzt, um die Anzahl der für eine Klasse erzeugten Objekte zu verwalten. Im Beispiel enthält die Klasse noch ein weiteres `static` Element, das die (konstante) Provision für den Abschluß eines Vertrages beschreibt.

```
class VersVertrag {
public:
    VersVertrag(long int, int, int, long int, const char*,
        int, const char*);
    ~VersVertrag();
    static long int anzVertraege;
    // ...
private:
    static const double provProz;
    // ... wie bisher
};


VersVertrag::~VersVertrag() {
    // ...
    anzVertraege--;
}


//  Konstruktor analog mit anzVertraege++;


const double VersVertrag::provProz = 0.035;
long int VersVertrag::anzVertraege;
```

`static` Datenelemente können für global oder mit Namespace-Geltungsbereich deklarierte Klassen und für *eingebettete* Klassen angelegt werden (in 14.15 werden eingebettete Klassendeklarationen behandelt). Sie haben die Speicherklasse `static`, aber externe Bindung und sind nicht Teil des für ein Klassenobjekt reservierten Speicherplatzes.

Wenn man die Konstante 1.0e-15, die in `prog-18` beim Vergleich zweier `double`-Werte innerhalb von `DoubMenge::istElement()` benötigt wird, als `static` Element mit in die Klassendefinition aufnimmt, etwa

```
class DoubMenge {
public:
    // ... wie bisher
private:
    static const double eps;
    int anzahl;
    DoubElem* start;
};


const double DoubMenge::eps = 1.0e-15;
```

und entsprechend 1.0e-15 in `istElement()` durch `eps` ersetzt, und dann mit der so modifizierten Klasse drei Mengen, `mengeA`, `mengeB` und `mengeC` erzeugt, so ergibt sich im Speicher beispielsweise folgendes Bild:

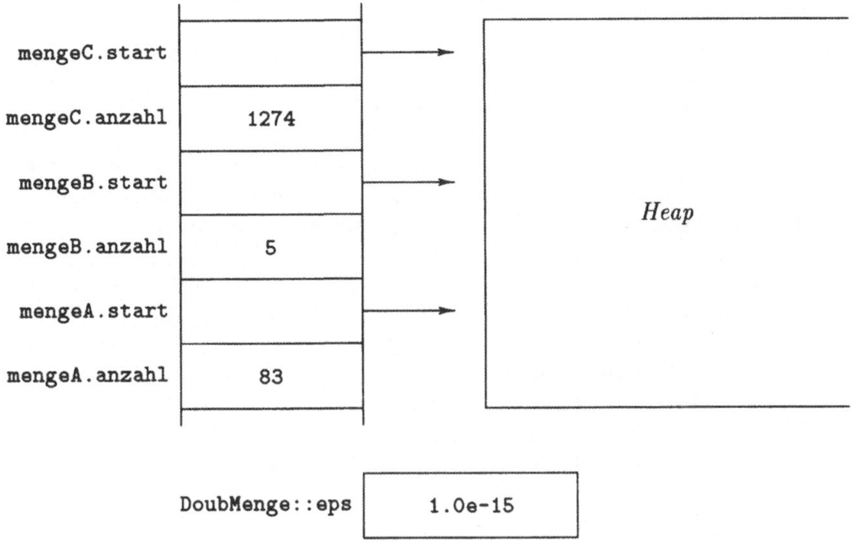

Der Vorteil bei der Verwendung von **static** Datenelementen gegenüber globalen Variablen ist der, daß der Elementname (z.B. **eps**) lokal für die Klasse ist, sofern er nicht vollständig qualifiziert ist oder für ein Klassenobjekt zusammen mit . oder -> verwendet wird. Die Verwechslung mit ähnlichen globalen Namen oder die unbeabsichtigte Veränderung seines Werts ist so kaum noch möglich.

Ein **static const** Datenelement, das einen ganzzahligen Typ oder einen Aufzählungstyp besitzt, kann innerhalb der Klassendefinition mit einem konstanten Ausdruck initialisiert werden. Es muß dennoch, wie alle anderen **static** Elemente definiert werden, und bei der Definition darf kein weiterer Initialisierer angegeben werden. Zum Beispiel

```
class DoubStack {
public:
    // ...
private:
    static const int maxElem = 1000;
    double stk[maxElem];
    // ...
};

const int DoubStack::maxElem;
```

Für den Fall, daß ganzzahlige Werte lokal in eine Klasse, nicht in die einzelnen Klassenobjekte eingebracht werden sollen, bietet sich hiermit eine Alternative zur Verwendung globaler Konstanten an. (Alle nicht **static** Datenelemente können nur mittels Konstruktor initialisiert werden.)

<u>Bemerkungen</u>

- Da ein `static` Datenelement unabhängig von den Objekten seiner Klasse existiert, ist es auch modifizierbar, wenn alle Klassenobjekte `const` sind (14.9). Eine `mutable`-Spezifizierung ist daher überflüssig und unzulässig.

- Da für `static` Datenelemente unabhängig von Klassenobjekten ein definierter Wert feststeht, können `static` Datenelemente als Standardargumente einer Elementfunktion ihrer Klasse verwendet werden. Zum Beispiel

```
class Tel {
public:
    void anschliessen(int, int, int);
    double gebuehren();
    static double grundGeb;
    static char intlVor[];
    void waehlen(const char* = intlVor);   // Standardargument
    // ...
};


char Tel::intlVor[] = "0049";
```

`static` Datenelemente, die `public` sind, wie oben `grundGeb` und `intlVor`, können auch in global deklarierten Funktionen Standardargument sein.

Elementfunktionen

Auch Elementfunktionen können `static` deklariert werden. Neben der Einschränkung, daß `static` Elementfunktionen nicht virtuell sein können (siehe Abschnitt 17.4), wird dadurch nur bewirkt, daß die Funktion keinen `this`-Zeiger besitzt. Das heißt: Eine `static` Elementfunktion kann zwar auf alle `static` Elemente ihrer Klasse zugreifen (auch wenn diese `private` oder `protected` sind) und die Benutzung von eingebetteten Typen und Elementkonstanten ist ebenfalls möglich, zur Verwendung aller anderen Elemente benötigt sie aber ein Klassenobjekt oder einen Zeiger auf ein Klassenobjekt zusammen mit den Operatoren . bzw. `->`. Zum Beispiel

```
struct X {
    X();
    static void f(int);
    static void g(X* const cz) { cz->i++; }
      // Zugriff mit konkretem Objekt ist moeglich
private:
    int i;
};


void X::f(int ink) { i += ink; }
  // Fehler: kein Zugriff ohne Objekt
```

Eine **static** Elementfunktion ist also insbesondere für Aufgabenstellungen geeignet,
bei denen nur auf **static** Elemente zugegriffen wird. Da beim Aufruf keine implizite Objektreferenz übergeben wird, ist sie geringfügig effizienter als eine gewöhnliche
Elementfunktion. Und im Vergleich zu einer globalen Funktion bietet sie wieder den
Vorteil des „lokalen" Namens. In Analogie zur Verwendung von **static** Datenelementen kann eine **static** deklarierte Elementfunktion **f()** einer Klasse **X** mittels
X::f() aufgerufen werden – dies ist auch möglich, wenn noch gar keine **X**-Objekte
erzeugt wurden. Der Aufruf mittels . bzw. **->** ist ebenfalls zulässig; auch hier kommt
es dann auf die Seiteneffekte bei der Auswertung des linken Operanden an.

Für die Klasse **DoubMenge** ist beispielsweise die Definition einer **static** Elementfunktion sinnvoll, mit der man für den gerade eingesetzten Rechner und Compiler
die kleinste positive Zahl ε berechnet, ab der 1 und $1 + \varepsilon$ nicht mehr unterschieden
werden können:

```
class DoubMenge {
    // ...
private:
    static double maschEps();
    static const double eps;
    // ...
};

const double DoubMenge::eps = DoubMenge::maschEps();

double DoubMenge::maschEps() {
    double x = 1.0, res;
    do
        res = x;
    while (1.0 + (x /= 2) > 1.0);
    return res;
}
```

Vor der Erzeugung von **DoubMenge**-Objekten ist die Konstante **eps**, wie oben gezeigt,
durch einmaligen Aufruf der Funktion **DoubMenge::maschEps()** zu initialisieren.

14.13 inline-Elementfunktionen

Eine Elementfunktion kann in der Definition ihrer Klasse durch die Beschreibung
ihres Prototyps deklariert oder durch die Angabe ihres Funktionsrumpfs definiert
werden. Sofern sie innerhalb der Klassendefinition definiert wird, ist sie implizit eine
inline-Funktion.

Die gleiche Wirkung erzielt man, wenn man die Funktion in der Klasse lediglich deklariert, aber direkt im Anschluß an die Klassendefinition explizit **inline** definiert.
Zum Beispiel ist die bisherige Definition der Funktion **leer()** aus **prog-18**

```
class DoubMenge {
public:
    bool leer() const { return anzahl == 0; }  // Definition
    // ...
};
```

für den Compiler äquivalent zur Deklaration und Definition in der folgenden Form:

```
class DoubMenge {
public:
    bool leer() const;  // Deklaration
    // ...
};

inline bool DoubMenge::leer() const { return anzahl == 0; }
```

Wie bei der Definition globaler Funktionen, bleibt es auch hier dem Compiler überlassen, ob der Aufruf einer `inline`-Elementfunktion tatsächlich `inline` codiert wird, oder ob ein herkömmlicher Funktionsaufruf mit Übergabe von Argumenten, Verzweigung des Kontrollflusses und Rückgabe des Funktionswerts durchgeführt wird.

Es wurde schon des öfteren darauf hingewiesen, daß in allen Programmdateien, in denen Objekte, Datenelemente, Elementfunktionen usw. einer Klasse X verwendet werden sollen, die Klassendefinition von X enthalten sein muß und daß alle diese Definitionen identisch sein müssen, so daß auch `inline`-Elementfunktionen in allen Dateien genau dieselbe Definition haben.

Compiler und Linker sind i.d.R. nicht in der Lage, einen Fehler, wie ihn das aus den beiden folgenden Dateien bestehende Programm enthält, zu entdecken.

```
// erste Programmdatei          // zweite Programmdatei

class X {                       class X {
    int x;                          int x;
public:                         public:
    X(int = 0);                     X(int = 0);
    int f() { return 2*x + 5; }     int f() { return x; }
};                              };

int main() {                    X::X(int i) { x = i; }
    extern int b;
    X c(10);                    X a(10);
    int d = c.f();              int b = a.f();
    cout << b << ' ' << d;
    return 0;                   // Fehler: andere De-
}                               // finition von X::f()
```

Bei Elementfunktionen, die nicht `inline` sind – wie im Beispiel der Standardkonstruktor `X::X()` –, stellt sich dieses Problem nicht, da sie nur an einer Stelle des Programms (also auch nur in einer Programmdatei) definiert werden können.

Fehler dieser Art sind ausgeschlossen, wenn die Klassendefinition einschließlich aller `inline`-Elementfunktionen in eine Header-Datei aufgenommen wird (siehe Abschnitt 14.18). Auch in diesem Fall muß jedoch darauf geachtet werden, daß nur elementarste Funktionen `inline` definiert werden.

Wenn der Compiler den Hinweis „`inline`" bei einer Funktion ignoriert, also Funktionsaufrufe generiert, enthält das Programm für jede Programmdatei, die den Header mit der Klassendefinition benutzt, nach dem Übersetzen und Binden je eine Kopie des Codes dieser Elementfunktion.

14.14 Zeiger auf Klassenelemente

Datenelemente

In C++ ist es nicht nur möglich, Zeiger auf vollständige Klassenobjekte, sondern auch Zeiger auf bestimmte Elemente einer Klasse zu deklarieren. Man verwendet hierzu die *Zeigeroperator*-Regel (dritte Alternative, siehe Abschnitt 8.3).

Durch eine Deklaration T `X::*` *Bezeichner* ; erhält der Bezeichner den Typ „Zeiger auf Klassenelement vom Typ T der Klasse X" oder kurz den Typ „T `X::*`". Ein solcher Zeiger darf nicht auf ein `static` Datenelement zeigen, da diese nicht innerhalb der Objekte ihrer Klasse abgespeichert werden. Aus ähnlichem Grund ist auch ein Referenztyp ausgeschlossen – er verweist möglicherweise auf ein globales Objekt. Für die Klasse `Anschrift`:

```
struct Anschrift {
    const char* strasse;
    const char* nummer;
    long int plz;
    const char* ort;
    void drucke();
};
```

kann man beispielsweise die beiden folgenden Zeiger auf Datenelemente definieren.

```
const char* Anschrift::* zccElem;
long int Anschrift::* zliElem;
```

Die Definitionen spezifizieren noch nicht, auf welches Datenelement `zccElem` oder `zliElem` zeigen. Dazu muß ihnen noch die Adresse eines Klassenelements des entsprechenden Typs zugewiesen werden. (Auch die Initialisierung bei der Definition ist möglich.) `zccElem` kann jedes `const char*`-Element der Klasse `Anschrift` referenzieren und `zliElem` jedes `long int`-Element der Klasse. Einen Zeiger auf ein bestimmtes Datenelement einer Klasse erhält man durch Anwendung des Adreßoperators auf seinen vollständig qualifizierten Namen, z.B.

```
zliElem = &Anschrift::plz;
zccElem = &Anschrift::ort;
```

Hierbei werden auch die Zugriffsrechte auf das bezeichnete Datenelement geprüft.

Da eine Klasse jedoch nur ein Schema für die Erzeugung von Klassenobjekten darstellt und im Speicher (mit der Ausnahme ihrer **static** Elemente und der nicht **inline** definierten Elementfunktionen) nicht existent ist, solange keine Instanzen der Klasse erzeugt wurden, zeigt ein Zeiger auf Klassenelement nicht auf existierende Daten. Er gibt lediglich den Offset des referenzierten Elements innerhalb der Objekte an, die mit der Klasse erzeugt werden können. (Wenn ein **const char*** und ein **long** int jeweils die Größe 4 haben, könnten **&Anschrift::strasse**, **&Anschrift::nummer**, **&Anschrift::plz**, ... beispielsweise die Werte 1, 5, 9, 13, 17 haben.)

Einen Zeiger auf Klassenelement dereferenziert man mit den zweistelligen, linksassoziativen Operatoren .* bzw. ->*, vgl. die *ZE-Ausdruck*-Regel in 6.2. Im Fall .* muß der rechte Operand vom Typ **T X::*** und der linke Operand vom Typ **X** sein. Das Resultat ist dann das durch den rechten Operanden spezifizierte Element des mit dem linken Operanden angegebenen Klassenobjekts; es hat den Typ **T**. Im Beispiel kann man etwa mit der Funktion **f()**

```
void f() {
    long int Anschrift::* zliElem = &Anschrift::plz;
    const char* Anschrift::* zccElem = &Anschrift::ort;
    Anschrift empf = {
        "Grabengasse",
        "14",
        69117,
        "Heidelberg"
    };
    cout << empf.*zliElem << ' ' << empf.*zccElem << endl;
}
```

die Postleitzahl und den Ortsnamen einer Anschrift ausgeben. Die Adresse des konkreten Elements, auf das hier zugegriffen wird, ergibt sich jeweils durch Addition des Offsets zur Adresse des Klassenobjekts **empf**. Das Resultat eines .*-Ausdrucks ist ein L-Wert, wenn der linke Operand L-Wert ist. Den Operator ->* benutzt man analog zum Operator -> mit einem linken Operanden des Typs **X***. Hier ergibt sich als Resultat immer ein L-Wert.

Bei der Initialisierung von Zeigern auf Klassenelemente und bei Zuweisungen an sie muß darauf geachtet werden, daß der Zeiger die relative Position eines Datenelements in allen Klassenobjekten beschreibt und nicht die konkrete Adresse des Elements in einem bestimmten Objekt. Im Beispiel ist daher

```
zliElem = &empf.plz;  // Fehler: Zuweisung von long int*
                      // an long int Anschrift::*
```

ein Fehler. Ein konstanter Ausdruck mit Wert 0 kann wieder als Nullzeiger verwendet werden; andere Standardkonversionen gibt es für Zeiger auf Klassenelemente nicht, d.h. insbesondere die implizite Konversion nach `void*` ist nicht möglich.

<u>Bemerkung</u>
Bei Anwendung des Adreßoperators `&` auf ein `static` Element des Typs `T` einer Klasse `X` ergibt sich ein Resultat des Typs `T*`, also ein „gewöhnlicher" Zeiger und kein Zeiger auf Klassenelement.

Elementfunktionen

In Analogie zu den in Abschnitt 11.7 behandelten Zeigern auf Funktionen und zu Zeigern auf Datenelemente deklariert man einen *Zeiger auf Elementfunktion* in der Form `T (X::*`*Bezeichner*`)(`*Parameterliste*`)`, also z.B.

```
void (Anschrift::*zef)() = &Anschrift::drucke;
```

Der Zeiger `zef` hat hier den Typ `void (Anschrift::*)()` und kann auf alle Elementfunktionen der Klasse `Anschrift` verweisen, die den Typ `void()` haben. Wie im Beispiel muß bei Initialisierungen oder Zuweisungen der Adreßoperator auf den vollständig qualifizierten Namen einer Elementfunktion angewendet werden: Die Standardkonversion des Namens einer Funktion in einen Zeiger auf Funktion wird bei Elementfunktionen nicht vorgenommen. `&Anschrift::drucke` gibt hier nicht wie ein Zeiger auf ein Datenelement einen Offset an, sondern zeigt auf die Startadresse des Funktionscodes von `Anschrift::drucke()`. Trotzdem ist die Initialisierung eines Zeigers auf (globale) Funktion mit der Adresse einer Elementfunktion nicht möglich, da diese zusätzlich einen impliziten Objektparameter hat, d.h.

```
void (*zf)() = &Anschrift::drucke;  // Fehler: falscher Typ
```

ist ein Fehler. Aus dem gleichen Grund kann umgekehrt ein Zeiger auf Elementfunktion nicht die Adresse einer `static` Elementfunktion enthalten.

Auch Zeiger auf Elementfunktionen dereferenziert man mit den Operatoren `.*` bzw. `->*`. Dabei muß wie bei globalen Funktionen wegen der hohen Priorität des Aufrufoperators geklammert werden, z.B.

```
(empf.*zef)();
```

Der bei Zeigern auf Funktionen zulässige Aufruf ohne den Inhaltsoperator `*` ist hier nicht möglich.

In `prog-20` ist gezeigt, wie man Zeiger auf Elementfunktionen selbst als Klassenelemente benutzen kann, daß man sie in einem Feld zusammenfassen kann und wie man sie durch einen Konstruktoraufruf initialisiert. (Das Programm steuert ein Schaltgetriebe von einem Bedienpult aus.)

```
// prog-20

#include <iostream.h>

class Getriebe {
public:
    Getriebe(unsigned int g = 0, int a = 5) : gang(g), anz(a) { }
    void hoch() { if (gang < anz) ++gang; }
    void herunter() { if (gang > 0) --gang; }
    void leerlauf() { gang = 0; }
    int aktGang() const { return gang; }
private:
    unsigned int gang;
    const int anz;
};

class Pult {
public:
    Pult(Getriebe&);
private:
    unsigned int waehle();
    void schalte();
    static const int anzTxt = 4;
    const char* texte[anzTxt];
    void (Getriebe::*zgrEf[anzTxt])();
    Getriebe& getr;
};

const int Pult::anzTxt;

Pult::Pult(Getriebe& g) : getr(g) {
    texte[0] = "\n0.  Ausschalten\n";
    zgrEf[0] = 0;
    texte[1] = "1.  Hochschalten\n";
    zgrEf[1] = &Getriebe::hoch;
    texte[2] = "2.  Herunterschalten\n";
    zgrEf[2] = &Getriebe::herunter;
    texte[3] = "3.  Leerlauf\n";
    zgrEf[3] = &Getriebe::leerlauf;
    schalte();
}

void Pult::schalte() {
    while (unsigned int auswahl = waehle())
        (getr.*zgrEf[auswahl])();
}
```

```
unsigned int Pult::waehle() {
    cout << "Gang: " << getr.aktGang() << endl;
    for (int i = 0; i < anzTxt; i++)
        cout << texte[i];
    cout << "\nAktion waehlen: ";
    unsigned int auswahl;
    cin >> auswahl;
    // ... Fehlerbehandlung fuer falsche Eingabe
    return auswahl;
}


int main() {
    Getriebe g;
    Pult p(g);
    return 0;
}
```

Die durch die Funktion `waehle()` gesteuerten Aufrufe der `Getriebe`-Funktionen sind
mit gewöhnlichen Funktionszeigern nicht realisierbar. (Dagegen sind alle Resultate,
die man mit Zeigern auf Datenelemente erzielen kann, auch mittels „normaler" Zeiger erzielbar. Es handelt sich hier lediglich um eine syntaktische Vervollständigung
des C++-Sprachumfangs.)

Zum Abschluß dieses Abschnitts ist noch zu bemerken, daß auch für Zeiger auf
Elementfunktionen 0 ein zulässiger, von allen anderen Zeigern unterscheidbarer Zeiger ist.

14.15 Klassenobjekte als Klassenelemente

Die Elemente einer Klasse können selbst wieder Objekte einer anderen Klasse sein
(sog. "layering" von kleineren zu größeren Objekten). Zum Beispiel enthält ein
Objekt der Klasse **Frachter** eine Anzahl von Objekten der Klasse **Container**, eine
Tour enthält eine Anzahl von **Kunden**, ein **Matrix**-Objekt enthält eine Reihe von
Vektor-Objekten usw. In der objektorientierten Systemanalyse spricht man von
der Modellierung von *has-a*-Beziehungen oder, in umgekehrter Sicht, von *is-part-of*-
Beziehungen.

Wie im folgenden Beispiel gezeigt, initialisiert man *Teilobjekte* – das sind die Klassenelemente, die selbst komplette Klassenobjekte sind – indem man ihren Konstruktoraufruf mit in die Initialisiererliste der sie enthaltenden Klasse aufnimmt. (Soll ein
Standardkonstruktor verwendet werden, erübrigt sich der Eintrag in diese Liste.)

```
enum farbe { gelbGelb, gruen, gruenGelb, gruenGruen, rot };
enum typ { haupt, vor };
enum status { frei, gestoert };
```

```
class Signal {
public:
    Signal(const char*, typ, farbe = rot);
    void schalten(farbe anzeige) { f = anzeige; }
    // ...
private:
    const typ t;
    const char* name;
    farbe f;
};

Signal::Signal(const char* n, typ sigTyp, farbe anzeige)
        : t(sigTyp) {
    name = n;
    f = anzeige;
}


class Abschnitt {
public:
    Abschnitt(const char*, typ, const char*, typ, int, status);
    Signal einf;
    Signal ausf;
    // Signale schalten,
    // Stoerungen anzeigen, ...
private:
    const int gleisNr;
    status s;
};

Abschnitt::Abschnitt(const char* ne, typ te, const char* na,
    typ ta, int nr, status zust)
        : einf(ne, te), ausf(na, ta), gleisNr(nr) {
    s = zust;
}
```

Im Beispiel enthält ein Objekt der Klasse Abschnitt, das einen Gleisabschnitt in
einem Bahnhof beschreibt, je ein Einfahrt- und ein Ausfahrtsignal als Teilobjekte.
Bei der Konstruktion eines Abschnitt-Objekts, etwa mittels

```
Abschnitt ab1("A", haupt, "Lsf2", haupt, 5, frei);
```

wird zunächst zweimal der Signal-Konstruktor aufgerufen, bevor der Rumpf des
Abschnitt-Konstruktors ausgeführt wird. Wenn für die Klassen Destruktoren definiert sind, wird beim Zerstören des Klassenobjekts, das Klassenobjekte als Elemente
enthält, in umgekehrter Reihenfolge erst der Rumpf des Destruktors dieses Objekts
ausgeführt, und dann werden die Destruktoren der Teilobjekte aufgerufen.

Auf die Elemente der Teilobjekte eines Klassenobjekts greift man mit mehrfacher Verwendung des Punkt- oder Pfeiloperators zu, z.B.

```
ab1.ausf.schalten(gruen);
```

Hier werden für jeden auftretenden Elementnamen die Zugriffsrechte geprüft, d.h. die Anweisung `cout << ab1.einf.name << endl;` ist ein Fehler: `name` ist `private` deklariert.

Wenn die Objekte einer Klasse `Y` nur in einer Klasse `X`, in der sie als Klassenelemente auftreten, benötigt werden, kann man auch die Definition von `Y` lexikalisch innerhalb von `X` vornehmen. `Y` wird damit in `X` *eingebettete Klasse*.

Das Einbetten der `Signal`-Klasse in die `Abschnitt`-Klasse wäre nicht sinnvoll, da Signale nicht immer paarweise an Streckenabschnitten, sondern auch einzeln (z.B. an Weichen) vorkommen. Eine sinnvolle Einbettung ist aber beispielsweise

```
class Bestellung {
public:
    Bestellung(unsigned int n, const Datum& d, Lieferant& l)
        : nr(n), dat(d), liefer(&l) { }
    double rechnungsBetrag() const;
    // ...
    class Position {
    public:
        Position();
        Position(Produkt&, int, unsigned int);
    private:
        Produkt* prod;
        int menge;
        unsigned int pos;
    };
    void fuegePositionAn(Position&);
    void loeschePosition(Position&);
private:
    static const int maxPos = 20;
    unsigned int nr;
    Datum dat;
    Lieferant* liefer;
    Position pos[maxPos];
};
```

da Bestellpositionen nur innerhalb von Bestellungen benötigt werden. Die Klassen `Datum`, `Lieferant` (mit Name, Anschrift, Rabatten usw.) und `Produkt` (mit Nummer, Bezeichnung, Preis usw.) haben wir hier als bereits definiert vorausgesetzt.

Eine eingebettete Klasse liegt im Geltungsbereich der umgebenden Klasse, und ihr Name ist lokal für die umgebende Klasse. Dies hat den Vorteil, daß bei Verwendung eingebetteter Klassen die Anzahl der globalen Namen verringert wird. Allerdings wirken sich derartige Definitionen i.d.R. nachteilig auf die Lesbarkeit aus.

Es gibt darüber hinaus eine Reihe zu beachtender Besonderheiten: Außer beim Zugriff mittels Zeigern oder Referenzen auf die umgebende Klasse oder mittels konkreter Klassenobjekte der umgebenden Klasse können die Deklarationen in der eingebetteten Klasse nur

- `typedef`-Namen,

- Aufzählungstypen mit ihren Enumeratoren und

- `static` Elemente

der umgebenden Klasse verwenden. Zum Beispiel

```cpp
struct X {
    long int xi;
    static int i;   // muss noch definiert werden
    class Y {
    public:
        Y() { yi = i; }
        void h(X* zx) { yi = zx->xi; }
        void f() { yi = xi; }   // Fehler: kein X-Objekt fuer xi
    private:
        long int yi;
    };
};
```

Der Grund für diese Einschränkungen liegt darin, daß Objekte der eingebetteten Klasse ohne die umgebende Klasse erzeugt werden können, wenn der volle Klassenname benutzt wird, im Beispiel etwa

```cpp
X::Y a;
```

Der Aufruf `a.f()` ist hier sinnlos und deshalb nicht erlaubt. Auf `typedef`-Namen, Enumeratoren und `static` Elemente der umgebenden Klasse, die nicht in deren Klassenobjekten gespeichert werden, kann dagegen zugegriffen werden.

Elementfunktionen und `static` Elemente einer eingebetteten Klasse können bzw. müssen – mit entsprechender Qualifizierung – global (oder im Namensbereich des Klassennamens, vgl. Kapitel 19) definiert werden. Zum Beispiel

```cpp
Bestellung::Position::Position(Produkt& p, int m, unsigned int q) {
    prod = &p;
    menge = m;
    pos = q;
}
```

Elementfunktionen und `friend`-Funktionen einer eingebetteten Klasse haben keine besonderen Zugriffsrechte auf die Elemente der umgebenden Klasse. Und umgekehrt

haben auch die Elementfunktionen und `friend`-Funktionen der umgebenden Klasse
keine besonderen Zugriffsrechte auf die Elemente einer eingebetteten Klasse.

<u>Bemerkung</u>

Allein dadurch, daß eine eingebettete Klasse definiert wird, enthält die umgebende
Klasse noch kein Objekt der eingebetteten Klasse als Teilobjekt. Werden Instanzen
der eingebetteten Klasse als Datenelemente der umgebenden Klasse vereinbart, so
greift man auf deren Elemente wieder mit mehrfacher Verwendung von . bzw. ->
oder mit Kombinationen der Operatoren zu.

Es ist zulässig, eine eingebettete Klasse zunächst lediglich zu deklarieren und später
im selben Geltungsbereich oder in einem umgebenden Geltungsbereich – also z.B.
global – zu definieren. Wenn man diese Definition in eine andere Programmdatei
auslagert, wird es möglich, die Typen der für eine Klassenimplementation benötigten Datenelemente nicht nur `private` zu deklarieren, sondern sie vor dem Benutzer
der Klasse vollständig zu verbergen: In der Definition der `Timer`-Klasse war beispielsweise immer sichtbar, daß die Minuten, Sekunden und Tausendstelsekunden
durch `ints` dargestellt werden. Selbst diese Information können wir einem Benutzer
noch vorenthalten, wenn wir als Klassendefinition lediglich

```
struct Timer {
    friend void sync(Timer*, int);
    Timer(int = 0, int = 0, int = 0);
    Timer(const char*);
    ~Timer();
    void anzeige() const;
    void leseAb(int&, int&, int&) const;
    void stelle(int, int, int);
    void tick();
private:
    struct TimerImpl;
    TimerImpl* ti;
};
```

zur Verfügung stellen. Sämtliche Implementationsdetails sind nun in den Definitionen der `Timer`-Elementfunktionen und in der eingebetteten Klasse `TimerImpl`
enthalten – ein Klassenbenutzer sieht nur, daß es eine solche Klasse offensichtlich
gibt und daß ein Zeiger auf sie (`ti`) verwendet wird. Die Details, z.B.

```
struct Timer::TimerImpl {
    int min, sek, tsdSek;
};

Timer::Timer(int m, int s, int t) {
    ti = new TimerImpl;
    stelle(m, s, t);
}
```

```
Timer::Timer(const char* zt) {
    ti = new TimerImpl;
    // ... sonst unveraendert
}


Timer::~Timer() { delete ti; }

void Timer::anzeige() const {
    cout << setfill('0') << setw(2) << ti->min
         << '.' << setw(2) << ti->sek
         << ',' << setw(3) << ti->tsdSek << endl;
}

// ...
```

stellen wir nur als Objektcode (übersetzt mit Option -c, vgl. Kapitel 12) oder innerhalb einer Klassenbibliothek bereit. (`Timer::anzeige()` benötigt `iostream.h` und `iomanip.h`.) Im Rumpf der Elementfunktionen ist jeweils **min**, **sek** bzw. `tsdSek` durch `ti->min`, `ti->sek` bzw. `ti->tsdSek` zu ersetzen; weiterhin erhält `Timer` einen Destruktor, weil in den beiden Konstruktoren ein `TimerImpl`-Objekt mittels **new** erzeugt wird. An der Klassenschnittstelle hat sich dadurch nichts geändert.

Interessanter als im sehr einfach gehaltenen `Timer`-Beispiel erscheint der Einsatz dieser Technik bei der Klasse **DoubMenge**, da hier der Klassendefinition bisher deutlich anzusehen ist, daß eine Liste (von **DoubElem**-Objekten) zur Implementation benutzt wird. Hier kann man – bei unveränderter Klassenschnittstelle – z.B. übergehen zu

```
class DoubMenge {
public:
    DoubMenge();
    ~DoubMenge();
    bool leer() const;
    bool istElement(double) const;
    bool fuegeEin(double);
    void inhalt() const;
private:
    class DoubMRep;
    DoubMRep* const rep;
};
```

(Vgl. die Übungsaufgabe 15 am Ende des Kapitels.) Die in den letzten beiden Beispielen vorgestellte Vorgehensweise wird oft als *handle/body*-Implementation einer Klasse bezeichnet. **DoubMenge** bzw. **Timer** sind die *handles* und **DoubMRep** bzw. `TimerImpl` sind die *bodies*. Es ist hierbei immer abzuwägen, ob man bei einer besonders gelungenen Implementation nicht nur die Definitionen der Elementfunktionen sondern – wie gezeigt – auch die Struktur der Datenelemente verbirgt oder ob das zum Zugriff auf das *body*-Objekt erforderliche Dereferenzieren im *handle*, z.B.

```
bool DoubMenge::leer() const { return rep->anzahl == 0; }
    // rep->anzahl

bool DoubMenge::istElement(double x) const {
    if (leer())
        return false;
    DoubMRep::DoubElem* tmp = rep->start;
    // rep->start
    // ... sonst unveraendert
}
```

sowie das Anlegen und Zerstören der *body*-Objekte auf dem Heap die Laufzeiten gravierend verschlechtert. Wegen der sehr naheliegenden Realisierung der `DoubMenge` durch eine einfache Liste werden wir diese Klasse im folgenden mit einer eingebetteten `DoubElem`-Definition weiter behandeln.

14.16   Eingebettete Typnamen

Schon im letzten Abschnitt wurde deutlich, daß auch Datentypen (z.B. neue Klassen) innerhalb einer Klassendefinition vereinbart werden können. Und in Abschnitt 14.1 hatten wir erklärt, daß ebenso auch `typedef`-Deklarationen und Definitionen von Aufzählungstypen lokal innerhalb einer Klasse vorgenommen werden können. Z.B.

```
class Signal {
public:
    enum farbe { gelbGelb, gruen, gruenGelb, gruenGruen, rot };
    Signal(const char*, typ, farbe = rot);
    // ... wie bisher
};

class Abschnitt {
public:
    enum status { frei, gestoert };
    Abschnitt(const char*, typ, const char*, typ, int, status);
    // ... wie bisher
};
```

`farbe` und `status` sind (wie eingebettete Klassen) *eingebettete Typen*, die Enumeratoren eines eingebetteten Typs (`gelbGelb`, `gruen` usw.) heißen *Elementkonstanten*. Die Namen eingebetteter Typen und die Elementkonstanten erhalten den Geltungsbereich Klasse und sind in den Deklarationen, die innerhalb ihrer Klassendefinition lexikalisch auf sie folgen, sowie in allen Elementfunktionen verwendbar. Elementkonstanten können wie `static` Datenelemente in Elementfunktionen auch als Standardargumente benutzt werden. Und wie jedes andere Datenelement sind sie in einer Initialisiererliste einsetzbar.

Außerhalb der Klasse kann man auf diese Typnamen und auf die einzelnen Enumeratoren – wie auf die Namen eingebetteter Klassen – nur zugreifen, wenn man vollständig qualifiziert (und die Zugriffsrechte besitzt):

```
Abschnitt ab1("A", haupt, "Lsf2", haupt, 5, Abschnitt::frei);
ab1.ausf.schalten(Signal::gruen);
```

Nimmt man auch die Definition `enum typ { haupt, vor };` noch mit in die Signal-Klasse auf, so müssen die Parameter- und Argumentliste des `Abschnitt`-Konstruktors entsprechend modifiziert werden.

```
Abschnitt(const char*, Signal::typ, const char*, Signal::typ,
    int, status);
Abschnitt ab1("A", Signal::haupt, "Lsf2", Signal::haupt, 5,
    Abschnitt::frei);
```

Bemerkung

Wenn eine Klasse `Y` als `friend` einer Klasse `X` deklariert ist, können alle eingebetteten Typen und Elementkonstanten aus `X`, auch wenn sie `private` oder `protected` sind, innerhalb von `Y` verwendet werden.

14.17   Bitfelder

Klassen können *Bitfelder* als Datenelemente enthalten. Ein Bitfeld ist ein Teil eines ganzzahligen Datentyps oder Aufzählungstyps T, dessen Größe (in Bits) mit einer Deklaration der Form T *Bezeichner*$_{opt}$: *Konstanter Ausdruck*; festgelegt wird – vgl. die *Element-Deklarator*-Regel, zweite Alternative. Ob `int` in diesem Zusammenhang `signed` oder `unsigned` ist, ist implementationsabhängig; um die gewünschte Wirkung zu erzielen, muß `signed` bzw. `unsigned` spezifiziert werden.

Bitfelder werden i.d.R. in hardware-nahen Programmen eingesetzt, in denen das Datenformat extern (etwa von einem I/O-Port) vorgegeben wird. Zum Beispiel

```
struct Port {
    unsigned int rec : 1;
    unsigned int xmit : 1;
    unsigned int : 1;           // ungenutzt
    unsigned int cts : 1;
    unsigned int err : 2;       // Wertebereich {0, 1, 2, 3};
    unsigned int : 0;           // ungenutzt
    unsigned int ascVal : 7;
    unsigned int parity : 1;
};
```

Die konkrete Anordnung der einzelnen Bitfelder (`rec`, `xmit`, ...) innerhalb eines Klassenobjekts ist implementationsabhängig und muß jeweils geprüft und angepaßt werden. Unbenannte Bitfelder können als Platzhalter verwendet werden. Sie sind jedoch weder initialisierbar, noch kann man auf sie zugreifen; mit der Größe 0 bewirken sie, daß das nächste Bitfeld an einer neuen Speicheradresse beginnt.

Der Zugriff auf Bitfelder erfolgt wie bei anderen Datenelementen über .- und ->-Operator; einzelne Bits innerhalb eines ganzzahligen Werts können dadurch einfacher als unter Verwendung der Bit-Operatoren manipuliert werden.

```cpp
void f() {
    Port p;
    // Port lesen und Ergebnis in p speichern
    if (!p.err) {
        if (p.rec) {
            // Lesen
        } else if (p.cts) {
            // Schreiben
        }
    } else {
        // Fehlerbehandlung
    }
}
```

Es gibt weder Zeiger noch Referenzen auf einzelne Bitfelder und die Operatoren **&** und **new** sind auf Bitfelder nicht anwendbar. Ein Bitfeld darf nicht als **static** spezifiziert werden.

Bitfelder werden häufig im Zusammenhang mit dem „Sparen von Speicherplatz" genannt. Man könnte beispielsweise „kleine" Wertebereiche durch Bitfelder realisieren:

```cpp
class Student {
public:
    // ...
private:
    unsigned int alter : 6;        // 0..63
    unsigned int anzScheine : 4;   // 0..15
};
```

Statt zweier **unsigned ints** werden hier lediglich 10 Bits pro **Student** benötigt. Dieser Ansatz ist u.E. jedoch wegen des erhöhten Aufwands bei der Verwendung der Datenelemente von **Student**-Objekten innerhalb von Ausdrücken nicht sinnvoll.

14.18 Header-Dateien

Wenn ein Programm in verschiedenen Programmdateien entwickelt wird und Objekte einer Klasse C in mehreren dieser Dateien benötigt werden, muß die Klassendefinition von C in alle diese Dateien aufgenommen werden. Und die Definitionen der nicht `inline` definierten Elementfunktionen sind an genau einer Stelle des Programms vorzunehmen.

Sofern man nicht besondere Vorkehrungen trifft, können bei diesem Einfügen der Klassendefinitionen leicht Fehler entstehen, die von Compiler und Linker i.d.R. nicht diagnostiziert werden. Zusätzlich zu dem Beispiel der falschen Definition der `inline`-Funktion `f()` in Abschnitt 14.13 zeigt das folgende Programm, wie ein Fehler auftritt, weil in den beiden Definitionen von C „lediglich“ die Reihenfolge der Definitionen der beiden Datenelemente vertauscht wurde:

```
// erste Programmdatei                    // zweite Programmdatei

struct C {                               struct C {
    char ch;                                 long int li;
    long int li;                             char ch;
    C(char, long int);                       C(char, long int);
};                                       };

int main() {                             C::C(char cIn, long int lIn) {
    C a('a', 654321);                        ch = cIn;
    cout << a.ch << "   "                    li = lIn;
         << a.li << endl;                }
    return 0;
}                                        // Fehler: li vor ch
```

Header-Dateien bieten eine einfache und sichere Möglichkeit, Fehler wie im letzten Beispielprogramm oder in den letzten beiden Programmdateien des Abschnitts 14.13 zu vermeiden. Darüber hinaus ermöglichen sie es den Programmentwicklern, die Definition und Schnittstellenbeschreibung eines neu definierten Datentyps oder einer *handle*-Klasse von der Implementation bzw. der zugehörigen *body*-Klasse zu trennen, um Implementationsdetails nachträglich ändern zu können bzw. sie den Anwendern nur in übersetzter Form als Objektdatei oder im Rahmen einer Bibliothek verfügbar zu machen.

Es ist Konvention, eine Header-Datei, die die Definition einer Klasse C enthält, mit dem Namen `c.h` zu bezeichnen. Alle Programmdateien, in denen die Klasse C verwendet werden soll, müssen dann ein `#include "c.h"` enthalten. Um auszuschließen, daß dieselbe Header-Datei mehrfach in eine Programmdatei eingefügt wird, ist es empfehlenswert, die gesamte Datei wie im `doubmenge.h`-Beispiel mittels `#ifndef _C_H`, `#define _C_H` und `#endif` zu klammern. (Für Details vgl. z.B. Eckel, 1993, S. 119.)

Wie man an der Header-Datei `doubmenge.h` erkennt, ist die Klasse `DoubElem` als `private` und in `DoubMenge` eingebettet definiert worden.

<code>doubmenge.h</code>

```cpp
#ifndef _DOUBMENGE_H
#define _DOUBMENGE_H

// Klasse DoubMenge
//
// leer()                 prueft, ob die Menge leer ist
// istElement(double x)   prueft, ob x Element der Menge ist
// fuegeEin(double x)     fuegt x in die Menge ein
// loesche(double x)      entfernt x aus der Menge
// inhalt()               gibt den Inhalt der Menge aus

class DoubMenge {
public:
    DoubMenge() : anzahl(0), start(0) { }
    ~DoubMenge();
    bool leer() const { return anzahl == 0; }
    bool istElement(double) const;
    bool fuegeEin(double);
    bool loesche(double);
    void inhalt() const;
private:
    struct DoubElem {
        DoubElem(double, DoubElem* = 0);
        double element;
        DoubElem* nachf;
    };
    static double maschEps();
    static const double eps;
    int anzahl;
    DoubElem* start;
};

#endif
```

Die zu einer Header-Datei `c.h` zugehörigen Definitionen von Elementfunktionen und `static` Datenelementen entwickelt man i.d.R. in einer Programmdatei `c.cpp`, wie es wieder am Beispiel der Klasse `DoubMenge` gezeigt ist. Die Klasse wurde noch um die Funktion `loesche()` erweitert, die ein Element `x` aus der Menge entfernt und das zugehörige `DoubElem`-Objekt löscht. Der einzige weitere Unterschied zu den bisher gegebenen Definitionen der Elementfunktionen ist die für den `DoubElem`-Konstruktor aufgrund der Einbettung nötige Qualifizierung mit dem Namen der umgebenden Klasse.

doubmenge.cpp

```cpp
#include <iostream.h>
#include <math.h>
#include "doubmenge.h"


DoubMenge::DoubElem::DoubElem(double e, DoubElem* n)
    { /* ... alle Definitionen wie bisher */ }
DoubMenge::~DoubMenge() { /* ... */ }
bool DoubMenge::istElement(double x) const { /* ... */ }
bool DoubMenge::fuegeEin(double x) { /* ... */ }
void DoubMenge::inhalt() const { /* ... */ }
double DoubMenge::maschEps() { /* ... */ }


bool DoubMenge::loesche(double x) {
    DoubElem* zgr2 = start;
    DoubElem* zgr1;
    while (zgr2 != 0 &&
              fabs(zgr2->element - x) >= eps*fabs(x)) {
        zgr1 = zgr2;
        zgr2 = zgr2->nachf;
    }
    if (zgr2 == 0)
        return false;
    ((zgr2 == start) ? start : zgr1->nachf) = zgr2->nachf;
    delete zgr2;
    return static_cast<bool>(anzahl--);
}


const double DoubMenge::eps = DoubMenge::maschEps();
```

main.cpp

```cpp
#include <iostream.h>
#include "doubmenge.h"

int main() {
    DoubMenge mengeA;
    mengeA.fuegeEin(1.27);
    mengeA.fuegeEin(21.457);
    mengeA.loesche(1.27);
    mengeA.loesche(-21.457);
    mengeA.fuegeEin(-5.0522);
    cout << "A = ";
    mengeA.inhalt();
    return 0;
}
```

Damit ein Anwendungsprogramm wie `main.cpp` übersetzt und gebunden werden
kann, muß `doubmenge.cpp` oder die entsprechende Objektdatei verfügbar sein.

C++ schreibt nicht vor, was neben Klassendefinitionen in eine Header-Datei aufzunehmen bzw. nicht aufzunehmen ist. Die folgenden Faustregeln haben sich jedoch
bewährt.

In eine Header-Datei nimmt man sinnvollerweise auf:

- Klassendefinitionen

- Definitionen von `inline`-Funktionen, z.B.
  `inline int max(int i, int j) { return (i > j) ? i : j; }`

- Deklarationen von parametrisierten Funktionen, siehe Abschnitt 18.2

- Definitionen von Aufzählungstypen, z.B. `enum zustand { an, aus };`

- Deklarationen von Funktionsprototypen, z.B. `void sort(double*);`

- Benötigte Header-Dateien, z.B. `#include <stdlib.h>`

- Kommentare

- Definitionen globaler Konstanten, z.B. `const int feldGroesse = 1000;`

- Deklarationen von Typnamen, z.B. `typedef int* zInt;`

- Variablendeklarationen, die keine Definitionen sind, z.B. `extern int anz;`

Funktionsdefinitionen und Variablendefinitionen gehören nicht in eine Header-Datei.
Die jeweiligen Namen erhalten sonst externe Bindung, und bei jedem `#include`
müßte der Compiler versuchen, sie neu zu definieren.

14.19 Übungsaufgaben

1. Stellen Sie fest, wie Ihr Compiler darauf reagiert, daß Sie den `DoubMenge`-
   Konstruktor im `private`-Abschnitt der Klassendefinition deklarieren.

2. Ändern Sie die Klassendefinition des `VersNehmer`s so ab, daß der Name einer
   Person eine Konstante ist.

3. (a) Schreiben Sie eine `static` Elementfunktion für die Klasse `VersVertrag`,
       die die Anzahl der existierenden Klassenobjekte ausgibt.

   (b) Die Klasse soll so modifiziert werden, daß auch unabhängig von `Vers-`
       `Vertrag`-Objekten auf die `VersNehmer` (lesend) zugegriffen werden kann.
       Realisieren Sie diese Anforderung, indem Sie beispielsweise ein globales
       Feld (etwa `VersNehmer* persFeld[10000]`) verwenden und den Kon-
       struktor und Destruktor der Klasse `VersVertrag` anpassen.

4. Mit einer Klasse `BinBaum` sollen Datensätze nach einem Schlüssel sortiert in einem binären Baum abgespeichert werden. Die Klasse ist schon teilweise implementiert, wobei zu Testzwecken zunächst nur die Schlüssel gespeichert werden:

```cpp
class BinBaum {
public:
    void init() { wurzel = 0; }
    void neuesBlatt(int);
private:
    struct Elem {
        int schluessel;
        // ... weitere Daten
        Elem* linkerNachf;
        Elem* rechterNachf;
    }* wurzel;
    void neuesBlatt(Elem*&, int);
};

void BinBaum::neuesBlatt(int ns) { neuesBlatt(wurzel, ns); }

void BinBaum::neuesBlatt(Elem*& bZgr, int ns) {
    if (bZgr == 0) {
        bZgr = new Elem;
        bZgr->schluessel = ns;
        bZgr->linkerNachf = bZgr->rechterNachf = 0;
    } else {
        if (ns < bZgr->schluessel)
            neuesBlatt(bZgr->linkerNachf, ns);
        else
            neuesBlatt(bZgr->rechterNachf, ns);
    }
}
```

(a) Machen Sie sich klar, daß `neuesBlatt()` die Schlüssel der Reihe nach so abspeichert, daß es links unterhalb eines Knotens im Baum nur Knoten mit kleineren, rechts davon nur Knoten mit einem größeren oder gleichen Schlüssel gibt.

(b) Skizzieren Sie den Baum, der mit der Ausführung der Funktion `main()` entsteht.

```cpp
int main() {
    BinBaum x;
    x.init();
    x.neuesBlatt(5);
    x.neuesBlatt(15);
    x.neuesBlatt(7);
```

```
        x.neuesBlatt(-5);
        x.neuesBlatt(6);
        return 0;
    }
```

(c) Vervollständigen Sie die Klasse `BinBaum` mittels einer Elementfunktion
`drucke()`, die die Schlüssel sortiert ausgibt. Am besten überladen Sie
den Namen `drucke` ähnlich wie bei der Funktion `neuesBlatt()`.

5. Welchen Fehler enthält die folgende Klassendefinition? (Wie kann man solche
   Fehler grundsätzlich vermeiden?)

```
class IntFeld {
public:
    IntFeld(int, int);
private:
    int* komp;
    long int groesse;
    int unterGr, oberGr;
};

IntFeld::IntFeld(int unt, int ob)
    : groesse(ob - unt + 1), unterGr(unt), oberGr(ob),
      komp(new int[groesse])
{ }
```

6. Veranschaulichen Sie den Aufruf der Konstruktoren und Destruktoren der
   Klasse `DoubMenge`, indem Sie in deren Rumpf Ausgabeanweisungen der folgenden Art einfügen.

```
cout << "DoubMenge::~DoubMenge() aufgerufen" << endl;
```

7. Schreiben Sie einen Konstruktor und einen Destruktor für die Klasse `BinBaum`.
   Kontrollieren Sie die Wirkungsweise des Destruktors, indem Sie jeweils den
   Schlüssel des gerade zerstörten Baumelements ausgeben. Welche Element-
   funktionen deklariert man sinnvollerweise `const` bzw. `inline`?

8. Trennen Sie bei der Klasse `BinBaum` die Schnittstelle (`binbaum.h`) von der
   Implementation (`binbaum.cpp`) und erstellen Sie eine Programmdatei, die eine
   Funktion `main()` zum Testen der Klassenfunktionalität enthält.

9. Das folgende (noch unvollständige) Programm soll die gegenseitige „Freund-
   schaft" zwischen zwei Klassen implementieren. Erstellen Sie eine lauffähige
   Version durch Einfügen von zwei `friend`-Deklarationen. Eine der beiden Deklarationen soll eine Funktion als `friend` vereinbaren.

```cpp
class X {
    int x;
public:
    X(int i) { x = i; }
    void f(Y&);
};

class Y {
    int y;
public:
    Y(int i) { y = i; }
    void g(X& refX) { cout << refX.x << endl; }
};

void X::f(Y& refY) { cout << refY.y << endl; }

int main() {
    X a(10);
    Y b(1000);
    a.f(b);
    b.g(a);
    return 0;
}
```

10. Implementieren Sie die Klasse `VersNehmer` als eingebettete Klasse innerhalb
    von `VersVertrag` und passen Sie Konstruktoren und Destruktoren an.

11. Warum ist es nicht sinnvoll, `static` Datenelemente in einem Konstruktor zu
    „initialisieren"?

12. Welche Ausgabe erzeugt das folgende Programm? Weshalb kann man in
    `main()` nicht einfach `(p.zf)()` oder `(p.*zf)()` schreiben?

```cpp
class X {
public:
    X(double d) { x = d; zf = &X::f; }
    double f() const { return x - 5555.5; }
    double (X::*zf)() const;
private:
    double x;
};

int main() {
    X p(10000.0);
    cout << (p.*(p.zf))() << endl;
    return 0;
}
```

13. Vervollständigen Sie die Klassen `Matrix` und `Vektor` aus Abschnitt 14.11, indem Sie Konstruktoren, Destruktoren und Funktionen zum Zugriff auf Komponenten (z.B. zur Ausgabe) definieren. Zum Konstruieren und Zerstören der Matrixkomponenten vgl. Abschnitt 8.6. Die Klasse `Matrix` soll `friend` von `Vektor` sein und umgekehrt.

14. Machen Sie sich klar, auf welchem Umweg hier auch für ein konstantes Objekt (z.B. `cd`) die Anzahl der `zeigeDaten()`-Aufrufe ermittelt wird.

```cpp
class Daten {
public:
    Daten() : anzahl(*new int(0)) { }
    ~Daten() { delete &anzahl; }
    void zeigeDaten() const { anzahl++; /* ... */ }
private:
    int& anzahl;
    // ... Daten
};


const Daten cd;
```

Schreiben Sie die Klasse bei gleicher Funktionalität so um, daß `anzahl` den Typ `int*` hat.

15. Schreiben Sie eine *handle/body*-Implementation der Klasse `DoubMenge`; vgl. Abschnitt 14.15.

16. Sichern Sie die Funktion `DoubMenge::fuegeEin()` dagegen ab, daß `new` keinen Speicherplatz mehr findet.

17. Schreiben Sie für die Klasse `BinBaum` eine `const` Elementfunktion, die die Anzahl der Blätter des Baums bestimmt. Da diese Operation relativ aufwendig ist, soll die Anzahl in einem `mutable` Datenelement der Klasse gespeichert werden. Solange sich die Anzahl der Blätter des Baums nicht ändert, soll die Elementfunktion bei nachfolgenden Aufrufen lediglich die gespeicherte Anzahl liefern.

18. Überlegen Sie sich, warum man auf die folgende Art nicht feststellen kann, ob ein konstantes oder nicht konstantes Objekt konstruiert wird:

```cpp
struct X {
    X() { f(); }
    void f() { cout << "nicht const"; }
    void f() const { cout << "const"; }
};


X x1;
const X x2;
```

19. Welche Elementfunktion wird beim Aufruf von **g**() ausgeführt und weshalb?

```
class X {
public:
    void f(int);
    void f();
    void f() const;
};

void g() {
    X z;
    z.f();
}
```

Berücksichtigen Sie die implizite Objektreferenz.

15

Spezielle Konstruktoren

In diesem Kapitel werden der Copy-Konstruktor – eine Elementfunktion, mit der Objekte einer Klasse durch bereits existierende Objekte derselben Klasse initialisiert werden können – sowie benutzerdefinierte Umwandlungsfunktionen – die einen beliebigen Datentyp implizit in einen Klassentyp konvertieren – behandelt.

15.1 Der Copy-Konstruktor

Beim Aufruf der folgenden Funktion `f()`, die die Klasse `DoubMenge`, so wie sie in Abschnitt 14.18 beschrieben ist, benutzt, stellt man fest, daß die Implementation noch verbessert werden muß.

```
void f() {
    DoubMenge mengeA;
    mengeA.fuegeEin(1.27);
    mengeA.fuegeEin(21.4);
    mengeA.fuegeEin(0.63);
    DoubMenge mengeB = mengeA;
    mengeA.loesche(21.4);
    cout << "A = ";
    mengeA.inhalt();
    cout << "B = ";
    mengeB.inhalt();
}
```

Obwohl `mengeB` mit `mengeA`, also mit $\{0.63, 21.4, 1.27\}$ initialisiert wird, und das Element 21.4 lediglich aus `mengeA` entfernt wird, ist auch `mengeB` zu $\{0.63, 1.27\}$ geändert worden. Der Grund dafür ist, daß C++, sofern der Programmierer keinen gesonderten Konstruktor zur Verfügung stellt, die Datenelemente eines Klassenobjekts (mit Ausnahme der `static` Elemente) *elementweise* initialisiert. Die so erhaltene Kopie des existierenden Objekts nennt man auch *flache Kopie*.

Im Beispiel erhält `mengeB.anzahl` den Wert 3 und `mengeB.start` als Wert die Adresse, auf die `mengeA.start` zeigt. Die Initialisierung der Datenelemente von

mengeB ist damit beendet, d.h. eine neue Kopie der Liste der **DoubElem**-Werte und
-Zeiger wird nicht angelegt. Jede Veränderung von **mengeB** wirkt sich unmittelbar
auf **mengeA** aus und umgekehrt. Nach dem Aufruf von **f()** haben die beiden Mengen folgende Darstellung im Speicher. (Der schattierte Teil der Liste ist mit **delete**
bereits wieder freigegeben.) Man sieht hier auch, daß der zweite Destruktoraufruf
in einem umfangreicheren Programm unvorhersehbare Auswirkungen haben kann,
da er einen bereits gelöschten und möglicherweise schon wieder neu vergebenen
Speicherbereich nochmals freigeben soll.

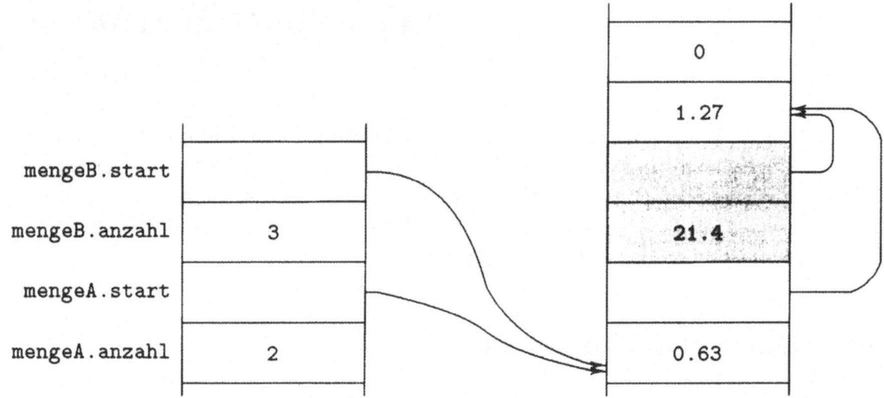

Die Lösung des Problems besteht in der Definition eines *Copy-Konstruktors*, mit
dem das elementweise Initialisieren verhindert wird und komplette (*tiefe*) Kopien
erzeugt werden können.

Ein Copy-Konstruktor einer Klasse **X** ist ein Konstruktor (also eine Elementfunktion
mit dem Namen **X**), der einen Parameter des Typs **X&** oder **const X&** hat und dessen
folgende Parameter, falls vorhanden, alle über Standardargumente verfügen. Er
kann also mit einem einzelnen Argument des Typs **X** aufgerufen werden. **X::X(X&)**,
X::X(const X&), **X::X(X&, int = 0)** usw. sind somit mögliche Prototypen eines
Copy-Konstruktors. **const X** oder **X** selbst sind als Parameter nicht zulässig, d.h.
X::X(X) ist ein Fehler – der Konstruktoraufruf würde hier eine Endlosrekursion
auslösen. Der Parameter **const X&** wird **X&** i.d.R. vorgezogen, weil dann auch ein
Klassenobjekt aus einem **const** Objekt konstruiert werden kann und darüber hinaus
gewährleistet ist, daß das zu kopierende Argument nicht verändert wird. Z.B.

```
DoubMenge::DoubMenge(const DoubMenge& m) {
    if ((anzahl = m.anzahl) == 0) {
        start = 0;
        return;
    }
    DoubElem* mZgr = m.start;
    DoubElem* z = start = new DoubElem(mZgr->element);
    while((mZgr = mZgr->nachf) != 0)
        z = z->nachf = new DoubElem(mZgr->element);
}
```

Nimmt man diesen Konstruktor in die Definition der Klasse `DoubMenge` mit auf (einschließlich des Prototyps in der Header-Datei), so führt der Aufruf der Funktion `f()` zum richtigen Resultat.

Immer dann, wenn ein Initialisierer die Form = *Zuweisungsausdruck* hat (vgl. die *Initialisierer*- und die *Initialisiererklausel*-Regel) wird der Wert dieses Ausdrucks als Argument des Copy-Konstruktors genommen und gegebenenfalls vorher konvertiert. Bei einem Initialisierer der Form (*Ausdrucksliste*) wird unter den für die Klasse definierten Konstruktoren der am besten „passende" (vgl. 13.2 und 13.3) ausgewählt. Auch in diesem Fall kann ein Aufruf des Copy-Konstruktors resultieren, etwa wenn man `mengeB` wie folgt definiert:

```
DoubMenge mengeB(mengeA);
```

Sofern für eine Klasse kein Copy-Konstruktor definiert ist, erzeugt der Compiler einen `public` Copy-Konstruktor, der elementweise initialisiert – für Elemente, die selbst wieder Klassenobjekte sind und für Basisklassen (Abschnitt 17.1) wird dabei, falls vorhanden, der benutzerdefinierte Copy-Konstruktor aufgerufen. Bei (nicht `static`) Datenelementen eines Feldtyps wird die elementweise Initialisierung für alle Komponenten durchgeführt.

Auch bei jeder Übergabe von Klassenobjekten als Argumente an eine Funktion oder der Rückgabe als Funktionswert wird der Copy-Konstruktor aufgerufen. Zum Beispiel ist der oben definierte `DoubMenge`-Copy-Konstruktor erforderlich, damit die Funktion

```
DoubMenge schnitt(const DoubMenge& a, const DoubMenge& b) {
    DoubMenge axb;
    if (a.anzahl > 0) {
        DoubMenge::DoubElem* aZgr = a.start;
        do {
            if (b.istElement(aZgr->element))
                axb.fuegeEin(aZgr->element);
        } while ((aZgr = aZgr->nachf) != 0);
    }
    return axb;
}
```

wie beabsichtigt den Durchschnitt von zwei Mengen berechnet. (Vgl. hierzu auch die Übungsaufgabe 3(a) am Ende des Kapitels.) Damit `schnitt()` auf die Daten der Mengen `a` und `b` zugreifen kann, nimmt man die Funktion als `friend` in die Klasse `DoubMenge` (innerhalb der Header-Datei) auf.

```
friend DoubMenge schnitt(const DoubMenge&, const DoubMenge&);
```

Als Parameter der Funktion `schnitt()` haben wir hier Referenzen auf konstante Objekte gewählt, d.h. bei der Übergabe der Argumente wird der Copy-Konstruktor

nicht benutzt, und es werden in der Funktion keine lokalen Kopien der zu schnei-
denden Mengen angelegt. Lediglich ihre Adressen werden übergeben. Dies ist fast
immer (vielleicht mit der Ausnahme kleinster Klassenobjekte) erheblich effizienter
als die Übergabe von Klassenobjekten als Werte, wie sie mit der Implementierung
in der Form

```
DoubMenge schnitt(DoubMenge a, DoubMenge b)
   { /* Funktionsrumpf unveraendert ... */ }
```

realisiert würde. Im letzteren Fall kann man in der Funktion die lokalen Kopien der
Argumente verändern, ohne daß sich dies auf die Argumente selbst auswirkt. In der
vorgeschlagenen Form ist das Ändern der Argumente dadurch ausgeschlossen, daß
die zugehörigen Parameter als Referenz auf **const** Objekte spezifiziert sind.

Bei der Rückgabe von Funktionswerten ist eine Kopie meist unvermeidbar. Wenn
man beispielsweise **DoubMenge&** als Typ des Funktionswerts für **schnitt()** vereinbart, gibt man als Ergebnis eine Referenz auf ein lokales Objekt zurück, das direkt
nach Beendigung des Funktionsaufrufs schon nicht mehr existiert (vgl. Übungsaufgabe 3(b) am Ende des Kapitels und die Aufgabe 2 aus Kapitel 11). Legt man
andererseits die Menge **axb** auf dem Heap an, ist zwar die effiziente Rückgabe mittels Referenz möglich, das Objekt kann aber nach dem Funktionsaufruf kaum noch
beseitigt werden. Generell sollte man u.E. nicht versuchen, eine Referenz auf lokale
Klassenobjekte zurückzugeben.

<u>Bemerkungen</u>

1. Ein Copy-Konstruktor sollte grundsätzlich definiert werden, wenn die Klasse
   ein Datenelement hat, das ein Zeiger auf den Heap ist.

2. Wenn eine Klasse Elemente oder Basisklassen (siehe Kapitel 17) hat, für die
   selbst ein **private** Copy-Konstruktor definiert ist, erzeugt der Compiler keinen
   „Standard"-Copy-Konstruktor.

3. Wie jeder andere Konstruktor kann auch ein Copy-Konstruktor eine Initialisiererliste haben. Für die **Matrix**-Klasse aus Abschnitt 14.11 wird man beispielsweise den folgenden Copy-Konstruktor definieren.

```
Matrix::Matrix(const Matrix& m)
        : zeilen(m.zeilen), spalten(m.spalten),
          komp(new double*[zeilen]) {
     for (int i = 0; i < zeilen; i++) {
         komp[i] = new double[spalten];
         for (int j = 0; j < spalten; j++)
             komp[i][j] = m.komp[i][j];
     }
}
```

4. Klassenobjekte können auf zwei Arten kopiert werden: mittels Initialisierung
   und durch Zuweisung. Die in diesem Abschnitt für Initialisierungen geschilderten Probleme mit flachen Kopien treten auch bei der Zuweisung von Klassenobjekten an andere Klassenobjekte auf. Zu ihrer Lösung muß der Zuweisungsoperator = für die jeweilige Klasse überladen werden – so wie es in
   Abschnitt 16.2 geschildert ist.

15.2 Typumwandlungen mittels Konstruktor

Jeder Konstruktor einer Klasse X, der einen einzigen Parameter hat oder dessen
folgende Parameter alle über Standardargumente verfügen – der also mit einem
einzelnen Argument aufgerufen werden kann – definiert auch eine Konversion vom
Typ dieses Parameters in den Typ X. Solche *benutzerdefinierte Konversionen* werden zusätzlich zu den in Abschnitt 6.1 erstmals behandelten Standardkonversionen
vom Compiler implizit bei Initialisierungen (einschließlich der Übergabe von Argumenten an eine Funktion und der Rückgabe von Funktionswerten), bei Zuweisungen
und generell in Ausdrücken, bei denen ein Operator einen Operanden des Typs X
erwartet, vorgenommen. Explizite Typumwandlungen (siehe Abschnitt 9.2) sind
ebenfalls möglich.

Zum Beispiel kann die Funktion

```
void pruefe(Timer tst, const Timer& norm)
    { /* ... */ }  // pruefen von 'tst'
```

mittels `pruefe("055.00,000", 55);` aufgerufen werden. Dabei wird das erste Argument mit dem Konstruktor `Timer(const char*)` konvertiert, und beim zweiten
Argument wird `Timer(int = 0, int = 0, int = 0)` verwendet.

Sofern es erforderlich ist, führt der Compiler vor dem Aufruf des Konstruktors Standardkonversionen durch. Beispielsweise wird bei einem Aufruf `pruefe("1.00,000",`
`1.00);` das `double`-Argument `1.00` zunächst in `int`, also den Wert 1, umgewandelt.

Auch ein Klassentyp kann Argument einer benutzerdefinierten Konversion sein, wie
es das folgende Beispiel zeigt, das einen m-komponentigen Vektor mittels Konstruktoraufruf in eine $(m \times 1)$-Matrix umwandelt.

```
Matrix::Matrix(const Vektor& v) : zeilen(v.anzKomp), spalten(1),
        komp(new double*[zeilen]) {
    for (int i = 0; i < zeilen; i++) {
        komp[i] = new double[spalten];
        komp[i][0] = v.komp[i];
    }
}
```

Im Beispiel ist es zweckmäßig, umgekehrt noch einen `Vektor`-Konstruktor zu definieren, der einspaltige Matrizen als Argument akzeptiert.

Benutzerdefinierte Konversionen wurden bereits im Zusammenhang mit der Suche nach Übereinstimmungen bei der Auswahl überladener Funktionen (Abschnitt 13.2) erwähnt. Diese Konversionen werden erst an zweiter Stelle, aber noch vor der Übereinstimmung durch unspezifizierte Argumente, berücksichtigt. Es bleibt hier nachzutragen, daß eine Übereinstimmung durch benutzerdefinierte Konversion vor und nach dem Konstruktoraufruf eine Standardkonversion (exakte Übereinstimmung bzw. [1.1]–[1.4] aus 13.2) beinhalten darf. Im Fall

```
struct X { X(long double); /* ... */ };
void f(const X& x) { /* ... */ }
void f(double* zd) { /* ... */ }
.....
    const double d = 1.25;
    f(d);
```

wird daher die Funktion `f(const X&)` ausgeführt. Zunächst stimmen `const double` und `double` exakt überein, so daß eine Standardkonversion von `double` nach `long double` vorgenommen werden kann. Es schließt sich die benutzerdefinierte Konversion nach `X` an, und `X` stimmt exakt mit dem Typ `const X&` überein.

Es wird grundsätzlich immer nur höchstens eine benutzerdefinierte Konversion implizit durchgeführt. Anderenfalls müßte C++ bei der Auswertung von Ausdrücken und Funktionsaufrufen immer sämtliche möglichen Kombinationen aller Konstruktoren prüfen. Das heißt, im **Matrix-Vektor**-Beispiel ist der Aufruf `f(5)` für die Funktion

```
void f(Matrix m) { /* ... */ }
```

ein Fehler: Er erzeugt nicht erst mittels `Vektor(int)` einen 5-komponentigen Vektor, der dann durch `Matrix(const Vektor&)` in eine (5×1)-Matrix konvertierbar wäre.

Auch wenn der Initialisierer bei der Definition von Objekten einer Klasse `X` nicht den Typ `X` hat, können Typumwandlungen mittels Konstruktor vorgenommen werden. Zum Beispiel

```
struct T { /* ... */ };
struct X {
    X(const X&);
    X(T);
    // ...
};

T t;
X x = t;           // impliziter Aufruf von X(T)
X y = X(t);              // expliziter Aufruf
X z = static_cast<X>(t); // expliziter Aufruf
```

In allen drei Fällen ist die Bedeutung dieselbe. Zuerst ist aus t ein temporäres X-Objekt zu konstruieren, das dann mit dem Copy-Konstruktor in die neu definierte Variable kopiert wird. Es ist jedoch zulässig, daß der Compiler beide Schritte zu einem zusammenfaßt und das neue Objekt direkt in dem dafür reservierten Speicherplatz konstruiert, im Beispiel also so vorgeht, als seien x, y und z in der Form X x(t);, X y(t); bzw. X z(t); deklariert worden. Bei einem Copy-Konstruktor, der – sinnvollerweise – nur Anweisungen enthält, die für das Anfertigen tiefer Kopien benötigt werden, ist kein Unterschied feststellbar.

Implizite Konversionen durch Konstruktoren sind aber nicht immer erwünscht, z.B.

```cpp
class Feld {
public:
    Feld(int groesse);
    // ...
};

void test() {
    Feld x(10);        // expliziter Aufruf
    x = 5;             // impliziter Aufruf
    Feld y = 10;       // impliziter Aufruf
}
```

Der Konstruktor der Klasse Feld dient hier zur Konstruktion von Feldern der angegebenen Größe. Sein typischer Aufruf erfolgt explizit, beispielsweise in der Form Feld x(10);. Eine Zuweisung der Art x = 5 ist dagegen wenig sinnvoll und vermutlich unbeabsichtigt. Sie ist jedoch zulässig, weil der Konstruktor implizit eine Typkonversion von int nach Feld durchführt.

Um solche unerwünschten impliziten Typkonversionen auszuschließen, können Konstruktoren, die mit einem Argument aufrufbar sind, als explicit deklariert werden; bei einer Definition außerhalb der Klasse wird der Funktionsspezifizierer explicit nicht wiederholt. Solche Konstruktoren sind dann nur noch explizit aufrufbar.

```cpp
class Feld {
public:
    explicit Feld(int groesse);
    // ...
};

void test() {
    Feld x(10);        // expliziter Aufruf
    x = 5;             // Fehler
    Feld y = 10;       // Fehler
}
```

Die Zuweisung an x und die Definition von y werden nun nicht mehr übersetzt, weil sie eine Konversion von int nach Feld benötigen. Bei der Konstruktion von

Klassenobjekten ist daher u.E. die Schreibweise X x(t); gegenüber X x = t; vorzuziehen.

Bemerkung

Wie beim Aufruf jeder Elementfunktion werden auch bei impliziten Konstruktoraufrufen nach der Typprüfung noch die Zugriffsrechte geprüft.

15.3 Übungsaufgaben

1. Definieren Sie einen Copy-Konstruktor für die Klasse `VersVertrag`.

2. Stellen Sie fest, ob Ihr Compiler bei Initialisierungen der Art `X x = t;` den
   Copy-Konstruktor aufruft. (Fügen Sie beispielsweise in alle Konstruktordefinitionen eine Anweisung `cout << "X(const X&)" << endl;` o.ä. ein.)

3. (a) Beobachten Sie die Wirkung des Aufrufs von `f()` mit dem elementweisen
       bzw. dem in Abschnitt 15.1 definierten Copy-Konstruktor.

```cpp
void f() {
    DoubMenge a;
    a.fuegeEin(1.1);
    a.fuegeEin(2.2);
    a.fuegeEin(3.3);
    DoubMenge b;
    b.fuegeEin(2.2);
    b.fuegeEin(3.3);
    b.fuegeEin(4.4);
    DoubMenge c;
    c.fuegeEin(4.4);
    c.fuegeEin(5.5);
    DoubMenge x = schnitt(a, b);
    DoubMenge y = schnitt(b, c);
    cout << "A   = "; a.inhalt();
    cout << "B   = "; b.inhalt();
    cout << "C   = "; c.inhalt();
    cout << endl;
    cout << "A*B = "; x.inhalt();
    cout << "B*C = "; y.inhalt();
}
```

   (b) Was ändert sich, wenn Sie `schnitt()` mit dem Typ `DoubMenge&(const
       DoubMenge&, const DoubMenge&)` deklarieren? Bewerten Sie Ihre zugehörige Implementation.

4. Schreiben Sie einen Konstruktor für die Klasse `Vektor`, der einspaltige `Matrix`-
   Objekte in Vektoren umwandelt.

5. Untersuchen Sie, falls der von Ihnen eingesetzte Compiler die `explicit`-Deklaration von Konstruktoren mit einem Argument unterstützt, an welchen Stellen implizite Typkonversionen benutzt werden.

   Implementieren Sie anderenfalls für die Klasse `Feld` einen Mechanismus, mit dem implizite Typkonversionen verhindert werden können. (Hinweis: Verwenden Sie eine Hilfsklasse, so daß statt einer zwei implizite benutzerdefinierte Konversionen durchzuführen wären.)

6. Erweitern und verbessern Sie das folgende Programm, so daß es sich übersetzen läßt.

```cpp
class X {
public:
    X(int = 0, double = 0.0);
    X(const X&);
    // ...
private:
    int i;
    const double d;
};

X::X(const X& x) { i = x.i; d = x.d; }

int main() {
    X x(10, 1.5);
    X y = x;
    return 0;
}
```

Überladene Operatoren

In C++ ist es bis auf wenige Ausnahmen möglich, jeden Operator, z.B.
+, *, ! usw. zu überladen und so dessen Funktionalität auf benutzerdefinierte Datentypen auszudehnen. Dazu definiert man eine Funktion,
deren Name aus dem Schlüsselwort `operator` und einem nachfolgenden
Operatorsymbol besteht. Neue Operatoren, die die Menge der für die
vordefinierten und zusammengesetzten Datentypen verfügbaren Operatoren erweitern, können nicht definiert werden.

16.1 Einleitung

Die im folgenden aufgeführten Operatoren können für jede Klasse und für jeden
Aufzählungstyp überladen werden:

```
  !     %     ^     &     *     ()    -     +     =     |
  ~     []    <     >     /     ,     ->    ++    --    ->*
  <<    >>    <=    >=    ==    !=    &&    ||    *=    /=
  %=    +=    -=    <<=   >>=   &=    ^=    |=    new   delete
```

() und [] sind der Aufrufoperator bzw. der Indexoperator. Bei *, -, + und &
können die einstelligen und die zweistelligen Formen überladen werden. `sizeof`,
., .*, und :: können nicht überladen werden, da sie bereits für Operanden eines
Klassentyps definiert sind. Auch bei ?: ist das Überladen nicht gestattet: hier ist
eine sinnvolle Interpretation der Semantik bei Anwendung auf Klassenobjekte oder
Enumeratoren nur schwer vorstellbar. Generell ist beim Überladen von Operatoren
darauf zu achten, daß die neue Bedeutung die vordefinierte Wirkungsweise möglichst
natürlich und *vollständig* erweitert. (Anwender des Klassen- oder Aufzählungstyps
und seiner Operatoren sollen vor „Überraschungen" sicher sein.)

Die Operatoren !, % usw. einer Klasse oder Aufzählung überlädt man durch Definition einer *Operatorfunktion* `operator!()`, `operator%()` usw. Die entsprechende
Syntaxregel ist:

> *Operatorfunktionsname:*
> `operator` *Operator*

Wie man **new** und **delete** überladen kann, wird hier nicht behandelt. Diese Operatoren nehmen eine Sonderstellung ein; die Ausführungen in den folgenden Abschnitten treffen auf sie nicht zu.

- Eine Operatorfunktion muß entweder Elementfunktion einer Klasse sein oder mindestens einen Parameter haben, der vom Typ Klasse, Referenz auf Klasse, Aufzählung oder Referenz auf Aufzählung ist. Somit ist ausgeschlossen, daß die Wirkungsweise der Operatoren auf den vordefinierten Datentypen verändert wird. Damit eine Elementfunktion einer Klasse **X** als Operatorfunktion definiert werden kann, darf sie nicht **static** spezifiziert sein; sie besitzt dann also einen impliziten Objektparameter (des Typs **X&** bzw. **const X&**).

- Stelligkeit, Assoziativität oder Priorität eines Operators können beim Überladen nicht verändert werden.

- Überladene Operatoren können keine Standardargumente haben. Es ist u.E. kaum sinnvoll, z.B. anstelle von **a = b*c** auch **a = b*** oder **a = *** schreiben zu können. Eine Ausnahme bildet der in Abschnitt 16.4 behandelte Aufrufoperator ().

- Mit der Ausnahme von **operator=()** werden alle Operatorfunktionen an abgeleitete Klassen (Kapitel 17) vererbt.

Wir behandeln als erstes den Zuweisungsoperator, für den – im Unterschied zu allen anderen Operatoren – vom Compiler eine Standard-Operatorfunktion generiert werden kann.

16.2   Der Zuweisungsoperator =

Die in Abschnitt 15.1 behandelten Probleme mit flachen Kopien treten auch bei der Zuweisung von Klassenobjekten an andere Klassenobjekte auf. Sofern für eine Klasse kein gesonderter Zuweisungsoperator definiert ist, wird elementweise zugewiesen. Zum Beispiel führt ein Aufruf der Funktion **g()** nicht zum erwarteten Resultat, da der **start**-Zeiger der Menge **y** auf den mit **x.loesche(2.2)** freigegebenen Speicherbereich zeigt:

```
void g() {
    DoubMenge x;
    x.fuegeEin(1.1);
    x.fuegeEin(2.2);
    DoubMenge y;
    y = x;
    x.loesche(2.2);
    y.fuegeEin(-3.3);
    cout << "X = "; x.inhalt();
    cout << "Y = "; y.inhalt();
}
```

Eine vollständige (*tiefe*) Kopie erhält man, wenn man den Zuweisungsoperator =
überlädt. In diesem Fall muß `operator=()` als Elementfunktion mit genau einem Parameter definiert werden. Die Operatorfunktion ist nicht `static`; damit
ist ein Klassenobjekt vorhanden, an das zugewiesen werden kann. Eine erste, noch
unvollständige Möglichkeit wäre die Kombination des Destruktors und des Copy-
Konstruktors der Klasse `DoubMenge`, etwa in der Form

```cpp
void DoubMenge::operator=(const DoubMenge& m) {
    if (anzahl > 0) {
        DoubElem* iter = start;
        do {
            DoubElem* tmp = iter->nachf;
            delete iter;
            iter = tmp;
        } while (iter != 0);
    }
    if ((anzahl = m.anzahl) == 0)
        start = 0;
    else {
        DoubElem* mZgr = m.start;
        DoubElem* z = start = new DoubElem(mZgr->element);
        while((mZgr = mZgr->nachf) != 0)
            z = z->nachf = new DoubElem(mZgr->element);
    }
}
```

Eine Operatorfunktion kann explizit mit ihrem Namen oder implizit durch die Verwendung des zugehörigen Operators aufgerufen werden. Zum Beispiel

```cpp
y.operator=(x);   // expliziter Aufruf
y = x;            // implizit
```

Bei der obigen Implementation hat ein Zuweisungsausdruck `y = x` den Typ `void`,
d.h. eine Zuweisung der Art `z = y = x` ist nicht möglich. Um einen Operator = zu erhalten, der, wie in 6.2.10 besprochen, als Wert eines Zuweisungsausdrucks den Wert
des linken Operanden nach erfolgter Zuweisung liefert, benutzt man eine Deklaration der Form `X& X::operator=(const X&)`. Als Funktionswert gibt man dann das
Klassenobjekt, für das die Elementfunktion `operator=()` aufgerufen wird, zurück:

```cpp
DoubMenge& DoubMenge::operator=(const DoubMenge& m) {
    // ... wie oben
    return *this;
}
```

Die Rückgabe des Funktionswerts als Referenz ist hier unproblematisch, weil es
sich dabei nicht um einen Verweis auf ein im Funktionsrumpf lokal konstruiertes

Objekt handelt. Die Lebensdauer des Objekts, auf das `this` zeigt, überdauert die
Zeitspanne, während der der `operator=()` aktiv ist.

Im Beispiel wird bei der Auswertung eines Ausdrucks `y = x` zuerst der alte Inhalt
von `y` zerstört und die Menge dann neu mit dem Inhalt von `x` aufgebaut. Damit ein
Programm sich nach einer Zuweisung `y = y` nicht erratisch verhält, muß als erste
Anweisung noch

```
if (this == &m)
    return *this;
```

in die Definition aufgenommen werden. Beim Überladen des Zuweisungsoperators
ist immer zu überlegen, ob `operator=()` mit dieser Anweisung beginnen muß.

Die Definition von `DoubMenge` kann weiter verbessert werden, indem man die mittler-
weile eingetretene Code-Duplizierung durch Definition von zwei `private` Elementfunktionen wieder rückgängig macht, vgl. Übungsaufgabe 1 am Ende des Kapitels.

Wenn für eine Klasse `X` kein Zuweisungsoperator definiert ist, erzeugt der Compiler
eine `public` Operatorfunktion, die elementweise zuweist und `*this` als Funktions-
wert des Typs `X&` liefert. Falls `X` Elemente einer Klasse `Y` enthält oder `Y` Basisklasse
(Abschnitt 17.1) von `X` ist, wird dabei, sofern vorhanden, die benutzerdefinierte
Funktion `Y::operator=()` aufgerufen. Der „Standard"-Zuweisungsoperator kann
nicht erzeugt werden, wenn `X` nicht-`static` Datenelemente hat, die `const` sind oder
Referenzen sind. Auch wenn `X` Elemente oder Basisklassen hat, für die eine `private`
Operatorfunktion = definiert ist, wird `X::operator=()` nicht vom Compiler erzeugt
(vgl. Übungsaufgabe 2).

Bemerkung

Wie für den Copy-Konstruktor gilt auch hier die Faustregel, daß eine Operatorfunktion zum Überladen des Zuweisungsoperators definiert werden muß, wenn die Klasse
ein Datenelement hat, das Zeiger auf den Heap ist.

16.3 Einstellige Operatoren

Die einstelligen Präfix-Operatoren (vgl. 6.2.12) können als parameterlose Elementfunktion, die nicht `static` sein darf, oder als einparametrige Funktion, die nicht
Klassenelement ist, deklariert werden. Im zweiten Fall wird die Funktion i.d.R.
`friend` der Klasse sein, um auf die Datenelemente ihres Arguments zugreifen zu
können. Falls beide Formen deklariert sind, entscheidet der Compiler beim Aufruf
durch Vergleich der Argumente und Parameter, welche Funktion ausgeführt wird
– vorausgesetzt der Aufruf ist nicht mehrdeutig. Im folgenden Beispiel der Klasse
`Polynom` ist der Operator ~ so überladen worden, daß mit ihm die erste Ableitung
eines Polynoms berechnet wird.

```
class Polynom {
public:
      Polynom(double c = 0.0) { n = 0; a[0] = c; }
```

```cpp
    Polynom(int, const double[]);
    Polynom operator~() const;
    // ... weitere Operatorfunktionen
    enum { maxGrad = 10 };
private:
    int n;
    double a[maxGrad + 1];
};


Polynom::Polynom(int grad, const double koeff[]) {
    n = grad;
    for (int i = 0; i <= n; i++)
        a[i] = koeff[i];
}


Polynom Polynom::operator~() const {
    double b[maxGrad + 1];
    for (int i = 1; i <= n; i++)
        b[i - 1] = i*a[i];
    return Polynom(n - 1, b);
}
```

Mit der Klasse können Polynome maximal 10-ten Grades manipuliert werden. Das Polynom $p(x) = 4x^3 + 2x - 7$ erzeugt man z.B. mittels

```cpp
    double a[] = { -7, 2, 0, 4 };
    Polynom p(3, a);
```

Der Operator kann wieder explizit, d.h. in der Form `p.operator~()` oder implizit, also einfach als `~p` aufgerufen werden. Im Beispiel erhält man mit der Definition `Polynom q = ~p;` das Polynom $q(x) = 12x^2 + 2$. Die `return`-Anweisung in `operator~()` ist semantisch äquivalent zu den Anweisungen

```cpp
    Polynom temp(n - 1, b);
    return temp;
```

Mit der vorgeschlagenen einen Anweisung wird möglicherweise ein Aufruf des vom Compiler generierten Copy-Konstruktors eingespart (vgl. 15.2).

Implementiert man den Ableitungsoperator nicht als Klassenelement, so ist die folgende Realisierung als `friend`-Funktion der Klasse `Polynom` denkbar.

```cpp
    Polynom operator~(const Polynom& p) {
        double b[Polynom::maxGrad + 1];
        for (int i = 1; i <= p.n; i++)
            b[i - 1] = i*p.a[i];
        return Polynom(p.n - 1, b);
    }
```

Der Name der Elementkonstanten `maxGrad` muß hier vollständig qualifiziert werden.
Ein expliziter Aufruf der Operatorfunktion erfolgt dann mittels `operator~(p)`; der
implizite Aufruf ist wieder kurz `~p`.

Inkrement- und Dekrementoperatoren

Die einstelligen Operatoren `++` und `--` nehmen insofern eine Sonderstellung ein, als
sie als Präfix- und als Postfix-Operatoren überladen werden können. Die Präfix-
Operatoren werden durch Elementfunktionen `operator++()` bzw. `operator--()`
ohne Parameter, die entsprechenden Postfix-Operatoren durch Elementfunktionen
`operator++(int)` bzw. `operator--(int)` mit einem (lediglich aus syntaktischen
Gründen zur Unterscheidung erforderlichen) `int`-Parameter definiert. Zur Auswertung von `x++` und `x--` führt der Compiler die expliziten Aufrufe `x.operator++(0)`
bzw. `x.operator--(0)` durch. Für das Beispiel der `Timer`-Klasse kann man die
Inkrementoperatoren wie folgt überladen:

```
Timer& Timer::operator++() {
    tick();
    return *this;
}


Timer Timer::operator++(int) {
    Timer temp = *this;
    ++(*this);
    return temp;
}
```

Die Funktionalität der Operatorfunktionen entspricht dann genau den arithmetischen Inkrementoperatoren (vgl. die Abschnitte 6.2.13 und 6.2.14). Beim Präfix-
Operator ist das Resultat des Funktionsaufrufs (wegen des Referenztyps) ein modifizierbarer L-Wert, der bereits inkrementiert ist. Der Operator kann mehrmals hintereinander angewendet werden. Beim Postfix-Operator wird dagegen kein L-Wert
zurückgegeben, und der Funktionswert ist das ursprüngliche Objekt. Die unterschiedliche Wirkungsweise wird durch den Aufruf der Funktion `h()` veranschaulicht.

```
void h() {
    Timer x(12, 12, 34);
    Timer y = x;
    (++x).anzeige();
    x.anzeige();
    (y++).anzeige();
    y.anzeige();
}
```

Beide Operatoren können auch als globale Funktionen mit einem bzw. zwei Parametern definiert werden.

Mit dem Aufzählungstyp **status** aus Abschnitt 8.8 könnte man beispielsweise die folgende globale Implementation realisieren:

```cpp
enum status { rot, rotgelb, gruen, gelb };

status operator++(status& s, int) {
    status tmp = s;
    s = static_cast<status>((tmp + 1)%(gelb + 1));
    return tmp;
}
```

16.4   Zweistellige Operatoren

Zweistellige Operatoren können als Elementfunktion mit einem Parameter, die nicht **static** sein darf, oder als Funktion mit zwei Parametern, die nicht Klassenelement ist, deklariert werden. Im zweiten Fall wird die Funktion i.d.R. wieder **friend** der Klasse sein. Falls beide Formen deklariert sind, entscheidet der Compiler beim Aufruf durch Vergleich der Argumente und Suche nach der besten Übereinstimmung (vgl. Kapitel 13), welche Funktion ausgeführt wird.

Für die Klasse **Matrix** kann man beispielsweise den Operator * so überladen, daß er das Produkt von zwei Matrizen berechnet:

```cpp
Matrix Matrix::operator*(const Matrix& m) const {
    if (spalten != m.zeilen) {
        // Fehlerbehandlung ...
    }
    Matrix res(zeilen, m.spalten);
    for (int i = 0; i < zeilen; i++)
        for (int k = 0; k < m.spalten; k++) {
            res.komp[i][k] = 0.0;
            for (int j = 0; j < spalten; j++)
                res.komp[i][k] += komp[i][j]*m.komp[j][k];
        }
    return res;
}
```

Mit dieser Operatorfunktion kann nun nicht nur das Produkt von zwei Matrizen, sondern – unter impliziter Verwendung des **Matrix**-Konstruktors aus Abschnitt 15.2 – auch das Produkt aus einer Matrix und einem Vektor berechnet werden, z.B.

```cpp
Vektor x(3);
Matrix matA(4, 3);
// ... Eingabe von x und matA
Matrix matB = matA*x;
```

Sofern man neben dem Copy-Konstruktor auch noch den Zuweisungsoperator für die
Klasse `Vektor` definiert und (wie in Kap. 15, Aufgabe 4) eine Konversion einspaltiger
Matrizen in `Vektor`-Objekte ermöglicht, kann dieses Produkt auch einem Vektor
zugewiesen werden. Mit einem geeigneten Ergebnisvektor, etwa `Vektor b(4);` kann
man dann einfach `b = matA*x;` schreiben.

Als zweites Beispiel überladen wir den Additionsoperator für die Klasse der Polynome und wählen hier eine Funktion mit zwei Parametern.

```
Polynom operator+(const Polynom& p, const Polynom& q) {
    Polynom s = (p.n > q.n) ? p : q;
    Polynom t = (p.n > q.n) ? q : p;
    for (int i = 0; i <= t.n; i++)
        s.a[i] += t.a[i];
    return s;
}
```

Da die Operatorfunktion auf `private` Datenelemente von s, t und der Parameter p
und q zugreift, muß die Klasse eine `friend`-Deklaration für `operator+()` enthalten.
Beim Aufruf sind die implizite Form `p + q` oder explizit `operator+(p, q)` möglich.

Die Entscheidung darüber, ob eine Operatorfunktion als Klassenelement oder als
globale Funktion (oder Namespace-Funktion) und gegebenenfalls als `friend` zu implementieren ist, hängt von der vorgesehenen Verwendung ab.

- Sofern der Operator lediglich Klassenobjekte verknüpfen soll, ist die Realisierung als Elementfunktion vorzuziehen. In diesem Fall kann der rechte Operand
  (das Argument des Funktionsaufrufs) sogar einen von der Klasse verschiedenen
  Datentyp haben – vorausgesetzt, es ist eine benutzerdefinierte Konversion zum
  Klassentyp spezifiziert worden, die dann implizit aufgerufen wird. Im obigen
  ersten Beispiel wurde dies beim Aufruf `matA*x` mit dem `Vektor`-Argument x
  ausgenutzt.

- Die Implementierung als Elementfunktion scheidet aus, wenn auch für den
  linken Operanden nicht nur Klassenobjekte zugelassen werden sollen. Mit
  der (1×4)-Matrix C aus `Matrix matC(1, 4);` ist z.B. die Multiplikation
  `x*matC` (ausführlicher: der Aufruf `x.operator*(matC)`) nicht möglich, da
  Elementfunktionen nur für Klassenobjekte aufgerufen werden können. Implizite Typkonversionen werden nur bei den Argumenten vorgenommen, die
  in der Parameterliste tatsächlich aufgeführt sind, und nicht bei der impliziten
  Objektreferenz.

  Im obigen zweiten Beispiel kann die Funktion `operator+()` dagegen – neben
  Aufrufen der Art `p + q` und `p + 3.3`, die auch mit einer Elementfunktion
  möglich sind – zusätzlich noch in der Form `-14.5 + q` aufgerufen werden.
  Dies ist wünschenswert, um + kommutativ zu definieren. (Bei einem Ausdruck `-14.5 + 3.3` wird der vordefinierte Additionsoperator verwendet und
  das Resultat ist vom Typ `double`.)

Funktionsaufruf

Der Aufrufoperator () ist ein zweistelliger Operator. Sofern er für eine Klasse überladen werden soll, ist er als Elementfunktion, die nicht `static` sein darf, zu definieren. Die möglicherweise leere Parameterliste dieser Elementfunktion ist dann der zweite Operand von (): Für die expliziten Aufrufe `x.operator()()`, `x.operator()(a)`, `x.operator()(a, b)`,... kann man daher auch kurz `x()`, `x(a)`, `x(a, b)`,... schreiben. Da `operator()()` Klassenelement sein muß, sind „Aufrufe" des Typs `5.0(a, b)` ausgeschlossen.

Für die Klasse `Polynom` ist die folgende Definition mit einer `double`-Variablen als Argument beim Aufruf naheliegend:

```cpp
double Polynom::operator()(double x) const {
    double px = a[n];
    for (int i = n - 1; i >= 0; i--)
        px = px*x + a[i];
    return px;
}
```

Den Funktionswert eines Polynoms p an der Stelle x erhält man dann durch den Ausdruck `p(x)`. Wie der Aufrufoperator in einer Elementfunktion seiner Klasse aufgerufen werden kann, zeigt die Funktion `plot()`, die ähnlich wie in `prog-6` den

```cpp
void Polynom::plot(double xmin, double xmax,
        double fmin, double fmax) {
    const int xPt = 20, yPt = 60;
    const double dx = (xmax - xmin)/xPt, dy = yPt/(fmax - fmin);
    double x = xmin;
    for (int i = 0; i <= xPt; i++) {
        double fskal = ((*this)(x) - fmin)*dy;  // operator()(x)
        int j = 0;
        while (j < fskal && j++ < yPt)
            cout << '*';
        cout << endl;
        x += dx;
    }
}
```

Verlauf eines Polynoms in einem bestimmten Bereich skizziert. (Hier kann man auch explizit `this->operator()(x)` benutzen.) Ein Beispiel für einen `plot()`-Aufruf ist

```cpp
int main() {
    double a[] = { 0, 1, 0, -0.1667, 0, 0.0083, 0, -0.0002 };
    Polynom s(7, a);
    s.plot(-1, 3, -1.1, 1.1);
    return 0;
}
```

Indizierung

Auch der Indexoperator [] kann als zweistelliger Operator überladen werden, indem
man `operator[]()` als Elementfunktion, die nicht `static` sein darf, definiert. Für
einen expliziten Aufruf `x.operator[](a)` kann man dann kurz `x[a]` schreiben. Der
Index muß hier nicht wie beim Zugriff auf eine Feldkomponente ganzzahlig sein,
sondern kann einen beliebigen Datentyp haben (siehe hierzu Übungsaufgabe 10).
Mit der Operatorfunktion

```
Vektor Matrix::operator[](int i) const {
    if (i < 0 || i >= zeilen) {
        // Fehlerbehandlung ...
    }
    Vektor tmp(spalten);
    for (int j = 0; j < spalten; j++)
        tmp.komp[j] = komp[i][j];
    return tmp;
}
```

kann man z.B. die $(i+1)$-te Zeile eines `Matrix`-Objekts als `Vektor` berechnen. Wenn
man [] auch noch für die Klasse `Vektor` überlädt, kann wie gewohnt mit `matA[i][j]`
lesend auf die einzelnen Komponenten einer Matrix zugegriffen werden. Eine einfachere Möglichkeit, die modifizierbare L-Werte liefert, bietet sich mit der folgenden
Verwendung des Aufrufoperators.

```
double& Matrix::operator()(int i, int j) {
    if (i < 0 || i >= zeilen || j < 0 || j >= spalten) {
        // Fehlerbehandlung ...
    }
    return komp[i][j];
}
```

Jetzt sind auch Zuweisungen an die Matrixkomponenten möglich, beispielsweise
`matA(i, j) = -3.41`. Ohne weitere Vorkehrungen sind jedoch auf `const` deklarierte Matrizen noch nicht einmal lesende Zugriffe möglich:

```
const Matrix matB(3, 3);
// ...
cout << matB(i, j);  // Fehler: operator() ist nicht const
```

Dies erfordert das Überladen des Aufrufoperators durch Aufnahme einer weiteren,
konstanten Elementfunktion in die `Matrix`-Klasse, z.B.

```
double Matrix::operator()(int i, int j) const
    { /* Funktionsrumpf wie oben */ }
```

Elementzugriff

Der Pfeiloperator -> kann durch Definition einer parameterlosen Elementfunktion überladen werden. Auch **operator->()** darf nicht **static** sein. Ein Ausdruck **x->elem** wird dann vom Compiler durch (**x.operator->())->elem** ersetzt, d.h. der Aufruf **x.operator->()** muß als Funktionswert einen Zeiger auf eine Klasse, die ein Element **elem** hat, liefern.

Es wird so möglich, vor jedem Zeigerzugriff auf die Objekte einer Klasse C einen bestimmten Funktionsrumpf (den der Operatorfunktion) auszuführen. Diese Technik wird bei vielen Datenbankimplementationen eingesetzt, um zu prüfen, ob sich Objekte auf deren Elemente man zugreifen will, im Speicher befinden oder ob sie erst noch geladen werden müssen. Das folgende Beispiel skizziert diese Vorgehensweise: Zugriffe auf C-Objekte werden hier über die „Referenzklasse" RefC abgewickelt.

```
class C {
    friend class RefC;
public:
    C(int w) { wert = w; id++; }
    C(objektID, int w) { wert = w; }
    int cWert() const { return wert; }
private:
    int wert;
    static objektID id;   // z.B. unsigned long int
};

objektID C::id;

class RefC {
public:
    RefC(C&);
    RefC(objektID oi) : id(oi) { zc = 0; }
    ~RefC() { delete zc; }
    C* operator->();
private:
    C* zc;
    objektID id;
};

C* RefC::operator->() {
    if (zc == 0) {
        int wert;
        // ... Objekt mit ID 'id' laden, 'wert' lesen
        zc = new C(id, wert);
    }
    return zc;
}
```

```
int main() {
    RefC r(1);
    cout << r->cWert() << endl;   // Zugriff auf c ueber r
    return 0;
}
```

Bemerkung

Zum Abschluß dieses Abschnitts wollen wir nochmals wiederholen, daß Operatoren
möglichst vollständig und konsistent, nicht „clever" zu überladen sind. Zum Beispiel
sollte als Ergänzung zum Additionsoperator + und dem einstelligen Operator - auch
die Subtraktion so überladen werden, daß x + (-y) das gleiche Resultat wie x - y
ergibt. ++x sollte die gleiche Wirkung haben wie x += 1 oder x*2 die gleiche wie
x + x usw.

16.5 Typumwandlungen mittels Konversionsfunktion

In Abschnitt 15.2 hatten wir gesehen, daß jeder Konstruktor einer Klasse X, der mit
genau einem Argument aufgerufen werden kann, eine Typumwandlung vom Typ des
Arguments in den Klassentyp X spezifiziert und daß derartige Typumwandlungen
implizit, z.B. bei Initialisierungen und Zuweisungen, vorgenommen werden können.

Umgekehrt kann man auch Typumwandlungen vom Typ einer Klasse X in jeden
anderen Datentyp ermöglichen, indem man eine *Konversionsfunktion* definiert. Der
Name einer Konversionsfunktion entsteht nach den Regeln

> *Konversionsfunktionsname:*
> > `operator` *Konversionstypname*
>
> *Konversionstypname:*
> > *Typspezifiziererfolge Konversionsdeklarator$_{opt}$*
>
> *Konversionsdeklarator:*
> > *Zeigeroperator Konversionsdeklarator$_{opt}$*

Für eine Konversionsfunktion darf kein Typ des Funktionswerts und keine Parameterliste angegeben werden; beim Aufruf wird *this in den mit der Typspezifi-
ziererfolge festgelegten Typ umgewandelt. Dieser Typ kann ein vordefinierter Typ
(`char`, `int` usw.) ein zusammengesetzter Typ (`int&`, `double* const` usw.) oder
ein anderer Klassentyp sein. Zum Beispiel

```
struct Timer {
    operator double() const {
        return 60.0*min + sek + 0.001*tsdSek;
    }
    // ...
private:
    int min, sek, tsdSek;
};
```

Eine Typkonversion auf einen vordefinierten Datentyp, wie im Beispiel (in dem die gemessene Zeit in Sekunden angegeben wird), ist mit einem Konstruktor nicht möglich.

Weiterhin wird es mit Konversionsfunktionen möglich, Objekte einer Klasse X in Objekte einer Klasse Y umzuwandeln, ohne die Definition von Y (durch Definition eines entsprechenden Konstruktors) zu verändern bzw. ohne überhaupt Zugriff auf die C++-Quellen der Klasse Y zu haben. Die Konstruktion der Y-Objekte muß dann allerdings über die public Schnittstelle der Klasse Y vorgenommen werden.

Nachdem die Klasse Polynom fertiggestellt ist, kann man beispielsweise eine Konversion von Vektor-Objekten in Polynome definieren, indem man die einzelnen Vektorkomponenten als Koeffizienten übergibt:

```
#include "polynom.h"

// ...


Vektor::operator Polynom() const {
    if (anzKomp > Polynom::maxGrad + 1) {
        // Fehlerbehandlung ...
    }
    return Polynom(anzKomp - 1, komp);
}
```

Auch Konversionsfunktionen werden als benutzerdefinierte Konversionen bezeichnet. Sie werden bei Initialisierungen und Zuweisungen implizit aufgerufen, etwa für den Vektor x

```
Vektor x(8);
// Eingabe der Komponenten, z.B. 0, 1, 0, -0.1667, 0, ...
Polynom p(x);
p.plot(-1, 4, -1.1, 1.1);
```

Darüber hinaus können Klassenobjekte als Operand eines Operators in Ausdrücken auftreten, sofern eine Konversion (ggf. mit nachfolgender Standardkonversion) auf den benötigten Datentyp bzw. Zeigertyp definiert ist. Zum Beispiel

```
Timer x(0, 10), y;
int j = (x && y) ? 2 : 0;
if (x > 0) {
    // ...
}
```

Wie immer sind auch explizite Aufrufe einer Konversionsfunktion möglich, d.h. im letzten Beispiel kann man auch static_cast<double>(x), double(x) oder x.operator double() schreiben.

Bei der impliziten Verwendung von benutzerdefinierten Konversionen können leicht
Mehrdeutigkeiten entstehen. Wenn für die Klasse `Timer` der Operator + überla-
den ist und man `Timer t("1.01,001");` definiert hat, ist beispielsweise bei dem
Ausdruck

```
t + 1.753;  // Fehler: mehrdeutig
```

nicht klar, ob aus `1.753` nach Standardumwandlung in `int` ein `Timer`-Objekt erzeugt werden soll, das dann mit `Timer::operator+(const Timer&)` zu `t` addiert
wird, oder ob die Konversion von `t` nach `double` mit anschließender Addition zweier
`double`-Operanden beabsichtigt ist. Mit expliziten Typumwandlungen kann man
hier für Klarheit sorgen:

```
static_cast<double>(t) + 1.753;  // oder
t + Timer(1.753);
```

Wie für die benutzerdefinierten Konversionen mittels Konstruktoraufruf gilt auch für
Konversionsfunktionen, daß ihr impliziter Aufruf bei der Suche nach Übereinstim-
mungen im Zusammenhang mit der Auswahl überladener Funktionen nur bessere
Übereinstimmungen als unspezifizierte Argumente liefert. Weiterhin ist wieder vor
und nach dem Aufruf der Konversionsfunktion eine Standardkonversion möglich. Im
Beispiel

```
void f(int, double) { /* ... */ }
void f(int, ...) { /* ... */ }
.....
    f(15, t);  // t wie oben
```

hat das erste Argument den Typ `int`; beim zweiten Argument stimmt der Typ
`Timer` exakt mit dem Typ des impliziten Objektparameters (`const Timer&`) der
Konversionsfunktion `Timer::operator double()` überein, es wird also die Funktion `f(int, double)` ausgeführt.

Auch die Beschränkung auf maximal eine implizite Konversion gilt für Konversionsfunktionen analog. Und schließlich werden auch hier – wie bei impliziten Konstruktoraufrufen – die Zugriffsrechte geprüft.

Im Vorgriff auf das folgende Kapitel sei bereits darauf hingewiesen, daß Konversionsfunktionen an abgeleitete Klassen vererbt werden und daß sie `virtual` spezifiziert
werden können.

16.6 Übungsaufgaben

1. Definieren Sie zwei `private` Elementfunktionen `dest()` und `copy()` für die
   Klasse `DoubMenge`, mit denen Destruktor, Copy-Konstruktor und Zuweisung
   folgendermaßen vereinfacht werden.

```cpp
void DoubMenge::dest() { /* ... */ }
void DoubMenge::copy(const DoubMenge& m) { /* ... */ }

DoubMenge::~DoubMenge() { dest(); }

DoubMenge::DoubMenge(const DoubMenge& m) { copy(m); }

DoubMenge& DoubMenge::operator=(const DoubMenge& m) {
    if (this == &m)
        return *this;
    dest();
    copy(m);
    return *this;
}
```

Warum ist die folgende „einfachere" Konstruktion nicht möglich?

```cpp
DoubMenge& DoubMenge::operator=(const DoubMenge& m) {
    if (this != &m) {
        ~DoubMenge();
        DoubMenge(m);
    }
    return *this;
}
```

2. Im folgenden Programm enthält jedes X-Objekt ein A-Objekt und ein B-Objekt
   als Teilobjekte. Beobachten Sie, wie der von C++ für die Klasse X generierte
   Zuweisungsoperator bei seinem Aufruf die benutzerdefinierten Operatorfunktionen der Klassen A und B aufruft.

```cpp
struct A {
    int i;
    A& operator = (const A& a) {
        cout << "A::op=" << endl;
        i = a.i;
        return *this;
    }
};

struct X {
    double d;
    A a;
    struct B {
        char c;
        B& operator =(const B&);
    } b;
};
```

```cpp
X::B& X::B::operator= (const B& b) {
    cout << "B::op=" << endl;
    c = b.c;
    return *this;
}

int main() {
    X x;
    x.d = 1.1;
    x.a.i = 2;
    x.b.c = 'c';
    X y;
    y = x;
    return 0;
}
```

(Wie im Programmcode gezeigt, kann das Operatorsymbol im Namen einer
Operatorfunktion durch White-space abgesetzt werden.)

3. Überladen Sie für die Klasse **DoubMenge** die zweistelligen Operatoren * und +,
   so daß sie den Durchschnitt und die Vereinigung ihrer Operanden ermitteln.

4. Ändern Sie die Klasse **Polynom**, so daß Polynome beliebigen Grades verwaltet werden können. Welche Elementfunktionen müssen jetzt noch definiert
   werden?

5. Um rationale Zahlen mit großer Genauigkeit verarbeiten zu können und Rundungsfehler (z.B. bei periodischen Dezimalbrüchen der Form 786/999) klein
   zu halten, soll eine Klasse

```cpp
class Rational {
public:
    Rational(long int = 0, long int = 1);
    // ...
private:
    long int zaehler, nenner;
    // ...
};
```

   implementiert werden. Schreiben Sie einen kompletten Satz an Operatorfunktionen für diese Klasse. Die Brüche sollen dabei immer in gekürzter Form
   gespeichert werden, und die Nenner sollen immer positiv sein.

6. Definieren Sie die **Timer**-Inkrementoperatoren als **friend**-Funktionen.

7. Verfolgen Sie anhand des folgenden Programms, wie der Konstruktor der Klasse C implizit bei der Auswertung des Gleichheitsausdrucks aufgerufen wird.

```cpp
class C {
    friend bool operator==(const C&, const C&);
public:
    C(double p = 0.0) { cout << "C::C(double)" << endl; }
    // ...
};

bool operator==(const C& c, const C& d) {
    // ...
    return true;
}

int main() {
    C c;
    if (c == 1.0)
        /* ... */ ;
    return 0;
}
```

Schreiben Sie ein ähnliches Testprogramm ohne Konstruktor aber mit einer Konversionsfunktion `operator double()`. Welcher Effekt tritt ein, wenn man Konstruktor und Konversionsfunktion implementiert? Wie kann man u.U. auftretende Fehler beheben?

8. Warum eignet sich der Operator ^ nicht zum Implementieren von Potenzfunktionen? (Berücksichtigen Sie Ausdrücke der Form $x^2 + 1$.)

9. Betrachten Sie die Klasse `Vektor`:

   (a) Machen Sie sich am Beispiel des Multiplikationsoperators * klar, daß ein Operator nicht als `static` Elementfunktion definiert werden kann.

   (b) Überlegen Sie sich anhand des zweistelligen Operators +, weshalb überladene Operatoren keine Standardargumente haben können.

10. Implementieren Sie aufbauend auf dem unten angegebenen Programm ein einfaches Verzeichnis, in dem Personen mit ihren Namen und Telefonnummern verwaltet werden. Überladen Sie für die Klasse `Verzeichnis` den Indexoperator [], so daß ein Aufruf der Art `v["Stefan"]` einen Zeiger auf eine Person mit dem Namen `Stefan` liefert.

```cpp
class Person {
public:
    explicit Person(const char* = "", unsigned long int = 0);
    void zeigeAn() const;
    // ...
private:
    const char* name;
```

```
            unsigned long int nummer;
            // ...
        };

        class Verzeichnis {
        public:
            void fuegeEin(const Person&);
            const Person* operator[](const char*) const;
            // ...
        private:
            Person personen[100];
            unsigned int anzahl;  // der gespeicherten Personen
        };

        int main() {
            Verzeichnis v;
            v.fuegeEin(Person("Michael", 123456));
            v.fuegeEin(Person("Stefan", 68472));
            v.fuegeEin(Person("Anne", 67392));
            // ...
            const Person* p = v["Stefan"];
            if (p != 0)
                p->zeigeAn();
            else
                cout << "Person nicht gefunden." << endl;
            return 0;
        }
```

11. Erweitern Sie die Funktion **main()** der Übungsaufgabe 6 aus Kapitel 15 um
    die Zuweisung **y = x;**.

    Warum kann der Compiler für die Klasse **X** keinen Zuweisungsoperator gene-
    rieren?

    Definieren Sie für die Klasse den Zuweisungsoperator. Welche Semantik läßt
    sich damit verbinden?

12. Machen Sie sich anhand einer einfachen Klasse **X** klar, daß ein Zuweisungs-
    operator neben der in Abschnitt 16.2 besprochenen Standardversion **X& ope-
    rator=(const X&)** auch mit beliebigen anderen Parametertypen, z.B. in der
    Form **X& operator=(int)**, überladen werden kann.

    Schreiben Sie ein Testprogramm.

Abgeleitete Klassen

Die Wiederverwendung einer vollständig entwickelten Klasse B ist dadurch möglich, daß man Objekte dieser Klasse in einer neuen Klasse A definiert. In diesem Fall findet man in Objekten der Klasse A neben A-Datenelementen auch die Datenelemente von B. Auf ähnliche Weise sind die Objekte der Klasse A zusammengesetzt, wenn man A von B ableitet und die neue Klasse A dadurch definiert, daß man zu B weitere Datenelemente und Elementfunktionen hinzufügt. Darüber hinaus bieten sich im Vergleich zur Wiederverwendung durch Aufnahme von Teilobjekten erheblich flexiblere Möglichkeiten, z.B. bei der Entwicklung heterogener Zeigerstrukturen mittels Standardkonversion von Zeigern und Referenzen oder durch die Definition *polymorpher* Klassen und Funktionen, die im Rahmen dieses Kapitels behandelt werden.

17.1 Einfache Vererbung

Für eine bestimmte Anwendung der oben definierten `Timer`-Objekte kann es erforderlich sein, neben der reinen Zeitmessung auch Möglichkeiten zum Einstellen eines Zeitpunkts, an dem ein Signal abzugeben ist, zur Verfügung zu stellen. Hier könnte man eine neue Klasse, z.B. `SignalTimer`, etwa wie folgt einführen:

```
struct SignalTimer {
    void anzeige() const;
    void leseAb(int&, int&, int&) const;
    // ... usw. alle Timer-Elementfunktionen
    void sigTick();   // tick mit Signalabgabe
private:
    // ... alle Timer-Datenelemente
    bool aktiv;
    int minSig, sekSig, tsdSig;  // Signalzeit
};
```

Eine sinnvollere Implementation, die die obige Code-Duplizierung vermeidet und gleichzeitig kenntlich macht, daß jedes `SignalTimer`-Objekt ein spezielles `Timer`-Objekt ist, so daß es zusammen mit anderen `Timer`-Objekten in einer Menge oder

Liste verwaltet werden kann, ist die *Ableitung* der Klasse `SignalTimer` von der Klasse `Timer` unter Hinzufügung der neu benötigten Klassenelemente, beispielsweise

```
struct SignalTimer : Timer {
    void sigTick();
private:
    bool aktiv;
    int minSig, sekSig, tsdSig;
};
```

`SignalTimer` heißt (von der Klasse `Timer`) *abgeleitete Klasse*. `Timer` heißt *Basisklasse* (der Klasse `SignalTimer`). Die abgeleitete Klasse *erbt* die Elemente der Basisklasse. Von abgeleiteten Klassen können weitere Klassen abgeleitet werden; die entstehenden Vererbungsbeziehungen stellt man durch *Vererbungsgraphen* dar, im Beispiel einfach durch:

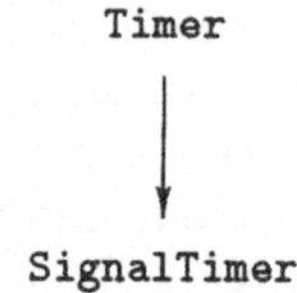

Die Pfeilrichtung zeigt hier die Richtung an, in der die Elemente der Basisklasse vererbt werden. Die folgenden Regeln beschreiben die Syntax zur Definition abgeleiteter Klassen und vervollständigen die Regeln zur Klassendefinition (vgl. Abschnitt 14.1).

> *Basisklausel:*
> > : *Basisspezifiziererliste*
>
> *Basisspezifiziererliste:*
> > *Basisspezifizierer*
> > *Basisspezifiziererliste* , *Basisspezifizierer*
>
> *Basisspezifizierer:*
> > `::`$_{opt}$ *Eingebetteter-Namensspezifizierer*$_{opt}$ *Klassenname*
> > `virtual` *Zugriffsspezifizierer*$_{opt}$ `::`$_{opt}$ *Eingebetteter-Namensspezifizierer*$_{opt}$ *Klassenname*
> > *Zugriffsspezifizierer* `virtual`$_{opt}$ `::`$_{opt}$ *Eingebetteter-Namensspezifizierer*$_{opt}$ *Klassenname*

Klassennamen in der Basisspezifiziererliste müssen bereits vorher definierte Klassen bezeichnen. Wenn die Basisspezifiziererliste, wie in den nächsten Abschnitten, immer nur einen Klassennamen enthält, spricht man von *einfacher Vererbung*. Eine Klasse `B`, die in der Basisspezifiziererliste einer Klasse `A` auftritt, heißt *direkte Basisklasse* von `A`. Eine Klasse ist *indirekte* Basisklasse einer anderen Klasse, wenn sie zwar deren Basisklasse, aber nicht direkte Basisklasse ist. Im Beispiel

```
struct Z { /* ... */ };
struct Y : Z { /* ... */ };
struct X : Y { /* ... */ };
```

ist Z eine indirekte Basisklasse von X und gleichzeitig direkte Basisklasse von Y. In den Vererbungsgraphen stellen wir mit den Pfeilen immer nur die Beziehungen zwischen Klassen und ihren direkten Basisklassen dar.

Sofern sie in der abgeleiteten Klasse nicht umdefiniert werden, kann (die in Abschnitt 17.2 genauer behandelten Zugriffsrechte vorausgesetzt) auf die Elemente einer Basisklasse genauso zugegriffen werden, als seien sie innerhalb der abgeleiteten Klasse deklariert worden. Zum Beispiel

```
void SignalTimer::sigTick() {
    tick();                     // aus der Basisklasse
    if (aktiv) {
        int m, s, t;
        leseAb(m, s, t);  // aus der Basisklasse
        if (m == minSig && s == sekSig && t == tsdSig)
            cout << '\7' << flush;
    }
}
```

In `SignalTimer::sigTick()` werden hier die Elementfunktionen `leseAb()` und `tick()` aus der Basisklasse aufgerufen. Wenn man zwei `Timer`-Objekte definiert, etwa mittels `Timer t; SignalTimer s;`, so ergibt sich im Speicher beispielsweise folgendes Layout für s und t.

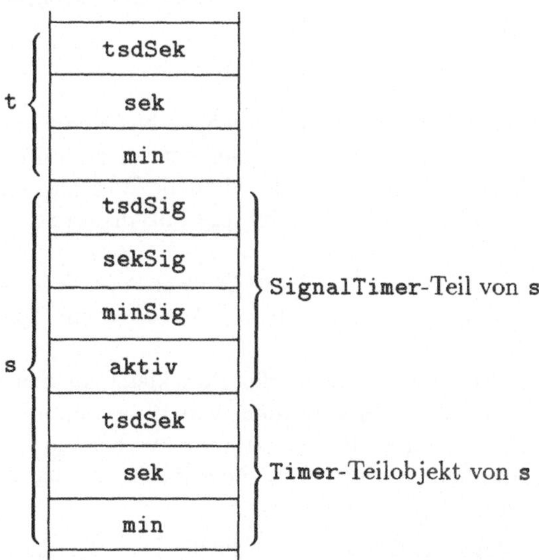

Wie abgebildet, enthält ein Klassenobjekt neben den in seiner Klassendefinition aufgeführten Datenelementen (im Beispiel **aktiv**, **minSig**, **sekSig**, **tsdSig**) auch noch die Datenelemente aller seiner Basisklassen (im Beispiel **min**, **sek**, **tsdSek**) als *Basisklassen-Teilobjekte* (oder kurz: Teilobjekte).

Bei der Konstruktion von Objekten einer abgeleiteten Klasse werden zuerst die
Teilobjekte der Basisklassen initialisiert. Konstruktoren einer Basisklasse werden
nicht an abgeleitete Klassen vererbt.

Wenn man im Konstruktor der abgeleiteten Klasse keinen Konstruktor der Basisklasse explizit angibt (oder ein Objekt der abgeleiteten Klasse mit dem vom Compiler generierten Standardkonstruktor erzeugt), führt dies zum Aufruf des jeweiligen
Standardkonstruktors der Basisklasse:

```
SignalTimer::SignalTimer()
    { aktiv = false; minSig = sekSig = tsdSig = 0; }
    // implizit: Timer(0, 0, 0)
```

Hier sei nochmals erwähnt, daß der Compiler einen Standardkonstruktor für eine
(Basis-)Klasse nur generieren kann, wenn überhaupt kein Konstruktor für sie definiert ist (vgl. hierzu Übungsaufgabe 1 am Ende des Kapitels).

Sofern keine Standardkonstruktoren aufgerufen werden sollen, kann man – wie es
bereits in Abschnitt 14.7 angedeutet wurde – die entsprechenden Argumente für den
Konstruktor einer direkten Basisklasse in der Initialisiererliste spezifizieren. Zum
Beispiel

```
SignalTimer::SignalTimer(int sm, int ss, int st,
    int tm = 0, int ts = 0, int tt = 0)
        : Timer(tm, ts, tt), aktiv(true), minSig(sm),
          sekSig(ss), tsdSig(st)
{ }
```

Außer den Datenelementen der abgeleiteten Klasse und den Konstruktoren der direkten Basisklassen können keine weiteren Elemente in die Initialisiererliste aufgenommen werden. (Konstruktoraufrufe für virtuelle Basisklassen bilden hier eine
Ausnahme, siehe Abschnitt 17.8.) Das heißt, die Initialisierung

```
SignalTimer::SignalTimer() : min(5), sek(15), tsdSek(0)
    { /* ... */ }  // Fehler: Datenelemente der Basisklasse
```

ist nicht möglich. An die Datenelemente der Basisklasse können jedoch im Rumpf
des Konstruktors Werte zugewiesen werden, sofern sie zugreifbar sind. Dies ist
im Vergleich zu einem expliziten Konstruktoraufruf über die Initialisiererliste die
schlechtere Lösung, da dann vorher bereits eine Initialisierung mit dem Standardkonstruktor erfolgt ist.

Beim Aufruf des Konstruktors werden zuerst die direkten Basisklassen in der Reihenfolge, in der sie in der Basisspezifiziererliste aufgeführt sind, initialisiert. (Bei der ab
17.7 behandelten Mehrfachvererbung kann eine Klasse mehrere direkte Basisklassen
haben.) Anschließend werden die in der Initialisiererliste aufgeführten Datenelemente der abgeleiteten Klasse in der Reihenfolge, in der sie in der Klassendefinition
aufeinanderfolgen, initialisiert. Da es sich dabei auch um komplette Klassenobjekte

handeln kann, sind hier weitere Konstruktoraufrufe möglich. Schließlich wird der Rumpf des Konstruktors der abgeleiteten Klasse ausgeführt. Die Reihenfolge, in der die einzelnen Elemente in der Initialisiererliste stehen, spielt keine Rolle. Ruft man im Beispiel die Funktion `tst()` auf,

```
void tst() {
    SignalTimer r;
    SignalTimer s(1, 10, 0);
    for (long int i = 0; i < 100000; i++) {
        r.sigTick();
        s.sigTick();
    }
}
```

so wird für beide `SignalTimer`-Objekte `Timer(0, 0, 0)` benutzt. `s` wird danach mit der Zeit 1.10,000 aktiviert.

Beim Zerstören eines Objekts der abgeleiteten Klasse werden die Destruktoren in der umgekehrten Reihenfolge der Konstruktoren aufgerufen, nachdem der Rumpf des Destruktors der abgeleiteten Klasse ausgeführt wurde. Auch der Destruktor einer Basisklasse wird nicht an abgeleitete Klassen vererbt. Falls eine Basisklasse oder ein Klassenelement einen Destruktor hat und für die abgeleitete Klasse kein Destruktor definiert ist, wird ein Standarddestruktor `public` erzeugt, der die Destruktoren von Basisklassen und Datenelementen, die selbst Klassenobjekte sind, aufruft. (Auf diese Weise werden also alle Teilobjekte eines Objekts zerstört.)

Daß C++ die Destruktoren von Objekten und ihren Teilobjekten immer in umgekehrter Reihenfolge ihrer Konstruktoren aufruft, ist der Grund für die Nichtbeachtung der Reihenfolge von Initialisierern in der Initialisiererliste eines Konstruktors. Sofern ein Konstruktor nicht innerhalb der Klassendefinition (`inline`) definiert ist und in einer Programmdatei Objekte zerstört werden müssen, ist die Konstruktordefinition und damit die Initialisiererliste i.d.R. an dieser Stelle nicht sichtbar und die Reihenfolge der Initialisierer daher gar nicht bekannt. Außerdem können mehrere Konstruktoren definiert sein, die unterschiedliche Initialisiererlisten verwenden.

Wenn in einer abgeleiteten Klasse ein Element mit demselben Namen wie in einer Basisklasse deklariert wird, so *verdeckt* das Element der abgeleiteten Klasse das Element der Basisklasse, z.B.

```
struct B { double x; void y(); };
struct A : B { int x; char y; };
// ...
A a;
a.x = 1275;
```

Hier erfolgt die Zuweisung an das `int`-Datenelement `x` des `A`-Teils von `a`. Um auf die Namen von Basisklassenelementen zuzugreifen, kann man sie unter Verwendung des Geltungsbereichoperators vollständig qualifizieren und beispielsweise `a.B::x = 5.50;` schreiben. Jetzt wird an das `double`-Element `x` des B-Teilobjekts in `a` zugewiesen. Beim Verdecken von Klassenelementen kommt es nur auf den Namen, nicht auf den Typ an. Das Datenelement `A::y` verdeckt also auch die Funktion `B::y()`; d.h. ein Zugriff `a.y = '1';` ist möglich, der Aufruf `a.y();` aber nicht. Mittels `a.B::y();` kann die verdeckte Elementfunktion der Basisklasse aufgerufen werden.

17.2   Der Zugriff auf Klassenelemente

Den Syntaxregeln für die *Elementspezifikation* einer Klassendefinition (Abschnitt 14.1) und für den *Basisspezifizierer* (Abschnitt 17.1) kann man entnehmen, daß sowohl die Elemente einer Klasse, als auch die Basisklassen einer abgeleiteten Klasse mit den Zugriffsspezifizierern `public`, `protected` oder `private` versehen werden können. Durch diese Spezifizierer werden die Zugriffsrechte von Elementfunktionen, Elementfunktionen abgeleiteter Klassen und von anderen Funktionen, die global oder als Element einer anderen Klasse definiert sind, auf die Klassenelemente kontrolliert. Mit `friend`-Deklarationen können Einschränkungen der Zugriffsrechte für bestimmte Funktionen außer Kraft gesetzt werden.

17.2.1   Zugriffsspezifizierer für Klassenelemente

Bei der Definition einer Klasse können ihre Elemente (Datenelemente, Elementfunktionen und eingebettete Typen) als `public`, `protected` oder `private` spezifiziert werden. Die Wirkung der Spezifizierung als `public` und als `private` haben wir – ohne die Möglichkeit von Klassenableitungen zu berücksichtigen – bereits in Abschnitt 14.4 diskutiert. Im Zusammenhang mit abgeleiteten Klassen ist das Folgende zu ergänzen.

- Der Name eines `public` Klassenelements kann von jeder Funktion des Programms, in globalen Deklarationen und in Namespace-Geltungsbereichen verwendet werden.

- Der Name eines `protected` Klassenelements kann nur von Elementfunktionen und `friend`-Funktionen der Klasse, in der es deklariert ist, und von Elementfunktionen und `friend`-Funktionen von Klassen, die von dieser Klasse abgeleitet sind, verwendet werden. (Bei den abgeleiteten Klassen sind Einschränkungen möglich, die wir in diesem und in Abschnitt 17.9 behandeln.)

- Der Name eines `private` Klassenelements kann von allen Elementfunktionen und von den `friend`-Funktionen der Klasse, in der es deklariert ist, verwendet werden. In anderen Funktionen und Geltungsbereichen ist der Name nicht zugreifbar.

Sofern eine Klasse nicht Basisklasse ist, hat `protected` dieselbe Wirkung wie `private`. Abgeleiteten Klassen wird dagegen „mehr" Zugriff auf Elemente der Basisklasse gewährt als bei einer `private`-Spezifizierung und „weniger" als bei einer `public`-Spezifizierung.

`protected` wird eingesetzt, wenn man die Ableitung weiterer Klassen von der gerade definierten Klasse vorsieht. Plant man beispielsweise während der Entwicklung der Klasse `Timer` die Ableitung der `SignalTimer` schon mit ein, so ist es sinnvoll, `min`, `sek` und `tsdSek` als `protected` zu spezifizieren. In diesem Fall kann in der Funktion `sigTick()` die Deklaration der lokalen Variablen `m`, `s` und `t` und der Aufruf `leseAb(m, s, t)` entfallen, da man, ohne den Umweg über die `public` Schnittstelle von `Timer`, direkt auf die Elemente `min`, `sek` und `tsdSek` zugreifen und kurz

```
if (min == minSig && sek == sekSig && tsdSek == tsdSig)
   /* ... */ ;
```

schreiben kann. (Bei den von uns verwendeten Systemen reduziert sich der Zeitaufwand für `sigTick()`-Aufrufe dadurch um ca. 50%.)

Die Elemente von Klassen, die mit dem Schlüsselwort `class` deklariert wurden, sind per Voreinstellung `private`; diejenigen von Klassen, die mit dem Schlüsselwort `struct` deklariert wurden, sind per Voreinstellung `public`.

17.2.2   Zugriffsspezifizierer für Basisklassen

Nicht nur die Elemente einer Klasse, sondern auch ihre direkten Basisklassen können bei der Klassendefinition mit einem Zugriffsspezifizierer versehen werden. Dabei ergeben sich folgende Auswirkungen.

- Sofern eine Klasse `B` mit dem Spezifizierer `public` als Basisklasse einer Klasse `A` deklariert wird, gilt: `public` Elemente von `B` werden so nach `A` vererbt, als seien sie in `A` als `public` Elemente deklariert worden und `protected` Elemente von `B` werden so nach `A` vererbt, als seien sie in `A` als `protected` Elemente deklariert worden.

- Sofern eine Klasse `B` mit dem Spezifizierer `protected` als Basisklasse einer Klasse `A` deklariert wird, gilt: `public` und `protected` Elemente von `B` werden so nach `A` vererbt, als seien sie in `A` als `protected` Elemente deklariert worden.

- Sofern eine Klasse `B` mit dem Spezifizierer `private` als Basisklasse einer Klasse `A` deklariert wird, gilt: `public` und `protected` Elemente von `B` werden so nach `A` vererbt, als seien sie in `A` als `private` Elemente deklariert worden.

In allen drei Fällen sind die `private` Elemente von `B` für abgeleitete Klassen nicht zugreifbar, es sei denn, in der Definition von `B` wurden mittels `friend`-Deklarationen explizite Zugriffsrechte vergeben. Der geschilderte Sachverhalt läßt sich gut grafisch veranschaulichen.

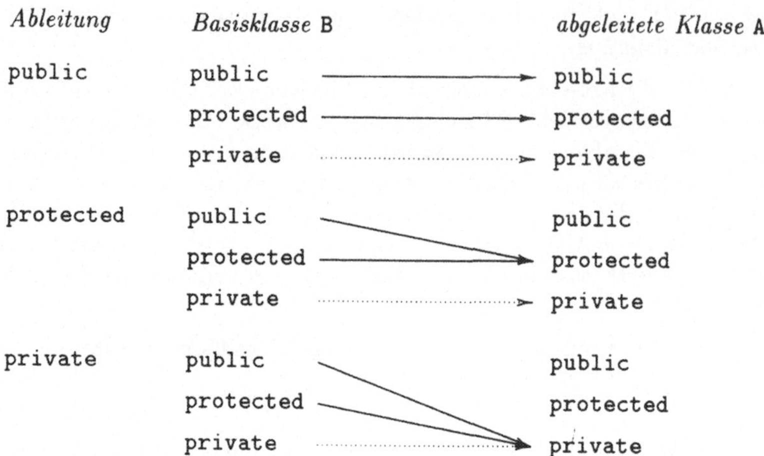

Die punktierten Linien zeigen dabei an, daß die `private` Elemente der Basisklasse B zwar an die abgeleitete Klasse A vererbt werden und daß sie, sofern es sich um Datenelemente handelt, Teil der A-Objekte werden, daß man auf sie aber nur auf dem „Umweg" über die B-Schnittstelle – also über Konstruktoren und andere Elementfunktionen, die in B als `public` oder `protected` deklariert sind – zugreifen kann. Zum Beispiel ist die Ausgabe des Werts der Variablen i in der Funktion g() des folgenden Programms

```
class B {
public:
    B(int is = 0) : i(is) { }
    void ausgabe() { cout << "i = " << i << endl; }
private:
    int i;
};

class A : private B {
public:
    A(int js = 0, int is = 0) : B(is) { j = js; }
    void ausgabe() { cout << "j = " << j << ' '; B::ausgabe(); }
private:
    int j;
};

void g() {
    A a(10, 155);
    a.ausgabe();
}
```

nur möglich unter Benutzung der `public` Funktion **ausgabe()** aus der Klasse B. Da ihr Name durch die gleichnamige Elementfunktion **ausgabe()** aus Klasse A verdeckt wird, muß der Aufruf vollständig qualifiziert mittels `B::ausgabe()` erfolgen. Der direkte Zugriff auf i im Rumpf von `A::ausgabe()`, beispielsweise in der Form `{ cout << "j = " << j << ' ' << "i = " << i << endl; }` scheitert an den nicht vorhandenen Zugriffsrechten. (Die Spezifikation von B als `protected` oder `public` ändert hieran nichts.) Der Grund für diese Einschränkung ist, daß so verhindert wird, daß durch einfaches Ableiten einer ansonsten nicht benötigten Klasse – etwa mit `class X : public B { /* Zugriffsfunktionen */ };` – sämtliche Informationen und Implementationsdetails der Klasse B zugänglich werden.

Wenn eine Klasse B mit dem Spezifizierer `public`, `protected` bzw. `private` als Basisklasse in der Definition einer abgeleiteten Klasse A aufgeführt ist, heißt B auch `public`, `protected` bzw. `private` Basisklasse von A.

Passend zu den Standard-Zugriffsrechten für Klassenelemente gilt bei Basisklassen, falls kein Zugriffsspezifizierer angegeben wird: Wenn die abgeleitete Klasse mit dem Schlüsselwort `class` definiert wurde, ist die Basisklasse `private`. Und wenn die abgeleitete Klasse mit dem Schlüsselwort `struct` definiert wurde, ist die Basisklasse per Voreinstellung `public`.

Die erste oben erwähnte Einschränkung beim Zugriff auf ein `protected` spezifiziertes Klassenelement b einer Klasse B tritt auf, wenn man eine Klasse A von B `private` ableitet. In dann von A weiter abgeleiteten Klassen können auch Elementfunktionen oder `friend`-Funktionen nicht mehr auf b zugreifen, gleichgültig, wie von A weiter abgeleitet wurde.

Wenn man ein Klassenelement mittels `C::c` vollständig qualifiziert bezeichnet, wie im obigen Beispiel die Funktion `B::ausgabe()`, so muß c nicht in der Klasse C selbst deklariert sein, sondern kann auch aus einer Basisklasse von C geerbt sein. Die Schreibweise `C::c` gibt lediglich an, daß c im Vererbungsgraphen ab der Klasse C „nach oben" in Richtung der Basisklassen gesucht werden soll.

Im nächsten Beispiel werden daher in `f()` der Reihe nach die Funktionen `X::xx()`, `X::x()` und nochmals `X::x()` aufgerufen.

```
class X { public: void x(); void xx(); };          X
class Y : public X { };
class Z : public Y { };                            │
                                                   ▼
void f() {                                         Y
    Z z;
    z.xx();                                        │
    z.X::x();
    z.Y::x();                                      ▼
}                                                  Z
```

Bemerkung

Der Name einer Elementfunktion verdeckt denselben Funktionsnamen in einer Basisklasse, auch wenn sich die Parameterlisten unterscheiden. Erweitert man also im letzten Beispiel die Definition von Y zu

```
class Y : public X { public: void xx(char); };
```

so muß `X::xx()` bei der Auswertung von `z.xx('f')` nicht als überladener Funktionsname mit untersucht werden, und `z.xx()` ist ein Fehler, da `X::xx()` von
`Y::xx(char)` verdeckt ist und `Y::xx(char)` kein Standardargument hat.

17.3 Standardkonversionen von Zeigern und Objekten

Die Basisklasse `B` einer abgeleiteten Klasse `A` heißt an einer bestimmten Stelle eines
Programms *zugreifbar*, wenn dort auf die nach `A` vererbten `public` Elemente von `B`
zugegriffen werden kann. (Das heißt, wenn A-Objekten die Klassenschnittstelle von
`B` zugänglich ist und sie sich daher an dieser Stelle wie ein B-Objekt „verhalten".)

Ein Zeiger auf eine Klasse `A` kann bei jeglicher Verwendung (bei Initialisierungen, Zuweisungen, Vergleichen usw.) implizit in einen Zeiger auf eine zugreifbare Basisklasse
von `A` konvertiert werden. Das Ergebnis ist dann ein Zeiger auf das entsprechende
Teilobjekt der abgeleiteten Klasse. Zum Beispiel

```
void f(const Timer* zgr) { zgr->anzeige(); }

void test() {
    SignalTimer s(2, 2, 571, 3, 10);
    Timer* zt = new Timer("2.02,571");
    f(zt);
    f(&s);     // Zeigerkonversion
}
```

Die Basisklasse muß für die abgeleitete Klasse an der Stelle zugreifbar sein, an
der die Typumwandlung vorgenommen werden soll. Bei der Konversion des Arguments einer Funktion ist die Stelle des Funktionsaufrufs entscheidend. Im Beispiel
kann `f(&s)` in `test()` aufgerufen werden, weil `Timer` eine `public` Basisklasse von
`SignalTimer` ist und daher auf die nach `SignalTimer` vererbten `public` Elemente
der Klasse `Timer` zugegriffen werden kann. Explizite Umwandlungen eines Zeigers
der abgeleiteten Klasse in einen Zeiger auf die Basisklasse sind unabhängig von deren
Zugreifbarkeit immer möglich.

Auch ein Wert eines Klassentyps (also ein Objekt) kann implizit in ein Objekt
einer zugreifbaren Basisklasse dieser Klasse konvertiert werden. Das Ergebnis einer
derartigen *Basisklassen-Konversion* ist dann das entsprechende Teilobjekt in dem
Objekt der abgeleiteten Klasse. Zum Beispiel

```
SignalTimer s(2, 2, 571, 3, 10);
Timer t = s;  // Basisklassen-Konversion
```

Da der Copy-Konstruktor `B::B(const B&)` ein Objekt der Klasse `A` bei seinem Aufruf folglich implizit konvertiert, kann eine Funktion, die ein B-Argument erwartet,
auch mit einem Argument des Typs `A` aufgerufen werden (sofern `B` zugreifbar ist):

```
void g(Timer t) { t.anzeige(); }

void h() {
    SignalTimer s(2, 2, 571, 3, 10);
    g(s);
}
```

Bei den oben beschriebenen Zeigerkonversionen kann sich je nach Anlage der Objekte der abgeleiteten Klasse im Speicher die konkret verwaltete Adresse ändern oder nicht. Bei den von uns benutzten Compilern stimmen beispielsweise nach den Definitionen `SignalTimer s; Timer* zt = &s;` die Adressen `&s` und `zt` überein; beide Zeiger zeigen auf das Datenelement `s.min`, das im ersten Fall als Element eines `SignalTimer`-Objekts und im zweiten Fall als Element eines `Timer`-Objekts interpretiert wird. (Vgl. auch die Abbildung in 17.1.)

Die impliziten Zeiger- bzw. Wertumwandlungen sind „sicher", weil jedes Objekt der abgeleiteten Klasse ein Teilobjekt der Basisklasse enthält. Die umgekehrte Konversion von der Basisklasse zur abgeleiteten Klasse kann nur explizit vorgenommen werden. Dann wird im Vererbungsgraphen von oben nach unten konvertiert; sog. "downcast".

```
void f(Timer& t) {
    SignalTimer* a = &t;   // Fehler: keine Standardkonversion
    SignalTimer* b = static_cast<SignalTimer*>(&t);
    SignalTimer& c = static_cast<SignalTimer&>(t);
}
```

Hier müssen Programmierer selbst dafür sorgen, daß an der referenzierten Adresse auch tatsächlich ein Objekt der abgeleiteten Klasse gespeichert ist. „Tricks" dieser Art sollte man vermeiden; i.d.R. führen sie spätestens bei der Erweiterung oder Wartung des Programms zu Laufzeitfehlern, sofern man sich nicht, wie in Abschnitt 17.6 besprochen wird, durch Untersuchen der Laufzeit-Typinformation absichert.

Die letzten kurzen Beispiele haben gezeigt, daß jedes Objekt einer `public` von B abgeleiteten Klasse A auch ein spezielles B-Objekt ist (aber nicht umgekehrt) und daß insbesondere jede Funktion, die einen Parameter des Typs B, `const B`, `B&` oder `const B&` hat, auch mit einem Argument des Typs A aufgerufen werden kann. Dies trifft auch für die Elementfunktionen von B, also auch für alle überladenen Operatoren und die benutzerdefinierten oder vom Compiler generierten Konstruktoren und den Zuweisungsoperator zu. Das heißt an jeder Stelle eines Programms, an der ein B-Objekt erwartet wird, kann auch ein A-Objekt stehen, das dann mittels Standardkonversion umgewandelt wird. Aus diesem Grund wird die `public` Vererbung übereinstimmend (vgl. z.B. Cargill, 1992, Coplien, 1994, Meyers, 1992, 1996, Stroustrup, 1997) als die geeignete Technik zur Realisierung der in der objektorientierten Systemanalyse durch *is-a*-Beziehungen modellierten Zusammenhänge angesehen.

Wir sind nun in der Lage, die Regeln zur Suche nach Übereinstimmungen beim Aufruf überladener Funktionen zu vervollständigen: Ist B wieder direkte oder indirekte

Basisklasse einer Klasse A, so zählen die Standardkonversionen von A nach B und
A* nach B* zu den Konversionen nach [1.3] (vgl. S. 151), haben also Rang 2. Wenn
weiterhin B direkt oder indirekt von C abgeleitet ist, so ist die Konversion von A*
nach B* besser als A* nach C*, und die Konversion von A nach B ist besser als die
Umwandlung A nach C. Im Beispiel wird daher die zweite Funktion ausgeführt.

```cpp
class SignalEreignisTimer : public SignalTimer { /* ... */ };

void f(Timer* t) { /* ... */ }
void f(const SignalTimer* s) { /* ... */ }
.....
    SignalEreignisTimer* z = new SignalEreignisTimer;
    f(z);
```

Bei public Vererbung und der damit gegebenen impliziten Zeigerkonversion ist es
möglich, heterogene Klassenobjekte aus derselben Vererbungshierarchie einfach mittels Zeigern auf Basisklassen zu Strukturen (Listen, Mengen, Stacks, ...) zusammenzufassen, ohne daß Information über den Inhalt der einzelnen (abgeleiteten)
Objekte verlorengeht. Im folgenden Beispiel wird
ein Feld mit Zeigern auf Girokonten bzw. Festgeldkonten angelegt; diese Konten sind jeweils abgeleitet von der gemeinsamen Basisklasse Kto.

```cpp
class Kto {
public:
    void info() const;
protected:
    Kto(const char* name, long int nr, double stand, double hZins);
private:
    const long int ktoNr;
    struct Person {
        const char* nachName;
        // und:
        // Vorname, Anschrift, ...
    } inhaber;
    double ktoStand;
    double habenZins;
};

class GiroKto : public Kto {
public:
    GiroKto(const char* name, long int nr, double stand, double
            hZins = 0.2, double sZins = 11.5, double kreditLim = 0.0);
    void giroInfo() const;
    // weitere Elementfunktionen:
    // einzahlen, abheben, ...
```

```cpp
private:
    double sollZins;
    double kreditLimit;
};

class FestgeldKto : public Kto {
public:
    FestgeldKto(const char* name, long int nr, double stand,
        double hZins, int restLauf, bool zinsBest = true);
    void festInfo() const;
    // weitere Elementfunktionen:
    // aufloesen, verlaengern, ...
private:
    int restLaufzeit;
    bool zinsBesteuerung;
};

int main() {
    Kto* ktoFeld[10000] = { };   // Feld mit Nullzeigern
    ktoFeld[0] = new GiroKto("Mueller-Lucas", 30108, 3020.15);
    ktoFeld[1] = new GiroKto("Schiek", 30636, 7812.64, 0.3);
    ktoFeld[2] = new FestgeldKto("Wild", 55000, 8500.0, 6.85, 3);
    // ...
    // delete ktoFeld[0]; delete ktoFeld[1]; ...
    return 0;
}
```

Ein Problem ergibt sich hier, wenn bei Iteration über die Feldkomponenten die jeweiligen Konteninformationen ausgegeben werden sollen und beispielsweise entschieden werden muß, auf welchen Objekttyp ein `Kto*` tatsächlich zeigt, damit die passende Funktion (`giroInfo()` bzw. `festInfo()`) aufgerufen werden kann.

Eine erste Ad-Hoc-Lösung mittels Klassifikation der Kontonummern, z.B. die Nummern 1–49999 für Girokonten und die restlichen für Festgeldkonten zu vergeben, ist genausowenig zu empfehlen, wie die Einführung eines *Typfelds*, z.B. in der Form

```cpp
class Kto {
public:
    void info() const;
    enum ktoTyp { giro, festgeld } typ;
    // ... wie bisher
};

// typ = giro; im GiroKto-Konstruktor ...
// typ = festgeld; im FestgeldKto-Konstruktor ...
```

```
for (int i = 0; i < 10000; i++)
    if (Kto* obj = ktoFeld[i])
        if (obj->typ == Kto::giro)
            static_cast<GiroKto*>(obj)->giroInfo();
        else if (obj->typ == Kto::festgeld)
            static_cast<FestgeldKto*>(obj)->festInfo();
```

In beiden Fällen ist das Programm extrem fehleranfällig, wenn die Vererbungsstruktur – z.B. durch Ableitung weiterer Kontenarten, etwa durch Sparkonten, Geschäftskonten usw. – erweitert wird. Eine einfachere Lösung, bei der das Programm erweiterbar und wartbar bleibt, bietet sich durch die Verwendung der im nächsten Abschnitt behandelten „virtuellen" Funktionen.

Im Gegensatz zur `public` Ableitung, bei der eine Basisklasse ihre Funktionalität und die gesamte Klassenschnittstelle vererbt, ist bei der `private` Ableitung von B nach A der Zugriff auf die `public` Elemente von B nur noch in Elementfunktionen und `friend`-Funktionen von A möglich. Die Klassenschnittstelle von A umfaßt also nicht diejenige von B und ein A-Objekt zeigt nicht immer auch das gleiche Verhalten wie ein B-Objekt. `private` Vererbung bedeutet daher, daß nur der in der Klasse B zur Verfügung gestellte Code vererbt wird, aber nicht die zugehörige Schnittstelle. Auch die implizite Konversion von A* nach B* oder A nach B wird nur noch in Elementfunktionen und `friend`-Funktionen von A vorgenommen. Man spricht von *Vererbung der Implementation* bzw. der Realisierung einer *uses-a-* oder *is-implemented-in-terms-of*-Beziehung. Semantisch besteht eine nahe Verwandtschaft zur Verwendung einer eingebetteten Klasse (*has-a*-Beziehung) wie im Beispiel der Signale und Streckenabschnitte aus Abschnitt 14.15.

Das nächste Beispiel zeigt die Wiederverwendung von Implementationsteilen durch Vererbung. Hier gehen wir davon aus, daß der Entwickler der Klasse `DoubMenge` in einer Klassenbibliothek die Definition der folgenden Klasse `Liste` gefunden hat.

```
typedef double typ;   // oder int, char, ...

struct Liste {
    Liste();
    Liste(const Liste&);
    ~Liste();
    Liste& operator=(const Liste&);
    bool fuegeEin(typ x, int i = 0);
      // fuegt x als (i + 1)-te Komponente ein
    bool loesche(int i);
      // loescht (i + 1)-te Komponente
    typ& operator[] (int);
    typ operator[](int) const;
    int laenge() const;
private:
    // ... Implementationsdetails
};
```

Es gibt dann zwei Möglichkeiten: (1.) In die Klasse `DoubMenge` kann ein `Liste`-Objekt aufgenommen werden oder (2.), die Klasse `DoubMenge` wird `private` von der Klasse `Liste` abgeleitet. Eine `public` Ableitung ist nicht angebracht, da eine Liste im Gegensatz zur Menge Elemente mehrfach enthalten kann und somit keine *is-a*-Beziehung vorliegt. Will man die erste Möglichkeit wählen, so verfährt man analog zu den Beispielen in Abschnitt 14.15 – siehe auch Übungsaufgabe 7. Wir zeigen an dieser Stelle, wie sich die Implementation einer `DoubMenge` auch durch Ableitung und Vererbung von `Liste` vergleichsweise einfach gestaltet:

```cpp
class DoubMenge : private Liste {
public:
    bool leer() const { return laenge() == 0; }
    int card() const { return laenge(); }
    bool istElement(double x) const { return position(x) >= 0; }
    bool fuegeEin(double x) {
        return istElement(x) ? false : Liste::fuegeEin(x);
    }
    bool loesche(double x) {
        int pos = position(x);
        return (pos < 0) ? false : Liste::loesche(pos);
    }
    void inhalt() const;
private:
    int position(double) const;
};

int DoubMenge::position(double x) const {
    for (int i = 0; i < laenge(); i++)
        if (fabs((*this)[i] - x) < 1e-15*fabs(x))
            return i;
    return -1;
}

void DoubMenge::inhalt() const {
    int anz = laenge();
    cout << "{ ";
    if (anz > 0) {
        int i = 0;
        cout << (*this)[i];
        while (++i < anz)
            cout << ", " << (*this)[i];
    }
    cout << " }" << endl;
}
```

In den Ausdrücken `(*this)[i]` wird vor dem Aufruf von `Liste::operator[]()` jeweils `this` implizit vom Typ `const DoubMenge*` in den Typ `const Liste*` um-

gewandelt. Dieselbe Wirkung wie durch `(*this)[i]` erzielt man mit dem Aufruf
`operator[](i)`.

Auch ohne die explizite Definition der entsprechenden Elementfunktionen können
`DoubMenge`-Objekte fehlerlos erzeugt, gelöscht und kopiert werden: Der vom Compiler erzeugte Standardkonstruktor und -destruktor ruft jeweils `Liste()` und `~Li-
ste()` auf. Für Initialisierungen wird implizit `DoubMenge(const DoubMenge&)` ge-
neriert. Dieser Konstruktor initialisiert elementweise und ruft für den `Liste`-Teil einer `DoubMenge` den für die Klasse `Liste` definierten Copy-Konstruktor `Liste(const
Liste&)` auf. Da ein `DoubMenge`-Objekt außer dem geerbten `Liste`-Teilobjekt nichts
Kopierenswertes enthält, wird somit korrekt initialisiert. Genauso kann man sich
beim Zuweisen an `DoubMenge`-Objekte auf den vom Compiler erzeugten Standard-
Zuweisungsoperator verlassen. Für das `Liste`-Teilobjekt wird `operator=(const
Liste&)` aufgerufen; darüber hinaus gibt es nichts zu kopieren.

Müssen, anders als im Beispiel, auch für eine abgeleitete Klasse `A` Copy-Konstruktor
und Zuweisungsoperator überladen werden – z.B. weil auch für die Klasse `A` Datenelemente auf dem Heap angelegt werden – so ist zum Kopieren bzw. Zuweisen der
Basisklassen-Teilobjekte jeweils ein expliziter Aufruf des Copy-Konstruktors bzw.
Zuweisungsoperators der Basisklasse `B` nötig. Beim Copy-Konstruktor trägt man
den entsprechenden Aufruf in die Initialisiererliste ein, z.B.

```
A::A(const A& a) : B(a) { /* Kopieren des A-Teils */ }
```

Das Argument `a` wird dann beim Aufruf `B(a)` implizit nach `const B` konvertiert.
Ruft man `B(const B&)` nicht über die Initialisiererliste auf, so wird ggf. ein Standardkonstruktor für `B` verwendet; i.d.R. erzielt man damit keine sinnvollen Resultate
(siehe Übungsaufgabe 1(b)). Beim Zuweisungsoperator ist der Aufruf in den Rumpf
von `operator=(const A&)` mit aufzunehmen, z.B.

```
A& A::operator=(const A& a) {
    if (this == &a)
        return *this;
    B::operator=(a);   // weist B-Teilobjekt zu
    // ... Anweisungen zum Zuweisen des A-Teils
    return *this;
}
```

Auch hier wird `a` beim Aufruf von `B::operator=()` mittels Basisklassen-Konversion
umgewandelt. Der Copy-Konstruktor und der Zuweisungsoperator der Basisklasse
können, gleichgültig ob `B` eine `public` oder eine `private` Basisklasse ist, im Copy-
Konstruktor bzw. in der Operatorfunktion der abgeleiteten Klasse aufgerufen werden
(sofern sie nicht `private` Elementfunktionen von `B` sind).

Es ist somit möglich, ein Objekt einer abgeleiteten Klasse einem Objekt einer Basisklasse zuzuweisen bzw. die entsprechende Initialisierung vorzunehmen. Die Basisklasse muß dazu an der Stelle, an der zugewiesen bzw. initialisiert werden soll,
zugreifbar sein. Zum Beispiel

```cpp
struct B { int i; };

struct A : B { int j; };

int main() {
    B x;
    x.i = 23;
    A y;
    y.i = 45;
    y.j = 2;
    x = y;
    cout << x.i << endl;
    return 0;
}
```

C++ ruft hier die compilergenerierte Funktion `B::operator=(const B& b)` mit `y` als Argument auf und wandelt `y` bei der Initialisierung von `b` in das aus `y.i` bestehende B-Teilobjekt um. Der A-Teil von `y`, der im Beispiel nur das Datenelement `y.j` enthält, wird dabei nicht kopiert. Umgekehrt ist es nicht möglich, Kopien von der Basisklasse in die abgeleitete Klasse vorzunehmen, d.h. `y = x;` ist ein Fehler.

Bemerkung

Im Zusammenhang mit Zeigern und Referenzen auf abgeleitete Klassen bzw. ihre Basisklassen sind der statische und der dynamische Typ eines Zeigers bzw. einer Referenz zu unterscheiden. Als *statischen* Typ einer Variablen oder Konstanten bezeichnet man dabei den Typ, mit dem sie deklariert ist. Im Kto-Beispiel haben also `ktoFeld[0]`–`ktoFeld[9999]` den statischen Typ `Kto*`. Dieser Typ ist durch den Programmtext festgelegt – er kann sich während der Ausführung des Programms nicht verändern. Der *dynamische* Typ eines Ausdrucks ist der Typ des Objekts, auf das er gerade verweist; dieser kann sich während der Laufzeit ändern. Somit erhalten `ktoFeld[0]` und `ktoFeld[1]` nach ihrer Definition als `Kto*` den dynamischen Typ `GiroKto*`, und `ktoFeld[2]` ändert seinen Typ dynamisch auf `FestgeldKto*`.

17.4 Virtuelle Funktionen

Innerhalb der Definition einer Klasse kann eine Elementfunktion, die nicht `static` ist, als `virtual` spezifiziert werden. Sie heißt dann *virtuelle Funktion*. Falls eine Klasse B eine virtuelle Funktion `f()` als Element enthält und in einer von B direkt oder indirekt abgeleiteten Klasse A ebenfalls eine Elementfunktion `f()` desselben Typs definiert ist, wird bei einem Aufruf von `f()` für ein Objekt der Klasse A die (richtige) Funktion `A::f()` ausgeführt, auch wenn der Aufruf über einen Zeiger oder eine Referenz auf B erfolgt. In diesem Fall *überschreibt* `A::f()` die Funktion `B::f()` aus der Basisklasse. Das heißt, der dynamische Typ entscheidet, welcher Funktionsrumpf ausgeführt wird – im Gegensatz zu nicht virtuellen Funktionen, bei denen ausschließlich der statische Typ des Zeigers oder der Referenz beim Aufruf von Interesse ist. Zum Beispiel

```cpp
struct X {
    virtual void zeige() { cout << "X" << endl; }
};

struct Y : X {
    void zeige() { cout << "Y" << endl; }
};

struct Z : Y {
    void zeige() { cout << "Z" << endl; }
};

int main() {
    X* zx[4] = { new X, new Z, new X, new Y };
    for (int i = 0; i < 4; i++)
        zx[i]->zeige();
    return 0;
}
```

In `main()` werden hier die Funktionen `X::zeige()`, `Z::zeige()`, `X::zeige()` und
`Y::zeige()` aufgerufen.

Wenn `A::f()` die Funktion `B::f()` überschreibt, so ist auch `A::f()` eine virtuelle
Funktion (analog für von `A` abgeleitete Klassen). Der Spezifizierer `virtual` kann in
der Definition von `A` optional angegeben werden. Außerhalb von Klassendefinitionen,
beispielsweise, wenn eine Elementfunktion nicht innerhalb ihrer Klassendefinition
definiert wird, darf `virtual` nicht nochmals verwendet werden.

Der Versuch, eine virtuelle Funktion durch eine Funktion zu überschreiben, die sich
nur im Typ ihres Funktionswerts unterscheidet, ist ein Fehler; ein Funktionsaufruf
wäre dann mehrdeutig – es gibt eine Ausnahme von dieser Regel, die wir am Ende dieses Abschnitts behandeln. Sind die Parameter verschieden, wird nicht der
„virtual-Mechanismus" ausgelöst; statt dessen verdeckt die Elementfunktion der
abgeleiteten Klasse diejenige der Basisklasse.

Eine virtuelle Funktion `f()`, die in einer Basisklasse `B` definiert ist, kann in (direkt
oder indirekt) von `B` abgeleiteten Klassen überschrieben werden, sie muß es aber
nicht. Wenn keine erneute Definition in der abgeleiteten Klasse `A` vorgenommen
wurde, wird der Aufruf in Fällen wie

```cpp
A a;
B* zb = &a; zb->f();
B& rb = a; rb.f();
```

mit der *letzten* `B::f()` *überschreibenden* Funktion durchgeführt. Das ist die letzte
Funktion `f()`, die man ausgehend von `B` und im Vererbungsgraphen in Richtung `A`
den Pfeilen folgend findet, die denselben Typ wie `f()` hat. (Man findet sie auch
umgekehrt, wenn man `f()` im Vererbungsgraphen ab der Klasse `A` „nach oben" in

Richtung der Basisklassen sucht.) Wir wollen dies an zwei kleinen Modifikationen
des letzten Beispiels veranschaulichen:

```
struct X { virtual void zeige(); };                    X, zeige()
struct Y : X { void zeige(); };
struct Z : Y { };

int main() {                                           Y, zeige()
    X* zx[4] = { new X, new Z, new X, new Y };
    for (int i = 0; i < 4; i++)
        zx[i]->zeige();
    return 0;
}                                                      Z
```

Jetzt werden `X::zeige()`, `Y::zeige()`, `X::zeige()` und `Y::zeige()` aufgerufen;
für ein Z-Objekt ist `Y::zeige()` die letzte überschreibende Funktion. Und im Fall

```
struct X { virtual void zeige(); };                    X, zeige()
struct Y : X { };
struct Z : Y { void zeige(); };

int main() {                                           Y
    X* zx[4] = { new X, new Z, new X, new Y };
    for (int i = 0; i < 4; i++)
        zx[i]->zeige();
    return 0;
}                                                      Z, zeige()
```

resultieren die Aufrufe `X::zeige()`, `Z::zeige()`, `X::zeige()` und `X::zeige()`; für
ein Y-Objekt ist `X::zeige()` die letzte überschreibende Funktion. Modifiziert man
schließlich im letzten Beispiel die Definition der Klasse Z zu

```
struct Z : Y { void zeige(int = 0); };
```

so ist `Z::zeige()` keine virtuelle Funktion mehr, da sich ihre Parameterliste von
derjenigen von `X::zeige()` unterscheidet. Nun wird viermal `X::zeige()` aufgerufen. Dieses Verdecken des Namens einer virtuellen Funktion kann nicht empfohlen
werden – es führt lediglich zu verwirrendem Programmtext und -laufzeitverhalten.

Auch die Verwendung des Geltungsbereichoperators `::` setzt den **virtual**-Mecha-
nismus außer Kraft. Dies sieht man in der folgenden Fortsetzung des Kto-Beispiels.
In allen drei Klassen haben wir hier eine virtuelle Funktion `info()` definiert, die die
bisher benutzten Funktionen `giroInfo()` und `festInfo()` ersetzt.

```
class Kto {
public:
    virtual void info() const;
    // ... wie bisher
};
```

```cpp
void Kto::info() const {
    cout << "Inhaber: " << inhaber.nachName << "\tKto-Nr: "
         << ktoNr << "\nKto-Stand: " << ktoStand << " DM"
         << "\nHabenzinsen: " << habenZins << " %\t";
}

class GiroKto : public Kto {
public:
    void info() const;
    // ... wie bisher
};

void GiroKto::info() const {
    Kto::info();  // 'normaler', kein virtueller Aufruf
    cout << "Sollzinsen: " << sollZins << " %"
         << "\nLimit: " << kreditLimit << " DM\n" << endl;
}

class FestgeldKto : public Kto {
public:
    void info() const;
    // ... wie bisher
};

void FestgeldKto::info() const {
    Kto::info();  // 'normaler', kein virtueller Aufruf
    cout << "Restlaufzeit: " << restLaufzeit << " Monate\n";
    if (!zinsBesteuerung)
        cout << "keine ";
    cout << "Zinsbesteuerung\n" << endl;
}
```

Welche Funktionen, jeweils passend zum Kontentyp, aufgerufen werden, sieht man,
wenn man in **main()** die folgende Anweisung aufnimmt:

```cpp
for (int i = 0; i < 10000; i++)
    if (Kto* zk = ktoFeld[i])
        zk->info();
```

Der **virtual**-Mechanismus arbeitet nur in Verbindung mit Zeigern oder Referenzen.
Die Interpretation des Aufrufs einer virtuellen Funktion hängt dann vom Typ des
Objekts ab, das gerade referenziert wird – also vom dynamischen Typ des Zeigers
bzw. der Referenz. Beim Aufruf einer nicht virtuellen Funktion kommt es dagegen
nur auf den statischen Typ des Zeigers oder der Referenz an, über die der Aufruf erfolgt. Welche Funktion konkret bei einem Aufruf der Art **zk->info()** auszuführen
ist, kann bei der Übersetzung des Programms i.a. nicht festgestellt werden. Die

Ermittlung der Adresse der Funktion, die tatsächlich aufgerufen wird, erfolgt erst
zur Laufzeit. Diese Möglichkeit, mit einem Funktionsaufruf eine Fülle verschiedener Funktionen gleichen Typs aus einer Vererbungsstruktur auswählen zu können,
wird als *Polymorphismus* bezeichnet. Sie ist nicht mit der Verwendung überladener
Funktionen, bei denen während des Übersetzens anhand der Güte der Übereinstimmung von Argumenten und Parametern die auszuführende Funktion bestimmt wird,
zu verwechseln. Eine Klasse, in der eine virtuelle Funktion deklariert ist oder die
eine virtuelle Funktion aus einer Basisklasse erbt, heißt *polymorphe* Klasse.

Um es den Klassenobjekten zu ermöglichen, die für sie richtige virtuelle Funktion festzustellen, müssen sie zu ihren Datenelementen noch mit der entsprechenden
zusätzlichen Information ausgestattet werden. Bei unseren Compilern erhalten alle
Objekte noch einen Zeiger `vptr` (den *virtual table pointer*). `vptr` zeigt in ein Feld
von Funktionszeigern namens `vtbl` (*virtual table*), das für jede Klasse einmal angelegt wird. Falls dann für ein Klassenobjekt eine virtuelle Funktion aufgerufen wird,
verfolgt C++ den `vptr` dieses Objekts zu dem zugehörigen `vtbl` der Klasse und ruft
die Funktion mittels der dort eingetragenen Adresse auf. Sind zwei Klassen `A` und
`B` wie folgt definiert

```
class B {
public:
    virtual double f(double);
    virtual double g(double);
    double b;
};

class A : public B {
public:
    double g(double);
    double a1, a2;
};
```

und erzeugt man zwei Objekte u und v mittels `B u;` und `A v;`, so ergeben sich im
Speicher beispielsweise die abgebildeten Zeigerstrukturen:

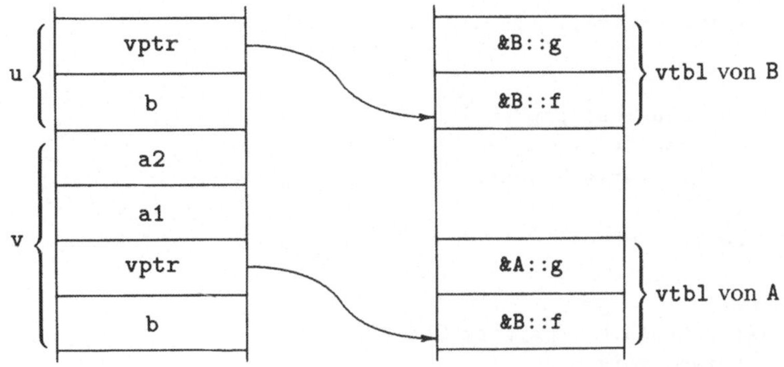

Mit `B* zgr = &v;` wird dann für `zgr->f(2.2)` die Funktion `*(zgr->vptr[0])` oder mit `zgr = &u;` und `zgr->g(17.5)` die Funktion `*(zgr->vptr[1])` jeweils mit den entsprechenden Argumenten aufgerufen. Im ersten Fall enthält `zgr` die Adresse `&v`, d.h. `B::f(2.2)` wird ausgeführt, im zweiten Fall zeigt `zgr` auf `u.b` und `B::g(17.5)` wird ausgeführt. Daß derartige Aufrufe nur über existierende Klassenobjekte erfolgen können, ist der Grund dafür, daß `static` Elementfunktionen (wie oben bemerkt) nicht virtuell sein können.

Funktionsaufrufe werden nur dann mit dem `virtual`-Mechanismus abgewickelt, wenn man mit Zeigern oder Referenzen arbeitet. Zum Beispiel führen `B b = v;` und `b.g(-5.3)` zur Ausführung von `B::g(-5.3)`.

Wie `static` Elementfunktionen können auch Konstruktoren nicht virtuell sein, da sie nicht für existierende Objekte aufgerufen werden, sondern diese erst konstruieren. Ein Destruktor kann dagegen `virtual` deklariert werden; in bestimmten Konstellationen ist es sogar erforderlich, virtuelle Destruktoren zu verwenden, um mit `new` reservierten Speicher wieder vollständig freizugeben. Das folgende Beispiel zeigt eine derartige Situation. Hier wird eine Klasse, die einzelne Zeichen auf einem Stack speichert, von der Klasse `StackBasics` abgeleitet. In `StackBasics` sind bestimmte Grundfunktionen wie `push` und `pop` vorbereitet.

```cpp
class StackBasics {
public:
    explicit StackBasics(int a) { anz = a; top = 0; }
    int pushBas();
    int popBas();
    int groesse() const { return top; }
protected:
    int top;
    int anz;
};

int StackBasics::pushBas() {
    if (top >= anz) {
        // Fehlerbehandlung ...
    }
    return top++;
}

int StackBasics::popBas() {
    if (top <= 0) {
        // Fehlerbehandlung ...
    }
    return --top;
}

class CharStack : private StackBasics {
    friend void test();
```

```cpp
public:
    explicit CharStack(int = 1000, const char* = "");
    ~CharStack() { delete[] daten; }
    void push(char c) { daten[pushBas()] = c; }
    char pop() { return daten[popBas()]; }
    // ...
private:
    char* const daten;
};

CharStack::CharStack(int gr, const char* init)
        : StackBasics(gr), daten(new char[gr]) {
    int si = strlen(init);  // benoetigt string.h
    while (si > 0)
        daten[pushBas()] = init[--si];
}
```

Wenn man nun in einer Funktion, die einen `CharStack` benutzt, einen Zeiger auf diesen Stack in einen Zeiger auf `StackBasics` umwandelt und dann diesen Zeiger löscht, so wird nur der `StackBasics`-(Standard-)Destruktor und nicht der `CharStack`-Destruktor aufgerufen. Die korrekte Reihenfolge ist jedoch `~CharStack()` gefolgt von `~StackBasics()`. Ein Aufruf der Funktion `test()` hat beispielsweise genau den beschriebenen Effekt, der analog auch bei Referenzen auftritt.

```cpp
void test() {
    CharStack* zc = new CharStack(100, "Inhalt\n");
    StackBasics* zs = zc;  // test() ist friend von CharStack
    // ...
    delete zs;
}
```

Das Problem löst man dadurch, daß man den Destruktor der Basisklasse `virtual` deklariert. Der Destruktoraufruf (im Beispiel `delete zs;`) wird dann wie der Aufruf einer anderen virtuellen Elementfunktion interpretiert, und es wird der Destruktor der Klasse aufgerufen, die der Zeiger bzw. die Referenz tatsächlich referenziert. Dieser Destruktor ruft dann, wie üblich, die Destruktoren seiner Elemente und Basisklassen auf. Im Beispiel genügt es, die Definition

```cpp
virtual ~StackBasics() { }
```

mit in die Klassendeklaration von `StackBasics` aufzunehmen. Der einzige Unterschied zu den bisher behandelten virtuellen Funktionen ist, daß diese in allen abgeleiteten Klassen neben dem übereinstimmenden Typ auch denselben Namen tragen müssen, wogegen die virtuellen Funktionen des Beispiels `~StackBasics()` und `~CharStack()` heißen. Intern verwenden C++-Compiler jedoch für alle Destruktoren dieselben Namen, z.B. `bdtr`, `__dt`, o.ä.

Eine Basisklasse sollte immer dann einen virtuellen Destruktor erhalten, wenn von ihr abgeleitete Klassen einen Destruktor enthalten und Objekte abgeleiteter Klassen über Zeiger oder Referenzen auf die Basisklasse verwaltet (und möglicherweise gelöscht) werden oder wenn andere virtuelle Funktionen in ihr definiert sind. Die Klasse Kto sollte also noch mit einem virtuellen Destruktor vervollständigt werden. Die gleiche Vorgehensweise ist sinnvoll, wenn eine Klasse zur Wiederverwendung durch Ableitung vorgesehen ist.

Bemerkungen

1. Eine virtuelle Funktion kann `friend` einer anderen Klasse sein.

2. Eine virtuelle Funktion kann, wie die Funktion ~StackBasics(), als `inline`-Funktion definiert werden.

3. Eine virtuelle Funktion, die in einer Basisklasse deklariert wird, muß auch definiert werden, es sei denn, sie ist „rein virtuell" deklariert. Rein virtuelle Funktionen werden in Abschnitt 17.5 behandelt.

4. Zu Beginn des Abschnitts wurde bemerkt, daß es eine Ausnahme von der Regel gibt, daß eine Funktion nur dann eine virtuelle Funktion aus einer ihrer Basisklassen überschreiben kann, wenn sie neben demselben Namen genau denselben Typ hat, wenn also die Parameterliste, etwaige `const`-Qualifizierungen und der Typ des Funktionswerts identisch sind. Diese Ausnahme bezieht sich auf den Typ des Funktionswerts:

   `f()` sei wieder virtuelle Funktion in B und A sei von B abgeleitet. Wenn nun `A::f()` und `B::f()` identische Parameterlisten haben und `B::f()` als Funktionswert `X*` oder `X&` liefert und `A::f()` entsprechend `Y*` oder `Y&` liefert und wenn X zugreifbare Basisklasse von Y ist, dann überschreibt auch `A::f()` die Funktion `B::f()`. Es bleibt hier zusätzlich zu beachten, daß der Funktionswert der überschreibenden Funktion vor seiner Rückgabe in den Rückgabetyp der überschriebenen Funktion (also der Funktion, die dem statischen Typ des Zeigers oder der Referenz beim Aufruf entspricht) konvertiert wird. Im Beispiel

```cpp
struct X { void g(); };
struct Y : X { void g(); void h(); };

struct B { virtual X* f(); };
struct A : B { Y* f(); };

int main() {
    A a;
    a.f()->h();
    B* pb = &a;
    pb->f()->g();
    return 0;
}
```

bedeutet dies, daß beim Aufruf `a.f()->h()` die Funktionen `A::f()` und `Y::h()` ausgeführt werden.

Im zweiten Fall `pb->f()->g()` werden `A::f()` und `X::g()` ausgeführt. Nur wenn `g()` virtuelle Funktion ist, wird hier als zweite Funktion `Y::g()` ausgeführt und Programmcode und -verhalten sind einleuchtend. Diese Ausnahmeregelung muß mit Bedacht angewandt werden. (Vgl. hierzu Übungsaufgabe 14.)

17.5 Abstrakte Klassen

Bei der Ableitung von Vererbungsstrukturen kann es sein, daß man auch mit der Basisklasse sinnvolle Objekte generieren kann (wie im `Timer/SignalTimer`-Beispiel); andererseits ist es möglich, daß die Erzeugung von Instanzen einer Basisklasse ausgeschlossen werden sollte, da mit ihr nur ein Konzept festgelegt wird, dessen verschiedene Ausprägungen in den abgeleiteten Klassen spezifiziert werden müssen (wie im `Kto/GiroKto/FestgeldKto`-Beispiel).

Wir setzen hier das Beispiel der Lebensversicherungsverträge aus Kapitel 14 fort und leiten von `VersVertrag` zwei weitere Klassen ab: Eine Lebensversicherung kann nur in einer der beiden abgeleiteten Formen, als kapitalbildende Lebensversicherung oder als Risikolebensversicherung, abgeschlossen werden, nicht als „Versicherung an sich".

```
                    VersVertrag
                   /           \
                  ∨             ∨
       KapitalbildendeLV      RisikoLV
```

Den gewünschten Effekt erzielt man, indem man `VersVertrag` als *abstrakte* Klasse spezifiziert. Eine abstrakte Klasse kann nur als Basisklasse anderer Klassen verwendet werden. Mit ihr sind aber keine eigenständigen Klassenobjekte deklarierbar; nur als Teilobjekte in Objekten abgeleiteter Klassen können sie erzeugt werden. Eine Klasse ist abstrakt, wenn sie mindestens eine *rein virtuelle* Funktion als Element hat. Rein virtuelle Funktionen werden durch den Zusatz `= 0` hinter ihrem Deklarator kenntlich gemacht (vgl. hierzu die *Element-Deklarator*-Regel aus Abschnitt 14.1):

> *Rv-Spezifizierer:*
> `= 0`

Das Kennzeichen rein virtueller Elementfunktionen ist, daß sie – im Gegensatz zu „einfachen" virtuellen Funktionen – in ihrer Klasse nicht definiert werden müssen. Meist ist eine sinnvolle Definition in der Basisklasse auch gar nicht möglich, weil lediglich das Funktionsinterface bekannt ist, das spezifische Verhalten aber erst in den abgeleiteten Klassen festgelegt werden kann.

Sogar der Destruktor einer Klasse ist rein virtuell deklarierbar. Seine Definition ist jedoch erforderlich, wenn Objekte abgeleiteter Klassen erzeugt werden, was in sinnvollen Anwendungen die Regel ist. Die Definition muß dann außerhalb der Klassendefinition erfolgen. In dieser Form können auch andere rein virtuelle Funktionen für ihre Klasse definiert werden. Allerdings kann die Ausführung ihres Funktionsrumpfs – im Unterschied zum rein virtuellen Destruktor – nur durch einen vollständig qualifizierten Aufruf veranlaßt werden.

Im Beispiel der Versicherungsverträge nehmen wir die Auszahlung der Versicherungssumme als rein virtuelle Funktion mit in die Basisklasse auf.

```
class VersVertrag {
public:
    virtual long double auszahlung() = 0;
    virtual ~VersVertrag();
    // ... wie bisher
};


class KapitalbildendeLV : public VersVertrag {
public:
    enum verwendung { beitrSenkung, vsErhoehung, zinsAnsamml };
    KapitalbildendeLV(long int, int, int, long int, const char*,
        int, const char*, verwendung);
    long double auszahlung() { /* ... */ }
    // ...
private:
    verwendung ueberschuss;
};


class RisikoLV : public VersVertrag {
public:
    enum leistung { fallend, konstant };
    RisikoLV(long int, int, int, long int, const char*, int,
        const char*, leistung);
    long double auszahlung() { /* ... */ }
    // ...
private:
    leistung tfl;
};


KapitalbildendeLV::KapitalbildendeLV(long int v, int b, int d,
    long int s, const char* n, int g, const char* a, verwendung u)
        : VersVertrag(v, b, d, s, n, g, a), ueberschuss(u) { }


RisikoLV::RisikoLV(long int v, int b, int d, long int s,
    const char* n, int g, const char* a, leistung t)
        : VersVertrag(v, b, d, s, n, g, a), tfl(t) { }
```

VersVertrag ist jetzt eine abstrakte Klasse, d.h. es können keine VersVertrag-Objekte angelegt werden. Konsequenterweise ist es, wegen der sonst erforderlichen Erzeugung lokaler bzw. temporärer Objekte, auch nicht möglich, eine abstrakte Klasse als Argument einer Funktion oder als Typ des Funktionswert einer Funktion zu benutzen.

```
VersVertrag a;                              // Fehler
long double rueckkaufWert(VersVertrag);     // Fehler
VersVertrag naechsterVertrag();             // Fehler
```

Zeiger und Referenzen auf eine abstrakte Klasse können dagegen deklariert werden. Sie müssen wegen der obigen Einschränkung aber immer Objekte abgeleiteter Klassen referenzieren. Im Beispiel kann man eine elementare Listenverwaltung für Versicherungsverträge unter Zuhilfenahme der Klasse `Liste` (vgl. Abschnitt 17.3) folgendermaßen vornehmen:

```
typedef VersVertrag* typ;
struct Liste { /* ... */ };
Liste lvv;

// ...
    lvv.fuegeEin(new RisikoLV(123938, 1993, 5, 250000,
        "Stefan Baer", 1962, "Mannheim", RisikoLV::fallend));
    lvv.fuegeEin(new KapitalbildendeLV(1182331, 1999, 25, 80000,
        "Katja Mann", 1967, "Ulm",
        KapitalbildendeLV::zinsAnsamml));
    lvv.fuegeEin(new RisikoLV(23975, 1993, 15, 120000,
        "Helge Kruse", 1952, "Erlangen", RisikoLV::konstant));
```

Sofern der Zugriff auf einzelne Vertragskomponenten, z.B. `lvv[i]->versSumme` oder `lvv[i]->nehmer->name` gestattet werden soll, müssen dazu noch gesonderte Elementfunktionen in `VersVertrag` oder in den abgeleiteten Klassen definiert werden.

Rein virtuelle Funktionen werden als rein virtuelle Funktionen vererbt. Eine von einer abstrakten Klasse abgeleitete Klasse ist nur dann nicht ebenfalls abstrakt, wenn in ihr alle rein virtuellen Funktionen der Basisklasse definiert werden. Die Klassen `RisikoLV` und `KapitalbildendeLV` des obigen Beispiels sind nicht mehr abstrakt, da in ihnen eine Definition der Funktion `auszahlung()` vorliegt.

Umgekehrt kann auch eine abstrakte Klasse von einer Klasse, die nicht abstrakt ist, abgeleitet werden. Dabei kann eine rein virtuelle Funktion neu in die Klasse aufgenommen werden oder eine virtuelle Funktion überschreiben, die nicht rein virtuell ist.

Bezüglich der Unterschiede zwischen rein virtuellen, virtuellen und nicht virtuellen Funktionen kann man für `public` Ableitungen folgendes Resümee ziehen.

- Wird eine Elementfunktion in einer Basisklasse als rein virtuell deklariert, so wird nur das Funktionsinterface (der Prototyp) vererbt. Die Implementation (Definition) muß in einer abgeleiteten Klasse erfolgen.

- Wird eine Elementfunktion in einer Basisklasse als virtuell, aber nicht rein virtuell deklariert, so wird das Funktionsinterface zusammen mit einer Standard-Implementation vererbt.

• Wird eine Elementfunktion in einer Basisklasse nicht als virtuell deklariert, so
  werden Funktionsinterface und eine feststehende Implementation vererbt.

Bemerkung

Eine abstrakte Klasse enthält typischerweise einen virtuellen Destruktor, damit für
die abgeleiteten Klassen die richtigen Destruktoren aufgerufen werden. Abstrakte Klassen enthalten oft weder Konstruktor noch Datenelemente, sondern nur rein
virtuelle Funktionsdeklarationen, die das sog. *Protokoll* für eine Vielfalt von Implementationen in den abgeleiteten Klassen festlegen.

17.6 Laufzeit-Typinformationen

Die Typinformationen zur Laufzeit ermöglichen das Feststellen des Typs eines Klassenobjekts auch dann, wenn man lediglich einen Zeiger oder eine Referenz auf seine
Basisklasse hat. Falls man eine Klassenstruktur selbst entwickelt, wird man die Bestimmung des „richtigen" Typs wenn möglich dem Compiler überlassen, indem man
virtuelle Funktionen verwendet. Es kann jedoch Aufgabenstellungen geben, die eine
explizite Typfeststellung nötig machen, z.B. wenn Bibliotheksklassen wiederverwendet werden, deren C++-Code nicht zur Verfügung steht.

Wir greifen nochmals das `Kto`-Beispiel auf und setzen für das Folgende voraus, daß
die Klassen `Kto`, `GiroKto` und `FestgeldKto` einer Klassenbibliothek entnommen
sind und daß nur die Header-Datei gelesen werden kann. Wenn nun in einem Anwendungsprogramm beispielsweise die Anzahl der Festgeldkonten ermittelt werden
soll, wäre wieder die Einführung eines Typfelds denkbar, etwa

```
enum ktoTyp { giro, festgeld };
ktoTyp typFeld[10000] = { giro };
Kto* ktoFeld[10000] = { };

ktoFeld[0] = new GiroKto("Mueller-Lucas", 30108, 3020.15);
ktoFeld[1] = new GiroKto("Schiek", 30636, 7812.64, 0.3);
ktoFeld[2] = new FestgeldKto("Wild", 55000, 8500.0, 6.85, 3);
typFeld[2] = festgeld;
// ...

for (int anz = 0, i = 0; i < 10000; i++)
    if (typFeld[i] == festgeld)
        anz++;
```

Über die Qualität dieses Ansatzes wurde in Abschnitt 17.3 bereits alles gesagt.
Sicher und wesentlich eleganter läßt sich das Problem lösen, wenn man auf die
Laufzeit-Typinformation der `ktoFeld`-Zeiger zugreift.

typeid-Ausdrücke

So wie sich mittels `sizeof` die Größe eines Typs ermitteln läßt, erlaubt `typeid` das
Feststellen des Typs selbst. Als Argument von `typeid()` ist ein Ausdruck oder
ein Typname zulässig (vgl. die *Postfix-Ausdruck*-Regel, vorletzte und letzte Alternative). Das Resultat hat den Typ `const type_info&` und liefert als Wert eine
Referenz auf das `type_info`-Objekt, das den Typ des Ausdrucks bzw. den Typnamen repräsentiert. Ein solches `type_info`-Objekt wird für jeden Datentyp einmal
angelegt und speichert den Namen des Typs und weitere Daten, die es gestatten,
`type_info`-Objekte mittels `==` und `!=` zu vergleichen. Die Klasse `type_info` ist in
der Header-Datei `typeinfo.h` definiert. Zum Beispiel

```
if (typeid(int) == typeid(451))
    cout << "451 hat den Typ int" << endl;
if (typeid(long int) == typeid(451))
    cout << "451 hat den Typ long int" << endl;
```

Neben `operator==()` und `operator!=()` ist für die Klasse `type_info` u.a. noch
eine `public` Elementfunktion `name()` definiert, die den Namen des jeweiligen Typs
als `const char*` liefert. Zum Beispiel

```
cout << "451 hat den Typ " << typeid(451).name() << endl;
```

Interessanter als die bisherigen Beispiele ist die Anwendung von `typeid()` auf ein
Argument, das L-Wert einer polymorphen Klasse ist:

In diesem Fall wird die Typinformation über den dynamischen Typ des Operanden von `typeid()` zurückgegeben. Zum Beispiel wird für einen mittels * oder []
dereferenzierten Zeiger das `type_info`-Objekt geliefert, das dem dynamischen Typ
des Zeigers entspricht – vorausgesetzt, der Zeiger ist nicht Nullzeiger. (Sonst wird
eine Ausnahme des Typs `bad_typeid` ausgeworfen, siehe hierzu Kapitel 21.) Das
einleitend genannte Problem, die Anzahl der Festgeldkonten zu ermitteln, läßt sich
nun einfach folgendermaßen lösen:

```
for (int anz = 0, i = 0; i < 10000; i++)
    if (ktoFeld[i] != 0 && typeid(*ktoFeld[i]) == typeid(FestgeldKto))
        anz++;
```

In der Funktion `main()` des folgenden Beispiels liefert `typeid()` den statischen Typ
des Zeigers `z`, also `B*`, wenn dieser – wie in der ersten Ausgabeanweisung – nicht
dereferenziert wird.

```
class B {
public:
    virtual ~B();
    // ...
};
```

```
B::~B() { /* ... */ }

class A : public B { /* ... */ };

int main() {
    B* z = new A[5];
    cout << typeid(z).name() << endl;
    cout << typeid(z[0]).name() << endl;
    // ...
    return 0;
}
```

Es ist wichtig, zu verstehen, daß `typeid()` den Typ des Ausdrucks (seines Operanden) untersucht und nicht den Typ des Objekts auf den dieser u.U. verweist.

Damit Laufzeit-Typinformationen über die Objekte einer Klasse verfügbar sind, muß die Klasse polymorph sein, also mindestens eine virtuelle Elementfunktion besitzen. Ist diese Voraussetzung nicht erfüllt, so liefert `typeid()` den statischen Typ des Arguments, arbeitet also nicht so, wie es möglicherweise beabsichtigt ist. Die Funktion `zgrBasis()` des nächsten Beispiels gibt etwa im Fall `X* x = new Y; zgrBasis(x);` den Wert `true` zurück, obwohl `x` beim Aufruf auf ein Objekt der abgeleiteten Klasse Y zeigt:

```
struct X { };  // nicht polymorph
struct Y : X { };

bool zgrBasis(X* zx) {
    return typeid(*zx) == typeid(X);
}
```

Da aber jede zur Wiederverwendung vorgesehene Basisklasse bei vernünftiger Implementierung zumindest einen virtuellen Destruktor haben sollte, dürfte der obige Fall nur sehr selten auftreten.

Auch der Typ eingebetteter Klassen kann mittels `typeid()` korrekt ermittelt werden. Zum Beispiel

```
class Bestellung {
public:
    class Position { /* ... */ };
    // ...
};

void g(Bestellung::Position& ref) {
    cout << typeid(ref).name() << endl;
}
```

Bemerkung

Die Einschränkung, daß Laufzeit-Typinformationen nur für eine polymorphe Klasse angelegt werden, hängt mit der dann einfachen Realisierung dieses Konzepts zusammen: Ein Zeiger auf das `type_info`-Objekt einer Klasse kann mit in den `vtbl` der Klasse aufgenommen werden.

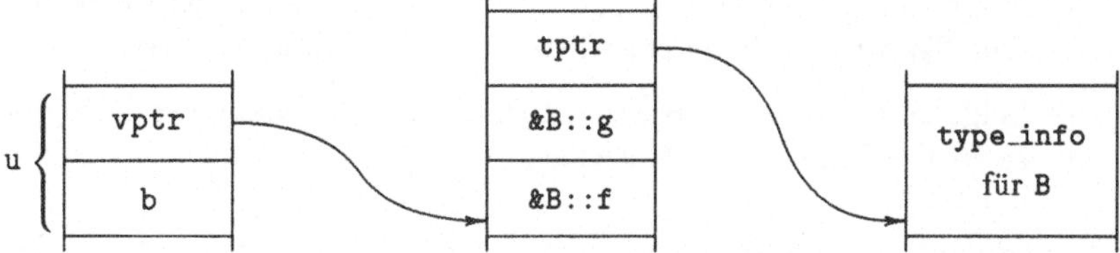

In der Abbildung ist dies für das Objekt u der Klasse B von S. 267 skizziert.

Konversionen mittels dynamic_cast

Zu Beginn von Abschnitt 17.3 hatten wir mit dem Operator `static_cast` Zeiger des Typs `Kto*` explizit in Zeiger auf Giro- bzw. Festgeldkonten konvertiert. Derartige Typumwandlungen sind unsicher, da nicht geprüft wird, ob der umzuwandelnde Zeiger tatsächlich auf ein Klassenobjekt der abgleiteten Klasse zeigt. Sichere Zeigerkonversionen von einer Basisklasse zu einer abgeleiteten Klasse sind unter Benutzung der Laufzeit-Typinformation mittels `dynamic_cast` möglich. Diese Möglichkeit zur expliziten Typumwandlung ergänzt die Umwandlungen durch `static_cast`, `const_cast` und `reinterpret_cast`, die in Abschnitt 9.2 behandelt wurden. Man sollte von ihr allerdings ausschließlich in Fällen Gebrauch machen, in denen andere Ansätze, z.B. die Verwendung virtueller Funktionen, versagen.

In einem Ausdruck `dynamic_cast<T>(a)` muß der Typ T ein Zeiger oder eine Referenz auf eine zuvor definierte Klasse sein. (`void*` und `const void*` sind ebenfalls zulässig, vgl. Übungsaufgabe 8.) Dazu passend muß der Ausdruck a ein Zeiger auf ein Klassenobjekt oder ein L-Wert eines Klassentyps sein. Das Resultat von `dynamic_cast<T>(a)` hat dann den Typ T, und es gilt darüber hinaus:

- Wenn B zugreifbare Basisklasse einer Klasse A ist und za ein Zeiger auf ein A-Objekt ist, dann liefert `dynamic_cast<B*>(za)` einen Zeiger auf das B-Teilobjekt von `*za`. `dynamic_cast` arbeitet in diesem Fall also genauso wie die Standardkonversion von `A*` nach `B*`, z.B.

```
FestgeldKto* zFest = new FestgeldKto;
Kto* u = dynamic_cast<Kto*>(zFest);  // explizit
Kto* v = zFest;                      // u == v
```

Analog ergibt sich als Resultat von `dynamic_cast<B&>(a)` ein L-Wert des Typs B, der auf das B-Teilobjekt von a verweist, wenn a den Typ A hat.

- Ist umgekehrt `zb` Zeiger auf ein polymorphes B-Objekt, so wird bei der Auswertung von `dynamic_cast<A*>(zb)` eine Laufzeit-Typprüfung vorgenommen, die das zu `*zb` gehörende `type_info`-Objekt untersucht:

  - Zeigt `zb` auf ein A-Objekt, wird `zb` in den Typ `A*` konvertiert.

  - Zeigt `zb` auf ein C-Objekt und ist C von A abgeleitete Klasse, wird `zb` in den Typ `C*` und daran anschließend in den Typ `A*` konvertiert.

  - Zeigt `zb` nicht auf ein Klassenobjekt, das Teilobjekt eines A-Objekts ist, so ist das Ergebnis ein Nullzeiger.

Analog wird die Konversion mit `dynamic_cast<A&>(b)` und einem L-Wert `b`, der auf ein B-Objekt verweist, geprüft. Da es keine Nullreferenz gibt, wird hier jedoch die Ausnahme `bad_cast` ausgeworfen, wenn die Umwandlung scheitert, d.h. wenn `b` nicht in einem A-Objekt enthalten ist.

Eine Anwendung ergibt sich für das `VersVertrag`-Beispiel, wenn festgestellt werden soll, wie hoch die für die kapitalbildenden Lebensversicherungsverträge angesparten Guthaben der Kunden sind. Eine Funktion `berechneGut()` ist als Element der Klasse `RisikoLV` nicht sinnvoll, da mit Risikolebensversicherungen i.d.R. keine Ansparung eines Kundenguthabens verbunden ist. `berechneGut()` kann also nicht als virtuelle Funktion in die Basisklasse `VersVertrag` aufgenommen werden. Und beim Durchlaufen der Liste `lvv` der Versicherungsverträge kann `berechneGut()` nur für `KapitalbildendeLV`-Objekte aufgerufen werden. Da in `lvv` lediglich Zeiger auf die Basisklasse verwaltet werden, ist vor dem Aufruf jeweils ein `dynamic_cast<KapitalbildendeLV*>` nötig.

```
long double gesamtGuthaben = 0.0;
for (int i = 0; i < lvv.laenge(); i++)
    if (KapitalbildendeLV* z =
        dynamic_cast<KapitalbildendeLV*>(lvv[i]))
            gesamtGuthaben += z->berechneGut();  // z != 0
```

Wie im gezeigten Beispiel, ist es u.E. bei den meisten Typumwandlungen mittels `dynamic_cast` einfacher, das Resultat der Laufzeit-Typprüfung durch Vergleichen mit dem Nullzeiger zu untersuchen, als Referenzen anstelle von Zeigern zu verwenden und eine Ausnahmebehandlung zu programmieren.

17.7　Mehrfachvererbung

Den Regeln über die Basisspezifizierer und die Basisspezifiziererliste kann man entnehmen, daß eine Klasse mehr als eine direkte Basisklasse haben kann. Dieser Sachverhalt wird als *Mehrfachvererbung* bezeichnet. Zum Beispiel

```
struct A { /* ... */ };
class B { /* ... */ };
struct C { /* ... */ };
class D : A, B, public C { /* ... */ };
```

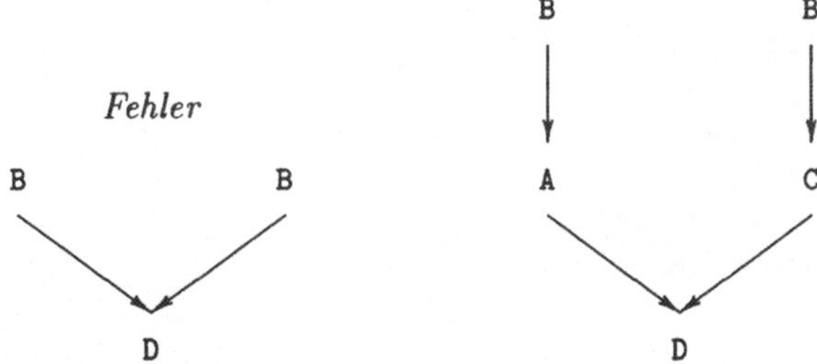

Die Reihenfolge, in der die Basisklassen angegeben sind, hat für die Vererbung der
Datenelemente und Elementfunktionen keine Bedeutung, beeinflußt aber – wie in
Abschnitt 17.1 beschrieben – die Reihenfolge, in der Konstruktoren und Destrukto-
ren aufgerufen werden.

Eine Klasse darf nicht mehr als einmal als direkte Basisklasse einer abgeleiteten
Klasse angegeben werden; sie kann aber mehrfach als indirekte Basisklasse auftreten.

Der Grund für diese Einschränkung ist, daß im Beispiel der direkten Basisklasse die
Elemente von B über ein Klassenobjekt d des Typs D nicht mehr eindeutig identifi-
zierbar sind. Wenn die Klasse B ein Datenelement b enthält, wäre bei einem Zugriff
auf d.b nicht klar, ob das „linke" oder „rechte" B::b gemeint ist. Im zweiten Fall
kann dagegen vollständig qualifiziert werden, und d.A::b bezeichnet z.B. das (linke)
b im B-Teilobjekt des A-Teilobjekts von d. Wie oben erwähnt, bedeutet die Schreibweise X::x, daß das Element x ab der Klasse X im Vererbungsgraphen nach oben
gesucht werden soll.

Man erkennt schon an diesen kleinen Beispielen, daß es im Fall mehrfacher Vererbung
leicht zu Mehrdeutigkeiten kommen kann, auf die noch genauer eingegangen wird. Es
sei daran erinnert (vgl. 14.15), daß hier nicht d.A::B::b geschrieben werden kann,
da mit A::B::b das Element b einer Klasse A::B bezeichnet wird, was voraussetzt,
daß B in A eingebettet ist. Es ist also nicht möglich, durch mehrfache Verwendung
des Geltungsbereichoperators „Wege" in einem Vererbungsgraphen zu beschreiben.

Im folgenden Beispiel beschreibt eine Klasse `Client` die an einem lokalen Server eingetragenen Clients und eine Klasse `Node` beschreibt die Knoten in einem Rechner-
netz. Konkrete Arbeitsplatzrechner sind in der Klasse
`APRechner` definiert. Wenn die gerade an einem Server
arbeitenden Clients, ebenso wie die im Netzwerk funkti-
onsfähigen Knoten, jeweils in einer Liste verwaltet werden sollen, kann man dies z.B. so modellieren, daß jeder `APRechner` zwei Listenelemente enthält, die in einer
`Client`- bzw. `Node`-Liste eingetragen sind.

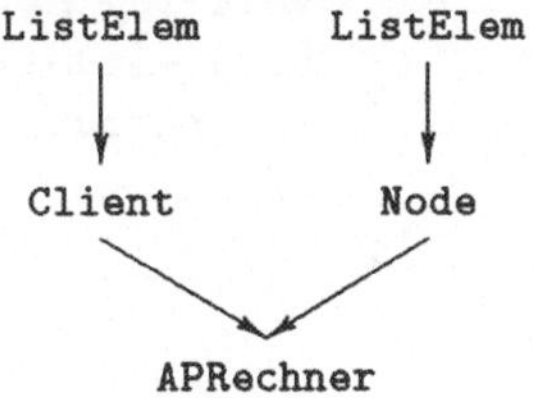

```cpp
struct ListElem {
    ListElem(const char* x = "", ListElem* z = 0) {
        strcpy(id, x);
        nachf = z;
    }
    virtual ~ListElem() { }
protected:
    static const int maxChars = 30;
    char id[maxChars];
    ListElem* nachf;
};

const int ListElem::maxChars;

class Client : public ListElem {
public:
    Client(const char* c, ListElem* cz) : ListElem(c, cz) { }
    ~Client();
    virtual void login() = 0;
    void startCommonDesktop();
private:
    // ...
};

class Node : public ListElem {
public:
    Node(const char* n, ListElem* nz) : ListElem(n, nz) { }
    ~Node();
    virtual void sendMail() = 0;
    int transmit(const char*);
private:
    // ...
};

class APRechner : public Client, public Node {
public:
    APRechner(const char* c, const char* n, ListElem* cz = 0,
        ListElem* nz = 0) : Client(c, cz), Node(n, nz) { }
    ~APRechner();
    void login();
    void sendMail();
    int reboot();
    // ...
};
```

Auch hier sind, wie bei einfacher Vererbung, Standardkonversionen von Zeigern in Zeiger auf zugreifbare Basisklassen möglich, sofern sie eindeutig vorgenommen werden können. Zum Beispiel

```
APRechner* za = new APRechner("Hoss", "134.155.48.82");
Client* zc = za;  // implizit
Node* zn = za;    // implizit
```

Dabei ändert sich in vielen Fällen auch die Adresse, wie es in der folgenden Abbildung dargestellt ist; diese zeigt das mögliche Speicherlayout der einzelnen `APRechner`-Objekte:

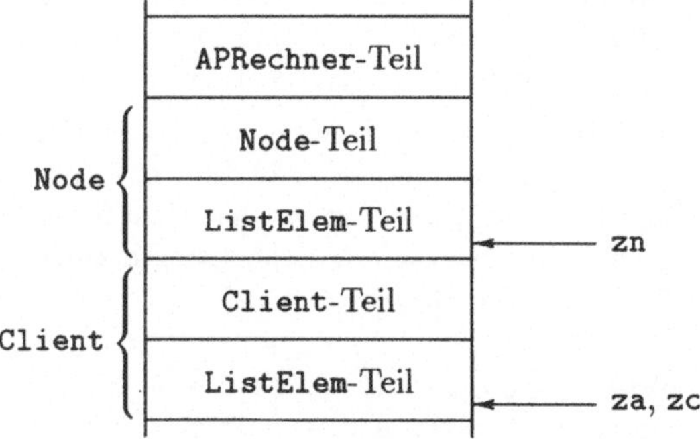

Im Gegensatz zur einfachen Vererbung sind hier allerdings nicht alle Zeigerkonversionen implizit möglich, auch wenn sie im Vererbungsgraphen „von unten nach oben" umwandeln. Zum Beispiel ist `ListElem* zl = za;` ein Fehler, da nicht klar ist, auf welches Listenelement `zl` zeigen soll.

Damit der Compiler ein Programm übersetzen kann, muß der Zugriff auf alle benannten Klassenelemente oder referenzierten Teilobjekte eindeutig sein. C++ sucht die Klassendefinitionen beginnend mit der Ausgangsklasse (in deren Geltungsbereich sich der gesuchte Name befindet) entlang den Pfeilen im Vererbungsgraphen in Richtung der Basisklassen ab. Werden dabei mehrmals Deklarationen dieses Namens gefunden, ist der Zugriff *mehrdeutig*, es sei denn, der Name kommt an einer Stelle so vor, daß er alle anderen Stellen, an denen er im Graphen auftritt, verdeckt.

Für den Fall mehrfacher Vererbung muß das schon in Abschnitt 17.1 besprochene Verdecken von Namen präzisiert werden: Ein Name `A::f` verdeckt einen Namen `B::f`, wenn `B` Basisklassen-Teilobjekt von `A` ist. Und ein Name `B::f` in einem `B`-Teilobjekt von `A` verdeckt den Namen `C::f` in einem `C`-Teilobjekt von `A`, wenn `C` Basisklassen-Teilobjekt von `B` ist. (Die zweite Bedingung ist bei einfacher Vererbung nicht relevant, da eine Klasse nur dann zwei Basisklassen-Teilobjekte `B` und `C` gleichzeitig enthalten kann, wenn `B` Teilobjekt von `C` oder umgekehrt `C` Teilobjekt von `B` ist.) Zum Beispiel

```
struct I { double i; void g(); };
struct J : I { int i; int g(); };
struct K : I { int i; void g(); };
struct L : J { int j; };
struct M : L, K { long int i; };
```

```
          I, i, g()
              |
              v
J, i, g()           I, i, g()
    |                   |
    v                   v
  L, j                K, i, g()
       \             /
          v       v
           M, i
```

Hier verdeckt `M::i` alle anderen mit `i` bezeichneten Datenelemente, d.h. für ein mit
`M m;` definiertes Objekt `m` ist der Zugriff `m.i` eindeutig. Der Aufruf `m.g()` ist dagegen
mehrdeutig. `I::g` wird zwar von `J::g` bzw. von `K::g` verdeckt, der Zugriff auf die
letzten beiden Funktionen ist aber (für `M`-Objekte) mehrdeutig – es spielt dabei keine
Rolle, daß J „weiter von M entfernt" ist als K. Wie schon mehrfach gezeigt, können
Mehrdeutigkeiten dadurch aufgelöst werden, daß man vollständig qualifizierte Namen verwendet und beispielsweise `m.L::g()`, `m.J::g()` oder `m.K::g()` schreibt.

Die Überprüfung auf Eindeutigkeit wird immer vor der Prüfung der Zugriffsrechte
vorgenommen. Im `APRechner`-Beispiel bedeutet dies, daß ein Zugriff `za->id` nicht
an den fehlenden Zugriffsrechten, sondern an der Mehrdeutigkeit scheitert. Insbesondere werden daher Mehrdeutigkeiten nicht dadurch aufgelöst, daß bestimmte
Namen nicht zugreifbar sind. Im Beispiel

```
class X { double x; public: X(double d = 0.0) { x = d; } };
struct Y { double x; Y(double d = 0.0) { x = d; } };
struct Z : X, Y { void incX() { x++; } };  // Fehler: mehrdeutig
```

ist der Name `x` im Rumpf von `incX()` mehrdeutig. Der Compiler wählt in diesem
Fall – wegen der fehlenden Zugreifbarkeit von `X::x` – nicht `Y::x` für den Zugriff aus.
Ein Klassenelement oder Teilobjekt kann also, obwohl es nicht zugreifbar ist, zum
Auftreten von Mehrdeutigkeiten führen.

Konversionen von Zeigern oder Referenzen auf eine abgeleitete Klasse in Zeiger oder
Referenzen auf eine Basisklasse müssen sich eindeutig auf genau ein Basisklassen-
Teilobjekt der abgeleiteten Klasse beziehen. Ebenso muß beim Aufruf virtueller
Funktionen die letzte überschreibende Funktion eindeutig bestimmbar sein – bei
einfacher Vererbung ist diese Eindeutigkeit immer gewährleistet. Mehrdeutigkeiten
können durch explizite Typumwandlungen aufgelöst werden. Zum Beispiel

```
ListElem* zl = zn;                  // implizit
zl = za;                            // Fehler: mehrdeutig
zl = static_cast<Client*>(za);     // jetzt eindeutig
```

Mit expliziten Umwandlungen im Konstruktoraufruf kann man weitere Arbeitsplatzrechner in die beiden zu führenden Listen aufnehmen:

```
za = new APRechner("Eve", "134.155.48.76",
    static_cast<Client*>(za), static_cast<Node*>(za));
za = new APRechner("Anne", "134.155.48.77",
    static_cast<Client*>(za), static_cast<Node*>(za));
```

Die Reihenfolge der Konstruktoraufrufe ist hier `ListElem()`, `Client()`, `ListElem()`,
`Node()` und `APRechner()`.

17.8 Virtuelle Basisklassen

Standardmäßig sind die Datenelemente einer Basisklasse B so oft durch Vererbung in
einer von B abgeleiteten Klasse A enthalten, wie B in der Basisspezifiziererliste aller
Basisklassen von A auftritt. Der *Basisspezifizierer*-Regel (Abschnitt 17.1) ist zu
entnehmen, daß der Name einer Basisklasse innerhalb der Basisspezifiziererliste mit
dem Schlüsselwort `virtual` versehen werden kann. Die so spezifizierte Basisklasse
heißt dann *virtuelle Basisklasse* und eine von ihr direkt abgeleitete Klasse ist *virtuell
abgeleitet*.

Eine virtuell abgeleitete Klasse X zeigt an, daß sie bereit ist, die Daten der virtuellen
Basisklasse B mit anderen Klassen (Y, Z, . . .), die von derselben Basis B abgeleitet
sind, zu teilen, sofern diese Klassen ebenfalls virtuell abgeleitet sind.

Ein einziges Teilobjekt der virtuellen Basisklasse B wird von allen Basisklassen X, Y,
Z, . . . , die B als virtuelle Basisklasse deklariert haben, gemeinsam verwendet. Z.B.

```
class B { /* ... */ };
class X : virtual public B { /* ... */ };
class Y : virtual public B { /* ... */ };
class Z : public virtual B { /* ... */ };
class A : public virtual X, public virtual Y,
    virtual public Z { /* ... */ };
```

Mit anderen Worten: Führen im Vererbungsgraphen alle Wege von B nach A durch
von B virtuell abgeleitete Klassen, so enthält A nur ein B-Teilobjekt. Die Reihenfolge der Spezifizierer, `virtual public` oder umgekehrt `public virtual` spielt keine
Rolle (analog bei `protected` und `private`).

Auf die Klassenobjekte einer Klasse X, die eine Klasse B als direkte virtuelle Basisklasse hat, z.B. `class X : virtual public B { /* ... */ };` wirkt sich `virtual`
nicht aus: jedes X-Objekt enthält, wie üblich, ein B-Teilobjekt. Nur wenn X selbst
wieder als Basisklasse auftritt, ergibt sich der geschilderte Effekt. Virtuelle und
nicht virtuelle Basisklassen können auch gemischt werden, z.B.

```
struct C { /* ... */ };
struct D { /* ... */ };
struct E : C, virtual D { /* ... */ };
struct F : C, virtual D { /* ... */ };
struct G : E, F { /* ... */ };
```

Und ein und dieselbe Klasse kann gleichzeitig als virtuelle und als nicht virtuelle
Basisklasse auftreten:

```
struct B { /* ... */ };
struct X : virtual B { /* ... */ };
struct Y : virtual B { /* ... */ };
struct Z : B { /* ... */ };
struct A : X, Y, Z { /* ... */ };
```

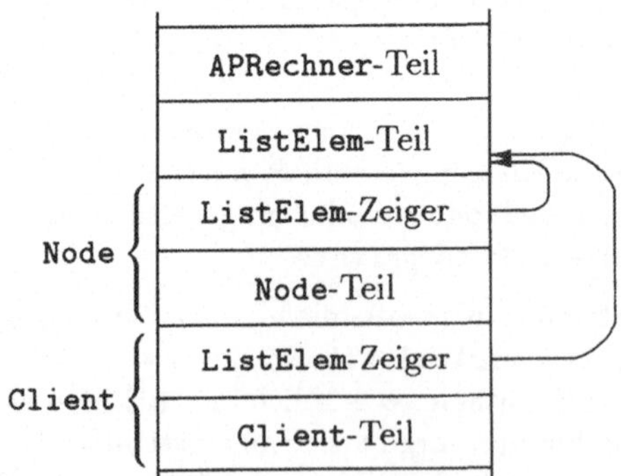

Wenn es, wie im letzten Beispiel, im Vererbungsgraphen eine Mischung von Wegen
von einer Basisklasse B zu einer abgeleiteten Klasse A gibt, teils durch von B virtuell
abgeleitete Klassen, teils durch nicht virtuell abgeleitete Klassen, so enthält A eine
Kopie von B für jede nicht virtuelle Ableitung und zusätzlich eine Kopie für die
Kombination aller virtuellen Ableitungen. Derartig verwickelte Konstruktionen sind
u.E. selten für konkrete Implementierungen nötig und besser zu vermeiden.

Wir kommen auf das Beispiel der Arbeitsplatzrechner aus dem letzten Abschnitt
17.7 zurück. Sofern hier aufgrund von organisatorischen Änderungen nur noch eine
gemeinsame Liste für Client- und Node-Objekte geführt werden soll, benutzt man
ListElem als virtuelle Basisklasse für die Klassen Client und Node.

```
class Client : virtual public ListElem { /* ... */ };
class Node : virtual public ListElem { /* ... */ };
class APRechner : public Client, public Node { /* ... */ };
```

Ein APRechner-Objekt enthält nun zwar je ein Client- bzw. Node-Teilobjekt, aber
nur genau ein Listenelement. In der Regel wird in den virtuell abgeleiteten Klassen
ein Zeiger auf B angelegt, wenn B als virtuelle Basisklasse auftritt, z.B.

Es stellt sich nun die Frage, welche Wirkung ein Konstruktoraufruf für die Klasse
APRechner hat, bzw. wie dafür gesorgt werden kann, daß der ListElem-Konstruktor
(und Destruktor) nur genau einmal aufgerufen wird.

Hier gilt in Ergänzung der Regeln aus Abschnitt 17.1 speziell für die Konstruktion
virtueller Basisklassen das Folgende:

- Ein Klassenobjekt heißt *vollständiges Objekt*, wenn es nicht Basisklassen-Teilobjekt eines anderen Klassenobjekts ist. Im obigen Beispiel ist *za vollständiges Objekt der Klasse `APRechner`; *zc und *zn sind nicht vollständig, da sie `Client`- bzw. `Node`-Teilobjekt von *za sind.

- Für jedes Klassenobjekt x existiert genau ein Objekt, das *vollständige Objekt von x*, das man (rekursiv) wie folgt erhält:

  - Ist x vollständig, so ist x auch das vollständige Objekt von x.

  - Anderenfalls ist das vollständige Objekt von x das vollständige Objekt des Basisklassen-Teilobjekts, in dem x enthalten ist.

  Mit den Klassen B, X, Y, Z, A des vorletzten Beispiels und `A a; Y* py = &a;` `B* pb = py;` ist *pb Basisklassen-Teilobjekt von *py. Auch *py ist nicht vollständig, sondern Basisklassen-Teilobjekt von a. a ist ein vollständiges Objekt, d.h. a ist das vollständige Objekt von *pb.

  Analog erhält man z.B. *za als vollständiges Objekt von *zc.

- Teilobjekte virtueller Basisklassen werden immer vom Konstruktor der Klasse ihres vollständigen Objekts initialisiert. Wenn dieser Konstruktor in seiner Initialisiererliste keinen Initialisierer für eine virtuelle Basisklasse V enthält, muß V einen Standardkonstruktor oder überhaupt keinen Konstruktor haben (damit der Compiler den Standardkonstruktor generieren kann). Die Klasse des vollständigen Objekts eines Basisklassen-Teilobjekts heißt auch *am weitesten abgeleitete Klasse*.

- Initialisierer für virtuelle Basisklassen, die im Konstruktor einer Klasse spezifiziert sind, die nicht am weitesten abgeleitete Klasse ist, werden ignoriert. Damit ist die mehrmalige Initialisierung einer virtuellen Basisklasse ausgeschlossen.

- Virtuelle Basisklassen werden vor allen anderen Klassen konstruiert – in der Reihenfolge, in der sie in der Definition der abgeleiteten Klasse auftreten.

- Alle Destruktoren werden wieder in umgekehrter Reihenfolge der Konstruktoren aufgerufen.

Für das Beispiel der Arbeitsplatzrechner gibt es somit zwei Möglichkeiten: Konstruktion der Listenelemente mittels Standardkonstruktor oder mittels Initialisierer im `APRechner`-Konstruktor. Wir geben für beide Fälle eine Realisierung an.

Wenn man den ersten Weg wählt, den `ListElem`-Standardkonstruktor benutzt und im `APRechner`-Konstruktor keinen `ListElem`-Aufruf vornimmt, so muß im Rumpf von `APRechner()` die fehlende Initialisierung der Listenelemente vorgenommen werden, z.B.

```
APRechner(const char* c, const char* n, ListElem* lz = 0)
         : Client(c, lz), Node(n, lz) {
```

```
        strcpy(id, c);
        strcat(id, " ");  // fuegt die zweite Zeichenkette
        strcat(id, n);     // an das Ende der ersten an
        nachf = lz;
    }
```

Die Reihenfolge der Konstruktoraufrufe ist jetzt `ListElem()`, `Client()`, `Node()`
und `APRechner()`. In `Client()` bzw. `Node()` werden die Aufrufe `ListElem(c, cz)`
bzw. `ListElem(n, nz)` ignoriert. Die Liste kann beispielsweise folgendermaßen aufgebaut werden, wobei der Zeiger `za` jeweils eindeutig und implizit nach `ListElem*`
konvertiert wird.

```
    APRechner* za = new APRechner("Hoss", "134.155.48.82");
    za = new APRechner("Eve", "134.155.48.76", za);
    za = new APRechner("Anne", "134.155.48.77", za);
    // ...
```

Diese erste Möglichkeit kann deshalb problematisch sein, weil ggf. für die virtuelle
Basisklasse noch ein Standardkonstruktor zu definieren ist. Sie scheidet ganz aus,
wenn es sich um eine Klasse handelt, deren Quellcode nicht verfügbar ist, beispielsweise, weil die Klasse einer Klassenbibliothek entnommen ist.

In diesem Fall wählt man den zweiten Weg und ruft den Basisklassenkonstruktor
über einen Eintrag in der Initialisiererliste der Klasse der zu erzeugenden vollständigen (`APRechner-`)Objekte auf. Normalerweise dürfen hier nur Initialisierer für direkte Basisklassen stehen; Initialisierer für virtuelle Basisklassen bilden die auf S. 250
erwähnte Ausnahme. Aus Gründen der besseren Lesbarkeit ist es u.E. vorteilhafter,
diese Ausnahmeregelung nicht anzuwenden, sondern die virtuelle Basisklasse noch
mit in die Basisspezifiziererliste aufzunehmen. Zum Beispiel

```
    class APRechner : virtual public ListElem,
        public Client, public Node {
    public:
        APRechner(const char* c, const char* n, ListElem* lz = 0)
               : ListElem(c, lz), Client(c, lz), Node(n, lz) {
            strcat(id, " ");
            strcat(id, n);
        }
        // ...
    };
```

Am Aufruf des Konstruktors für `APRechner()` ändert
sich im Vergleich zur ersten Möglichkeit nichts, und
auch die Reihenfolge der Konstruktoraufrufe bleibt
dieselbe. Der Vererbungsgraph hat jetzt das rechts
abgebildete Aussehen.

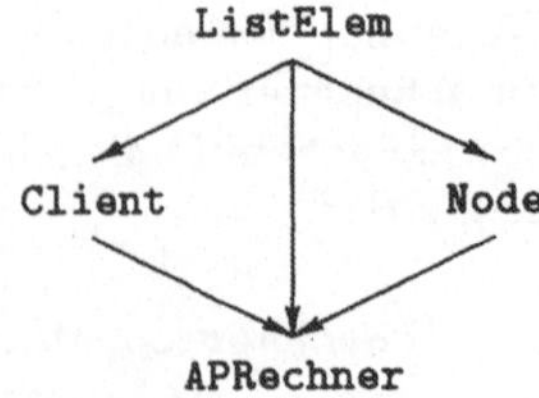

Bemerkungen

1. Die oben definierte Vollständigkeit eines Objekts bezieht sich nur auf Vererbungsstrukturen und nicht auf Klassenelemente, die selbst Klassenobjekt sind;
   im Beispiel `struct X { /* ...*/ };  struct Y { X x; /* ...*/ } y;` ist
   `y.x` daher vollständiges Objekt.

2. Ein Zeiger auf eine virtuelle Basisklasse kann nur mittels `dynamic_cast` in
   einen Zeiger auf eine von ihr abgeleitete Klasse konvertiert werden.

17.9   Spezielle Zugriffsrechte

`friend`-Funktionen und Zugriffsrechte

Eine Klasse kann nicht durch Vererbung `friend` einer anderen Klasse werden. Im
folgenden Beispiel sind die Elementfunktionen der Klasse B jeweils `friend` von Klasse X, aber die Elementfunktionen von A haben keine speziellen Zugriffsrechte für die
Elemente von X. Es soll dadurch wieder verhindert werden, daß einfach durch Ableitung der Zugriff auf `private` Elemente einer Klasse möglich wird.

```
class X {
    friend class B;
public:
    X(int i = 0) { xi = i; }
private:
    int xi;
};

struct B {
    int& r(X* zx) { return zx->xi; }
};

struct A : B {
    void zweiX(X* zx) { r(zx) *= 2; }
    void dreiX(X* zx) { zx->xi *= 3; }  // Fehler: kein Zugriff
};
```

`friend`-Deklarationen sind nicht transitiv. Das heißt wenn Klasse Z ein `friend` von
Klasse Y ist und Klasse Y wiederum `friend` von Klasse X ist, folgt daraus nicht, daß
Klasse Z auch `friend` von Klasse X ist. Zum Beispiel

```
class X { void f(); friend class Y; };
class Y : X { friend class Z; };
class Z : Y { void g() { f(); } };  // Fehler: kein Zugriff auf f
```

Virtuelle Funktionen und Zugriffsrechte

Beim Aufruf einer virtuellen Funktion über einen Zeiger oder eine Referenz werden
die Zugriffsrechte des statisch referenzierten Objekts, über das der Zugriff erfolgen
soll, geprüft. Der dynamische (beim Aufruf aktuelle) Typ ist hier nicht ausschlaggebend – er ist dem Compiler beim Übersetzen i.d.R. noch gar nicht bekannt. Zum
Beispiel

```cpp
class B {
public:
    B(double x) : b(x) { }
    virtual void f() const { cout << "b: " << b << endl; }
private:
    double b;
};

class A : public B {
public:
    A(double x, double y) : B(x), a(y) { }
private:
    void f() const;
    double a;
};

void A::f() const {
    cout << "a: " << a << ' ';
    B::f();
}

int main() {
    A x(-1.1, 10.1), y(-2.2, 20.2);
    B& rb = x;
    rb.f();
    y.f();  // Fehler
    return 0;
}
```

Auf `A::f()` kann in `main()` nicht zugegriffen werden, da die Funktion `private` für `A`
deklariert ist. Sie kann jedoch mittels `rb.f()` aufgerufen werden, weil `rb` vom Typ
`B&` ist und `f()` in B als `public` (und `virtual`) deklariert ist.

Zugriffe auf `protected` Elemente

Der Zugriff auf die `protected` Elemente einer Klasse B ist innerhalb von Elementfunktionen oder `friend`-Funktionen einer von B abgeleiteten Klasse A nur mittels

- Zeigern auf·A (einschließlich this),

- Referenzen auf A oder

- A-Klassenobjekten selbst

möglich. Eine Ausnahme bilden hier protected Elemente, die static sind – diese
sind direkt zugreifbar.

```
class B {
protected:
    int i;
};

class A : public B {
    friend void f(A&, B&);
};

void f(A& a, B& b) {
    a.i = 11;
    b.i = 22;  // Fehler: kein direkter Zugriff
}
```

Es handelt sich hier um die zweite in 17.2.1 erwähnte Einschränkung beim Zugriff
auf protected Klassenelemente. Mit ihr sollen die Daten der Basisklasse vor unbe-
absichtigten Änderungen geschützt werden. (Der Schutz kann vorsätzlich mit einem
„Trick" der Art A& rb = static_cast<A&>(b); rb.i = 22; umgangen werden.)

Mehrere Zugriffswege

Kann auf ein Klassenelement eindeutig, aber auf mehreren Wegen im Vererbungsgraphen zugegriffen werden, erfolgt der Zugriff so, daß die Zugriffsrechte am wenigsten
eingeschränkt sind. Im Beispiel ist der Aufruf von f() in A „über" C möglich.

```
struct V { void f(); };
class B : virtual private V { };
class C : virtual public V { };
struct A : B, C {
    void g() { f(); }
};
```

Die Regeln über das Verdecken von Namen bleiben hiervon unberührt. Ändert
man beispielsweise die Definition von Klasse B zu class B : virtual private V
{ void f(); };, so verdeckt B::f die Funktion V::f, d.h. in A ist der Name f
nicht mehrdeutig. Der Aufruf von f() ist dennoch nicht möglich, weil B::f nicht
zugreifbar ist.

Die wichtigsten Merkmale von Konstruktoren, Destruktoren, Konversionsfunktionen, Operatorfunktionen (mit Ausnahme von `new` und `delete`), sonstigen Elementfunktionen und `friend`-Funktionen, die nicht Klassenelement sind, haben wir zum Abschluß dieses Kapitels in einer Tabelle zusammengefaßt.

	wird vererbt	kann **virtual** sein	spezifiziert Funktionswert	Element oder **friend**	Standardversion wird generiert
Konstruktor	nein	nein	nein	Element	ja
Destruktor	nein	ja	nein	Element	ja
Konv.fkt.	ja	ja	nein	Element	nein
=	nein	ja	ja	Element	ja
(), [], ->	ja	ja	ja	Element	nein
Operatorfkt.	ja	ja	ja	alternativ	nein
Elementfkt.	ja	ja	ja	Element	nein
friend-Fkt.	nein	nein	ja	**friend**	nein

17.10   Übungsaufgaben

1. (a) Was wurde bei dieser Ableitung übersehen?

```cpp
struct B {
    B(double x) { d = x; }
    double d;
};

struct A : B {
    A(int k) { i = k; }
    int i;
};
```

(b) Die folgenden beiden Klassendefinitionen werden ohne Fehler übersetzt. Bei welcher Anwendung verhält sich ein Programm, das A-Objekte verwendet, dennoch anders als (vermutlich) geplant?

```cpp
struct B {
    B(int i = 80); // Feld mit 'i' int-Elementen anlegen
    B(const B&);   // Kopieren von 'anzahl' int-Elementen
    virtual ~B();
private:
    int anzahl;
    int* startZgr;
};
```

```
    struct A : B {
        A();
        A(const A& a) { i = a.i; }
    private:
        int i;
    };
```

2. Verfolgen Sie anhand des folgenden Programms die Reihenfolge, in der C++
   die Konstruktoren und Destruktoren für Basisklassen und abgeleitete Klassen
   aufruft.

```
    struct X {
        X() { cout << "X()" << endl; }
        ~X() { cout << "~X()" << endl; }
    };

    struct A {
        A() { cout << "A()" << endl; }
        ~A() { cout << "~A()" << endl; }
    };

    struct B : A {
        B() { cout << "B()" << endl; }
        ~B() { cout << "~B()" << endl; }
    };

    struct C : B {
        X x;
        C() { cout << "C()" << endl; }
        ~C() { cout << "~C()" << endl; }
    };

    int main() {
        C c;
        return 0;
    }
```

3. Entwickeln Sie die Konstruktoren für die Klassen Kto, GiroKto und Fest-
   geldKto.

4. Definieren Sie eine Klasse zur Darstellung rationaler Funktionen. Bringen Sie
   die Klasse Polynom in geeigneter Form in die Klasse ein.

5. Veranschaulichen Sie sich die Anlage der beiden Listen des APRechner-Bei-
   spiels aus Abschnitt 17.7. Wie kann man die Listen sinnvoll löschen? In
   welcher Reihenfolge werden dabei die Destruktoren aufgerufen?

6. Gelegentlich findet man in C++-Programmen die folgende Konstruktion, bei der eine abgeleitete Klasse **friend** ihrer Basisklasse ist. Was wird hiermit bezweckt?

```
class B { friend class A; /* ... */ };

class A : private B { /* ... */ };
```

7. Implementieren Sie die Klasse **DoubMenge**, indem Sie sie nicht von **Liste** ableiten, sondern eine **Liste** als Datenelement in sie aufnehmen.

```
class DoubMenge {
public:
    // ...
private:
     Liste l;
    // ...
};
```

Welche Nachteile oder Vorteile ergeben sich dadurch? Schreiben Sie zusätzlich eine *handle/body*-Implementation.

8. Bei einem **dynamic_cast<void*>(za)** muß **za** ein Zeiger auf ein Klassenobjekt sein, und das Resultat ist die Adresse des vollständigen Objekts von ***za**. Untersuchen Sie am folgenden Beispiel, daß sich bei der Standardkonversion nach **void*** eine andere Adresse (die eines Teilobjekts) ergeben kann.

```
class A {
    virtual void f() { }
    int i;
};

class B {
    virtual void g() { }
    int j;
};

class C : public A, public B { };

int main() {
    C c;
    cout << &c << endl;
    A* za = &c;
    void* v1 = dynamic_cast<void*>(za);
    void* v2 = za;
    cout << za << ' ' << v1 << ' ' << v2 << endl;
    B* zb = &c;
```

```
        v1 = dynamic_cast<void*>(zb);
        v2 = zb;
        cout << zb << ' ' << v1 << ' ' << v2 << endl;
        return 0;
}
```

9. Mit einem Durchlauf des `ktoFelds` aus dem `Kto`-Beispiels soll festgestellt werden, welche Höhe die insgesamt eingeräumten Überziehungskredite haben.
Da eine Elementfunktion `limit()` für Festgeldkonten nicht sinnvoll ist – sie
können nicht überzogen werden – soll `limit()` nicht als virtuelle Elementfunktion in der Basisklasse `Kto` deklariert werden. Lösen Sie das Problem, indem
Sie die Laufzeit-Typinformation ausnutzen, um `limit()` nur für Girokonten
aufzurufen.

10. Es soll ein Programm entwickelt werden, das Figuren auf einem Schachbrett
korrekt ziehen kann. In einer ersten Phase sollen die Züge von Turm, Läufer
und Dame (die wie ein Turm oder wie ein Läufer ziehen kann) modelliert
werden, wobei die folgende Vererbungsstruktur zugrunde gelegt ist:

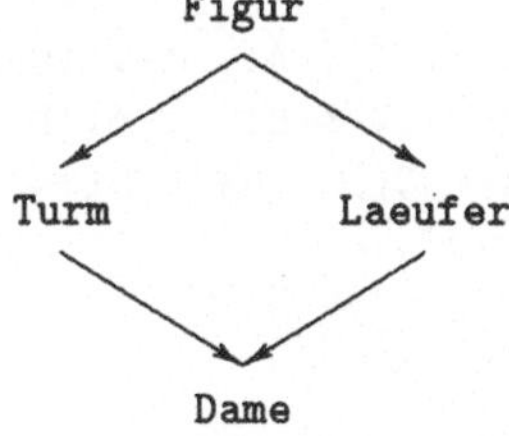

Figur ist als virtuelle, abstrakte Basisklasse zu realisieren, z.B.

```cpp
class Figur {
public:
    enum Linie { A, B, C, D, E, F, G, H };
    typedef int Reihe;
    Figur(Linie l, Reihe r) : lPos(l), rPos(r) { }
    virtual ~Figur() { }
    void zugNach(Linie, Reihe);
    virtual bool zugOk(Linie, Reihe) const = 0;
protected:
    bool aufBrett(Linie, Reihe) const;
    Linie lPos;
    Reihe rPos;
};

void Figur::zugNach(Linie l, Reihe r) {
    if (zugOk(l, r)) lPos = l, rPos = r;
}
```

```
inline bool Figur::aufBrett(Linie l, Reihe r) const {
    return A <= l && l <= H && 1 <= r && r <= 8;
}
```

Implementieren Sie die Klassen `Turm`, `Laeufer` und `Dame` so weit, daß diese zumindest einen Konstruktor und eine spezielle Version von `zugOk()` enthalten.
`zugOk(l, r)` soll als Funktionswert `true` liefern, wenn die spezielle Figur auf das Feld `(l, r)` gesetzt werden kann, und anderenfalls `false` zurückgeben.

11. Welcher Konstruktor ruft im folgenden Beispiel einen V-Konstruktor (welchen?) auf, wenn ein D-Objekt, z.B. durch `D d;` erzeugt wird?

```
struct V {
    V();
    V(int);
    V(char);
    V(double);
};

struct A : virtual V { A() : V(10) { } };
struct B : virtual V { B() : V('b') { } };
struct C : A, B { C() : A(), B(), V(1.5) { } };
struct D {
    D() { }
    C c;
};
```

12. Welche Unterschiede (falls vorhanden) ergeben sich durch die beiden folgenden expliziten Typumwandlungen? `t` sei als `Timer` deklariert.

```
SignalTimer& x = dynamic_cast<SignalTimer&>(t);
SignalTimer& y = *dynamic_cast<SignalTimer*>(&t);
```

13. Weshalb wird das folgende Programm nicht übersetzt? Was ändert sich, wenn Sie die Elementfunktion `B::f` nicht virtuell definieren?

```
struct B { virtual void f() { cout << "B::f" << endl; } };

struct A : B { void f(int) { cout << "A::f" << endl; } };

int main() {
    A a;
    a.f();
    a.f(1);
    B* zb = &a;
    zb->f();
```

```
        zb->f(1);
        return 0;
    }
```

14. Machen Sie sich klar, daß sich die Definition virtueller Funktionen – wie im
    folgenden Beispiel dargestellt – im Rückgabewert unterscheiden können. Über-
    legen Sie sich, warum die beiden gekennzeichneten Zeilen fehlerhaft sind.

```
    struct B {
        B();
        B(const B&);
        virtual B* klonen1() const { return new B(*this); }
        virtual B* klonen2() const { return new B(*this); }
        // ...
    };

    struct A : B {
        A();
        A(const A&);
        A* klonen1() const { return new A(*this); }
        B* klonen2() const { return new A(*this); }
        // ...
    };

    int main() {
        A a;
        A* za1 = a.klonen1();
        A* za2 = a.klonen2();        // Fehler
        B* zb1 = &a;
        B* zb2 = zb1->klonen1();
        A* za3 = zb1->klonen1();  // Fehler
        return 0;
    }
```

15. Zeichnen Sie den Vererbungsgraphen für die folgenden Klassendefinitionen:

```
    class A { /* ... */ };
    class B { /* ... */ };
    class D : public virtual A, private B { /* ... */ };
    class E : public D, public B { /* ... */ };
    class F : public E, public D { /* ... */ };
```

18

Parametrisierte Funktionen und Klassen

Das bisher behandelte Funktions- und Klassenkonzept kann dadurch erweitert werden, daß man die entsprechenden Datentypen parametrisiert und Funktionen und Klassen „für einen beliebigen Typ" definiert. Die benötigten speziellen Versionen werden dann bei Bedarf automatisch vom Compiler generiert.

18.1 Einleitung

Funktions- und Klassendeklarationen *parametrisiert* man, indem man sie mit dem Schlüsselwort `template` und einer in < und > eingeschlossenen Liste von Parametern einleitet. Die in den folgenden Regeln beschriebene *Template-Deklaration* ist eine besondere Form der Deklaration (vgl. die *Deklaration*-Regel in Kapitel 1).

> *Template-Deklaration:*
>   `template` < *Template-Parameterliste* > *Deklaration*
>
> *Template-Parameterliste:*
>   *Template-Parameter*
>   *Template-Parameterliste* , *Template-Parameter*
>
> *Template-Parameter:*
>   *Typ-Parameter*
>   *Parameter-Deklaration*
>
> *Typ-Parameter:*
>   `class` *Bezeichner*
>   `class` *Bezeichner* = *Typspezifizierererfolge Abstrakter-Deklarator*$_{opt}$

Die Parameter-Deklaration in der dritten Regel ist die übliche Deklaration der Parameter einer Funktion, wie sie in 11.1 angegeben ist. Die auf `template` < $\cdots$ > folgende Deklaration muß Deklaration einer Funktion, Klasse, Elementfunktion oder eines `static` Datenelements sein. Für den Namen dieser Funktion oder Klasse bzw. dieses Datenelements gelten in bezug auf Zugriffsrechte und Geltungsbereiche die gewohnten Regeln. Wie bisher ist auch eine `template`-Deklaration gleichzeitig Definition, wenn sie eine Funktion, eine Klasse oder ein `static` Datenelement definiert. Und ein Programm muß genau eine `template`-Definition für Funktionen und `static` Datenelemente enthalten, wogegen mehrere Deklarationen zulässig sind. Die `template`-Definition einer Klasse wird wieder in allen Programmdateien, in denen Klassenobjekte erzeugt werden sollen, benötigt.

Der Geltungsbereich des Bezeichners eines `template`-Parameters ist die `template`-Deklaration. Im Beispiel

```
template<class P> P min(P, P);
template<class P> P max(P x, P y) { return (x > y) ? x : y; }
```

hat P zwei disjunkte Geltungsbereiche. Hier sind zwei parametrisierte Funktionen `min()` bzw. `max()` deklariert bzw. definiert worden.

Eine `template`-Deklaration kann nur in einem Namespace-Geltungsbereich – also beispielsweise global – oder als Klassenelement erfolgen. Sofern man keine expliziten Einschränkungen vornimmt, hat der Funktions-, Klassen- oder Elementname wieder externe Bindung.

18.2 Parametrisierte Funktionen

Die Möglichkeit, eine Funktion mit demselben Funktionsnamen für unterschiedliche Argumenttypen innerhalb von verschiedenen Definitionen zu spezifizieren, also ihren Namen zu überladen, wurde in Kapitel 13 behandelt. Mit einer parametrisierten Funktion kann dagegen durch eine einzige Definition eine (unbegrenzte) Menge von verwandten Funktionen erzeugt werden. Parametrisierte Funktionen werden auch als Funktionsschablone, Funktions-`template` oder generische Funktion bezeichnet.

Die Funktion `mittel()` berechnet den ganzzahligen Mittelwert eines Feldes mit Komponenten des Typs `int`:

```
int mittel(int* const x, int n) {
    int summe = x[0];
    for (int i = 1; i < n; i++)
        summe += x[i];
    return summe/n;
}
```

Für ein fünfkomponentiges Feld a (z.B. `int a[] = { 1, 1, 2, 3, 2 };`) ist der entsprechende Aufruf `mittel(a, 5)`.

`mittel()` kann parametrisiert werden, indem man anstelle des Typnamens `int` bei der Spezifikation des Funktionsparameters `x`, des Funktionswerts und der lokalen Variablen `summe` einen Bezeichner, z.B. `Param`, als Parameter einsetzt und die Funktionsdeklaration mit `template<class Param>` beginnt:

```
template<class Param> Param mittel(Param* const x, int n) {
    Param summe = x[0];
    for (int i = 1; i < n; i++)
```

```
        summe += x[i];
    return summe/n;
}
```

Beim Funktionsaufruf stehen nun zwei Möglichkeiten zur Auswahl: Einerseits kann man Argumente für die `template`-Parameter *explizit spezifizieren*. Andererseits ist es in vielen Fällen möglich, die *Ableitung* der für die Parameter einzusetzenden `template`-Argumente aus den beim Aufruf übergebenen Argumenten dem Compiler zu überlassen.

Wir beginnen mit der ersten Möglichkeit, die u.E. zum besseren Verständnis von Programmen beiträgt und auch universeller nutzbar ist. Durch das Spezifizieren der zu benutzenden Argumente wird der Funktionsname zum `template`-Namen.

> *Template-Name:*
> > *Bezeichner* < *Template-Argumentliste* >
>
> *Template-Argumentliste:*
> > *Template-Argument*
> > *Template-Argumentliste* , *Template-Argument*
>
> *Template-Argument:*
> > *Zuweisungsausdruck*
> > *Typname*
> > *Bezeichner*

Ein `template`-Name ist der mit einer Liste von Werten, Typnamen oder Bezeichnern, den in < und > eingeschlossenen `template`-Argumenten, *qualifizierte* Funktions-, Klassen- oder Elementname. Ein Typname spezifiziert einen vordefinierten oder zusammengesetzten Datentyp, z.B. `int*` oder `const char`; mit einem Bezeichner kann ein benutzerdefinierter Typ, z.B. `Kto` oder `Polynom` eingesetzt werden.

Beim Aufruf einer Funktion mit einem derartigen Funktionsnamen generiert C++ nun für jeden neuen Datentyp jeweils eine spezifische Version der Funktion. Eine solche, mittels einer Funktionsschablone erzeugte Funktion, heißt `template`-*Funktion* (auch: *generierte* Funktion oder *Instanz*). Das Erzeugen einer Funktion aus einer Schablone wird oft als *Instanzieren* bezeichnet. Sind beispielsweise die Vektoren `a`, `b`, `c` und `d` wie folgt definiert

```
int a[] = { 1, 1, 2, 3, 2 };
int b[] = { 11, 2, 3, 2, -5, -7 };
int c[] = { 112, -3, 2 };
double d[] = { 1.1011, 1.1, -12.8 };
```

und ist noch keine Instanz von `mittel()` erzeugt worden, so führen im Beispiel

```
cout << mittel<int>(a, 5) << endl;       // erzeugt 1. Instanz
cout << mittel<int>(b, 6) << endl;
cout << mittel<int>(c, 3) << endl;
cout << mittel<double>(d, 3) << endl;    // erzeugt 2. Instanz
```

der erste und der vierte Aufruf der Funktion `mittel()` zur Generierung von zwei
`template`-Funktionen mit den Typen `int(int* const, int)` bzw. `double(double* const, int)`.

Das Schlüsselwort `class` vor dem Parameter `Param` zeigt an, daß nicht nur vordefinierte und zusammengesetzte Datentypen, sondern auch benutzerdefinierte Typen
verwendbar sind. Durch einen Aufruf von `mittel()` kann man z.B. auch ein „mittleres" Polynom berechnen. Voraussetzung hierfür ist allerdings, daß die im Rumpf
der parametrisierten Funktion eingesetzten Operatoren auch sinnvoll mit den Parametern operieren können und daß die Variable `summe` korrekt initialisiert wird,
wofür u.U. die Definition eines Copy-Konstruktors erforderlich ist. Für die Klasse
`Polynom` bedeutet dies, daß `+=` und `/` überladen sein müssen. Wir nehmen `+=` und `/`
beispielsweise als Elemente in die Klasse auf. (Die Elementfunktion `operator+=()`
ruft hier einfach die `friend`-Funktion `operator+()` auf, vgl. Abschnitt 16.4.)

```
class Polynom {
    // ...
    Polynom& operator+=(const Polynom&);
    Polynom operator/(int) const;
    // ...
};

Polynom& Polynom::operator+=(const Polynom& q) {
    return *this = *this + q;
}

Polynom Polynom::operator/(int div) const {
    Polynom tmp = *this;
    for (int i = 0; i <= n; i++)
        tmp.a[i] /= div;
    return tmp;
}
```

Aus den Polynomen p_1, p_2 und p_3 mit $p_1(x) = 3x^2 + 1$, $p_2(x) = -6x^3 + 2x$ und
$p3(x) = x-8.5$ berechnet man $\overline{p}(x) = -2x^3+x^2+x-2.5$ etwa durch die Anweisungen

```
double u[] = { 1, 0, 3 };
double v[] = { 0, 2, 0, -6 };
double w[] = { -8.5, 1 };
Polynom p[] = { Polynom(2, u), Polynom(3, v), Polynom(1, w) };
Polynom pQuer(mittel<Polynom>(p, 3));
```

Beim Instanzieren einer Funktion mit mehreren Parametern spezifiziert man die
`template`-Argumente in der Reihenfolge, in der die Parameter deklariert sind, z.B.
erzeugt

```
template<class S, class T> void f(S x, T y, S* z) { /* ... */ }
```

```
. . . . .
      int i = 110;
      f<int, double>(10, 1.5, &i);
```

eine `template`-Funktion `f()` des Typs `void(int, double, int*)`, sofern sie nicht bereits durch andere Funktionsaufrufe instanziert wurde.

Die sechs folgenden Beispiele verdeutlichen die beschriebenen Möglichkeiten und zeigen weiterhin, daß für die Funktionsargumente alle in Abschnitt 13.2 behandelten Konversionen vorgenommen werden können.

```
template<class T> void f(const T* x) { /* ... */ }
. . . . .
      int i = -1107;
      int* zi = &i;
      f<int>(zi);
```

In diesem Fall wird ggf. eine `template`-Funktion des Typs `void(const int*)` erzeugt. Beim Aufruf wird das Argument `zi` mit einer `const`-Qualifizierung von `int*` nach `const int*` umgewandelt.

```
template<class T> void f(T* x) { /* ... */ }
. . . . .
      double dvek[] = { 1.1, 1.2, 2.1, 2.2 };
      f<double>(dvek);
```

Bei diesem Aufruf muß `dvek` durch eine Zeigertransformation vom Typ `double[]` in den Typ `double*` konvertiert werden. Sofern sie noch nicht anderweitig instanziert wurde, wird die `template`-Funktion `f(double*)` erzeugt.

```
template<class T> void f(long int k, T x) { /* ... */ }
. . . . .
      float a = 15.3;
      f<int>(a, 8);
```

Hier wird der Funktionsaufruf mit der Standardkonversion des Arguments `a` von `float` nach `long int` realisiert. Es wird ggf. eine Funktion `f(long int, int)` generiert.

```
template<class S, class T> S f(T x) { /* ... */ }
. . . . .
      int i = f<int, double>(-1.24);
```

Der Aufruf erzeugt die `template`-Funktion `f()` des Typs `int(double)`, sofern sie nicht schon instanziert ist.

```
template<class T> void f(T x) { /* ... */ }
.....
    f<Polynom>(-1454);
```

Hier wird für T der Typ `Polynom` eingesetzt; der Funktionsaufruf wird mit der benutzerdefinierten Konversion durch den Konstruktor `Polynom(double)` und die vorangehende Standardkonversion von `int` in `double` durchgeführt.

```
template<int i> void f() { /* ... */ }
.....
    f<5>();
```

Das letzte Beispiel zeigt, daß auch Parameter, die nicht Typ-Parameter sind, als `template`-Parameter benutzt werden können (siehe Übungsaufgabe 4). Die Möglichkeit wird derzeit noch von keinem der uns zur Verfügung stehenden Compiler unterstützt.

Der Aufruf einer parametrisierten Funktion – und ggf. ihre Erzeugung – ist auch ohne explizite Spezifikation der `template`-Argumente möglich. Der Compiler versucht diese dann aus den Funktionsargumenten abzuleiten und geht dabei auf folgende Weise vor:

1. Der Reihe nach werden die Funktionsparameter daraufhin untersucht, ob sie einen Typ-Parameter enthalten.

2a. Enthält ein Funktionsparameter einen Typ-Parameter, z.B. T, wird der Typ des Arguments ermittelt.

2b. Der Compiler versucht nun, den Typ-Parameter T so durch einen Typspezifizierer zu ersetzen, daß die Typen von Argument und Parameter übereinstimmen. Die Umwandlung der Argumente ist dabei auf exakte Übereinstimmungen (vgl. Abschnitt 13.2) und Konversionen mit Rang 0 (vgl. [1.1] und [1.4] in 13.2) beschränkt.

3. Bei Funktionsparametern, die keine `template`-Parameter enthalten, können sämtliche Konversionen vorgenommen werden.

Ist zwischen allen Argumenten und Parametern eine Übereinstimmung gelungen, wird eine `template`-Funktion mit den in 2a. und 2b. ermittelten Typen generiert, falls sie nicht schon anderweitig erzeugt wurde. Kommt ein Typ-Parameter in der Parameterliste der Funktion mehrmals vor, so muß er jeweils durch denselben Typ ersetzt werden.

Die bisher betrachteten Aufrufe der Funktion `mittel()` sind alle auch ohne explizite Argumentspezifikation möglich. Beim Aufruf `mittel(a, 5)` stellt man beispielsweise fest, daß der erste Funktionsparameter `x` den Typ `Param* const` hat und den Typ-Parameter `Param` enthält. Das entsprechende Argument ist vom Typ `int []` und kann mittels Zeigertransformation und `const`-Qualifizierung in den Typ `int* const` umgewandelt werden – `Param` wird daher durch `int` ersetzt. Der zweite Funktionsparameter `n` ist vom Typ `int`, enthält keinen Typ-Parameter, und stimmt exakt mit dem Typ des zweiten Arguments 5 überein.

In den nachfolgenden Beispielen sind die letzten drei Aufrufe nicht einfach durch `f(-1.24)`, `f(-1454)` bzw. `f()` realisierbar, da die beabsichtigten Instanzierungen nicht aus der Argumentliste ableitbar sind.

Die einzige Situation, in der das Benutzen des qualifizierten Funktionsnamens kaum Vorteile bietet, betrifft die Initialisierung eines Zeigers mit der Adresse einer `template`-Funktion oder die entsprechende Zuweisung. Da hier keine Standardkonversionen zulässig sind, sind die Parametertypen bereits durch die Zeigerdefinition festgelegt. Zum Beispiel:

```
unsigned int (*zf)(unsigned int* const, int) = mittel;
```

Hier steht der Typ der aufgrund der Adreßberechnung zu erzeugenden Funktion `mittel(unsigned int* const, int)` schon nach der Deklaration von `zf` fest, und die Qualifizierung `... = mittel<unsigned int>;` ist zwar möglich, hat aber keine Auswirkung mehr.

Den Vorteilen der expliziten Spezifizierung, wie beispielsweise der besseren Lesbarkeit und Vermeidung von Mehrdeutigkeiten, stehen Nachteile bei der Modifikation gegenüber. Wenn z.B. das Feld `int a[] = { 1, 1, 2, 3, 2 };` geändert werden muß zu `double a[] = { 1.0, 1.0, 2.0, 3.0, 2.0 };` ist der Aufruf `cout << mittel<int>(a, 5) << endl;` ebenfalls anzupassen.

Bei der Implementierung von parametrisierten Funktionen sind die beiden folgenden Regeln zu beachten:

- Standardargumente für `template`-Parameter sind bei parametrisierten Klassen zulässig, aber nicht bei parametrisierten Funktionen.

  ```
  template<class Par = double> Par mittel(Par* const, int);
      // Fehler: Standardargumente nur bei Klassen
  ```

- Spezifizierer wie `extern`, `inline` üsw. folgen nach `template< ··· >`, z.B.

  ```
  template<class S, class T> inline void f(S*, const T);

  class X {
      template<class U> friend bool g(const U&, const U&);
      // ...
  };
  ```

Um eine Instanz einer Funktionsschablone erzeugen zu können, muß der Compiler die Definition dieser Funktion „sehen", d.h. die Definition muß in der gerade zu übersetzenden Programmdatei enthalten sein. Zum Erzeugen des Aufrufs einer anderweitig generierten Instanz reicht das Vorliegen einer Deklaration aus.

Mit einer *expliziten Instanzierung* kann man veranlassen, daß in einer Programmdatei (in der die Definition enthalten ist) der Code einer `template`-Funktion erzeugt wird, auch ohne die Funktion aufzurufen oder ihre Adresse zu berechnen:

> *Explizite-Instanzierung:*
> `template` *Deklaration*

Der in der Deklaration vereinbarte Deklaratorname muß ein `template`-Name sein, also ein mit konkreten Typen oder Werten qualifizierter Funktionsname.

Im Beispiel der beiden folgenden Programmdateien kann mit `prog-21a` allein keine Instanz von `swap()` erzeugt werden. Nur dadurch, daß man auch `prog-21b` übersetzt und dann beide Dateien zusammenbindet, entsteht ein lauffähiges Programm. Die in `prog-21a` aufgerufene `template`-Funktion wird in `prog-21b` explizit instanziert.

```
// prog-21a                          // prog-21b

#include <iostream.h>                 // Definition

template<class T>                     template<class S>
void swap(T&, T&);   // Deklaration   void swap(S& x, S& y) {
                                          S tmp(x);
int main() {                              x = y;
    double a = 43678.25;                  y = tmp;
    double b = -32156.436;            }
    cout << a << ' ' << b << endl;
    swap<double>(a, b);
    cout << a << ' ' << b << endl;    template void
    return 0;                         swap<double>(double&, double&);
}
```

Spezialisierungen, Überladene Funktionen

Bei manchen Anwendungen kann es erforderlich sein, für bestimmte Parametertypen eine *spezielle Version* einer parametrisierten Funktion zu definieren, mit einem Funktionsrumpf, der an die speziellen Parametertypen besonders angepaßt ist. Für die Deklarationen oder Definition benutzt man dann den `template`-Namen als Funktionsnamen. (Damit dies möglich ist, muß die Funktionsschablone bereits deklariert sein.) Derartige Funktionen heißen auch *explizit spezialisiert*.

> *Explizite-Spezialisierung:*
> `template < >` *Deklaration*

Im folgenden Beispiel wird eine explizite Spezialisierung der Funktion `mittel()` für den Typ `double (*)(double)` definiert; zur besseren Lesbarkeit wurde der Typ mit `zFkt` benannt. Mit dieser Version wird aus einer Menge von Funktionen diejenige Funktion bestimmt, die zu allen anderen den kleinsten mittleren Abstand hat.

```
typedef double (*zFkt)(double);

double d(zFkt, zFkt, double = 0.0, double = 1.0);

template<> zFkt mittel<zFkt>(zFkt* const x, int n) {
    double dMin = DBL_MAX;  // float.h
    int ind = 0;
    for (int i = 0; i < n; i++) {
        double dQuer = 0.0;
        for (int j = 0; j < n; j++)
            if (i != j)
                dQuer += d(x[i], x[j]);
        if (dQuer < dMin) {
            ind = i;
            dMin = dQuer;
        }
    }
    return x[ind];
}
```

d() ist eine Funktion, die den Abstand zwischen zwei Funktionen berechnet, z.B.
$d(f,g) = \sqrt{\int_0^1 (f(t) - g(t))^2 dt}$ (vgl. Übungsaufgabe 3 am Ende des Kapitels). Bei
jedem Aufruf von **mittel<zFkt>()** wird diese spezielle Version ausgeführt. Zum
Beispiel erhält man aus

```
double f(double x) { return cos(x); }
double g(double x) { return sin(x); }
double h(double x) { return cos(x + 0.5); }
double i(double x) { return cos(x + 1.0); }
zFkt zFeld[] = { f, g, h, i };
zFkt m = mittel<zFkt>(zFeld, 4);
```

als Resultat m einen Zeiger auf die Funktion h().

Die vergleichsweise neue Syntax zur expliziten Instanzierung oder Spezialisierung
parametrisierter Funktionen wird von vielen heute verfügbaren Compilern noch nicht
richtig umgesetzt; sie diagnostizieren einen Syntaxfehler.

Wenn man für eine parametrisierte Funktion eine explizite Spezialisierung vorgenommen hat, kann der Compiler aus der Funktionsschablone keine zusätzliche Instanz
mehr generieren. Im letzten Beispiel wird somit keine Definition

```
zFkt mittel(zFkt* const x, int n) {
    zFkt summe = x[0];
    for (int i = 1; i < n; i++)
        summe += x[i];   // Fehler: += nicht zulaessig
    return summe/n;      // Fehler: / nicht zulaessig
}
```

erzeugt. Ein derartiger Versuch würde auch daran scheitern, daß die Addition von
Zeigern und die Division eines Zeigers durch einen int-Wert nicht möglich ist.

Für die Reihenfolge von Aufrufen und Deklarationen expliziter Spezialisierungen
hat dies die Konsequenz, daß eine spezielle Version nur dann aufgerufen werden
kann, wenn die Spezialisierung vor dem Aufruf deklariert ist. Zum Beispiel wäre
das folgende Beispielprogramm ohne die Deklaration der Spezialisierung f<int>()
fehlerhaft, da dann beim Aufruf eine Instanz erzeugt und im Anschluß an main()
nochmals definiert würde.

```cpp
template<class T> void f(T t) { /* ... */ }

template<> void f<int>(int);   // explizite Spezialisierung

int main() {
    f<int>(38);
    return 0;
}


template<> void f<int>(int t) { /* ... */ }
```

Wird wie im obigen Beispiel eine explizite Spezialisierung vor ihrer Verwendung
lediglich deklariert, so muß an anderer Stelle des Programms eine Definition erfolgen. template-Funktionen unterscheiden sich hier nicht von nicht parametrisierten
Funktionen.

Eine template-Funktion kann durch andere Funktionen desselben Namens oder andere template-Funktionen desselben Namens überladen werden. Zum Beispiel

```cpp
template<class Param> Param mittel(Param* const, int);
    // ... wie bisher

double mittel(Kto** const x, int n) {
    double summe = x[0]->hZins();
    for (int i = 1; i < n; i++)
        summe += x[i]->hZins();
    return summe/n;
}


template<class T> T mittel(const T&, const T&);
```

Hier wird durch mittel(Kto** const, int) der mittlere Habenzins aller Giro- und
Festgeldkonten in einem Kto*-Feld berechnet. Für das ktoFeld aus Abschnitt 17.3
ergibt sich beim Aufruf mittel(ktoFeld, 3) beispielsweise der Wert 2.45. Voraussetzung dafür, daß die Funktion übersetzt wird, ist die Existenz einer const
Elementfunktion Kto::hZins(), die den habenZins eines Kontos liefert. Die oben
definierte Funktion mittel(Kto** const, int) ist keine explizite Spezialisierung

der Funktionsschablone `mittel()`, weil sie als Funktionswert `double` und nicht `Kto*` liefert und kein `template`-Name als Funktionsname benutzt wurde.

Sofern man bei einem Aufruf einen mit `<...>` qualifizierten Funktionsnamen verwendet, also die `template`-Argumente explizit spezifiziert, ist klar welche Funktion gemeint ist. Anderenfalls wird die Auswahl der konkret aufzurufenden Funktion folgendermaßen vorgenommen:

[1] Alle expliziten Spezialisierungen und alle nicht parametrisierten Funktionen werden in die Liste der Funktionskandidaten aus Abschnitt 13.3 aufgenommen, wenn ihr Name und die Anzahl der Funktionsparameter stimmen. Weiterhin wird für jede parametrisierte Funktion, die durch Ableitung der `template`-Argumente (vgl. 1.–3., S. 302) aufrufbar ist, eine `template`-Funktion erzeugt – falls sie nicht schon anderweitig erzeugt oder explizit spezialisiert wurde – und in die Kandidatenliste eingetragen.

[2] Nun wird der üblichen Mechanismus für Aufrufe überladener Funktionen (vgl. Abschnitte 13.2 und 13.3) angewandt. Es ist wieder ein Fehler, wenn Mehrdeutigkeiten auftreten.

Im folgenden Beispiel

```
struct Komplex {
    Komplex(double r, double i) : real(r), imag(i) { }
    double real, imag;
};

template<class T> void f(unsigned int anz, T* a) { /* ... */ }

template<> void f<Komplex>(unsigned int anz, Komplex* a)
    { /* ... */ }

void f(int anz, Komplex* a) { /* ... */ }

 . . . . .
    double* a = new double[3];
    a[0] = 5.5; a[1] = 1.4; a[2] = -7.9;
    int b[] = { 22, -3, -45, -11, 345, 256 };
    Komplex* const z = new Komplex(0.0, 1.0);
    f<double>(3, a);
    f<int>(6, b);
    f<Komplex>(1, z);
    f(1, z);
```

werden die ersten beiden Funktionsaufrufe mit der Erzeugung von zwei `template`-Funktionen des Typs `void(unsigned int, double*)` bzw. `void(unsigned int, int*)` abgewickelt. Auch beim dritten Aufruf wird eine `template`-Funktion, hier jedoch mit ihrer expliziten Spezialisierung aufgerufen. Beim letzten Aufruf `f(1, z)` wird dagegen die nicht parametrisierte Funktion `f(int, Komplex*)` aufgerufen, da hier das erste Argument keine Standardkonversion von `int` nach `unsigned int` benötigt.

In `prog-22` erfolgen alle in `main()` vorkommenden Aufrufe der Funktion `vergl()` mit expliziter Spezifizierung des `template`-Arguments für den Typ-Parameter `Typ` und werden mit der Erzeugung der entsprechenden `template`-Funktionen `vergl <int>()`, `vergl<double>()` bzw. `vergl<char>()` realisiert.

```
// prog-22

#include <iostream.h>

template<class Typ> inline char vergl(Typ x, Typ y) {
    if (x > y)
        return '>';
    else if (x < y)
        return '<';
    else
        return '=';
}

int main() {
    cout << vergl<int>(5, 7) << '\n' << vergl<double>(5.5, -7.34)
        << '\n' << vergl<char>('a', 'a') << endl;
    return 0;
}
```

Der Aufruf `vergl(5, -7.34)` ist dagegen ein Fehler, da Typ, damit `x` und 5 übereinstimmen, durch `int` zu ersetzen ist und andererseits `y` und `-7.34` ein Ersetzen durch `double` erfordern. Diesen Aufruf kann man beispielsweise mit `vergl<double>(5, -7.34)` vornehmen, wobei dann das erste Argument mittels Standardkonversion implizit von `int` nach `double` umgewandelt wird.

In der folgenden Tabelle sind nochmals die Möglichkeiten zusammengefaßt, mit denen Code für eine parametrisierte Funktion, z.B. `template<class T> void f(T t);` generiert oder spezialisiert werden kann.

explizite Instanzierung	`template void f<double>(double);`
explizite Spezialisierung	`template<> void f<int>(int i) { ... }`
impliz. Instanzierung mit expliz. Spezif. der `template`-Argumente	`f<int>(16);`
impliz. Instanzierung mit Ableitung der `template`-Argumente	`f(16.87);`

<u>Bemerkungen</u>

- Enthält eine parametrisierte Funktion `static` Variablen, so wird für jede generierte `template`-Funktion eine eigene Kopie dieser Variablen angelegt (vgl. Aufgabe 5).

- Ein Programm darf nur eine einzige explizite Instanzierung für eine bestimmte `template`-Argumentliste einer parametrisierten Funktion enthalten.

- Wenn in einem Programm eine explizite Instanzierung vorgenommen wird, darf es keine explizite Spezialisierung für dieselbe `template`-Argumentliste enthalten und umgekehrt.

- Ein Programm darf nur eine einzige explizite Spezialisierung für eine bestimmte `template`-Argumentliste enthalten.

18.3   Parametrisierte Klassen

Mit den bisher verwendeten Klassendefinitionen wurde festgelegt, wie individuelle Klassenobjekte erzeugt werden können – dagegen definiert eine parametrisierte Klasse, wie individuelle Klassen erzeugt werden können. (Parametrisierte Klassen werden auch als Klassenschablone, Klassen-`template` oder generische Klasse bezeichnet.)

Werden in einem Programm z.B. Stacks zur Verwaltung von Stackelementen mit unterschiedlichen Datentypen benötigt, so haben wir bisher zwei Möglichkeiten zur Implementierung behandelt.

a) Ähnlich wie im Beispiel des `void*`-Felds aus Abschnitt 8.10 speichert man lediglich Zeiger auf dem Stack ab, die jeweils explizit konvertiert werden müssen.

```
class GenStack : private StackBasics {
public:
    explicit GenStack(int gr = 1000)
        : StackBasics(gr), daten(new void*[gr]) { }
    ~GenStack() { delete[] daten; }
    void push(void* v) { daten[pushBas()] = v; }
    void* pop() { return daten[popBas()]; }
private:
    void** const daten;
};
```

Mit dieser „generischen" Stack-Klasse kann man nun verschiedene Stacks, etwa `GenStack ints(100);` und `GenStack doubs(2500);` erzeugen. Das Speichern und Entfernen einer `int`-Variablen i bzw. einer `double`-Variablen x erfolgt dann durch die Aufrufe und Konversionen

```
ints.push(new int(i));        // implizite Konversion
i = *static_cast<int*>(ints.pop());
doubs.push(new double(x));  // implizite Konversion
x = *static_cast<double*>(doubs.pop());
```

Man sieht, daß dieser Ansatz sehr flexibel, aber auch höchst unsicher ist, weil jegliche Typprüfung umgangen wird: Zum Beispiel ist es jederzeit möglich, double-Werte auf `ints` abzulegen, int-Werte von `doubs` zu lesen, oder sogar Zeiger auf Funktionen (etwa `int (*)(double)`) zu speichern usw.

b) Analog zur Klasse `CharStack` (Abschnitt 17.4) definiert man Klassen `Int-Stack`, `DoubStack`, ..., wobei im wesentlichen der `CharStack`-Code zu duplizieren und `char` durch `int`, `double`, ... zu ersetzen ist. Beispielsweise

```
class IntStack : private StackBasics {
public:
    explicit IntStack(int gr = 1000)
        : StackBasics(gr), daten(new int[gr]) { }
    ~IntStack() { delete[] daten; }
    void push(int i) { daten[pushBas()] = i; }
    int pop() { return daten[popBas()]; }
private:
    int* const daten;
};
```

Bis auf die aus `StackBasics` geerbte Fehlerbehandlung ist hier jeweils die vollständige Definition von `CharStack` zu wiederholen. Die Verwendung dieser Stacks ist jetzt in dem Sinne sicher, daß bei `push()` und `pop()` Typprüfungen und Standardkonversionen vorgenommen werden.

Eine einfache und gleichzeitig sichere Lösung ergibt sich bei der Implementierung als parametrisierte Klasse. Dazu setzen wir anstelle des Typnamens `char` in `CharStack` einen Parameter, z.B. T ein und machen die Klassendefinition zur `template`-Definition, indem wir sie mit `template<class T>` einleiten:

```
template<class T> class Stack : private StackBasics {
public:
    explicit Stack(int gr = 1000)
        : StackBasics(gr), daten(new T[gr]) { }
    ~Stack() { delete[] daten; }
    void push(T t) { daten[pushBas()] = t; }
    T pop() { return daten[popBas()]; }
    int groesse() const { return StackBasics::top; }
    Stack sort() const;
    // ...
private:
    T* const daten;
};
```

Bei der Deklaration von Objekten einer parametrisierten Klasse müssen die Typen bzw. Werte der `template`-Parameter spezifiziert werden, d.h. es ist hier obligatorisch, einen `template`-Namen als Klassennamen zu verwenden, weil es keine Möglichkeit zur Ableitung der `template`-Argumente gibt.

Die Stack-Klassenschablone kann man beispielsweise wie folgt benutzen:

```
Stack<int> is1(2000), is2(2000);
Stack<double> x(250), y(50);
Stack<char>* zc;
```

`is1` und `is2` sind hier `Stack`-Objekte mit bis zu 2000 `int`-Elementen, `x` und `y` sind Stacks mit maximal 250 bzw. 50 Elementen des Typs `double`, und `zc` ist ein Zeiger auf einen Stack mit `chars`.

Der `template`-Klassenname kann wie jeder andere Klassenname verwendet werden. Dabei wird vom Compiler die Definition einer `template`-*Klasse* generiert – sofern sie nicht bereits existiert und sofern der Compiler Objekte der Klasse anlegen muß. Wenn eine `template`-Klasse erzeugt wird, ersetzen die im `template`-Namen spezifizierten Argumente die `template`-Parameter. Im Beispiel werden also zwei Klassen definiert, wobei `T` jeweils durch `int` bzw. `double` ersetzt wird. Die Klasse `Stack<char>` wird noch nicht generiert, da `zc` lediglich ein Zeiger ist. Eine `Stack<char>`-Instanz wird beispielsweise durch `zc = new Stack<char>(100);` erzeugt; diese Anweisung legt dann auch die Maximalgröße des Stacks fest.

Klassenobjekte einer `template`-Klasse unterscheiden sich bei ihrer Benutzung nicht von den Objekten einer nicht parametrisierten Klasse. Zum Beispiel kann man die beiden Stacks `is1` und `is2` folgendermaßen verwenden

```
for (int i = 0; i < 2000; i++)
    if (rand() < 0.5*RAND_MAX)  // stdlib.h
        is1.push(i);
    else
        is2.push(i);
cout << is1.groesse() << ' ' << is2.groesse() << endl;
```

um 2000 Münzwürfe zu simulieren, bei denen die Nummern der Würfe mit Resultat „Zahl" auf `is1` und die Würfe mit Resultat „Adler" auf `is2` gespeichert werden. An diesem Beispiel erkennt man auch, daß beim Aufruf einer Elementfunktion mittels Punkt- oder Pfeiloperator der Funktionsname nicht qualifiziert wird, da der Typ des Objekts, für das die Funktion aufgerufen wird, die Klasse und damit Elementfunktion eindeutig identifiziert. Es wird also nicht `is1.push<int>(i)` oder `is1.groesse<int>()` geschrieben.

Bei `template`-Argumenten, die Zuweisungsausdrücke sind, werden keine Standardkonversionen vorgenommen, d.h. der Typ des Ausdrucks (im Klassennamen) muß mit dem Typ des Parameters (in der Klassendefinition) exakt übereinstimmen, wenn ggf. eine `template`-Klasse erzeugt werden soll. Im Fall der Übereinstimmung wird jeweils der Parameter mit dem Wert des Ausdrucks initialisiert. Dieser Ausdruck muß ein ganzzahliger konstanter Ausdruck oder Adresse eines globalen Objekts, einer globalen Funktion oder eines `static` Klassenelements sein. Zum Beispiel

```
template<const int i, class P> class X { /* ... */ };
X<50, long double> x;                      // i = 50
X<50.0, long double> y;                    // Fehler
template<class S, class T, double d> class Y;  // Fehler
```

Der *Typ-Parameter*-Regel kann man entnehmen, daß die Typ-Parameter einer Klassendeklaration mit `template`-Standardargumenten versehen werden können. Wie bei den Standardargumenten für Funktionen ist auch hier zu beachten, daß ein Typ-Parameter nur dann ein Standardargument haben kann, wenn für alle in der `template`-Parameterliste nachfolgenden Typ-Parameter ebenfalls Standardargumente vorgegeben werden. Dies kann in derselben oder in voranstehenden Klassendeklarationen erfolgen. Auch die Wiederholung identischer Standardargumente in verschiedenen Deklarationen ist wieder ausgeschlossen.

```
template<const int i, class P = double> class X { /* ... */ };
template<class S = int, class T = int> class Z { /* ... */ };
X<50, long double> x;     // i = 50, P = long double
X<50> y;                  // i = 50, P = double
Z<> z;                    // S = int, T = int
```

Wie im letzten Beispiel gezeigt, müssen bei einer leeren `template`-Argumentliste dennoch die Klammern `<>` nach dem Klassennamen stehen.

Der Wert eines `template`-Parameters, der kein Typ-Parameter ist, kann nach der Instanzierung der Klasse auf keine Weise verändert werden. Auch die Berechnung seiner Adresse ist nicht zulässig, z.B.

```
template<class T, int i, char c> class C {
    void f() {
        i++;  // Fehler
        char* z = &c;  // Fehler
    }
};
```

Derartige Parameter dienen lediglich dazu, beim Instanzieren einen Wert in die Klasse einzubringen. Gleitpunktwerte sind ausgeschlossen, damit sicher feststellbar ist, ob eine Klasse für bestimmte Argumentwerte bereits instanziert wurde.

Innerhalb der Definition einer parametrisierten Klasse ist die `template`-Parameterliste bereits implizit Bestandteil des Klassennamens und muß nicht explizit angeführt werden:

```
template<class P, char c> struct Y {
    Y f();
    Y<P, c> g();  // <P, c> redundant
};
```

Wird der Name einer Klassenschablone dagegen außerhalb der `template`-Definition benutzt, so sind die `template`-Parameter immer mit anzugeben. Dieser Fall tritt regelmäßig bei der Definition von Elementfunktionen ein, denn alle Elementfunktionen einer parametrisierten Klasse sind implizit parametrisierte Funktionen mit denselben `template`-Parametern.

Sofern eine Elementfunktion nicht `inline` innerhalb der Klassendefinition definiert wird, muß die Parametrisierung explizit durch Verwendung einer `template`-Deklaration angezeigt und der Name der Klassenschablone mit den `template`-Parametern versehen werden. Wenn man im Beispiel der Stack-Klasse den Konstruktor und die Funktion `push()` global definiert, ist daher

```
template<class T> Stack<T>::Stack(int gr)
    : StackBasics(gr), daten(new T[gr]) { }

template<class T> void Stack<T>::push(T t)
    { daten[pushBas()] = t; }
```

die entsprechende korrekte Schreibweise. Wenn eine Klasse implizit, also durch Benutzung eines konkreten `template`-Namens, z.B. `Stack<int>`, `Stack<double>` usw. instanziert wird, deklariert C++ auch alle Elementfunktionen implizit als `template`-Funktionen. Elementfunktionen, die im Programm nicht aufgerufen werden und deren Adresse nicht berechnet wird, werden zwar deklariert, für sie wird aber keine Definition also kein Code generiert.

Als globale Funktionsschablone und nicht als Elementfunktion ist die folgende Funktion `inhalt()`, die den Inhalt eines Stacks anzeigt, implementiert:

```
template<class S> void inhalt(const Stack<S>& s) {
    Stack<S> tmp = s;
    for (int i = 0; i < s.groesse(); i++)
        cout << tmp.pop() << ' ';
}
```

Damit sie wie beabsichtigt arbeitet, muß noch ein Copy-Konstruktor für die `Stack`-Klasse definiert werden. Zum Beispiel

```
template<class T> Stack<T>::Stack(const Stack& s)
        : StackBasics(s.anz), daten(new T[s.anz]) {
    for (int i = 0; i < s.top; i++)
        push(s.daten[i]);
}
```

Anstelle von `Stack<T>::Stack()` können wir hier beim Copy-Konstruktor den Parameter auch mit angeben und `Stack<T>::Stack<T>()` schreiben. Das gleiche trifft für den oben definierten Standardkonstruktor zu. Den Inhalt der beiden Stacks `is1`, `is2` zeigt man beispielsweise mit `inhalt<int>(is1);` oder `inhalt<int>(is2);` an.

Auch im Rumpf von Elementfunktionen muß der Name einer Klassenschablone mit
der vollständigen Parameterliste versehen werden – sofern die Definition der Elementfunktion nicht innerhalb der Klassendefinition (also `inline`) erfolgt, z.B.

```
template<class S> Stack<S> Stack<S>::sort() const {
    Stack<S> tmp = *this;
    for (int i = 1; i < groesse(); i++)
        for (int j = groesse() - 1; i <= j; j--)
            if (tmp.daten[j] > tmp.daten[j - 1])
                swap(tmp.daten[j], tmp.daten[j - 1]);
                // swap() aus prog-21b
    return tmp;
}
```

Der Name einer Klassenschablone (z.B. `Stack<S>`) darf nur in Deklarationen und
Definitionen von parametrisierten Klassen und Funktionen und bei der Definition
von `static` Datenelementen, also nur in `template`-Deklarationen, verwendet werden. An allen anderen Stellen des Programms sind nur konkrete `template`-Namen
(z.B. `Stack<int>`) zulässig:

```
void f(Stack<SignalTimer> s) { /* ... */ }          // korrekt
void f(Stack<S> s) { /* ... */ }  // Fehler: S kein Klassenname
```

Auch für parametrisierte Klassen gibt es die Möglichkeit, sie einmal innerhalb eines
Programms *explizit* zu *instanzieren*. Man verwendet dazu dieselbe Syntax wie bei
parametrisierten Funktionen und schreibt beispielsweise

```
template class Stack<short int>;   // explizite Instanzierung
```

Im Unterschied zur impliziten Instanzierung durch Verwendung eines `template`-
Klassennamens werden hier alle Elementfunktionen für die generierte Klasse definiert – gleichgültig, ob man sie innerhalb des Programms aufruft oder nicht.

Wie bei parametrisierten Funktionen ist es möglich, *spezielle Versionen* einer `temp-
late`-Klasse anzufertigen, indem man eine *explizite Spezialisierung* definiert. Vor-
aussetzung ist hier wieder, daß der Compiler eine Deklaration der Klassenschablone
bereits gelesen hat und daß die Spezialisierung vor ihrer ersten Verwendung definiert wird. Im folgenden Beispiel wird für die Klasse `ListElem`, die zum Aufbau
parametrisierter Listen vorgesehen ist, eine spezielle Definition für Zeichenketten
vorgenommen.

```
template<class T> struct ListElem {
    explicit ListElem(const T& e, ListElem* n = 0)
        : element(e), nachf(n) { }
    T element;
    ListElem* nachf;
};
```

```
template<> struct ListElem<string> {
    explicit ListElem(const string& = "", ListElem* = 0);
    string element;
    ListElem* nachf;
};


template<>
ListElem<string>::ListElem(const string& x, ListElem* n)
    : element(x), nachf(n) { }
```

Für `ListElem<string>`-Objekte wird nun diese spezielle Klassendefinition verwendet; alle anderen `ListElem`-Objekte werden mit den für sie aus der Klassenschablone erzeugten `template`-Klassen und -Funktionen behandelt. Hier ist zu beachten, daß Elementfunktionen für die explizite Spezialisierung einer parametrisierten Klasse nicht mittels der `template`-Definition erzeugt werden können. Dies bedeutet, daß man in diesem Fall auch einen vollständigen Satz aller benötigten Elementfunktionen implementieren muß.

Sogar für einzelne Elementfunktionen einer parametrisierten Klasse kann eine spezielle Version definiert werden. Die Definition muß vor der impliziten Instanzierung der Klasse erfolgen und schließt eine explizite Instanzierung aus, da sonst eine erneute Definition generiert würde. Zum Beispiel

```
template<> Stack<Polynom> Stack<Polynom>::sort() const {
    Stack<Polynom> tmp = *this;
    // Sortieren nach Grad, bestimmtem Funktionswert, ...
    return tmp;
}
```

Je nach Aufgabenstellung kann man bei benutzerdefinierten Typ-Parametern den gleichen Effekt durch das Überladen von Operatoren – hier etwa von `Polynom::operator>()` – erzielen. Bei Parametern eines vordefinierten oder zusammengesetzten Typs scheidet diese Möglichkeit jedoch aus, und man muß spezielle Funktionsversionen bereitstellen.

In Analogie zu den parametrisierten Funktionen gilt auch für parametrisierte Klassen, daß jede `template`-Klasse ihre eigene Kopie von `static` Datenelementen besitzt. Wenn eine `template`-Klasse implizit instanziert wurde, müssen die entsprechenden Definitionen dann, wie üblich, im selben Geltungsbereich (z.B. global) vorgenommen werden. Dabei ist auch wieder die Definition spezieller Versionen möglich. Im Beispiel

```
template<class T> struct A {
    A(T t) : b(t) { }
    static int a;
    static void f();
```

```
      T b;
      static T c;
};


template<class T> int A<T>::a;
template<class T> T A<T>::c = 50;


template<> int A<double>::a = -27;
template<> int A<int>::c = 5;
```

hat also `A<double>::a` den Wert -27, und `A<int>::a`, `A<char>::a`, ... haben den
Wert 0. Entsprechend hat `A<int>::c` den Wert 5, und bei `A<char>::c` usw. ergibt
sich der Wert 50 – sofern die Initialisierung für den Typ des `template`-Arguments
definiert ist. Es ist zu beachten, daß eine explizite Instanzierung, z.B.

```
      template struct A<unsigned short int>;
```

neben den Definitionen der Elementfunktionen auch alle `static` Datenelemente instanziert, also im Beispiel zwei Definitionen

```
      int A<unsigned short int>::a;
      unsigned short int A<unsigned short int>::c = 50;
```

vornimmt.

`static` Elementfunktionen verhalten sich wie alle anderen Elementfunktionen einer
Klassenschablone – es fehlt lediglich der `this`-Zeiger. Damit sind

```
      template<class T> void A<T>::f() { /* ..... */ }


      template<> void A<int>::f()
         { /* ... explizite Spezialisierung */ }
```

zwei Beispiele für Definitionen der Funktion `f()`.

Wir fassen auch hier nochmals die Möglichkeiten, Klasseninstanzen für eine parametrisierte Klasse, z.B. `template<class T> class X { /* ... */ };` zu erzeugen,
tabellarisch zusammen:

explizite Instanzierung	`template class X<double>;`
explizite Spezialisierung	`template<> class X<int> { ... };`
implizite Instanzierung	`X<char> x;`

Bemerkung

Für parametrisierte Klassen, ihre Elementfunktionen und `static` Datenelemente
gilt analog zu parametrisierten Funktionen, daß eine Schablone in einem Programm
nur höchstens einmal explizit instanziert werden darf. Und weiterhin ist das explizite Instanzieren und explizite Spezialisieren für die gleichen `template`-Argumente
ebenso ein Fehler wie das mehrmalige explizite Spezialisieren.

Vererbung

Parametrisierte Klassen können von parametrisierten Klassen und von nicht parametrisierten Klassen abgeleitet werden. Und umgekehrt kann man von parametrisierten
Klassen sowohl parametrisierte als auch nicht parametrisierte Klassen ableiten.

Wenn eine nicht parametrisierte Klasse von einer Klassenschablone abgeleitet wird,
müssen „konkrete" Parameter und Werte für die Basisklasse angegeben werden.
Zum Beispiel `class A : public B<int*> { /* ... */ };` (hier ist m.a.W. der
`template`-Name zu benutzen). Die Ableitung einer Klassenschablone von einer nicht
parametrisierten Klasse haben wir am Anfang des Abschnitts schon im Beispiel der
von `StackBasics` abgeleiteten parametrisierten `Stack`-Klasse behandelt.

Als Beispiel für den dritten noch zu behandelnden Fall, leiten wir ähnlich wie in
Abschnitt 17.3 eine Klasse `Menge` von einer Klasse `Liste` ab, wobei jetzt in beiden Klassen der Typ ihrer Elemente als Parameter spezifiziert ist. Die Elementfunktionen der Listenklasse sind in Anhang E angegeben; hier folgt lediglich die
Klassendefinition:

```
template<class T> class Liste {
public:
    Liste();
    virtual ~Liste();
    Liste(const Liste&);
    Liste& operator=(const Liste&);
    bool fuegeEin(const T&, int = 0);
    bool loesche(int);
    T& operator[](int);
    const T& operator[](int) const;
    int laenge() const;
protected:
    ListElem<T>* anfang();
    ListElem<T>* iter();
    // ...  private Details
};
```

`anfang()` und `iter()` sind zwei *Iteratorfunktionen*, die einen Zeiger auf die Listenelemente durch die Liste bewegen. `anfang()` setzt den Zeiger auf den Listenanfang
zurück, `iter()` positioniert ihn auf das jeweils nächste Element. Ein Beispiel für

ihre Verwendung wird weiter unten gegeben. Die Klasse `Menge` definieren wir nun
wie folgt:

```
template<class T> class Menge : private Liste<T> {
public:
    bool leer() const { return laenge() == 0; }
    int card() const { return laenge(); }
    bool istElement(const T& x) const
        { return position(x) >= 0; }
    bool fuegeEin(const T&);
    bool loesche(const T&);
private:
    int position(const T&) const;
};


template<class T> bool Menge<T>::fuegeEin(const T& x) {
    return istElement(x) ? false : Liste<T>::fuegeEin(x);
}


template<class T> bool Menge<T>::loesche(const T& x) {
    int pos = position(x);
    return (pos < 0) ? false : Liste<T>::loesche(pos);
}


template<class T> int Menge<T>::position(const T& x) const {
    for (int i = 0; i < laenge(); i++)
        if (operator[](i) == x)
            return i;
    return -1;
}
```

Eine Beispielanwendung ist die Funktion $g()$, in der zwei Mengen $A = \{63, 127\}$
und $B = \{63, 214, 127\}$ erzeugt werden. Sofern in dem Programm, das $g()$ enthält,
noch keine Mengen mit `int`-Elementen erzeugt wurden, führt der Aufruf von $g()$
zur Definition der **template**-Klassen `Menge<int>`, `Liste<int>` und `ListElem<int>`.
Dabei werden mit Ausnahme von `operator[]()` für die Klasse `Liste<int>` sowie
`leer()` für die Klasse `Menge<int>` alle anderen Elementfunktionen aufgerufen und
daher generiert.

```
void g() {
    Menge<int> mengeA;
    mengeA.fuegeEin(127);
    mengeA.fuegeEin(214);
    mengeA.fuegeEin(63);
    Menge<int> mengeB = mengeA;
    mengeA.loesche(214);
}
```

Für den Fall, daß ein Anwendungsprogramm auch Mengen mit Gleitpunkttypen
benötigt, ist es sinnvoll, eine explizite Spezialisierung der Elementfunktion `positi-
on()` zu definieren, z.B.

```cpp
int Menge<double>::position(const double& x) const {
    for (int i = 0; i < laenge(); i++)
        if (fabs(operator□(i) - x) < 1e-15*fabs(x))
            return i;
    return -1;
}
```

(Besser geeignet als eine Konstante wie `1e-15` ist hier ein für `double`, `float` bzw.
`long double` maschinenabhängig angepaßter Wert, vgl. Übungsaufgabe 10.)

friend-Funktionen

Im Gegensatz zu Elementfunktionen sind `friend`-Funktionen einer parametrisierten
Klasse nicht notwendigerweise auch parametrisierte Funktionen. Die folgenden drei
Fälle sind möglich.

- Eine `friend`-Funktion ist nicht parametrisiert und damit `friend` für alle generierten `template`-Klassen. Zum Beispiel kann die Funktion `balanciere()`
  Binärbäume mit den verschiedensten Schlüsseln, also `BinaerBaum<int>`, `Bi-
  naerBaum<long int>` usw. balancieren.

  ```cpp
  template<class Typ> class BinaerBaum {
      friend void balanciere(int);
      Typ schluessel;
      // ...
  };

  void balanciere(int i) {
      // balanciert i-ten Baum einer BinaerBaum*-Liste
  }
  ```

- Im Typ der Funktionsparameter oder des Funktionswerts der `friend`-Funktion
  wird der Name der Klasse (einschließlich ihrer `template`-Parameterliste) verwendet. In diesem Fall wird die `friend`-Funktion wie eine Elementfunktion zur
  parametrisierten Funktion, und jede `template`-Klasse hat ihre eigene `friend`-
  Funktion. Zum Beispiel

  ```cpp
  template<class T> class Menge : private Liste<T> {
      friend void drucke(Menge<T>&);
      // ... wie bisher
  };
  ```

```cpp
template<class Param> void drucke(Menge<Param>& x) {
    ListElem<Param>* zgr = x.anfang();
    while (zgr != 0) {
        cout << zgr->element << endl;
        zgr = x.iter();
    }
}
```

Im Beispiel setzt **drucke()** die Iteratorfunktionen **anfang()** und **iter()** zum
Zugriff auf alle Listenelemente ein. Explizite Spezialisierungen für bestimmte Datentypen, etwa **drucke<Menge<Komplex> >(Menge<Komplex>&)**, können
auch hier wieder definiert werden.

- Eine **friend**-Funktion ist parametrisierte Funktion, hat aber eine andere **template**-Parameterliste als ihre Klasse, z.B.

```cpp
template<class T> class X {
    template<class S> friend void f(X<S>&);
    // ...
};

template<class S> void f(X<S>& x) { /* ... */ }
```

Dann wird jede generierte Funktion **f()** zur **friend**-Funktion jeder generierten
Klasse X, d.h. **f<int>(X<int>&)** ist **friend** von X<double> usw. Dieser dritte
Fall hat eher hypothetischen Charakter.

Die drei für **friend**-Funktionen besprochenen Möglichkeiten gelten analog für Klassen, die **friend** einer parametrisierten Klasse sind.

<u>Bemerkungen</u>

1. Es ist generell sinnvoll, Funktions- oder Klassenschablonen zunächst mit einem vordefinierten Datentyp (z.B. mittels **typedef int T;**) zu implementieren und zu testen und sie erst danach zu parametrisieren.

2. Zwei **template**-Namen bezeichnen dieselbe Klasse, wenn ihre Klassennamen,
   die für die Typ-Parameter eingesetzten Typen und die Werte der übrigen Argumente übereinstimmen. Zum Beispiel haben **x** und **y** hier denselben Typ:

```cpp
template<int i, class T> class X { /* ... */ };

X<10, int> x;
X<2*5, int> y;
X<250, int> z = y;   // Fehler: falscher Typ
```

Die Datentypen X<10, int> und X<250, int> sind jedoch verschieden, und
z kann nicht mit **y** initialisiert werden.

3. Eine Klasse, die in eine parametrisierte Klasse eingebettet ist, kann deren Typ-Parameter mit benutzen, z.B.

```
template<class T> class Folge {
    class Elem {
        T wert;
        // ...
    };
    // ....
};
```

4. Sofern ein **template**-Argument wieder einen parametrisierten Typ bezeichnet, muß zwischen aufeinanderfolgenden schließenden Klammern mindestens ein Trenner stehen, damit der Unterschied zum Eingabeoperator deutlich wird. Zum Beispiel

```
drucke<Menge<Komplex> >(Menge<Komplex>&);
drucke<Menge<Komplex>>(Menge<Komplex>&);
    // Fehler: Eingabeoperator
```

5. **template**-Deklarationen können auch innerhalb einer Klassendefinition stehen, z.B.

```
template<class T> class B {
public:
    template<class S> void f(S);
};

template<class T> template<class S> void B<T>::f(S s)
    { /* ... */ }

struct A {
    int a;
    template<class P> class Z {
    public:
        P z;
    };
};
```

Diese Möglichkeit wird derzeit erst von wenigen C++-Compilern unterstützt.

18.4 Übungsaufgaben

1. Die folgenden Definitionen sind gegeben:

```
int i, iFld[1000];
unsigned int ui;
char cFld[1000];

template<class T> T f(T* t, int i) { /* ... */ }
template<class T> T f(T s, T t) { /* ... */ }
char f<char>(char* s, int i) { /* ... */ }
double f(double x, double y) { /* ... */ }
```

Welche Funktionen werden bei den folgenden Aufrufen ausgeführt, sofern der
Aufruf kein Fehler ist? `f(cFld, 1000)`, `f(iFld, 1000)`, `f(iFld[0], i)`,
`f(i, ui)`, `f(iFld, ui)` bzw. `f(&i, i)`. Sorgen Sie ggf. mit expliziter Spezifizierung der `template`-Argumente für Klarheit.

2. Schreiben Sie eine Funktion `long int mittel(const Liste&)`, mit der man
die mittlere Versicherungssumme der in der Liste `lvv` des Abschnitts 17.5
zusammengefaßten Verträge berechnen kann.

3. Implementieren Sie die in Abschnitt 18.2 benutzte Funktion `d()`, indem Sie wie
in `prog-12` mittels der Simpson-Regel numerisch integrieren, und testen Sie
`mittel<zFkt>(zFkt* const, int)` anhand verschiedener Funktionsmengen.

4. Ändern Sie die `Stack`-Definition so ab, daß die Größe des Stacks als Parameter
übergeben wird, also: `template<class T, int gr> class Stack;` Welche
Vor- bzw. Nachteile ergeben sich gegenüber der bisherigen Definition?

   Schreiben Sie eine Funktion zur Ausgabe eines `Stack`-Objekts in der Art

```
template<class T, int gr> void drucke(const Stack<T, gr>&);
```

5. Kontrollieren Sie die Anlage der `template`-Funktionen mit ihren jeweiligen
`static` Variablen durch den Aufruf von `f()`.

```
template<class S, class T> void g(S, T) {
    static int zaehler;
    cout << "S = " << typeid(S).name() << '\t'
         << "T = " << typeid(T).name() << '\t'
         << "Aufruf Nr.: " << ++zaehler << endl;
}

void f() {
    g<int, int>(-48, 48);
    g<int, int>(5, 7);
    g<double, double>(5.5, -7.53);
```

```
        g<double, double>(0.3, -33.304);
        g<char, int>('a', 48);
}
```

6. Implementieren Sie eine parametrisierte Funktion `template<class T> void drucke(int anz, T a[]);` mit der man ein `anz`-komponentiges T-Feld ausgeben kann. Fertigen Sie auch eine explizite Spezialisierung für den Typ `Komplex` an. `Komplex(-1.0, 1.0)` bzw. `Komplex(1.0, -1.0)` sollen z.B. in der Form `-1.0 + 1.0*i` bzw. `1.0 - 1.0*i` gedruckt werden.

7. Prüfen Sie mit der Erzeugung verschiedener X-Objekte nach, welche Werte das `static` Element `s` in den generierten Klassen erhält, wenn die folgenden Definitionen gegeben sind.

```
template<int i, class T> class X {
    // ...
    static int s;
};


template<int i, class T> int X<i, T>::s = 13;
template<> int X<10, double>::s = -27;
```

8. Implementieren Sie die Klasse `Menge`, indem Sie (analog zu Aufgabe 7 aus Kapitel 17) eine `Liste` als Element in sie aufnehmen, d.h.

```
template<class T> class Menge {
public:
    // ...
private:
    Liste<T> l;
    // ...
};
```

9. Realisieren Sie die Klasse `Liste` als *doppelt verkettete Liste*, die also aus Listenelementen des Typs

```
template<class T> struct ListElem {
    explicit ListElem(const T&);
    T element;
    ListElem* nachf;  // Nachfolger
    ListElem* vorg;   // Vorgaenger
};
```

besteht. Nutzen Sie die Möglichkeit, in der Liste „rückwärts" zu iterieren, zur Beschleunigung der Zugriffe mittels `T& operator[] (int)`.

10. Definieren Sie explizite Spezialisierungen der Funktion `Menge<T>::position()` für Gleitpunkttypen, in denen analog zu Abschnitt 14.12 maschinenabhängige Konstanten ε benutzt werden. Vergleichen Sie Ihr Resultat mit dem Wert `DBL_EPSILON` aus `float.h`.

11. Überladen Sie den Operator `*` für die Klasse `Menge`, so daß er den Durchschnitt von zwei Mengen gleichen Typs bildet.

12. Welche X-Instanzen bzw. welche Elementfunktionen werden durch jede der vier Anweisungen in `main()` generiert?

```
template<class T> struct X {
    void f();
    void g();
};

template<class T> void X<T>::f() { /* ... */ }
template<class T> void X<T>::g() { /* ... */ }

int main() {
    X<int> a;
    X<char>* b;
    a.f();
    b->g();
    return 0;
}
```

13. In der folgenden Klassendefinition ist die Elementfunktion `f()` nicht `inline` definiert.

```
template<class T = double, int i = 5> class X {
    // ...
public:
    void f();
};
```

Wie sieht eine Definition von `f()` aus? Wie kann man `f()` aufrufen?

14. Überlegen Sie sich, weshalb bei parametrisierten Funktionen im Unterschied zu parametrisierten Klassen und ihren Elementfunktionen keine Standardargumente für die `template`-Parameter zulässig sind.

Namensbereiche

Alle Namen, die außerhalb sämtlicher Blöcke oder Klassen deklariert werden, sind globale Namen (vgl. Abschnitt 10.1); sie liegen im *globalen Namensbereich*. Hier können sich Probleme ergeben, wenn man gleichzeitig mehrere Klassenbibliotheken einsetzt und diese dieselben Namen zur Bezeichnung ihrer Klassen, Funktionen oder Konstanten verwenden. Die auftretenden Namenskonflikte können von Benutzern, denen die Bibliotheken typischerweise nur in übersetzter Form vorliegen, dann nicht gelöst werden.

19.1   Einleitung

In einem Programm soll aus einer Klassenbibliothek A eine `Folge` und aus der Bibliothek B ein `Baum` wiederverwendet werden. Beide Bibliotheken definieren für ihre Zwecke eine „allgemeine" Basisklasse `Objekt`, von der alle Klassen abzuleiten sind, die in der Folge verwaltet werden sollen bzw. als Knoten in einem Baum enthalten sein können. In der Header-Datei `a.h` der Bibliothek A befinden sich u.a. die beiden Definitionen

```
class Objekt { /* ... */ };

struct Folge {
    void fuegeEin(Objekt*);
    struct Element {
        // ...
        Objekt* obj;
    };
    Element* erstes;
    // ...
};
```

und in `b.h`, der Header-Datei der Bibliothek B, findet man die Definitionen

```
class Objekt { /* ... */ };
```

```
class Baum {
    // ...
    struct Knoten {
        // ...
        Objekt* zgr0;
    };
    Knoten* wurzel;
public:
    void balanciere();
};
```

Der Versuch, beide Bibliotheken gemeinsam, z.B. wie folgt, in einem Programm zu benutzen, schlägt jedoch fehl:

```
#include "a.h"
#include "b.h"

Folge f;
Baum b;
```

Da beide Bibliotheken denselben Namen für die allgemeine Basisklasse verwenden, gibt es für die Klasse `Objekt` zwei Definitionen, und das Programm kann nicht übersetzt werden. Wenn nicht für mindestens eine der Bibliotheken die C++-Quellen verfügbar sind, besteht keine Möglichkeit, das aufgetretene Problem durch Umbenennen einer der Klassen zu lösen.

Der herkömmliche Versuch, solchen Fehlern von seiten der Bibliothekshersteller vorzubeugen, ist das Versehen der Klassennamen mit einem Präfix, z.B. `AObjekt`, `AFolge`, `BObjekt`, `BBaum` usw. Bei kurzen Vorsilben wie `A` oder `B` treten die genannten Probleme u.U. früher oder später wieder auf. Und sehr lange Klassennamen, z.B. `OOTechGraphenUndNetzeBibBaum`, sind unpraktisch und verschleiern die Klassennamen. Die beste Problemlösung liefern Namensbereiche, in denen Deklarationen zusammengefaßt werden können, die dann nicht mehr zum globalen Namensbereich gehören, sondern einen eigenständigen Geltungsbereich bilden.

19.2 Die Definition von Namensbereichen

Die Definition eines Namensbereichs wird mit dem Schlüsselwort `namespace` eingeleitet und muß global (oder in einem anderen Namensbereich) erfolgen. Soll der Namensbereich benannt werden, folgt vor der Aufzählung seiner Elemente ein Bezeichner.

> *Namespace-Definition:*
>   `namespace` *Bezeichner*$_{opt}$ `{` *Deklarationsfolge*$_{opt}$ `}`

Zwischen den Klammern `{` und `}` werden die Elemente des Namensbereichs deklariert. Zum Beispiel wird mit

```
namespace A {
    class Objekt { /* ... */ };
    class Folge { /* ... */ };
}
```

ein Namensbereich `A` mit den beiden Elementen `Objekt` und `Folge` definiert.

Im Unterschied zu anderen Geltungsbereichen kann ein Namensbereich innerhalb einer Programmdatei in mehrere zusammengehörende Teile zerlegt werden. Die einzelnen Teile müssen sich dann alle im selben (z.B. globalen) Geltungsbereich befinden. Zum Beispiel

```
namespace B {
    class Objekt { /* ... */ };  // Teil 1
}

// ...

namespace B {
    class Baum { /* ... */ };     // Teil 2
}
```

Hier wird der Namensbereich `B` mit den beiden Elementen `Objekt` und `Baum` in zwei Teilen definiert. Ein Namensbereich kann somit auch auf mehrere Header-Dateien verteilt werden.

Auf die Namen der Elemente eines Namensbereichs kann vollständig qualifiziert zugegriffen werden:

```
A::Folge f;
B::Baum b;
```

Gleiche Namen in unterschiedlichen Namensbereichen führen nicht zu Mehrdeutigkeiten, da sie durch ihre Qualifizierung unterscheidbar sind wie z.B. die Klassen `A::Objekt` und `B::Objekt`.

<u>Bemerkungen</u>

1. Es gibt keinen Unterschied zwischen Deklarationen und Definitionen von Namensbereichen – jede Deklaration ist auch gleichzeitig Definition des Namensbereichs.

2. Ein Namensbereich kann andere Namensbereiche enthalten. Zum Beispiel

```
namespace X {
    namespace Y {
        void f();
    }
}
```

Der Zugriff erfolgt hier – analog zum Zugriff auf eingebettete Klassen – vollständig qualifiziert mittels `X::Y::f()`.

3. Ein Name, der außerhalb aller benannten Namensbereiche, aller Blöcke und Klassen deklariert wird, gehört zum globalen Namensbereich. Falls erforderlich – oder um auszuschließen, daß er verdeckt ist –, kann auf einen globalen Namen mit dem einstelligen globalen Geltungsbereichoperator `::` zugegriffen werden (vgl. Abschnitt 10.1).

4. Die Namen der Elemente eines Namensbereichs haben grundsätzlich externe Bindung. Wie bei globalen Namen kann mittels `static`, `inline` oder `const` interne Bindung hergestellt werden (vgl. Kapitel 12).

19.3   Die Definition der Elemente eines Namensbereichs

Die Elemente eines (benannten oder unbenannten) Namensbereichs können innerhalb des Namensbereichs nicht nur deklariert sondern auch definiert werden:

```
namespace X {
    void f() { /* ... */ }
}
```

In diesem Fall darf sich die Definition des Namensbereichs nicht in einer Header-Datei befinden, die mehrfach in ein Programm eingefügt wird. Von dieser Einschränkung sind Definitionen von Klassen, `inline`-Funktionen, Aufzählungstypen und Konstanten mit interner Bindung ausgenommen, da sie in jede Programmdatei (höchstens) einmal aufgenommen werden können (vgl. beispielsweise S. 213).

Die Elemente eines benannten Namensbereichs können auch außerhalb des Namensbereichs definiert werden, wenn ihr Name mit dem Namen des Namensbereichs qualifiziert wird.

```
namespace T {
    enum tag { Mo, Di, Mi, Do, Fr, Sa, So };
    tag naechsterTag(tag);
}

T::tag T::naechsterTag(tag t) {
    return (t == So) ? Mo : static_cast<tag>(t + 1);
}
```

Wie im Beispiel dargestellt, können Elemente des Namensbereichs in einer Definition ohne Qualifizierung angesprochen werden, nachdem klar ist, zu welchem Namensbereich die Definition gehört. Ähnlich wie bei der Qualifizierung der Namen von Elementfunktionen in Abschnitt 14.3 wird auch die Definition eines Namensbereichs-Elements durch die Verwendung des Geltungsbereichoperators in den Geltungsbereich ihres Namensbereichs aufgenommen.

Im folgenden Beispiel ist der Geltungsbereich des Namensbereichs Y dunkler schattiert dargestellt als der von X.

```
namespace X {
    typedef int id;
    id f(id);
}

namespace Y {
    class A { /* ... */ };
}

X::id X::f(id) { /* ... */ }

namespace X {
    void g();
}
```

Wenn ein benannter Namensbereich ausschließlich Deklarationen, Klassendefinitionen, `inline`-Funktionen, Aufzählungstypen oder Konstanten enthält, kann er in
einer Header-Datei stehen, die mehrfach in ein Programm eingebunden wird. Z.B.

```
// Header-Datei n.h

#ifndef _N_H
#define _N_H

#include <iostream.h>

namespace A {
    class X {
    public:
        X(int = 0);
        int xWert() const;
    private:
        int x;
    };
    extern int i;
    inline int f() { return i*(i + 1)/2; }
}

#endif
```

Die noch fehlenden Definitionen werden in diesem Fall – analog zur Definition von
Elementfunktionen und `static` Datenelementen einer Klasse – am besten in eine
eigene Datei (`n.cpp`) aufgenommen, die getrennt übersetzbar ist. Zum Beispiel

```
#include "n.h"

namespace A {
    X::X(int n) { x = n; }
    int X::xWert() const { return x; }
    int i = 10;
}
```

Hier haben wir von der Möglichkeit Gebrauch gemacht, den Namensbereich fortzu-
setzen. Mit vollständiger Qualifizierung kann man dieselbe Wirkung erzielen:

```
#include "n.h"

A::X::X(int n) { x = n; }
int A::X::xWert() const { return x; }
int A::i = 10;
```

In `prog-23` wird der Namensbereich `A` genutzt, indem dort (wie üblich) die Header-
Datei eingefügt wird und die Datei mit den bereits übersetzen Definitionen hinzu-
gebunden wird.

```
// prog-23

#include "n.h"

int main() {
    int j = 10*A::f();
    A::X feld[3] = { A::X(j), A::X(A::i), A::X() };
    A::X* z = feld;
    for (int i = 0; i < 3; i++)
        cout << z++->xWert() << endl;
    return 0;
}
```

19.4 Aliasnamen

Bei sehr kurzen Bezeichnern von Namensbereichen, wie z.B. A und B für das Pro-
blem aus Abschnitt 19.1, besteht die Gefahr, daß durch die Verwendung gleicher
Namensbereich- und Elementnamen die alten Namenskonflikte erneut auftreten.
Bei der Implementation von Klassenbibliotheken wird man daher i.d.R. sehr lan-
ge Bezeichner für Namensbereiche wählen. Zur Vereinfachung des Zugriffs auf die
Elemente dieser Namensbereiche können von den Anwendern auch *Aliasnamen* für
Namensbereiche definiert werden:

Namespace-Alias-Definition:
        namespace *Bezeichner* = *Namespace-Name* ;

> *Namespace-Name:*
> :: *opt Bezeichner*
> *Namespace-Name :: Bezeichner*

Damit ist es möglich, lange Bezeichner oder mehrfach qualifizierte Namen durch ein
kürzeres Synonym zu ersetzen. Zum Beispiel

```
namespace OOTechGraphenUndNetzeBib {
    class Baum { /* ... */ };
    class BinaerBaum { /* ... */ };
    class Wald { /* ... */ };
    // ...
}


namespace GUN = OOTechGraphenUndNetzeBib;
GUN::Wald w1;  // statt: OOTechGraphenUndNetzeBib::Wald w1;


namespace XYZ = Xnsp::Ynsp::Znsp;
```

Ebenso wie die Vergabe von Aliasnamen für Namensbereiche verfolgt die im folgenden Abschnitt erläuterte using-Deklaration das Ziel, den Zugriff auf die Elemente
eines Namensbereichs zu vereinfachen.

19.5 using-Deklarationen

Mit einer using-*Deklaration* wird ein Name aus einem Namensbereich in den Geltungsbereich eingeführt, in dem die using-Deklaration erfolgt.

> *Using-Deklaration:*
> using *Namespace-Name :: Bezeichner* ;

Das bezeichnete Element wird dadurch deklariert; dabei handelt es sich um eine
„normale" Deklaration, mit der man eine anderorts definierte Größe in einen Geltungsbereich einbringt. Typ, Bindung oder andere Eigenschaften des Namensbereich-
Elements werden nicht beeinflußt. Sein Name kann jedoch anschließend ohne Qualifizierung benutzt werden – dies ist vorteilhaft, wenn viele Zugriffe nötig sind. Die
Funktion main() aus prog-23 kann man beispielsweise auch so implementieren:

```
int j = 10*A::f();
using A::X;
X feld[3] = { X(j), X(A::i), X() };
X* z = feld;
// ...
```

Auf Elemente, die mittels einer using-Deklaration innerhalb eines anderen Namensbereichs deklariert wurden, kann ebenso wie auf die übrigen Elemente dieses Namensbereichs vollständig qualifiziert zugegriffen werden. Zum Beispiel

```
namespace A {
    void g();
}

namespace B {
    void f();
    using A::g;   // g() aus A
}

void test() {
    B::f();   // ruft f() aus B auf
    B::g();   // ruft g() aus A auf
}
```

Bei solchen Konstruktionen ist nicht mehr auf Anhieb erkennbar, welches Element gemeint ist.

Wenn innerhalb eines Geltungsbereichs eine Menge von lokalen Deklarationen und using-Deklarationen für denselben Namen angegeben ist, so müssen sich diese entweder auf ein und dasselbe Objekt oder auf überladene Funktionen beziehen:

```
namespace A {
    int i;
    int h(int);
    int h(double);
}

void g() {
    int i;
    using A::i;   // Fehler
    int h(char);
    using A::h;
    // ...
}
```

Hier ist die using-Deklaration von A::i ein Fehler, weil in g() bereits eine lokale Variable i deklariert ist. Nach using A::h sind A::h(int) und A::h(double) in g() ohne Qualifizierung aufrufbar.

19.6 using-Direktiven

Durch eine using-*Direktive* können sämtliche Namen des angegebenen Namensbereichs für den Geltungsbereich zugreifbar gemacht werden, in dem die using-Direktive enthalten ist.

Using-Direktive:
```
    using namespace Namespace-Name ;
```

Der Zugriff kann anschließend ohne Qualifizierung erfolgen. Die using-Direktive
wirkt sich dabei so aus, als seien alle Elemente außerhalb ihres Namensbereichs deklariert, und zwar an der Stelle, an der die Namensbereich-Definition tatsächlich
steht. Zum Beispiel haben die beiden folgenden Programmfragmente dieselbe Wirkung.

```
namespace N {
    class X { /* ... */ };            class X { /* ... */ };
    void f();                         void f();
}


void test() {                        void test() {
    using namespace N;
    X x;                                 X x;
    f();                                 f();
}                                    }
```

Eine using-Direktive führt keine neuen Namen in den Geltungsbereich ein, in dem
sie sich befindet. Darin unterscheidet sie sich von der using-Deklaration (vgl.
Übungsaufgabe 1).

using-Direktiven sind insbesondere zur Sicherung der Kompatibilität in der Über-
gangsphase der C++-Programmierung zur Standardverwendung von Namensbereichen bei der Entwicklung von Klassenbibliotheken sinnvoll einsetzbar. Zum Beispiel
ist ein „altes" Anwendungsprogramm

```
#include "liste.h"

int main() {
    Liste l;
    // ...
    return 0;
}
```

auch dann noch unverändert übersetzbar, wenn die Header-Datei mit der Klassen-
definition der Liste und die Datei mit den Definitionen der Elementfunktionen bei
Überarbeitungen in einen Namensbereich aufgenommen werden – sofern die Header-
Datei mit einer entsprechenden using-Direktive abgeschlossen wird:

```
// Header-Datei: liste.h

namespace OOTechContainerBib {
    class Liste { /* ... */ };
}

using namespace OOTechContainerBib;
```

Auch die C++-Standardbibliothek macht von dieser Technik Gebrauch, indem die alten Header-Dateien (mit Endung .h) die neuen (ohne .h) einbinden und die **using**-Direktive **using namespace std;** ergänzen (vgl. Abschnitt 2.7).

19.7 Der Namensbereich std

Im zukünftigen Sprachstandard werden sämtliche Bezeichner der C++-Standardbibliothek zum Namensbereich **std** gehören. Die Deklarationen befinden sich in den neuen Header-Dateien. Das elementare "**Hello, world!**"-Programm wird damit zu:

```cpp
#include <iostream>

int main() {
    std::cout << "Hello, world!" << std::endl;
    return 0;
}
```

Sofern Bezeichner der Standardbibliothek nicht anderweitig benutzt werden – was aus Gründen der Lesbarkeit generell zu empfehlen ist – ist der Einsatz einer **using**-Direktive auch in einem Anwendungsprogramm gerechtfertigt, weil durch die vollständige Qualifizierung kein Vorteil erzielt wird.

```cpp
#include <iostream>

int main() {
    using namespace std;
    cout << "Hello, world!" << endl;
    return 0;
}
```

19.8 Unbenannte Namensbereiche

Der Bezeichner in einer Namensbereich-Definition ist optional, d.h. es ist möglich, einen *unbenannten Namensbereich* zu definieren, z.B.

```cpp
namespace {
    int i;
    double x;
    bool c(char, char);
}
```

Eine derartige Definition wird intern durch folgende Konstruktion realisiert:

```
namespace EindeutigerBezeichner {
    int i;
    double x;
    bool c(char, char);
}
```

```
using namespace EindeutigerBezeichner;
```

wobei `EindeutigerBezeichner` ein vom Compiler vergebener Bezeichner ist, der
sich von allen anderen Bezeichnern des Programms unterscheidet. Alle unbenannten
Namensbereiche einer Programmdatei werden zu „dem" unbenannten Namensbereich dieser Datei zusammengefaßt. (Der interne Bezeichner dieses Namensbereichs
enthält i.d.R. den Namen seiner Programmdatei.) Aufgrund der obigen Konstruktion und weil kein Name zur Qualifizierung vorhanden ist, wird auf die Elemente des
unbenannten Namensbereichs ohne Qualifizierung zugegriffen.

Die Elemente des unbenannten Namensbereichs sind somit nur in ihrer jeweiligen
Programmdatei zugreifbar, auch wenn sie externe Bindung haben. Unbenannte Namensbereiche bieten hier also eine Alternative zur Verwendung des Schlüsselworts
`static`, wenn die Sichtbarkeit von globalen Größen (Variablen, Funktionen usw.)
auf eine einzelne Programmdatei eingeschränkt werden soll. (Vgl. hierzu die An-
merkung auf S. 138.)

19.9 Bindung

In Ergänzung zu den Herleitungen aus Kapitel 12 können wir jetzt den Unterschied
zwischen Namen mit interner Bindung und Namen ohne Bindung besser durch Beispiele veranschaulichen.

Einen Namen ohne Bindung kann man nur in seinem Geltungsbereich (und nur
innerhalb seiner Programmdatei) verwenden; ein Zugriff aus einem anderen Geltungsbereich ist nicht möglich. Zum Beispiel ist

```
void f(int);

int main() {
    for (int i = 0; i < 10; i++)
        f(i);
    return 0;
}

void f(int j) {
    i += j;  // Fehler: kein Zugriff auf i
}
```

fehlerhaft, da die Variable i lokal für die `for`-Anweisung in `main()` ist und man in
`f()` nicht auf sie zugreifen kann.

Dagegen kann man auf Namen mit interner Bindung auch aus anderen Geltungsbereichen derselben Programmdatei zugreifen, wie es das folgende Beispiel für die
Namen f und a zeigt:

```cpp
namespace X {
    inline void f(int i) {
        cout << "X::f(" << i << ')' << endl;
    }
    const int a = -707;
    // f und a haben interne Bindung
}

void g(int i) {
    X::f(i);        // Zugriff aus anderem Geltungsbereich
}

int main() {
    int i = X::a;  // Zugriff aus anderem Geltungsbereich
    g(i);
    return 0;
}
```

Und auf Namen mit externer Bindung kann auch aus anderen Geltungsbereichen
anderer Programmdateien zugreifen; siehe die Beispiele in Kapitel 12.

19.10   Übungsaufgaben

1. Weshalb ist die Einführung sämtlicher Namen eines Namensbereichs mit **using**-
   Deklarationen nicht äquivalent zu der Angabe einer **using**-Direktive? Vergleichen Sie, wie ihr Compiler auf die folgenden beiden Programme reagiert.

```cpp
namespace X {                    namespace X {
    int i;                           int i;
    double x;                        double x;
}                                }

int main() {                     int main() {
    int i = 1;                       int i = 1;
    X::i = 10;                       X::i = 10;
    using X::i;                      using namespace X;
    using X::x;
    cout << i;                       cout << i;
    return 0;                        return 0;
}                                }
```

2. Gesetzt den Fall, die beiden Namensbereiche zweier unterschiedlicher Klassenbibliotheken tragen denselben Namen. Ist es dann möglich, in einem Programm beide Bibliotheken gleichzeitig zu benutzen?

3. Benutzen Sie in Aufgabe 4b von Kapitel 12 statt **static** unbenannte Namensbereiche.

4. Bringen Sie das folgende Programm zum Laufen. Überlegen Sie sich dazu verschiedene Möglichkeiten.

```cpp
#include <iostream.h>

namespace T {
    enum tag { Mo, Di, Mi, Do, Fr, Sa, So };
    tag naechsterTag(tag);  // Definition wie oben
}

void fkt() {
    tag x = Fr;
    x = naechsterTag(x);
    cout << x << endl;
}

int main() {
    fkt();
    return 0;
}
```

Streams

C++ besitzt keine vordefinierten Sprachelemente für die Ein- und Ausgabe. Statt dessen gibt es die *Stream-Bibliothek*, auf deren Benutzerschnittstelle in eigenen Programmen mittels der Header-Dateien `iostream.h`, `iomanip.h` und `fstream.h` zugegriffen werden kann. Die Stream-Bibliothek ist Bestandteil der C++-Standardbibliothek und befindet sich wie diese derzeit noch im Stadium der endgültigen Normierung. Wir werden daher in diesem Kapitel lediglich die Grundlagen beschreiben und Hinweise zur Untersuchung der systemspezifischen Header-Dateien geben.

20.1 Einleitung

Die Grundidee des Stream-Konzepts ist die Umwandlung beliebiger Werte oder Objekte in Zeichenfolgen und umgekehrt. Unter einem *Stream* ist dabei der abstrakte Datenstrom von einer Quelle zu einer Senke zu verstehen. In der Ausgabeanweisung `cout << i;` ist beispielsweise i die Quelle und das Datenstromobjekt `cout` die Senke. Die Anweisung wandelt den Wert von i aus seiner internen Bitmuster-Darstellung in eine lesbare Textzeichenfolge um und gibt diese über die Standardausgabe aus. Bei einer Eingabeanweisung der Form `cin >> j;` ist dagegen `cin` die Quelle, und die Variable j ist die Senke. Die Daten „fließen" jeweils in Richtung auf das Ziel, auf das die Ein- und Ausgabeoperatoren `<<` bzw. `>>` zeigen.

`cout` und `cin` sind globale Objekte der Klassen `ostream` bzw. `istream`. Diese Klassen sind von der Stream-Basisklasse `ios` abgeleitet. Analog zu unseren Herleitungen in Kapitel 16 sind die Operatoren `<<` und `>>` durch Definition einer Fülle von überladenen Operatorfunktionen als Elementfunktionen implementiert, z.B.

```
ostream& ostream::operator<<(char);
ostream& ostream::operator<<(int);
ostream& ostream::operator<<(double);
// ...
istream& istream::operator>>(char&);
istream& istream::operator>>(int&);
istream& istream::operator>>(double&);
```

Als Funktionswert wird hier immer die implizite Objektreferenz geliefert, so daß bei Ein- und Ausgaben Verkettungen der Art cout << x << y; möglich sind; explizit wird hier (cout.operator<<(x)).operator<<(y) aufgerufen.

20.2 Formatierung

Die Formatierung einer Zeichenfolge kann über Elementfunktionen oder Manipulatoren vorgenommen werden. Im folgenden Beispiel werden die Elementfunktionen fill(), width(), und flags() benutzt, um die int-Zahl 165 zunächst hexadezimal mit fünf Zeichen und führenden Nullen auszugeben. Anschließend wird 165 nochmals – nach Zurücksetzen auf die Standard-Ausgabeparameter – ausgegeben.

```
cout.fill('0');
cout.width(5);
cout.flags(ios::hex);
cout << 165 << '\n';
cout.fill(' ');
cout.flags(ios::dec);
cout << 165 << endl;
```

Das Zurücksetzen mit cout.width(0) ist unnötig, da sich width() immer nur auf die direkt folgende Ausgabe auswirkt. Dieselbe Aufgabe mit den entsprechenden Manipulatoren setfill, setw, hex und dec aus iomanip.h gelöst, könnte so aussehen:

```
cout << setfill('0') << setw(5) << hex << 165
     << '\n' << setfill(' ') << dec << 165 << endl;
```

Es fällt auf, daß Manipulatoren bei gleicher Funktionalität die Schreibweise vereinfachen können. Dieser Vorteil wird allerdings mit erhöhtem Aufwand bei der Implementation von Manipulatoren (insbesondere derjenigen mit Argumenten) erkauft.

Im nächsten Beispiel wird die double-Zahl 0.165 zunächst mit insgesamt 10 Zeichen (width(10)), vier Nachkommastellen (precision(4) zusammen mit ios::fixed) und am Ende mit Nullen aufgefüllt (ios::showpoint) ausgegeben. Danach erfolgt wieder das Zurücksetzen (unsetf()) auf die voreingestellten Werte.

```
cout.width(10);
cout.precision(4);
cout.flags(ios::fixed | ios::showpoint);
cout << 0.165 << '\n';
cout.precision(6);
cout.unsetf(ios::fixed | ios::showpoint);
cout << 0.165 << endl;
```

Bei der Benutzung von Manipulatoren kann man unter Verwendung von `setprecision()`, `setiosflags()` und `resetiosflags()` entsprechend schreiben:

```
cout << setw(10) << setprecision(4)
     << setiosflags(ios::fixed | ios::showpoint) << 0.165
     << '\n' << setprecision(6)
     << resetiosflags(ios::fixed | ios::showpoint) << 0.165
     << endl;
```

Als abschließendes Beispiel zeigen wir, wie man die aktuellen Formateinstellungen sichern, Texte und Werte links- bzw. rechtsbündig formatiert ausgeben und die ursprünglichen Einstellungen wiederherstellen kann.

```
long int aktForm = cout.flags();
cout.width(10);
cout.flags(ios::left);
cout << "Preis";
cout.width(8);
cout.precision(2);
cout.flags(ios::fixed | ios::showpoint | ios::right);
cout << 173.9 << " DM" << endl;
cout.flags(aktForm);
```

Welche Elementfunktionen und Manipulatoren auf einem System zur Verfügung stehen, kann man direkt in den Header-Dateien `iostream.h` und `iomanip.h` nachlesen. Die meisten Elementfunktionen und die „Format-Flags" (`ios::hex`, `ios::fixed` usw.) sind in der Basisklasse `ios` definiert. Die Verknüpfung mit dem bitweisen ODER-Operator | hat das gleichzeitige Wirken der angeführten Flags zur Folge.

20.3   Einlesen von Zeichen und Zeilen

Die Klasse `istream` besitzt eine Elementfunktion

```
int get();
```

mit der ein einzelnes Zeichen eingelesen werden kann. Ruft man die Funktion auf, liefert sie das nächste Zeichen aus dem Stream als `int` – nicht als `char`. Falls ein Dateiendezeichen gelesen wird, ist der Funktionswert `EOF`; dies ist eine systemspezifische Konstante, die bei unseren Compilern jeweils den Wert -1 hat. Das folgende Programmfragment benutzt die Funktion zum Anzeigen der ASCII-Werte der eingelesenen Zeichen.

```
int z;
while ((z = cin.get()) != EOF)
    cout << z;
```

Die Elementfunktion **get()** ist mehrfach überladen. Die Version

```
istream& get(char&);
```

die wir schon in Kapitel 7 (Übungsaufgabe 3) benutzt haben, liest ein Zeichen, liefert
es im Argument und gibt als Funktionswert eine Referenz auf das Stream-Objekt
zurück, für das sie aufgerufen wurde. Das folgende Programmfragment zeigt, wie
man mit der Funktion eine Eingabe verschlüsseln und durch erneute Ausführung
wieder entschlüsseln kann.

```
char c;
while (cin.get(c))
    cout << (c ^= 0x55);
```

Hier wiederholt die **while**-Anweisung die Ein- und Ausgabe solange, bis ein Dateiendezeichen gelesen wird. Dabei wird der Funktionswert von **get()**, also die
Referenz auf das Objekt **cin**, jeweils implizit in den Typ **bool** konvertiert. Im
endgültigen Standard wird dazu in der Klasse **istream** eine Konversionsfunktion
operator bool() definiert. Derzeit wird statt dessen noch die Konversionsfunktion **operator void*()** benutzt, die einen Nullzeiger zurückgibt, wenn ein Fehler,
wie z.B. der Versuch über das Dateiende hinaus zu lesen, aufgetreten ist. Befindet
sich das Stream-Objekt dagegen in einem „guten" Zustand, wird **this**, d.h. ein von
0 verschiedener Zeigerwert geliefert. Im Anschluß daran nimmt C++ eine boolesche
Konversion (6.1.3) vor.

Zum Einlesen einer ganzen Zeile, also aller Zeichen bis zum ersten ' \n ', stellt
istream die Elementfunktion

```
istream& getline(char*, int, char = '\n');
```

zur Verfügung. In ihrem ersten Argument wird angegeben, wo die gelesenen Zeichen
zu speichern sind. Das zweite Argument spezifiziert die Maximalanzahl an Zeichen,
die gelesen werden. Das dritte Argument bestimmt, bis zu welchem Zeichen (einschließlich) zu lesen ist. Es sollten nicht mehr Zeichen gelesen werden, als der für
das erste Argument reservierte Speicherplatz aufnehmen kann. Das folgende Beispiel zeigt, wie man mit **getline()** einen Namen, der aus Vornamen und Nachname
besteht, einlesen kann.

```
cout << "Geben Sie bitte Vorname(n) und Nachname ein: ";
char name[100];
cin.getline(name, sizeof(name));
```

Im Unterschied zum Eingabeoperator **<<** beenden **get()** und **getline()** den Lese-
vorgang nicht, wenn sie auf „White-space" treffen; vgl. hierzu auch Übungsaufgabe 4.

20.4 Ein- und Ausgabe von Klassenobjekten

In den Beispielprogrammen der vorangehenden Kapitel wurden bisher nur Werte und
Objekte der vordefinierten Datentypen ein- oder ausgegeben. Das Stream-Konzept
ermöglicht darüber hinaus auch das Überladen der Ein- und Ausgabeoperatoren für
benutzerdefinierte Datentypen.

Damit eine Ausgabeanweisung der Form cout << x; auch für das Objekt x einer
Klasse X möglich wird, muß der Ausgabeoperator << nach dem folgenden Schema
überladen werden:

```
ostream& operator<<(ostream& os, const X& x) {
    // Anweisungen der Form: os << x.daten;
    // bzw. os << daten;
    return os;
}
```

Der Rückgabewert ist als Referenz auf das als erstes Argument übergebene ostream-
Objekt deklariert, damit wieder mehrere Ausgaben in einer Anweisung zusammengefaßt werden können. Der zweite Parameter ist vom Typ const X&, da das auszugebende Objekt i.d.R. bei der Ausgabe nicht verändert wird.

Die Funktion operator<<() ist nicht als Elementfunktion von X definiert (vgl.
Übungsaufgabe 3 am Ende des Kapitels). Wenn mit os << ... daher private
deklarierte Daten auszugeben sind, muß operator<<() eine friend-Funktion der
Klasse X sein. Damit die Funktionsaufrufe os << x.daten bzw. os << daten auch
ausführbar sind, muß der Ausgabeoperator für den Typ des Elements x.daten bzw.
der Konstanten oder Variablen daten bereits deklariert sein, sofern es sich dabei
selbst um ein Klassenobjekt handelt.

Analog ist das Überladen des Eingabeoperators >> für Klassen möglich. Hier darf
der zweite Parameter nicht const sein, weil die Funktion in der Lage sein muß, die
ursprünglichen Werte der Datenelemente beim Einlesen zu verändern.

```
istream& operator>>(istream& is, X& x) {
    // Anweisungen der Form: is >> x.daten;
    // bzw. is >> daten;
    return is;
}
```

Für die Ausgabe von Objekten der Klasse Menge haben wir in Abschnitt 18.3 die
friend-Funktion drucke() verwendet. drucke() kann durch die Funktion opera-
tor<<(), also durch Überladen des Ausgabeoperators <<, ersetzt werden. Zusätzlich dazu definieren wir eine einfache Lösung für den Eingabeoperator, der Mengen
korrekt einliest, wenn sie dem Format des Ausgabeoperators entsprechen. Eine Fehlerbehandlung ist ggf. noch zu ergänzen.

In die Definition der Klasse Menge, die in der Header-Datei menge.h steht, müssen
die beiden friend-Deklarationen für den Ein- und Ausgabeoperator aufgenommen
werden. Die friend-Funktion drucke() wird dann nicht mehr benötigt.

```cpp
#ifndef _MENGE_H
#define _MENGE_H

#include <iostream.h>
#include "liste.h"  // aus Anhang E

template<class T> class Menge : private Liste<T> {
    friend ostream& operator<<(ostream&, Menge<T>&);
    friend istream& operator>>(istream&, Menge<T>&);
public:
    bool leer() const { return laenge() == 0; }
    int card() const { return laenge(); }
    bool istElement(const T& x) const  { return position(x) >= 0; }
    bool fuegeEin(const T&);          // wie bisher
    bool loesche(const T&);           // wie bisher
private:
    int position(const T&) const;    // wie bisher
};

template<class T> ostream& operator<<(ostream& os, Menge<T>& m) {
    os << "{ ";
    if (!m.leer()) {
        ListElem<T>* tmp = m.anfang();
        os << tmp->element;
        while ((tmp = m.iter()) != 0)
            os << ", " << tmp->element;
    }
    os << " }";
    return os;
}

template<class T> istream& operator>>(istream& is, Menge<T>& m) {
    Menge<T> tmp;
    char c;
    T d;
    is >> c;                    // liest {
    while (is >> d) {           // liest die Daten
        tmp.fuegeEin(d);
        is >> c;                // liest , bzw. }
        if (c == '}') break;
    }
    m = tmp;
    return is;
}

#endif
```

Die Funktion `main()` testet die neuen Ein- und Ausgabemöglichkeiten.

```cpp
#include "menge.h"

int main() {
    Menge<double> m;
    cout << "Menge M: ";
    cin >> m;
    cout << "M = " << m << endl;
    return 0;
}
```

Beim Einlesen der Mengenelemente haben wir in `operator<<()` eine `while`-Anweisung

```cpp
while (is >> d) { /* ... */ }
```

benutzt. Dabei wird wieder wie auf S. 342 die Referenz auf das Stream-Objekt (`is`) in den Typ `bool` umgewandelt.

In diesem Beispiel ist der zweite Parameter des überladenen Ausgabeoperators nicht `const`, da die nicht konstanten Iteratorfunktionen `anfang()` und `iter()` aufgerufen werden, die hier erheblich effizienter sind, als die konstante Elementfunktion `operator[]`. In bezug auf die Ein- und Ausgabe können Objekte des benutzerdefinierten Typs `Menge` jetzt wie die vordefinierten Datentypen behandelt werden.

20.5   Ein- und Ausgabe mit Dateien

Bisher haben wir nur die vordefinierten Stream-Objekte `cout` und `cin` benutzt. Damit sind Ausgaben auf dem Bildschirm und Eingaben von der Tastatur möglich. In C++ kann man auch Datenstromobjekte erzeugen, die Ein- oder Ausgabe mit Dateien gestatten, so daß Daten über das Programmende hinaus gespeichert und in anderen Programmläufen wieder gelesen werden können.

Das Beispielprogramm `prog-24` demonstriert eine einfache Möglichkeit für das Abspeichern und Wiedereinlesen einer Menge mit einer Datei `menge.dat`.

```cpp
// prog-24

#include <fstream.h>
#include "menge.h"

int main() {
    Menge<int> m;
    cout << "Menge M: ";
    cin >> m;
    ofstream ausdat("menge.dat");
```

```
    if (!ausdat) {
        cout << "Fehler beim Oeffnen der Ausgabedatei." << endl;
        return 1;
    }
    ausdat << m << endl;
    ausdat.close();
    ifstream eindat("menge.dat");
    if (!eindat) {
        cout << "Fehler beim Oeffnen der Eingabedatei." << endl;
        return 1;
    }
    eindat >> m;
    cout << "M = " << m << endl;
    return 0;
}
```

Wie im Beispiel gezeigt, muß für Dateioperationen die Header-Datei `fstream.h`
eingefügt werden. In ihr sind u.a. die beiden Klassen `ofstream` für Ausgabedateien
und `ifstream` für Eingabedateien enthalten. Die beiden verwendeten Konstruktoren
erwarten beim Aufruf den Dateinamen als Argument, z.B. `ausdat("menge.dat")`.
Alternativ kann das `ofstream`-Objekt `ausdat` auch mittels

```
    ofstream ausdat;
    ausdat.open("menge.dat");
```

zunächst lediglich konstruiert und anschließend geöffnet werden (analog für `eindat`).

Wenn die Datei angelegt bzw. geöffnet werden kann, wird der Block der `if`-Anwei-
sung nicht ausgeführt. Zu dieser Prüfung haben wir die `const` Elementfunktion
`operator!()` der Klasse `ios` eingesetzt. Sie gibt `true` zurück, wenn sich ihr Argument (also ein Stream-Objekt) in einem fehlerhaften Zustand befindet; ansonsten
wird `false` als Funktionswert geliefert.

Ein Stream-Objekt kann von einem fehlerfreien in einen fehlerhaften Zustand wechseln, wenn eine Operation gescheitert ist – z.B. wenn eine Zahl eingelesen werden
soll, aber eine Zeichenkette vorliegt, die nicht in eine Zahl konvertierbar ist. Der
Fehlerzustand kann nur durch einen expliziten Aufruf der Elementfunktion `clear()`
wieder aufgehoben werden. Mit der Elementfunktion `good()` können wir feststellen,
ob sich ein Stream-Objekt gerade in einem „guten" Zustand befindet. Diese beiden
Elementfunktionen sind in der Basisklasse `ios` definiert und werden an alle Stream-
klassen vererbt. Die Implementationen der Konversionsfunktion `operator void*()`
und der Elementfunktion `operator!()` basieren auf der Elementfunktion `good()`:

```
        if (s) ...    entspricht  if (s.good()) ...
        if (!s) ...   entspricht  if (!s.good()) ...
```

Aus- und Eingaben in bzw. von einer Datei erfolgen analog zu Aus- und Eingaben
mittels `cout` bzw. `cin` mit dem entsprechenden Objektnamen – im Beispiel `ausdat`

bzw. `eindat`. Zum expliziten Schließen einer Datei ruft man die Elementfunktion `close()` für das zugehörige Datenstromobjekt auf. Dateien können auch explizit durch einen Aufruf von `open()` geöffnet werden; in `prog-24` ist es beispielsweise möglich, vor dem Öffnen der Eingabedatei eine weitere Ausgabedatei zu eröffnen und wieder mit `ausdat` zu assoziieren:

```cpp
ausdat.close();
ausdat.open("vertraege.dat");
if (!ausdat) { /* ... */ }
// ... ausdat << x << y ...
ausdat.close();
```

Wenn man dieselbe Ausgabedatei mehrmals schließt und öffnet, wird bei jedem Öffnen der aktuelle Dateiinhalt gelöscht, es sei denn, man übergibt `open()` als zweites Argument die Konstante `ios::app`, z.B. in der Form

```cpp
ausdat.open("vertraege.dat", ios::app);
ofstream x("xWerte", ios::app);
```

Weitere Konstanten zur Festlegung des „Eröffnungsmodus" einer Datei findet man in `iostream.h` oder `ios.h`. Am Ende eines Programms werden alle noch geöffneten Dateien, wie z.B. oben `eindat`, durch einen impliziten Aufruf von `close()` im Destruktor automatisch geschlossen.

Bemerkung

Die für die Klassen `istream` bzw. `ostream` überladenen Ein- und Ausgabeoperatoren können auch für `ifstream` bzw. `ofstream` eingesetzt werden, da die Klasse `ifstream` public von der Klasse `istream` und `ofstream` ebenfalls public von `ostream` abgeleitet ist.

Im zukünftigen Sprachstandard werden `ios`, `istream`, `ostream` usw. `typedef`-Namen für Instanzen einer parametrisierten Klasse `basic_ios` bzw. von ihr abgeleiteter parametrisierter Klassen sein. Weiterhin wird die Stream-Bibliothek in den Namensbereich `std` aufgenommen. Die entsprechenden Namen müssen dann entweder vollständig qualifiziert (z.B. `std::cout`) verwendet oder mittels `using namespace std;` zugreifbar gemacht werden (vgl. Kapitel 19).

20.6 Übungsaufgaben

1. (a) Ersetzen Sie im `Kto`-Beispiel aus Kapitel 17 die in Abschnitt 17.4 definierten Elementfunktionen `info()` durch entsprechende `operator<<()`-Ausgabefunktionen. Benutzen Sie in den abgeleiteten Klassen `GiroKto` und `FestgeldKto` wieder die Ausgabefunktion der Basisklasse `Kto`. Testen Sie Ihre Implementation mit Anweisungen der Art

```cpp
GiroKto g("Mueller-Lucas", 30108, 3020.15);
FestgeldKto f("Wild", 55000, 8500.0, 6.85, 3);
```

```
cout << g << endl;
cout << f << endl;
```

(b) Welche Probleme treten hier auf?

```
Kto* kontenFeld[10000];
kontenFeld[0] = &g;
kontenFeld[1] = &f;
for (int i = 0; i < 2; i++)
    cout << *kontenFeld[i] << endl;
```

(c) Schreiben Sie die Funktion `operator<<()` der Basisklasse `Kto` so um,
daß in (b) die erwünschte Ausgabe erfolgt. (Hinweis: Benutzen Sie den
`virtual`-Mechanismus.)

2. Überzeugen Sie sich anhand eines Testprogramms der Art

```
int i;
do {
    cout << "i: ";
    while (!(cin >> i)) {
        cin.clear();   // Fehlerzustand aufheben
        cin.ignore();  // ein Zeichen uebergehen
    }
    cout << "i= " << i << endl;
} while (i != 0);
```

daß `operator!()` auch sinnvoll für die Objekte `cin` und `cout` eingesetzt werden kann. Die Elementfunktion `ignore()` entfernt ein Zeichen aus dem Datenstrom, ohne es auszuwerten. Dies ist hier notwendig, damit beim nächsten
Versuch einen `int`-Wert einzulesen, nicht wieder derselbe Fehler auftritt.

3. Was sind die Nachteile einer Implementation von `operator<<()` als Elementfunktion?

```
struct X {
    X(int k = 0) { i = k; }
    ostream& operator<<(ostream& os) { return os << i; }
private:
    int i;
};
```

Erzeugen Sie zwei X-Objekte, z.B. mittels `X x(10), y(20);` und geben Sie
diese mit zwei getrennten und mit einer einzigen Ausgabeanweisung aus.

4. Weshalb arbeiten die folgenden Anweisungen nicht so wie geplant?

```
cout << "Geben Sie bitte Ihre Kontonummer ein: ";
unsigned long int i;
cin >> i;
// ...
cout << "Geben Sie bitte Ihren vollstaendigen Namen ein: ";
char name[100];
cin.getline(name, sizeof(name));
cout << "Ihre Kontonummer ist: " << i << endl;
cout << "Ihr Name lautet: " << name << endl;
```

Fügen Sie an der markierten Stelle einen passenden `get()`-Aufruf ein. (Zum Testen kann man beispielsweise `int k = cin.get(); cout << k << endl;` benutzen.)

5. Überladen Sie für die Klasse `Matrix` die Ein- und Ausgabe. Erweitern Sie das Programm, so daß Matrizen abgespeichert und eingelesen werden können.

21

Ausnahmebehandlung

In den bisherigen Beispielen waren Programmierer oft gezwungen, mögliche Laufzeitfehler (Division durch Null, Feldindex außerhalb der Grenzen usw.) bereits bei der Programmierung angemessen zu berücksichtigen. Wir hatten die entsprechenden Stellen im Programm meist nur durch `// Fehlerbehandlung ...` angedeutet. Am einfachsten werden solche Probleme durch die Ausgabe einer Fehlermeldung, das Setzen einer globalen Fehlervariablen oder den Programmabbruch mittels `exit()` gelöst. In diesem Kapitel wird die *Ausnahmebehandlung* vorgestellt, mit deren Hilfe Ausnahmesituationen differenzierter bearbeitet werden können. Insbesondere ermöglicht es diese Methode den Benutzern einer Klasse, beim Aufruf von Elementfunktionen auftretende Fehler in Anwendungsprogrammen sinnvoll abzufangen – sofern von den Klassenentwicklern die dazu erforderlichen Vorkehrungen getroffen wurden.

21.1 Einleitung

In Abschnitt 20.5 hatten wir auf eine beim Öffnen einer Eingabedatei möglicherweise eintretende Fehlersituation nach folgendem Schema reagiert:

```
void oeffneEin(const char* name, ifstream& eindat) {
    eindat.open(name);
    if (!eindat) {
        cout << "Fehler beim Oeffnen der Eingabedatei." << endl;
        exit(1);
    }
}


int main() {
    // ...
    ifstream eindat;
    oeffneEin("menge.dat", eindat);
    // ...
    return 0;
}
```

Eine vergleichbare Formulierung unter Verwendung der Ausnahmebehandlungstechnik ersetzt die Ausgabe der Fehlermeldung und den Aufruf `exit(1)` in der Funktion `oeffneEin()` durch das *Auswerfen* einer Ausnahme. Hierzu benutzt man einen `throw`-Ausdruck (vgl. die *Zuweisungsausdruck*-Regel); die Stelle, an der er im Programmtext steht, heißt *Auswurfstelle*:

```cpp
void oeffneEin(const char* name, ifstream& eindat) {
    eindat.open(name);
    if (!eindat)
        throw 1;
}
```

Damit die möglicherweise in `oeffneEin()` ausgeworfene Ausnahme *abgefangen* und *behandelt* werden kann, muß der Funktionsaufruf innerhalb eines `try`-Blocks erfolgen, zu dem eine zur ausgeworfenen Ausnahme passende Behandlungsroutine, der sog. *Ausnahme-Handler*, gehört. Für das obige Beispiel ist folgende Konstruktion verwendbar:

```cpp
int main() {
    ifstream eindat;
    try {
        oeffneEin("menge.dat", eindat);
        // ...
    }
    catch(int) {
        cout << "Fehler beim Oeffnen der Eingabedatei." << endl;
        return 1;
    }
    return 0;
}
```

Falls das Öffnen der Datei scheitert, wird hier mit `throw 1;` der Wert 1 (des Typs `int`) ausgeworfen, der von dem Handler `catch(int) { /* ... */ }` abgefangen wird. Dabei durchläuft der Kontrollfluß die heller schattierten Programmteile. Ist dagegen die Eingabedatei gefunden und geöffnet worden, so wird der dunkler schattierte Code abgearbeitet. Die entsprechenden Syntaxregeln lauten:

> *Throw-Ausdruck:*
> > `throw` *Ausdruck$_{opt}$*
>
> *Try-Block:*
> > `try` *Zusammengesetzte-Anweisung Handler-Folge*
>
> *Handler-Folge:*
> > *Handler Handler-Folge$_{opt}$*

> *Handler:*
>   catch (*Ausnahmedeklaration*) *Zusammengesetzte-Anweisung*
>
> *Ausnahmedeklaration:*
>   *Typspezifiziererfolge Deklarator*
>   *Typspezifiziererfolge Abstrakter-Deklarator*
>   *Typspezifiziererfolge*
>   . . .

Ein try-Block ist eine Anweisung. (Das heißt, try-Blöcke können geschachtelt werden.) Der *Try-Block*-Regel kann man entnehmen, daß diese Anweisung mindestens einen Handler beinhaltet. Sinnvollerweise umfaßt die Handler-Folge jedoch einen Ausnahme-Handler für jeden Ausnahmetyp, der innerhalb des try-Blocks ausgeworfen werden kann.

Der Code eines Handlers kann nur mittels eines throw-Ausdrucks erreicht werden, der wiederum Bestandteil von Code sein muß, der im try-Block des Handlers steht oder – wie im Beispiel – in Funktionen enthalten ist, die innerhalb des try-Blocks aufgerufen werden.

Der optionale Ausdruck nach throw darf nur in einem Handler oder einer über einen Handler aufgerufenen Funktion entfallen. Die gerade in Behandlung befindliche Ausnahme wird dann nochmals ausgeworfen.

Wenn in einem try-Block keine Ausnahme ausgeworfen wird und die (zusammengesetzte) Anweisung des try-Blocks beendet ist, wird die Handler-Folge ignoriert und das Programm nach dem letzten Handler fortgesetzt.

Das folgende Programmfragment zeigt, wie man das Einführungsbeispiel verbessern kann.

```
for (bool offen = false; !offen; ) {
    try {
        oeffneEin("menge.dat", eindat);
        offen = true;
    }
    catch(int) {
        cout << "Fehler beim Oeffnen der Eingabedatei."
            << "\nNeuer Versuch (j/n)? ";
        char ch;
        cin >> ch;
        if (ch == 'n' || ch == 'N')
            exit(1);
    }
}
// ... eindat >> m;
```

Sofern ein Multi-Tasking-Betriebssystem verwendet wird, können Programmbenutzer nun ggf. die gesuchte Datei erzeugen, richtig benennen, in das entsprechende Verzeichnis kopieren usw.

21.2   Das Auswerfen von Ausnahmen

In einem Programm können i.d.R. verschiedene Ausnahmen auftreten, die jeweils
eine spezielle Behandlung erfordern. Die Ausnahmebehandlung ermöglicht daher
das Auswerfen und Abfangen unterschiedlicher Ausnahmen. Die Unterscheidung
wird über den Typ des ausgeworfenen Werts oder Objekts vorgenommen, der festlegt, welcher Handler aus der Handler-Folge jeweils ausgewählt wird. Dabei können
auch benutzerdefinierte Typen eingesetzt werden. Mit der Definition einer Klasse `FehlerBeimOeffnen` wird das letzte Beispiel bei gleicher Funktionalität besser
lesbar.

```
struct FehlerBeimOeffnen { };

void oeffneEin(const char* name, ifstream& eindat) {
    eindat.open(name);
    if (!eindat)
        throw FehlerBeimOeffnen();
}
```

Der Handler muß jetzt ein (mit dem Standardkonstruktor erzeugtes) Objekt der
Klasse `FehlerBeimOeffnen` abfangen.

```
try {
    // ... wie bisher
}
catch(FehlerBeimOeffnen) {
    // ... wie bisher
}
```

Beim Auswerfen einer Ausnahme wird der Kontrollfluß zum „nächsten" Handler
passenden Typs verzweigt; hierzu wird die Handler-Folge des letzten (innersten)
`try`-Blocks betrachtet, den der Kontrollfluß erreicht aber noch nicht wieder verlassen hat. C++ untersucht die in Frage kommenden Handler ähnlich wie überladene
Funktionen bei der Suche nach Übereinstimmungen (Abschnitt 13.2), indem der
Typ des ausgeworfenen Ausdrucks mit dem nach `catch` in der Ausnahmedeklarati-
on spezifizierten Typ verglichen wird: Ein Handler „paßt", wenn der ausgeworfene
und der abgefangene Typ exakt übereinstimmen, wenn der ausgeworfene Typ vom
abgefangenen Typ abgeleitet ist oder wenn ein Zeiger auf eine Klasse ausgeworfen
wird und der abgefangene Typ Zeiger auf eine ihrer Basisklassen ist. Wenn ein passender Handler gefunden ist, wird der Operand von `throw` genauso an den Handler
übergeben wie ein Argument an eine Funktion bei deren Aufruf bzw. wie ein Funktionswert in einer `return`-Anweisung. Nach dieser Initialisierung ist die Ausnahme
abgefangen (aber noch nicht behandelt).

Bisher wurden die ausgeworfenen Objekte lediglich zur Auswahl des Handlers benutzt. Darüber hinaus ist auch das Übermitteln von Informationen zur gezielten
Fehlerbehandlung möglich. Wir greifen als Beispiel die Klasse **Liste** aus Anhang E

auf und ersetzen die Funktion `error()`, die bei fehlerhafter Verwendung des Index-operators nach Ausgabe einer Fehlermeldung das Programm abbricht, durch den Auswurf eines Fehlerobjekts.

```
template<class T> class Liste {
public:
    struct IndexFehler {
        IndexFehler(int i, Liste& l) : index(i), list(l) { }
        int index;
        Liste& list;
    };
    // ... sonst wie in Anhang E
};

template<class T> T& Liste<T>::operator[] (int i) {
    if (i < 0 || i >= anzahl)
        throw IndexFehler(i, *this);  // statt error("...");
    // ... sonst wie in Anhang E
}
```

Mit `throw IndexFehler(i, *this);` erhalten die Benutzer der Klasse im Fall eines Indexfehlers nun sowohl den Index als auch die aktuelle Liste, für die `operator[] ()` aufgerufen wurde. Der `try`-Block eines Anwendungsprogramms hat dann beispielsweise die folgende Gestalt. (Der Handler muß hier das abzufangende Objekt benennen, um darauf zugreifen zu können.)

```
try {
    // Verarbeitung einer Liste mit int-Elementen
}
catch(Liste<int>::IndexFehler& ixf) {
    // ... Handler-Code
}
// ... ggf. weitere Handler
```

Im Code dieses Handlers kann auf den Index mittels `ixf.index` und auf die Liste mittels `ixf.list` zugegriffen und je nach Anwendung eine geeignete Fehlerbehandlung realisiert werden. Diese benutzerdefinierte Ausnahmebehandlung ist ohne Zugriff auf den Programmtext der Klasse `Liste<T>` möglich.

Bemerkung
Bei der Ausführung eines `throw` werden die Destruktoren aller automatischen Objekte aufgerufen, die seit Beginn desjenigen `try`-Blocks konstruiert wurden, zu dem der abfangende Handler gehört (sog. "stack unwinding"). Vgl. hierzu Aufgabe 7.

21.3   Die Behandlung von Ausnahmen

Es gibt drei Regeln, die die im letzten Abschnitt schon geschilderte Vorgehensweise
bei der Suche nach einem passenden Ausnahme-Handler detailliert beschreiben. Zu
einem `throw`-Ausdruck, der ein Objekt oder einen Wert des Typs `A` auswirft, paßt
ein Handler mit einem Typ `T`, `const T`, `T&` oder `const T&`, wenn:

- `A` und `T` exakt übereinstimmen (13.2) oder

- `A` von `T` abgeleitet ist und `T` an der Auswurfstelle zugreifbare Basisklasse ist
  (17.3) oder

- `A` und `T` Zeigertypen sind und `A` an der Auswurfstelle mittels Standardkonversion in `T` konvertiert werden kann.

Andere Typumwandlungen, wie beispielsweise `char` in `int` oder `float` in `double`,
werden nicht vorgenommen.

Die Handler eines `try`-Blocks werden in der Reihenfolge untersucht, in der sie in
der Handler-Folge stehen. Liegt eine Übereinstimmung vor, werden die nachfolgenden Handler nicht mehr untersucht. Eine exakte Übereinstimmung hat somit keine
Priorität gegenüber einer Übereinstimmung mittels Typumwandlung.

Wenn sich unter den Handlern eines `try`-Blocks kein passender findet, wird die Suche
im nächsten umschließenden `try`-Block fortgesetzt usw. Sofern für eine ausgeworfene Ausnahme auf diese Weise kein passender Handler gefunden wird, wird das
Programm unmittelbar abgebrochen.

Wenn ein passender Handler gefunden wurde und abgearbeitet ist, ist die ausgeworfene Ausnahme behandelt, und der Ausnahmezustand des Programms ist beendet.
Das Programm wird dann hinter der kompletten Handler-Folge, in der der gefunde-
ne und ausgeführte Handler steht, fortgesetzt. Es wird also nach Behandlung der
Ausnahme nicht zurück zur Auswurfstelle verzweigt. Auch einem Handler ist es
nicht möglich, zur Auswurfstelle zurückzukehren.

In `prog-25` greifen wir das `Stack`-Beispiel aus Abschnitt 17.4 nochmals auf und
zeigen, wie man die bei `push()` bzw. `pop()` möglicherweise auftretenden Ausnahmen behandeln kann. Dazu sind von einer einfachen Ausnahmeklasse `Ausnahme` die
Klassen `LStack` (leerer Stack) und `VStack` (voller Stack) abgeleitet worden. Wenn
`push()` einen Wert des Typs `S` nicht mehr speichern kann, da der Stack bereits
voll ist, wird dieser Wert als Datenelement `dat` eines `VStack`-Objekts mit ausgeworfen. `Stack` ist als parametrisierte Klasse implementiert; auf die Benutzung der
Basisklasse `StackBasics` wurde in diesem kleinen Beispiel verzichtet.

```
// prog-25

struct Ausnahme {
    explicit Ausnahme(const char* s) { diag = s; }
    const char* diag;
};
```

```cpp
struct LStack : Ausnahme {
    LStack() : Ausnahme("Stack leer") { }
};

template<class S> struct VStack : Ausnahme {
    VStack(S s) : Ausnahme("Stack voll"), dat(s) { }
    S dat;
};

template<class S> class Stack {
    friend ostream& operator<<(ostream&, const Stack<S>&);
public:
    explicit Stack(int = 1000);
    ~Stack() { delete[] daten; }
    void push(S);
    S pop();
    void inkAnz();
private:
    S* daten;
    int top, anz;
};

template<class S> Stack<S>::Stack(int gr) {
    top = 0;
    daten = new S[anz = gr];
}

template<class S> void Stack<S>::push(S s) {
    if (top >= anz)
        throw VStack<S>(s);
    daten[top++] = s;
}

template<class S> S Stack<S>::pop() {
    if (top <= 0)
        throw LStack();
    return daten[--top];
}

template<class S> void Stack<S>::inkAnz() {
    S* tmp = new S[anz = 1.2*anz + 1];
    for (int i = 0; i < top; i++)
        tmp[i] = daten[i];
    delete[] daten;
    daten = tmp;
}
```

```
template<class S>
ostream& operator<<(ostream& os, const Stack<S>& st) {
    for (int i = st.top - 1; i >= 0; i--)
        os << st.daten[i] << ' ';
    return os;
}


void testStack();


int main() {
    testStack();
    return 0;
}
```

Untersucht man in `testStack()` einen Stack, der `char`-Werte speichert, so kann
man beispielsweise bei dem Versuch, ein weiteres Zeichen bei bereits vollem Stack
abzuspeichern, den Stack mittels `inkAnz()` um 20% vergrößern. In der folgenden `testStack()`-Definition wird eine `VStack`-Ausnahme auf diese Weise behandelt; die Ausnahme wird dabei durch `catch(VStack<char>& ausn)` mittels exakter
Typübereinstimmung abgefangen.

Tritt die `LStack`-Ausnahme auf, so wird der Stacktest beendet. Der entsprechende
(zweite) Handler wird in diesen Fällen erreicht, weil **LStack** von **Ausnahme** abgeleitet
ist; es kommt hier auf die Reihenfolge der Handler an.

Wenn die Stackvergrößerung scheitert, weil der Heap verbraucht ist, wirft C++ eine
`bad_alloc`-Ausnahme aus (siehe Abschnitt 8.6). Auch in diesem Fall beenden wir
`testStack()` einfach.

```
void testStack() {
    Stack<char> cs(5);
    char ch;
    for (;;) {
        try {
            cout << "akt. Stackinhalt > " << cs
                << "<\npop(-) oder push(+): ";
            cin >> ch;
            if (ch == '-')
                cout << cs.pop() << endl;
            else {
                cout << "ch? ";
                cin >> ch;
                cs.push(ch);
            }
        }
        catch(VStack<char>& ausn) {
            try {
```

```
                    cs.inkAnz();
                    cout << "Ausnahme: " << ausn.diag
                        << "\nStack vergroessert" << endl;
                    cs.push(ausn.dat);
                }
                catch(bad_alloc&) {
                    cout << "Ausnahme: Heap verbraucht" << endl;
                    return;
                }
            }
            catch(Ausnahme& ausn) {
                cout << "Ausnahme: " << ausn.diag << endl;
                return;
            }
        }
    }
```

Es ist nicht sinnvoll, einen Handler für eine Basisklasse (z.B. `Ausnahme`) in der
Handler-Folge vor einem Handler für eine abgeleitete Klasse (z.B. `VStack`) einzu-
tragen. Dies würde verhindern, daß der Handler für die abgeleitete Klasse jemals
ausgeführt wird.

Mittels `catch(...)` können beliebige Ausnahmen abgefangen werden. Allerdings
gibt es für einen solchen *Standard-Handler* keine Möglichkeit, herauszufinden, welche Ausnahme er abgefangen hat. Auch auf das ausgeworfene Objekt kann nicht
mehr zugegriffen werden (vgl. Abschnitt 11.10). Falls vorhanden, muß ein Standard-
Handler der letzte Handler eines `try`-Blocks sein.

Bemerkung

Wird bei der Ausführung eines Handlers eine Ausnahme ausgeworfen, so muß diese
von einem umschließenden `try`-Block behandelt werden.

21.4 Zugriffsrechte

Der Parameter eines Handlers unterliegt denselben Zugriffsregeln wie ein Funkti-
onsparameter. Sein Geltungsbereich ist die auf `catch` folgende zusammengesetzte
Anweisung. Vor der Ausführung dieser Anweisung wird der Parameter mit dem
ausgeworfenen Wert oder Klassenobjekt initialisiert. Gegebenenfalls wird dabei ein
Copy-Konstruktor benutzt. Auch für die zusammengesetzte Anweisung eines `try`-
Blocks oder des Standard-Handlers gelten die üblichen Zugriffsrechte. Zum Beispiel

```
void f() {
    int a = -1;
    try {
        int b = a;
        // ...
    }
```

```
        catch(int) {
            int c;
            // ...
        }
        catch(const char*) {
            a = 1;
            b = 2;   // Fehler: b lokal fuer try { ... }
            c = 3;   // Fehler: c lokal fuer catch(int) { ... }
        }
        catch(...) {
            int i = a;
            // ...
        }
    }
```

21.5   Standardausnahmeklassen

Wie gezeigt, können Ausnahmeklassen voneinander abgeleitet werden, so daß eine Klassenhierarchie entsteht. Dabei sollten sämtliche Ausnahmeklassen derselben Fehlerkategorie eine gemeinsame Basisklasse besitzen. Die Benutzer einer Klassenbibliothek, die eine solche Ausnahmehierarchie definiert, haben dann die Wahl zwischen der allgemeinen Behandlung von Ausnahmen durch Basisklassen und der speziellen Behandlung durch abgeleitete Klassen. Die Implementation einer Bibliothek ist problemlos um neue Ausnahmen erweiterbar, wenn diese in die Ausnahmehierarchie eingegliedert werden und die Benutzer der Bibliothek bei der Behandlung einen Handler für die Basisklasse vorsehen.

Die C++-Standardbibliothek stellt einige Ausnahmeklassen zur Verfügung, die zur Konstruktion von Ausnahmeobjekten und zur Definition eigener Ausnahmeklassen benutzt werden können. Diese Klassen befinden sich in der Header-Datei **stdexcept.h**. Die gemeinsame Basisklasse heißt **exception**. Sie ist wie folgt definiert:

```
    class exception {
    public:
        exception();
        exception(const exception&);
        exception& operator=(const exception&);
        virtual ~exception();
        virtual const char* what() const;
    protected:
        exception(const string& what_arg);
    private:
        // ...
    };
```

Davon abgeleitet sind die Klassen **logic_error** für prinzipiell vermeidbare, logische Fehler und **runtime_error** für schwer vorhersehbare Laufzeitfehler.

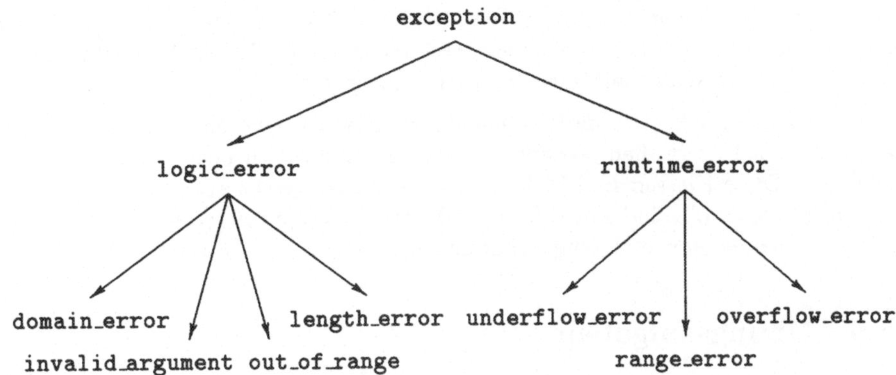

Logische Fehler sind weiter unterteilt in die vier Klassen `domain_error`, `invalid_argument`, `length_error` und `out_of_range`. Bei den Laufzeitfehlern werden `overflow_error`, `underflow_error` und `range_error` unterschieden.

Die abgeleiteten Ausnahmeklassen `A` sind alle nach demselben Schema definiert, wobei `B` die jeweilige Basisklasse ist.

```cpp
class A : public B {
public:
    A(const string& what_arg);
};
```

Eigene Ausnahmeklassen leitet man analog ab, z.B.

```cpp
class Ausnahme : public logic_error {
public:
    Ausnahme(const string& s) : logic_error(s) { }
};

void f() {
  // ...
    throw Ausnahme("Fehler in f()");
 }

int main() {
    try {
        f();
    }
    catch(const Ausnahme& a) {
        cout << a.what() << endl;
    }
    return 0;
}
```

Dem Konstruktor einer Ausnahmeklasse wird eine Zeichenkette übergeben, in der man den aufgetretenen Fehler genauer beschreiben kann. Mit der Elementfunktion `what()` kann man später auf diese Information zugreifen.

Neben den in diesem Abschnitt aufgeführten Klassen gehören auch die Klassen `bad_alloc`, `bad_cast`, `bad_exception` und `bad_typeid` zu den Standardausnahmeklassen. Diese Klassen sind Elemente des Namensbereichs `std`, d.h. ihre Namen müssen entweder vollständig qualifiziert (z.B. `std::exception`) verwendet oder mittels `using namespace std;` zugreifbar gemacht werden (vgl. Kapitel 19).

21.6 Übungsaufgaben

1. Warum ist es ein Fehler, den Standard-Handler nicht als letzten in die Handler-Folge aufzunehmen?

2. Was ist hier schlecht programmiert worden?

```cpp
int main() {
    try {
        int i = 1;
        // ...
        throw &i;
    }
    catch(int* zi) {
        cout << *zi << endl;
        // ...
    }
    return 0;
}
```

3. Implementieren Sie für die Vektorklasse (vgl. Seite 241) eine Konversionsfunktion `operator Polynom()`. Werfen Sie für den Fall, daß der Vektor zu viele Komponenten enthält, eine Ausnahme aus, und fangen Sie diese in Ihrem Programm ab.

4. In der `const` Elementfunktion `operator[]()` der Klasse `Liste` muß im Fehlerfall `IndexFehler(i, *const_cast<Liste*>(this))` ausgeworfen werden. Weshalb ist diese explizite Typumwandlung nötig?

5. Was ist hier falsch? `class Fehler { }; void f() { throw Fehler; }`

6. Erweitern Sie das Programmfragment zur Lösung linearer Gleichungssysteme $Ax = b$ (Abschnitt 8.1) um eine geeignete Ausnahmebehandlung.

7. Vergleichen Sie die beiden folgenden Programme in bezug auf ihre Destruktoraufrufe. Definieren Sie ggf. zur Veranschaulichung für die Klasse `X` einen Destruktor, der einen Text ausgibt.

```
struct X { /* ... */ };              struct X { /* ... */ };

void f() { throw "f()"; }            void f() { exit(1); }

int main() {                         int main() {
    try {                                X x[15];
        X x[15];                         f();
        f();                             return 0;
    }                                }
    catch(const char*) {
        cout << "Ausnahme";
    }
    return 0;
}
```

8. Stellen Sie die beiden new-Ausdrücke in prog-25 auf die Form new(nothrow) um und werfen Sie bei verbrauchtem Heap eine Ausnahme VHeap aus, die analog zu LStack und VStack von Ausnahme abzuleiten ist. Nehmen Sie, sofern nötig, in die Funktion testStack() einen entsprechenden Handler auf. (Hinweis: new(nothrow) benötigt den Header new.h.)

9. Welchen Typ haben die Objekte, die von f() bzw. g() ausgeworfen werden?

```
struct X { /* ... */ };
struct Y : X { /* ... */ };

void f() {
    try { Y y; /* ... */ throw y; } catch(X x) { throw x; }
}

void g() {
    try { Y y; /* ... */ throw y; } catch(X x) { throw; }
}
```

10. Testen Sie, wie im folgenden Programm die Ausnahme bad_cast beim Scheitern der Typumwandlung des B-Objekts x ausgeworfen und abgefangen wird. (Die benötigte Header-Datei heißt typeinfo.h.)

```
struct B { virtual void f() { } };
struct A : B { };

int main() {
    B x;
    try {
        A& y = dynamic_cast<A&>(x);
    }
```

```
        catch(bad_cast) {
            cout << "x ist kein A-Objekt" << endl;
        }
        return 0;
    }
```

11. Testen Sie das Verhalten eines Programms, das einen Ausdruck `typeid(*z)`
    auswertet, für den Fall, daß **z** ein Nullzeiger ist.

12. Inwiefern ist es sinnvoll, daß man aus einem Handler nicht zur Auswurfstelle
    zurückkehren kann?

13. Implementieren Sie die in Abschnitt 21.5 beschriebene Standardausnahmeklas-
    se **exception**, sofern sie in Ihrem System noch nicht verfügbar ist. Welches
    private Datenelement wird benötigt?

14. Gliedern Sie die Ausnahmeklassen aus **prog-25** in die Hierarchie der Stan-
    dardausnahmen ein.

A   ASCII–Tabelle

In der folgenden Tabelle sind die Ordinalzahlen (jeweils dezimal und hexadezimal) und die entsprechenden Zeichen des ASCII-Codes angegeben. Bei den Zeichen mit den Ordinalzahlen 0–31 sowie 127 handelt es sich um die sog. *nicht druckbaren Zeichen*, die zur Kommunikation zwischen Rechner und Terminal, Rechner und Drucker, Rechner und anderen Rechnern, ... verwendet werden. Hier ist anstelle eines Zeichens immer die übliche Abkürzung, z.B. SOH für "Start of Heading", STX für "Start of Text", ... aufgeführt.

dez	hex	char	dez	hex	char	dez	hex	char	dez	hex	char
0	0	NUL	32	20		64	40	@	96	60	`
1	1	SOH	33	21	!	65	41	A	97	61	a
2	2	STX	34	22	"	66	42	B	98	62	b
3	3	ETX	35	23	#	67	43	C	99	63	c
4	4	EOT	36	24	$	68	44	D	100	64	d
5	5	ENQ	37	25	%	69	45	E	101	65	e
6	6	ACK	38	26	&	70	46	F	102	66	f
7	7	BEL	39	27	'	71	47	G	103	67	g
8	8	BS	40	28	(	72	48	H	104	68	h
9	9	HT	41	29	)	73	49	I	105	69	i
10	A	LF	42	2A	*	74	4A	J	106	6A	j
11	B	VT	43	2B	+	75	4B	K	107	6B	k
12	C	FF	44	2C	,	76	4C	L	108	6C	l
13	D	CR	45	2D	-	77	4D	M	109	6D	m
14	E	SO	46	2E	.	78	4E	N	110	6E	n
15	F	SI	47	2F	/	79	4F	O	111	6F	o
16	10	DLE	48	30	0	80	50	P	112	70	p
17	11	DC1	49	31	1	81	51	Q	113	71	q
18	12	DC2	50	32	2	82	52	R	114	72	r
19	13	DC3	51	33	3	83	53	S	115	73	s
20	14	DC4	52	34	4	84	54	T	116	74	t
21	15	NAK	53	35	5	85	55	U	117	75	u
22	16	SYN	54	36	6	86	56	V	118	76	v
23	17	ETB	55	37	7	87	57	W	119	77	w
24	18	CAN	56	38	8	88	58	X	120	78	x
25	19	EM	57	39	9	89	59	Y	121	79	y
26	1A	SUB	58	3A	:	90	5A	Z	122	7A	z
27	1B	ESC	59	3B	;	91	5B	[	123	7B	{
28	1C	FS	60	3C	<	92	5C	\	124	7C		
29	1D	GS	61	3D	=	93	5D	]	125	7D	}
30	1E	RS	62	3E	>	94	5E	^	126	7E	~
31	1F	US	63	3F	?	95	5F	_	127	7F	DEL

B   Arithmetische Standardkonversionen

Die in Abschnitt 6.1.6 nur für `signed` Datentypen beschriebenen arithmetischen Standardkonversionen sind hier vollständig angegeben.

- Ist einer der Operanden vom Typ `long double`, wird der andere nach `long double` konvertiert.

- Anderenfalls wird, sofern einer der Operanden vom Typ `double` ist, der andere nach `double` konvertiert.

- Anderenfalls wird, sofern einer der Operanden vom Typ `float` ist, der andere nach `float` konvertiert.

- Anderenfalls sind beide Operanden ganzzahlig, und es werden für beide die ganzzahligen Typangleichungen durchgeführt.

- Ist nun einer der Operanden vom Typ `unsigned long int`, wird der andere nach `unsigned long int` konvertiert.

- Anderenfalls wird, sofern der eine Operand vom Typ `long int`, und der andere ein `unsigned int` ist, und ein `long int` alle Werte eines `unsigned int` darstellen kann, der `unsigned int`-Operand nach `long int` konvertiert. Enthält der Wertebereich von `long int` nicht alle Werte des Typs `unsigned int`, werden beide Operanden nach `unsigned long int` konvertiert.

- Anderenfalls wird, sofern einer der Operanden vom Typ `long int` ist, der andere nach `long int` konvertiert.

- Anderenfalls wird, sofern einer der Operanden vom Typ `unsigned int` ist, der andere nach `unsigned int` konvertiert.

- Anderenfalls sind beide Operanden vom Typ `int`.

C   Operatorprioritäten

In der folgenden Tabelle sind alle C++-Operatoren mit ihrer Priorität und Assoziativität, sowie einer Kurzbeschreibung ihrer Funktion, zusammengefaßt. Der
Geltungsbereichoperator bzw. Kommaoperator haben höchste bzw. niedrigste Priorität.

Prior./Assoz.	Operator	Funktion
17 r	::	globaler Geltungsbereich (einstellig)
17 l	::	Geltungsbereichoperator (zweistellig)
16 l	->, .	Elementauswahl
16 l	□	Indexoperator
16 l	()	Funktionsaufruf
16 -	()	Klammerung in Ausdrücken
16 r	sizeof	Größe
15 r	++, --	Inkrement, Dekrement
15 r	~	bitweise Negation
15 r	!	logische Negation
15 r	+, -	Vorzeichen
15 r	*, &	Inhaltsoperator, Adreßoperator
15 r	()	Typkonversion (cast)
15 r	new, delete	dynamische Speicherverwaltung
14 l	->*, .*	Elementauswahl
13 l	*, /, %	Multiplikative Operatoren
12 l	+, -	Additive Operatoren
11 l	<<, >>	Shift-Operatoren
10 l	<, <=, >, >=	Relationale Operatoren
9 l	==, !=	Gleichheitsoperatoren
8 l	&	bitweises UND
7 l	^	bitweises Exklusiv-ODER
6 l	|	bitweises Inklusiv-ODER
5 l	&&	Logisches UND
4 l	||	Logisches ODER
3 r	?:	Konditional-Operator
2 r	=, *=, /=, %=, +=, -= >>=, <<=, &=, ^=, |=	Zuweisungsoperatoren
1 l	,	Kommaoperator

D Syntaxregeln

Die nachstehende Übersicht gibt an, auf welcher Seite die aufgeführten Syntaxregeln
jeweils definiert sind.

Abstrakter-Deklarator	79	Element-Initialisiererliste	179
Additiver-Ausdruck	36	Elementspezifikation	160
Anweisung	48	Endung	17
Anweisungsfolge	47	Enumerator	83
Ausdruck	34	Enumeratordefinition	83
Ausdrucksanweisung	49	Enumeratorliste	83
Ausdrucksliste	24	Enum-Spezifizierer	83
Ausführlicher-Typspezifizierer	104	Exklusiv-Oder-Ausdruck	38
Ausnahmedeklaration	353	Explizite-Instanzierung	304
Auswahlanweisung	49	Explizite-Spezialisierung	304
Basisklausel	248	For-Anweisung	53
Basisspezifizierer	248	For-Init-Anweisung	54
Basisspezifiziererliste	248	Funktionsdefinition	111
Bedingter-Ausdruck	39	Funktionsrumpf	111
Bedingung	49	Funktionsspezifizierer	129
Bezeichner	7	Gleichheitsausdruck	37
Buchstabe	7	Gleitpunktkonstante	17
C++-Programm	2	Handler	353
Cast-Ausdruck	35	Handler-Folge	352
Cv-Qualifiziererfolge	64	Hexadezimalziffer	15
Cv-Qualifizierer	23	If-Anweisung	49
Deklaration	2	Init-Deklarator	23
Deklarationsanweisung	48	Init-Deklaratorliste	22
Deklarator	23	Initialisierer	24
Deklaratorname	23	Initialisiererklausel	24
Dekl-Spezifizierer	22	Initialisiererliste	24
Dekl-Spezifiziererfolge	22	Inklusiv-Oder-Ausdruck	38
Delete-Ausdruck	78	Klassenkopf	160
Direkter-Abstrakter-Deklarator	79	Klassenname	160
Direkter-Deklarator	23	Klassenschlüssel	160
Direkter-New-Deklarator	75	Klassenspezifizierer	159
Do-Anweisung	53	Konstanter-Ausdruck	44
Einfacher-Typspezifizierer	22	Konversionsdeklarator	240
Eingebetteter-Namensspezifizierer	160	Konversionsfunktionsname	240
Einstelliger-Ausdruck	34	Konversionstypname	240
Einstelliger-Operator	41	Ktor-Initialisierer	179
Elementarer-Ausdruck	34	Logisches-Oder-Ausdruck	39
Elementdeklaration	160	Logisches-Und-Ausdruck	39
Element-Deklarator	160	Markierte-Anweisung	48
Element-Deklaratorliste	160	Multiplikativer-Ausdruck	35
Element-Initialisierer	179	Name	23
		Namespace-Alias-Definition	330

Namespace-Definition	326		Template-Name	299
Namespace-Name	331		Template-Parameter	297
New-Ausdruck	75		Template-Parameterliste	297
New-Deklarator	75		Throw-Ausdruck	352
New-Initialisierer	75		Try-Block	352
New-Plazierung	75		Typname	79
New-Typname	75		Typ-Parameter	297
Oktalziffer	15		Typspezifizierer	22
Operatorfunktionsname	229		Typspezifiziererfolge	75
Parameter-Deklaration	110		Und-Ausdruck	38
Parameter-Deklarationsklausel	110		Unqualifizierter-Name	23
Parameter-Deklarationsliste	110		Using-Deklaration	331
Postfix-Ausdruck	34		Using-Direktive	332
Programmdatei	2		Vorzeichen	17
Qualifizierter-Name	164		While-Anweisung	52
Relationaler-Ausdruck	37		Wiederholungsanweisung	52
Rv-Spezifizierer	271		ZE-Ausdruck	35
Shift-Ausdruck	36		Zeigeroperator	64
Speicherklassenspezifizierer	24		Ziffer	7
Sprunganweisung	55		Zugriffsspezifizierer	160
Switch-Anweisung	51		Zusammengesetzte-Anweisung	47
Template-Argument	299		Zuweisungsausdruck	34
Template-Argumentliste	299		Zuweisungsoperator	40
Template-Deklaration	297			

E   Die Klasse Liste

In diesem Anhang ist der Code der Klasse Liste zusammengestellt. Die Liste ist als
einfach verkettete Liste implementiert. Der Zugriff auf die einzelnen Listenelemente
kann beschleunigt werden, wenn doppelt verkettet wird (vgl. Übungsaufgabe 9 am
Ende von Kapitel 18).

```cpp
#ifndef _LISTE_H
#define _LISTE_H

#include <iostream.h>
#include <stdlib.h>


//   Klasse Liste
//   Der Typ der Listenelemente ist beliebig.
//   Allerdings muessen Destruktor und Copy-Konstruktor definiert sein.
//
//   Elementfunktionen:
//
//   bool fuegeEin(const T& x, int i = 0)
//        fuegt x als (i + 1)-te Komponente in die Liste ein
//        liefert true, falls erfolgreich, false sonst
//   bool loesche(int i)
//        loescht (i + 1)-te Komponente aus der Liste
//        liefert true, falls erfolgreich, false sonst
//   int laenge()
//        liefert die aktuelle Anzahl der Listenelemente
//   der Indexoperator [] ist fuer const und nicht-const
//        Listenobjekte definiert
//        Ein Zugriff mit falschem Index ruft exit(1) auf
//
//   Iteratorfunktionen:
//
//   ListElem<T>* anfang()
//        liefert einen Zeiger auf den Listenanfang
//   ListElem<T>* iter()
//        positioniert den Zeiger auf das folgende Element
//        liefert am Ende der Liste 0

template<class T> struct ListElem {
    explicit ListElem(const T& e, ListElem* n = 0) : element(e), nachf(n) { }
    T element;
    ListElem* nachf;
};

template<class T> class Liste {
public:
    Liste() : start(0), anzahl(0) { anfang(); }
```

```cpp
    virtual ~Liste() { dest(); }
    Liste(const Liste& m) : start(0), anzahl(m.anzahl) { copy(m); }
    Liste& operator=(const Liste&);
    bool fuegeEin(const T&, int = 0);
    bool loesche(int);
    T& operator[](int);
    const T& operator[](int) const;
    int laenge() const { return anzahl; }
protected:
    ListElem<T>* anfang() { aktInd = 0; return (aktZgr = start); }
    ListElem<T>* iter() {
        return (aktZgr != 0) ? ++aktInd, aktZgr = aktZgr->nachf : 0;
    }
private:
    void dest();
    void copy(const Liste&);
    ListElem<T>* start;
    int anzahl;
    ListElem<T>* aktZgr;
    int aktInd;
};

inline void error(const char* str = "") {
    cout << str << endl;
    exit(1); // oder Auswurf einer Ausnahme 'IndexFehler' (Kap. 20)
}

template<class T> void Liste<T>::dest() {
    while (start != 0) {
        ListElem<T>*const tmp = start;
        start = start->nachf;
        delete tmp;
    }
}

template<class T> void Liste<T>::copy(const Liste<T>& m) {
    if ((anzahl = m.anzahl) == 0) {
        anfang();
        return;
    }
    aktInd = m.aktInd;
    const ListElem<T>* mZgr = m.start;
    ListElem<T>* z = aktZgr = start = new ListElem<T>(mZgr->element);
    while((mZgr = mZgr->nachf) != 0) {
        z = z->nachf = new ListElem<T>(mZgr->element);
        if (mZgr == m.aktZgr)
            aktZgr = z;
    }
}
```

```cpp
template<class T> Liste<T>& Liste<T>::operator=(const Liste<T>& m) {
    if (this != &m) {
        dest();
        copy(m);
    }
    return *this;
}

template<class T> bool Liste<T>::fuegeEin(const T& x, int i) {
    if (i < 0 || i > anzahl)
        return false;
    ListElem<T>*const neu = new ListElem<T>(x);
    if (neu == 0)
        return false;
    if (i == 0) {
        neu->nachf = start;
        start = neu;
    } else {  // i >= 1
        ListElem<T>* zgr = start;
        while (--i > 0)
            zgr = zgr->nachf;
        neu->nachf = zgr->nachf;
        zgr->nachf = neu;
    }
    ++anzahl;
    anfang();
    return true;
}

template<class T> bool Liste<T>::loesche(int i) {
    if (i < 0 || i >= anzahl)
        return false;
    ListElem<T>* zgr2 = start;
    ListElem<T>* zgr1;
    while (i-- > 0) {
        zgr1 = zgr2;
        zgr2 = zgr2->nachf;
    }
    if (zgr2 == start)
        start = zgr2->nachf;
    else
        zgr1->nachf = zgr2->nachf;
    delete zgr2;
    --anzahl;
    anfang();
    return true;
}
```

```cpp
template<class T> T& Liste<T>::operator[](int i) {
    if (i < 0 || i >= anzahl)
        error("Liste[]: Falscher Index");
    if (i < aktInd)
        anfang();
    else
        i -= aktInd;
    while (i-- > 0)
        iter();
    return aktZgr->element;
}

template<class T> const T& Liste<T>::operator[](int i) const {
    if (i < 0 || i >= anzahl)
        error("Liste[]: Falscher Index");
    const ListElem<T>* zgr = start;
    while (i-- > 0)
        zgr = zgr->nachf;
    return zgr->element;
}

#endif
```

F   Die "One definition rule"

Die Regeln über das Deklarieren und Definieren von Variablen, Funktionen, Aufzäh-
lungen usw., die in viele Kapitel eingestreut sind, bilden zusammen die sog. "one
definition rule". In diesem Anhang sind nochmals alle Bestandteile der Regel zusammengefaßt.

Eine Programmdatei darf höchstens eine Definition für eine Variable, eine symbolische Konstante, eine Funktion, eine parametrisierte Funktion, eine Klasse, eine
parametrisierte Klasse oder einen Aufzählungstyp enthalten.

Ein Programm muß mindestens eine Definition einer Funktion enthalten, falls diese
im Programm verwendet wird (Aufruf oder Adreßberechnung). Ebenso muß ein
Programm mindestens eine Definition jeder virtuellen Funktion enthalten, die nicht
rein virtuell deklariert ist.

Ein Programm muß genau eine Definition für jede globale Variable und jede globale
symbolische Konstante enthalten.

Eine Programmdatei muß genau eine Definition einer Klasse enthalten, wenn in ihr
Objekte dieser Klasse erzeugt werden.

Ein Programm kann mehr als eine Definition

- einer Klasse,

- einer parametrisierten Klasse,

- eines Aufzählungstyps,

- einer `inline` Elementfunktion,

- einer parametrisierten Funktion, die nicht `static` deklariert ist,

- eines `static` Datenelements einer parametrisierten Klasse oder

- einer Elementfunktion einer parametrisierten Klasse

enthalten, sofern diese Definitionen in verschiedenen Programmdateien stehen und
alle exakt übereinstimmen.

Literaturverzeichnis

Wir geben hier neben dem *Annotated Reference Manual* nur einige wenige einführende Lehrbücher und weiterführende Bücher an, deren Lektüre uns gefallen hat.

Cargill, T. *C++ Programming Style.* Addison-Wesley, Reading, Massachusetts, 1992.

Carroll, M.D., Ellis, M.A. *Designing and Coding Reusable C++.* Addison-Wesley, Reading, Massachusetts, 1995.

Coplien, J.O. *Advanced C++.* Addison-Wesley, Reading, Massachusetts, Reprint with corrections 1994.

Eckel, B. *C++ Inside & Out.* McGraw-Hill, Berkeley, 1993.

Ellis, M.A., Stroustrup, B. *The Annotated C++ Reference Manual.* Addison-Wesley, Reading, Massachusetts, Reprint with corrections 1994.

Lippman, S.B. *C++ Primer.* (2nd ed.) Addison-Wesley, Reading, Massachusetts, Reprint with corrections 1995.

Lippman, S.B. *Inside the C++ Object Model.* Addison-Wesley, Reading, Massachusetts, 1996.

Meyers, S. *Effective C++.* Addison-Wesley, Reading, Massachusetts, 1992.

Meyers, S. *More Effective C++.* Addison-Wesley, Reading, Massachusetts, 1996.

Murray, R.B. *C++ Strategies and Tactics.* Addison-Wesley, Reading, Massachusetts, 1993.

Papurt, D.M. *Inside the Object Model.* SIGS Books, New York, 1995.

Plauger, P.J. *The Draft Standard C++ Library.* Prentice Hall, Englewood Cliffs, New Jersey, 1995.

Stroustrup, B. *The C++ Programming Language.* (3rd ed.) Addison-Wesley, Reading, Massachusetts, 1997.

Stroustrup, B. *The Design and Evolution of C++.* Addison-Wesley, Reading, Massachusetts, 1994.

Weiskamp, K., Flamig, B. *The Complete C++ Primer.* (2nd ed.) Academic Press, Boston, Massachusetts, 1992.

!   42
!=   37
#ifndef   210
#include   8
%   35
%=   40
&
    Adreßoperator   65
    Bit-Operator UND   38
    Referenzdeklaration   80
&&   39
&=   40
()
    Funktionsaufrufoperator   112, 130, 237
    Funktionsdeklaration   109
*
    Inhaltsoperator   66
    Multiplikationsoperator   35
    Zeigerdeklaration   64
*=   40
+
    Additionsoperator   36
    Vorzeichenoperator   42
++   42, 43, 234
+=   40
,   41
-
    Subtraktionsoperator   36
    Vorzeichenoperator   42
--   42, 43, 234
-=   40
->   163, 239
->*   198, 199
.   163
.*   198, 199
...   126
/   35
/* */   6
//   6
/=   40
::   103, 164, 191, 195, 204, 327
::*   197
<   37
<<
    Ausgabeoperator   19, 343
    Shift-Operator   36
<<=   40
<=   37
=   40, 230
==   37
>   37
>=   37
>>
    Eingabeoperator   26, 343
    Shift-Operator   36
>>=   40
?:   39
[]
    Felddeklaration   59
    Indexoperator   60, 238
\"   17
\'   17
\\   17
\n   17
\t   17
^   38
^=   40
| 38
|=   40
|| 39
~
    bitweise Negation   42
    Destruktoren   181

Abbildungen
    sichere Typumwandlungen   32
    Zugriffsrechte abgeleiteter Klassen   253
Abfangen
    einer Ausnahme   351, 352, 354
    eines Fehlers   351
Abgeleitete Klassen   247
    Destruktoren   251
    Konstruktoren   250
Ableitung   248
    virtuelle   283
Abstrakte Klassen   271
Addition   36
Additive Operatoren   36
Adreßänderungen   257, 281
Adreßoperator   65
Am weitesten abgeleitete Klasse   285
Anweisungen   47
    Ausdrucks-   48
    Auswahl-   49
    break   55
    continue   55
    do   53
    for   53
    goto   56
    if   49
    Leer-   49
    markierte   48
    return   56, 114
    Sprung-   55
    switch   50
    while   52

Wiederholungs- 52
zusammengesetzte 47
Argumente 112
template-Standard- 312
aktuelle 112
Felder 118
formale 109
Referenz- 221
Standard- 124, 155, 194
template- 311
Übergabe 112, 221
unspezifizierte 126
variable 126
Arithmetische Standardkonversionen 31, 366
Arithmetische Typen 11
arrays *siehe* Felder
ASCII–Tabelle 365
Aufrufoperator 237
Aufzählungstypen 83, 207
Ausdrucksanweisungen 48
Ausdrücke 33
elementare 34
konstante 44
Ausgabeoperator 19, 343
Ausnahme-Handler 352
Ausnahmebehandlung 351
Ausnahmen
abfangen 352, 354
auswerfen 352
behandeln 352, 356
Standardklassen 360
Auswahlanweisungen 49
Auswerfen einer Ausnahme 352
Auswertungsreihenfolge 33
automatisch 104

bad_alloc 362
bad_cast 278, 362
bad_exception 362
bad_typeid 275, 362
Basisklasse
zugreifbare 256, 277
Basisklassen 248
-Teilobjekt 249, 277
direkte 248
indirekte 248
virtuelle 283
Zugriffsspezifizierer 253
Basisklassen-Konversion 256, 262
Behandeln einer Ausnahme 352, 356
Beispielklassen
Abschnitt 201, 207
APRechner 279, 284–286
Bestellung 203, 204
Client 279, 284

DoubMenge 171, 176, 179, 182, 186, 192,
195, 196, 206, 211, 220, 221, 231,
232, 242, 244, 261
GenStack 309
Getriebe 199
IntStack 310
Kto 258, 265, 274
Liste 260, 317, 354, 370
ListElem 314
Matrix 188, 222, 223, 235, 238
Menge 318, 323, 343
Node 279, 284
Polynom 232, 236, 237, 300
Pult 199
Signal 201, 207
SignalTimer 247–250, 253
Stack 310, 313, 356
StackBasics 268
Tel 166, 191, 194
Timer 160, 164, 165, 169, 175, 177, 184,
186, 187, 205, 234, 240, 253
Vektor 188
VersVertrag 179, 183, 190, 192, 272,
278
Benutzerdefinierte Datentypen 159
Benutzerdefinierte Konversionen 223, 241
Bezeichner 6
Beziehungen
has-a 201, 260
is-a 257
is-implemented-in-terms-of 260
is-part-of 201
uses-a 260
Bindung 135, 328, 335
externe 135, 335
interne 135, 335
keine 135, 335
Bit-Operatoren 38
Bitfelder 208
unbenannte 209
Bitweise
Exklusiv-ODER-Verknüpfung 38
Inklusiv-ODER-Verknüpfung 38
Negation 42
UND-Verknüpfung 38
Blockkommentare 6
Blöcke 47
bool 11
Boolesche Werte 13, 49
break-Anweisung 55

C++ Reference Manual vi
C++-Komitee vi
call by reference 117, 118
call by value 112, 116
case 51

case-Konstanten 51
catch 352
char 11
cin 26
class 161
clear() 346
close() 347
Codeteil 74
const
    Bindung 137
    Elementfunktionen 184
    entfernen 92–94
    Felder 61
    Klassenelemente 183
    symbolische Konstanten 25
const-Qualifizierung 152
const_cast 93
continue-Anweisung 55
Copy-Konstruktor 219, 262
cout 19

Dateien 345
Datenelemente *siehe* Klassen
Datenstromobjekt 19
Datenteil 74
Datentypen 11
    arithmetische 11
    ganzzahlige 11
    Gleitpunkttypen 13
    vordefinierte 11
    zusammengesetzte 59
dec 340
default *siehe* Standard
default 51
Definitionen 22, 23
Deklarationen 21, 23, 48, 171, 205
    parametrisierte 297
    template- 297
Deklarationspunkt 99
delete 74
delete[] 78
dereferenzieren 66
Destruktoren 181, 251, 355
    Standard- 183
    virtuelle 268
Direkte Basisklasse 248
Division 35
do-Anweisung 53
domain_error 361
double 13
downcast 257, 278
dynamic_cast 96, 277

Einfache Vererbung 247, 248
Eingabeoperator 26, 343
Eingebettete Klassen 203

Deklaration 205
    Elementfunktionen 204
    friend-Funktionen 204
    Objekte 204
    static Elemente 204
Eingebettete Typen 207
Eingebettete Typnamen 207
    Aufzählungstypen 207
    typedef 207
einlesen 345
Einstellige Operatoren 41, 232
Elementare Ausdrücke 34
Elementfunktionen *siehe* Klassen
Elementkonstanten 207
ellipsis *siehe* unspezifizierte Argumente
else 49
endl 19
Endlosschleifen 53, 54
enum 83
Enumeratoren 83
erben 248
Escape-Sequenzen 17
exception 360
exit() 77, 128, 351
exp() 113
explicit 225, 227
Explizite Spezialisierung
    parametrisierter Funktionen 304
    parametrisierter Klassen 314
Explizites Instanzieren
    parametrisierter Funktionen 304
    parametrisierter Klassen 314
Explizites Spezifizieren
    von Typ-Argumenten 299
extern 24, 137, 138, 303
Externe Bindung 135, 335

f Typendung 18
F Typendung 18
Fehler abfangen 351
Fehlerbehandlung *siehe* Ausnahmebehand-
    lung
Felder 59
    beliebig dimensionierte 76
    const 61
    Initialisierung 60, 76
    Komponentenzugriff 60, 73
    Speicherung 62
    und Zeiger 70
    von Klassenobjekten 178
    Zuweisungen an 70
fill() 340
Flache Kopie 219
flags() 340
float 13
flush() 133

for-Anweisung 53
Formatierung 340
Freispeicher 74
friend
    Elementfunktionen 188
    Funktionen 187
    Klassen 189
      parametrisierte 320
    überladene Funktionsnamen 190
friend-Funktionen
    parametrisierte Klassen 319
    Zugriffsrechte 287
Funktionen 109
    Adresse 121
    Argumente *siehe dort*
    Aufruf 112
      mittels Zeigern 123
      rekursiv 115
    Definition 111
    Deklaration 109
    Element- *siehe* Klassen
    friend 187
    inline 129
    letzte überschreibende 264
    parametrisierte *siehe dort*
    rein virtuelle 271
    Rumpf 111
    Typ 130
    überladene *siehe dort*
    virtuelle *siehe dort*
Funktions-**templates** *siehe* Parametrisierte
    Funktionen
Funktionskandidaten 149, 153
    reduzierte 154
Funktionsprototyp 110
Funktionsschablonen *siehe* Parametrisierte
    Funktionen

Ganzzahlige
    Konstanten 15
    Typangleichungen 29
    Typen 11
    Typumwandlungen 30
garbage collection 78
Geltungsbereich
    von Parametern 111
Geltungsbereiche 99
    eingebettete Klassen 203
    Funktion 124
    globale 101
    Klasse 163
    lokale 99
    Namensbereich 101
    Namespace 99, 111, 135, 328
    template-Parameter 298
    von Parametern 111

Geltungsbereichoperator 103, 164, 191, 195,
    204, 327
Generierte Funktion 299
Generische Funktionen *siehe* Parametrisier-
    te Funktionen
Generische Klassen *siehe* Parametrisierte
    Klassen
Geschachtelte Klassen *siehe* Eingebettete
    Klassen
get() 58, 341, 342
getline() 342
gleich 37
Gleichheitsoperatoren 37
Gleitpunktkonstanten 17
Gleitpunkttypen 13
Globale Namen 101, 135
good() 346
goto-Anweisung 56
Grammatik 1
größer 37
größer oder gleich 37
Größter gemeinsamer Teiler 100

handle/body-Implementation 206
Handler 353
Handler-Folge 352
has-a-Beziehungen 201, 260
Header-Dateien 8, 210
Heap 74
hex 38, 340
Hexadezimalzahl 15
Horner-Schema 118

if-Anweisung 49
ifstream 346
ignore() 348
Implizite Typumwandlungen *siehe dort*
#include 8
Indexoperator 60, 238
Indirekte Basisklasse 248
information hiding 169
Inhaltsoperator 66
Initialisiererliste 60, 178, 251
Initialisierung 27, 174
    automatischer Objekte 105
    elementweise 219
    Felder 60
    static Objekte 104
    symbolischer Konstanten 25
    Variablen 24, 25
    Zeichenfelder 63
inline 129, 137, 140, 195, 303
Instanzen 163
Instanzieren
    parametrisierter Funktionen 299, 302
int 11

Interne Bindung 135, 335
Interpunktionszeichen 7
invalid_argument 361
ios::app 347
ios::dec 340
ios::fixed 340
ios::hex 340
ios::left 341
ios::right 341
ios::showpoint 340
is-a-Beziehungen 257
is-implemented-in-terms-of-Beziehungen 260
is-part-of-Beziehungen 201
Iteratorfunktionen 317

Kapselung 169
Klassen 159
   abgeleitete *siehe dort*
   abstrakte 271
   am weitesten abgeleitete 285
   Datenelemente 159
     mutable 184, 186
     Speicherung 168
     static 190
   Definition 159, 161
     komplette 163
   Deklaration 171, 173
   Destruktor *siehe dort*
   eingebettete *siehe dort*
   Eingebettete Typen 159
   Elemente 159
     Klassenobjekte 201
     static 190
   Elementfunktionen 159, 164
     const 184
     friend 188
     inline 195
     Speicherung 169
     static 194
   Elementkonstanten 159
   friend 189
   geschachtelte *siehe* Eingebettete Klassen
   Namensdeklaration 171, 205
   Objekte 162
     als Klassenelemente 201
     const 184
     Konstruktion 174
   parametrisierte *siehe dort*
   polymorphe 267
   unbenannte 162
Klassen-**templates** *siehe* Parametrisierte Klassen
Klassenobjekte
   const 183

Klassenschablonen *siehe* Parametrisierte Klassen
Klassenschnittstelle 169
kleiner 37
kleiner oder gleich 37
Kommandozeilenargumente 128
Kommaoperator 41
Kommentare 6
   Kommentarblöcke 6
   Zeilenkommentare 6
Konditional-Operator 39
Konstante Ausdrücke 44
Konstanten
   ganzzahlige 15
   Gleitpunkt- 17
   Literal- 15
   symbolische 25
   Zeichen- 16
Konstruktion
   virtueller Basisklassen 284
Konstruktoren 174, 219, 250
   Copy- 219, 262
   Initialisiererliste 178
   Standard- 175
Kontrollfluß 47, 352
Konversionsfunktionen 240
Konversionsoperator 92

l Typendung 16
L Typendung 16
L-Werte 26
   modifizierbare 26
Laufzeit-Typinformation 274
Laufzeit-Typprüfung 278
Lebensdauer 104
   namenloser Objekte 106
Leeranweisungen 49
length_error 361
Lexikalische
   Elemente 1, 6
   Konventionen 5
Literalkonstanten 15
Lösungsvorschläge v
log() 39
logic_error 360
Logische
   Negation 42
   ODER-Verknüpfung 39
   Operatoren 39
   UND-Verknüpfung 39
   Werte 49
Logische Werte 13
Lokale Namen 99, 135
long double 13
long int 11

main()   20, 21, 47, 128
Manipulatoren   340
Marken   48, 124
   case   48, 51
   default   51
Mehrdeutigkeiten   153, 242, 281, 307
Mehrfachvererbung   278
Modifizierbare L-Werte   26
Multiplikation   35
Multiplikative Operatoren   35
mutable
   Datenelemente   184, 186

Namen
   Deklaration   171, 205
   Geltungsbereich   168
   globale   101, 135
   lokale   99, 135
   ohne Bindung   135
   Zugriffsrecht   168
Namensbereiche   325
   Aliasnamen   330
   Definition   326
   Geltungsbereiche   328
   globale   328
   std   334
   unbenannte   334
   using-Deklarationen   331
   using-Direktiven   332
   Zugriff   327
Negation
   bitweise   42
   logische   42
new   74
Newton-Verfahren   113
Nichtterminale Symbole   2
nothrow   77
Nullzeiger   65

Objekte   80
   automatische   104
   parametrisierter Klassen   311
   static   104
   vollständige   285
Objektparameter
   impliziter   185
Objektreferenz
   implizite   170, 171, 185, 236
ODR   22, 85, 161, 210, 270, 374
ofstream   346
Oktalzahl   15
One definition rule   siehe ODR
open()   347
Operanden   8
operator!()   346
operator bool()   342

operator void*()   342, 346
Operatoren   8
   additive   36
   Adreß-   65
   Ausgabe-   19, 343
   Auswertungsreihenfolge   33
   binäre   siehe zweistellige
   Bit-   38, 42
   delete   74
   dreistellige   33
   Eingabe-   26, 343
   einstellige   33, 41, 232
   Funktionsaufruf-   112
   Geltungsbereich-   103, 164, 191, 195, 204, 327
   Gleichheits-   37
   größer   37
   größer oder gleich   37
   Index-   60
   Infix-   33
   Inhalts-   66
   kleiner   37
   kleiner oder gleich   37
   Komma-   41
   Konditional-   39
   links-assoziative   33
   logische   39, 42
   multiplikative   35
   new   74
   Pfeil-   163
   Postfix-   33
   Postfix-Dekrement   43, 234
   Postfix-Inkrement   43, 234
   Präfix-   33
   Präfix-Dekrement   42, 234
   Präfix-Inkrement   42, 234
   Priorität   33
   Punkt-   163
   rechts-assoziative   33
   relationale   37
   Shift-   36
   sizeof   11, 43
   überladene   siehe dort
   Übersicht   367
   unäre   siehe einstellige
   Vorzeichen-   42
   Zuweisungs-   40
   zweistellige   33, 235
Operatorprioritäten   367
out_of_range   361
overflow_error   361

Parameter   siehe Argumente
   Felder   118
   Referenz-   115
   von main()   128

parametrisieren 297
Parametrisierte
    Funktionen 298
        Explizit Instanzieren 304
        Explizit Spezialisieren 304
        Implementierungsregeln 303
        Instanzieren 299, 302
        Typ-Argumente ableiten 302
    Klassen 309
        Definition von Elementfunktionen 313
        Explizit Instanzieren 314
        Explizit Spezialisieren 314
        friend Klassen 320
        friend-Funktionen 319
        Objekte 311
        Vererbung 317
Pfeiloperator 163, 239
Plazierung 75
pointer *siehe* Zeiger
Polymorphe Klasse 267
Polymorphismus 267
Postfix-Dekrementoperator 43, 234
Postfix-Inkrementoperator 43, 234
Präfix-Dekrementoperator 42, 234
Präfix-Inkrementoperator 42, 234
precision() 57, 340
private 167, 252, 253
Produktionsregeln 2
Programme
    prog-1 5
    prog-2 12
    prog-3 13
    prog-4 19
    prog-5 26
    prog-6 56
    prog-7 63
    prog-8 66
    prog-9 73
    prog-10 79
    prog-11 113
    prog-12 122
    prog-13 127
    prog-14 137
    prog-15 138
    prog-16 146
    prog-17 154
    prog-18 171
    prog-19 187
    prog-20 199
    prog-21 304
    prog-22 308
    prog-23 330
    prog-24 345
    prog-25 356
protected 252, 253

Protokoll 274
Prototyp
    einer Funktion 110
public 167, 252, 253
Punktoperator 163

R-Werte 27
Rückgabe von Funktionswerten 114
rand() 58, 79
RAND_MAX 58
range_error 361
Referenz-Cast 93, 95, 277, 278
Referenzen 80
    auf Konstanten 82
    Einschränkungen 82
    konstante 81
referenzieren 64
Rein virtuelle Funktionen 271
reinterpret_cast 94
Relationale Operatoren 37
Reservierte Wörter *siehe* Schlüsselwörter
resetiosflags 341
Rest der Division 35
return-Anweisung 56, 114
Rückgabe von Funktionswerten 222
runtime_error 360

Schleifen 52
Schlüsselwörter 7
Seiteneffekte 33
Semantik 1
setf() 57
setfill 157, 340
setiosflags 341
setprecision() 341
setw 96, 157, 340
Shift-Operatoren 36
short int 11
Sichere
    Typkonversionen 29
    Typumwandlungen 30
        Übersicht 32
signed 12
Simpson-Regel 122
sin() 57
sizeof 11, 43
Speicherklassen 104
    automatisch 104
    static 104
speichern 345
Spezielle Version 304, 314
    parametrisierter Funktionen 304
    parametrisierter Klassen 314
Sprunganweisungen 55
Sprungziele 48
sqrt() 69

Stack 74
stack unwinding 355
Standard-
    Argumente 155, 194
    Destruktor 183
    Konstruktor 175
      impliziter 177
    Konversionen 29, 91, 256, 281, 356
      arithmetische 31, 366
    Zuweisungsoperator 232
Standard-Handler 359
Standardargumente 124
Standardausnahmeklassen 360
static 104, 137, 138, 190
    Datenelemente 190, 315
    Elementfunktionen 194, 316
    Variablen 309
static_cast 92
std 334
strcmp() 73
strcpy() 181
Stream-Bibliothek 339
Streams 19, 339
    Formatierung 340
    Klassenobjekte 343
string 183
strlen() 181
strtod() 96
strtol() 96
strtoul() 96
struct 161
Subtraktion 36
switch-Anweisung 50
Symbole
    nichtterminale 2
    terminale 2
Symbolische Konstanten 25
Symbolvorrat 1
Syntax 1
    Notation 2
    Regeln 368

Tabellen
    ASCII-Code 365
    Bindung 139
    exakte Übereinstimmungen 149
    Funktionsmerkmale 290
    Geltungsbereiche und Lebensdauer 106
    Operatorprioritäten 367
Teilobjekt 201, 203, 243, 249
template 297
    Argumente 311
    Deklaration 297
    Funktion 299
    Funktionen siehe Parametrisierte Funk-
      tionen

Funktionsname 299
Klassen siehe Parametrisierte Klassen
Klassenname 311, 320
Standardargumente 312
Terminale Symbole 2
Terminator 19, 63
this 170
throw-Ausdruck 352
Tiefe Kopie 220
time() 89
Trenner 6
try-Block 48, 352
Typ-Argumente
    Ableiten 302
    Explizit Spezifizieren 299
Typangleichungen 29
type_info 275
typedef 85, 207
typeid 275
Typen siehe Datentypen
Typendung 16
    f 18
    F 18
    l 16
    L 16
    u 16
    U 16
Typkonversionen siehe Typumwandlungen
Typumwandlungen 29, 91
    benutzerdefinierte 223, 241
    boolesche 30
    explizite 91
      Cast-Notation 96
      funktionale Notation 95
    ganzzahlige 30
    implizite 29, 32, 65, 71, 84, 86, 87, 91,
      118, 199, 219, 223, 224, 236, 240–
      242, 256–258, 260, 262, 281
    mittels Konstruktor 223
    mittels Konversionsfunktion 240
    sichere 29, 30
    zwischen Gleitpunkt- und ganzzahligen
      Typen 31
    zwischen Gleitpunkttypen 31

u Typendung 16
U Typendung 16
Übereinstimmung
    durch benutzerdefinierte Konversion 224,
      242
    durch const-Qualifizierungen 152
    durch Konversion 258
    durch Konversionen 151
    durch Standardkonversionen 150
    durch Typangleichungen 151
    durch Zeigertransformationen 150

exakte 149
Überladene Funktionsnamen 145, 224, 242, 258
    Elementfunktionen 166, 171
    friend 190
    mit einem Argument 148
    mit mehreren Argumenten 153
    mit unterschiedlichen Argument- und Parameterzahlen 155
    parametrisierte 304
    Zeiger auf 156
Überladene Operatoren 229
    () 237
    ++ 234
    -- 234
    << 343
    = 230
    >> 343
    -> 239
    [] 238
    einstellige 232
    Elementfunktion 236
    globale Funktion 236
    zweistellige 235
überschreiben 263
unbenannte Namensbereiche 334
underflow_error 361
ungleich 37
unsetf 340
unsigned 12
uses-a-Beziehungen 260
using-Deklarationen 331
using-Direktiven 332

va_arg() 127
va_end() 127
va_list 126
va_start() 126
Variablen 23
    lokale 74
    temporäre 82, 114, 115
Verdeckte Namen 101, 165, 251, 255, 264, 281, 289
Vererbung 247
    einfache 247, 248
    mehrfache 278
    parametrisierte Klassen 317
Vererbungsgraph 248
verweisen 64
virtual 263, 283
virtual table 267
virtual table pointer 267
Virtuelle
    Ableitung 283
    Basisklassen 283
    Funktionen 263

Zugriffsrechte 288
void 14
void* 86
Vollständige Objekte 285
Vollständiges Objekt
    eines anderen Objekts 285
Vordefinierte Datentypen 11
Vorwärtsdeklaration *siehe* Namensdeklaration
Vorzeichen 42

Wertebereich 11–13
while-Anweisung 52
White-space 6
width() 125, 340
Wiederholungsanweisungen 52

Zeichenfelder 63
    Initialisierung 63
Zeichenketten 18
    Länge 181
Zeichenkonstanten 16
zeigen 64
Zeiger 64
    Arithmetik 68
    auf Basisklassen 258
    auf Datenelemente 197
    auf Elementfunktionen 199
    auf Felder 72
    auf Funktionen 121
    auf Klassenelemente 197
    auf Klassenobjekte 163
    auf Konstanten 67
    Deklarationen 64
    dynamischer Typ 263
    konstante 68
    logische Operatoren 69
    relationale Operatoren 69
    statischer Typ 263
    Subtraktion 69
    this 170
    und Felder 70
    Zuweisungen 66
Zeilenkommentare 6
zugreifbar 256
Zugriff
    auf Klassenelemente 203, 252
    auf **protected** Elemente 288
Zugriffsrechte 166, 252, 287
    Elementfunktionen eingebetteter Klassen 204
    friend-Funktionen 287
    friend-Funktionen eingebetteter Klassen 204
    virtuelle Funktionen 288
Zugriffsspezifizierer

Basisklassen 253
Zugriffswege 289
Zusammengesetzte Anweisungen 47
Zusammengesetzte Datentypen 59
Zuweisung 25, 40
Zuweisungsoperator 230, 262
    Standard- 232
Zuweisungsoperatoren 40
Zweistellige Operatoren 235

0
    Nullzeiger 65
    Terminator 19, 63